GPT와 인간 박사가 함께 보는
재테크의 기본서

GPT와
인간 박사가 함께 보는
재테크의 기본서

지은이 **이태광/ 최희륜/ 챗GPT**

인공 지능과 인간 지혜가 협동으로
만든 실질적 재테크와 투자 부동산

좋은땅

머리말

오늘날 우리는 그 어느 때보다 복잡하고 빠르게 변화하는 경제 환경 속에서 살아가고 있습니다. 이런 세상에서 많은 사람들이 '돈'이란 무엇인지, '투자'란 어떤 의미를 가지는지, 그리고 궁극적으로 '부자'가 되는 길은 무엇인지에 대해 끊임없이 질문을 던집니다. 이 책은 바로 그 질문들에 대한 답을 찾고자 하는 노력의 일환으로 만들어졌습니다.

돈이란? 단순히 교환의 수단일 뿐 아니라, 우리의 시간과 노력이 집약된 결과물입니다. 돈은 우리의 삶을 더 나은 방향으로 이끌 수 있는 도구이기도 하지만, 그것을 어떻게 사용하고 관리하느냐에 따라 인생의 방향이 크게 달라질 수 있습니다. 이 책에서는 돈의 본질에 대해 깊이 탐구하고, 그것이 왜 중요한지에 대해 설명합니다.

많은 사람들이 꿈꾸는 부자는 단순히 많은 돈을 가진 사람을 의미하지 않습니다. 진정한 부자란 경제적 안정과 자유를 누리며, 자신의 가치관에 따라 삶을 설계할 수 있는 사람입니다. 이 책에서는 부자가 되는 길이 단순히 자산을 늘리는 것에만 있지 않음을 강조하며, 삶의 질을 높이는 진정한 부의 의미를 탐색할 것입니다.

투자는 돈을 단순히 쌓아 두는 것이 아니라, 그것을 성장시키기 위한 행위입니다. 투자는 미래를 위해 현재의 자원을 전략적으로 배분하는 과정이며, 이 과정에서 성공하기 위해서는 명확한 목표와 전략이 필요합니다. 우리는 이 책을 통해 투자란 무엇인지, 그리고 왜 그것이 **재테크**의 핵심인지에 대해 깊이 있게 다룰 것입니다.

부동산은 재테크에서 중요한 요소 중 하나입니다. 단순한 재화 이상의 가치를 지닌 부동산은 **정책, 경제, 법률** 등 다양한 요소와 밀접하게 연관되어 있습니다. 부동산을 이해하기 위해서는 이러한 복합적인 요소들을 통합적으로 바라보는 능력이 필요합니다. 이 책은 부동산에 대한 기초 지식부터 심화된 전략까지 폭넓게 다루어, 부동산 재테크를 이해하는 데 도움을 드리고자 합니다.

자산과 자본은 재테크의 기본 개념입니다. 자산은 우리가 가진 모든 경제적 가치의 총합이며, 자본은 이를 바탕으로 수익을 창출하는 힘입니다. 자산을 어떻게 쌓아가고, 자본을 어떻게 활용하느냐에 따라 우리의 경제적 자유는 결정됩니다. 이 책에서는 자산과 자본의 차이와 이 둘을 효과적으로 관리하는 방법에 대해 자세히 설명할 것입니다.

마지막으로, 많은 사람들이 추구하는 경제적 자유는 단순히 돈이 많은 상태를 의미하지 않습니다. 그것은 돈에 얽매이지 않고, 자신이 원하는 삶을 살 수 있는 능력입니다. 이 책은 **경제적 자유를 향한 여정**을 안내하며, 그 길에 필요한 지식과 전략을 제공할 것입니다.

GPT와 박사가 협력하여 이 책을 집필한 이유는 명확합니다: 인공지능과 인간의 지혜가 결합할 때, 더 강력하고 실질적인 통찰을 제공할 수 있기 때문입니다.

GPT는 인공지능의 최첨단 기술을 대표하는 존재로, 방대한 데이터베이스와 최신 정보를 실시간으로 분석할 수 있는 능력을 갖추고 있습니다. 이러한 능력 덕분에 GPT는 경제, 금융, 부동산 등 다양한 분야에서 발생하는 복잡한 데이터 패턴을 신속하게 파악하고, 이를 바탕으로 유의미한 결론을 도출해 낼 수 있습니다. 그러나 데이터와 정보만으로는 인간의 삶을 온전히 이해하기 어렵습니다. 정보의 바다에서 무엇이 중요한지를 구별하고, 그 정보를 어떻게 활용할 것인지를 결정하는 것은 결국 인간의 몫입니다.

바로 이 지점에서 박사의 역할이 중요해집니다. 박사는 오랜 시간 동안 축적된 경험과 전문 지식을 바탕으로, 경제적 현상에 대한 깊이 있는 통찰을 제공합니다. 특히, 박사는 인간의 감정, 사회적 요인, 그리고 문화적 배경을 고려하여 경제적 결정을 내리는 데 필요한 판단력을 갖추고 있습니다. 박사의 이러한 경험과 직관은 GPT가 제공하는 방대한 정보와 결합하여, 단순한 데이터 이상의 가치를 창출합니다.

두 지식 체계가 서로 보완적으로 작용함으로써, 이 책은 단순히 최신 정보를 나열하는 것에 그치지 않고, 실질적으로 독자들에게 도움이 될 수 있는 지침과 전략을 제공합니다. 예를 들어, GPT는 최신 시장 동향과 경제 지표를 분석하여 최적의 투자 기회를 제시할 수 있으며, 박사는 이를 바탕으로 개개인의 상황에 맞는 맞춤형 조언을 제공할 수 있습니다. 이러한 협력은 독자들이 각자의 경제적 목표를 달성하는 데 필요한 지식과 통찰을 얻는 데 크게 기여할 것입니다.

GPT와 박사가 이 책을 협력하여 집필한 이유는 단순히 더 많은 정보를 제공하기 위함이 아닙니다. 우리는 독자들이 단순한 재테크 기술을 넘어, 돈과 자산에 대한 깊은 이해를 바탕으로 경제적 자유를 이룰 수 있도록 돕고자 합니다. 돈, 부자, 투자, 부동산, 자산과 자본에 이르는 일련의 개념들이 어떻게 서로 연결되고, 우리의 삶에 어떤 영향을 미치는지에 대해 보다 명확한 그림을 그릴 수 있도록 하는 것이 우리의 목표입니다.

결국, 이 책은 인공지능의 분석력과 인간의 직관이 결합된 지식을 통해, 독자들이 더 나은 경제적 결정을 내릴 수 있도록 돕는 길잡이가 될 것입니다. GPT의 데이터 기반 통찰과 박사의 인간 중심적 지혜가 어떻게 결합하여 실질적인 가치를 창출하는지를 이 책을 통해 경험하시길 바랍니다. 이 협력의 결과물이 여러분의 경제적 자유를 향한 여정에 유익한 동반자가 되기를 진심으로 바랍니다.

이태광 · 최희륜 · 챗GPT 올림

목차

PART 두 번째   부자가 무엇인데? "What is a rich person?"

PART 세 번째 **투자가 무엇인데?** *"What is investment?"*

적응과 변화(Adaptation and Change)/성장과 쇠퇴(Growth and Decay)/
상호 의존성(Interdependence)/그레고리 베이트슨의 이론 적용/경제와 부동산의 생물학적 비유 이해

PART 네 번째 부동산이 무엇인데? "What is real estate?"

입지와 편리성의 전통적 개념/교통의 발전과 변화하는 우선순위/입지와 편리성의 균형/
주택의 프라이드와 부르디외의 이론/입지보다 편리성이 더 중요한가?

PART 다섯 번째 자산과 자본이 무엇인데?
"What are assets and capital?"

PART 그래서　　**경제적 자유를 향한 길에 대하여?**
"On the Path to Financial Freedom."

유로운 삶을 위한 전략/장기적 재정 계획 수립(Long-Term Financial Planning)/지속 가능한 투자 (Sustainable Investing)/재정적 자율성 유지(Maintaining Financial Independence)/가치 중심의 삶 추구(Pursuing a Value-Based Life)/살린스의 이론 적용

PART 부록

돈이 무엇인데?
"What is money?"

돈과 부동산? / 돈과 부자 / 돈과 투자 / 돈과 재테크

1

돈의 기원과 역사에 대하여?

"The origin and history of money?"

1) 초기 교환 경제에서 화폐의 탄생에 대하여?

화폐가 탄생하게 된 것은 생산물이 발생하면서부터 잉여 부분과 부족 부분(필요 부분)에 대하여 서로 교환이 시작된 것이라는 점에 대하여 시작이 된 것은 누구나 알고 있을 것입니다. 인류학자들의 연구에 따르면, 초기 인간 사회에서는 경제적 거래가 물물교환 형태로 이루어졌습니다. 이러한 교환 방식은 물건이나 서비스를 다른 사람의 것과 직접 맞바꾸는 형태로, 이는 원시적 경제 활동의 시작을 보여 줍니다. 예를 들어, 농부는 곡식을 제공하고 그 대가로 도구나 옷을 받을 수 있었습니다. 그러나 물물교환 시스템에는 몇 가지 큰 제약이 존재했습니다.

인류학자 **브로니스와프 말리노프스키(Bronislaw Malinowski)**는 그의 연구에서 이러한 초기 교환 시스템의 문제점을 강조했습니다.

첫째, 교환 상대를 찾는 어려움이 있었습니다. 내가 가진 물건을 필요로 하는 사람과 동시에 내가 원하는 물건을 가진 사람을 찾아야만 거래가 이루어질 수 있었습니다. 이는 거래 성사를 어렵게 만들었습니다. 예를 들어, 농부가 곡식을 도구와 바꾸고자 할 때, 도구를 가진 사람이 곡식을 필요로 하지 않으면 거래가 불가능했습니다.

둘째, 가치 비교의 어려움이 있었습니다. 물건이나 서비스의 가치가 서로 다르기 때문에, 이를 비교하고 교환 비율을 정하는 것이 복잡했습니다. 인류학자 클로드 레비스트로스(Claude Lévi-Strauss)는 이러한 문제를 '교환의 대칭성 부족'이라고 표현하며, 예를 들어, 소한 마리의 가치를 곡식 몇 자루와 비교하는 것이 매우 어려운 과제였다고 설명합니다.

이러한 문제들을 해결하기 위해 인류는 화폐라는 개념을 도입하게 되었습니다. 초기의 화폐는 특정 지역에서 모두가 가치 있다고 여기는 물건들이 사용되었습니다. 말리노프스키는 태평양 섬의 사례를 들어, 조개껍데기가 화폐로 사용된 것을 예로 들었습니다. 이러한 물건들은 지역마다 다를 수 있지만, 보통 내구성이 뛰어나고 휴대가 편리하며, 안정적인 가치를 지닌 것들이 선택되었습니다.

조개껍데기: 태평양 섬 지역에서는 조개껍데기가 화폐로 사용되었습니다.
곡물: 고대 메소포타미아에서는 보리와 같은 곡물이 화폐 역할을 했습니다.
가축: 고대 그리스에서는 소와 같은 가축이 중요한 화폐로 사용되었습니다.

시간이 지나면서 금속이 화폐로 사용되기 시작했습니다. 인류학자들의 연구에 따르면, 금속은 내구성이 강하고 쉽게 분할할 수 있으며, 널리 그 가치를 인정받았기 때문에 이상적인 화폐가 되었습니다. 고대 리디아(현재의 터키 지역)에서 주조된 최초의 금화와 은화는 화폐 경제의 시작을 알리는 중요한 사건이었습니다.

화폐는 단순히 교환 수단을 넘어 여러 가지 중요한 기능을 하게 되었습니다. 레비스트로스는 화폐가 교환 매개로서 물물교환의 복잡성을 해결하고 거래를 원활하게 만든다고 설명했습니다. 또한 화폐는 가치 저장 수단으로서 시간이 지나도 가치를 유지하여 재산을 저장하는데 사용될 수 있었습니다.

마지막으로, 화폐는 가치 측정 기준으로서 상품과 서비스의 가치를 표준화된 단위로 측정할 수 있게 해 주었습니다.

이처럼, 화폐의 도입은 인류 사회가 단순한 물물교환을 넘어서 복잡한 경제 시스템으로 발전하는 중요한 전환점이 되었습니다.

2) 금본위제와 현대 화폐 시스템에 대하여?

금본위제(금태환)란 무엇인가? : 금본위제(Gold Standard)

금본위제는 각 나라의 화폐 가치가 일정량의 금으로 보장되는 제도입니다. 쉽게 말해서, 정부는 자신들이 발행한 화폐를 언제든지 금으로 교환해 주겠다고 약속하는 것입니다. 예를 들어, 만약 100달러를 가진 사람이 이 돈을 금으로 바꾸고 싶다면, 정부는 정해진 양의 금을 주어야 했습니다. 이 때문에, 당시 화폐의 가치는 금의 양에 의해 뒷받침되었습니다. 금본위제는 19세기 후반에서 20세기 초반까지 많은 나라에서 널리 사용되었습니다.

금본위제(금태환)의 주요한 특징에 대하여?

금본위제는 몇 가지 특징이 있었습니다. 첫째, 환금성이 높았습니다. 사람들이 가지고 있는 화폐를 언제든지 금으로 바꿀 수 있었기 때문에, 화폐 시스템에 대한 신뢰가 높았습니다. 둘째, 물가 안정에 기여했습니다. 금의 양은 제한되어 있었기 때문에, 정부가 무분별하게 많은 돈을 찍어 내는 것을 막을 수 있었습니다. 셋째, 국제 무역의 안정성을 보장했습니다. 각국의 통화 가치가 금에 고정되어 있었기 때문에, 환율 변동이 적었고, 국제 무역이 더 안정적으로 이루어질 수 있었습니다.

금본위제의 문제점에 대하여?

하지만 금본위제도 문제가 없지 않았습니다. 먼저, 유동성 부족 문제가 있었습니다. 금의 양이 한정되어 있기 때문에, 경제가 빠르게 성장할 때 필요한 만큼의 돈을 찍어 내기가 어려웠습니다. 이 때문에 경제 성장에 제동이 걸릴 수 있었습니다. 또한, 경제 충격에 취약했습니다. 금의 공급이 갑자기 줄어들거나 외부에서 큰 충격이 있을 때, 금본위제하에서는 경제가 쉽게 무너질 수 있었습니다. 마지막으로, 전쟁 및 위기 상황에서의 어려움이 있었습니다. 전쟁 같은 극단적인 상황에서는 금이 대량으로 빠져나가거나 경제가 붕괴할 위험이 있었기 때문에, 많은 나라들이 일시적으로 금본위제를 중단하곤 했습니다.

금본위제의 붕괴에 대하여?

1929년 대공황은 세계 경제에 큰 타격을 주었습니다. 이 시기에 많은 나라들이 금본위제를 유지하는 데 어려움을 겪었습니다. 당시, 금본위제는 화폐 공급을 유연하게 조정하는 것을 방해했기 때문에, 경제 회복에 큰 걸림돌이 되었습니다. 그 결과, 점점 더 많은 나라들이 금본위제를 포기하게 되었습니다. 이후, 제2차 세계대전이 끝난 후 1944년에 브레튼우즈 체제가 도입되었습니다. 이 체제에서는 미국 달러를 중심으로 새로운 국제 화폐 시스템이 만들어졌습니다. 미국 달러는 여전히 금으로 교환될 수 있었지만, 다른 나라의 화폐는 미국 달러에 고정되었습니다. 그러나 1971년, 미국이 금태환을 중단하면서 금본위제는 완전히 사라지게 되었습니다.

법정 화폐(Fiat Money)의 등장에 대하여?

오늘날 우리가 사용하는 대부분의 화폐는 법정 화폐입니다. 법정 화폐는 정부가 그 가치를 보장하는 화폐로, 금이나 은 같은 물리적인 자산과는 연결되지 않습니다. 대신, 정부의 신용에 의해 그 가치가 결정됩니다. 쉽게 말해, 사람들이 이 돈을 사용하도록 정부가 보장하는 것입니다. 예를 들어, 우리가 사용하는 달러나 원화 같은 돈은 모두 법정 화폐입니다.

법정 화폐의 장점에 대하여?

법정 화폐 시스템에서는 중앙은행이 경제 상황에 맞춰 화폐 공급을 조절할 수 있습니다. 이로 인해 경제가 성장할 때 필요한 유동성을 더 자유롭게 공급할 수 있습니다. 또한, 중앙은행은 법정 화폐의 금리를 조정하거나 통화량을 조절하는 등의 통화 정책을 통해 인플레이션을 통제하고 경제 성장을 유도할 수 있습니다. 이러한 적극적인 통화 정책 덕분에 경제는 더 안정적으로 유지될 수 있습니다.

현대 화폐 시스템의 주요 특징에 대하여?

현대 화폐 시스템에서 가장 큰 특징 중 하나는 신용 화폐의 사용이 증가한 것입니다. 많은 거래가 현금보다는 은행 예금, 신용카드, 디지털 결제 등을 통해 이루어지고 있습니다. 이로 인해 화폐 공급의 범위가 더욱 넓어졌습니다. 또한, 각국의 중앙은행은 통화 정책을 통해 물가를 안정시키고, 실업률을 관리하며, 경제 성장을 촉진하는 역할을 하고 있습니다.

디지털 화폐와 미래에 대하여?

최근에는 암호 화폐가 새로운 형태의 디지털 화폐로 주목받고 있습니다. 비트코인과 같은 암호 화폐는 중앙은행이나 정부의 개입 없이 운영되며, 이를 통해 더 자유로운 거래가 가능합니다. 그러나 암호 화폐는 아직 법적, 기술적, 경제적 문제들이 남아 있어 널리 사용되기에는 이르다는 평가를 받고 있습니다. 한편, 일부 중앙은행들은 기존 법정 화폐의 디지털 버전인 중앙은행 디지털 화폐(CBDC)를 도입하려는 움직임을 보이고 있습니다. 이는 법정 화폐의 안정성과 디지털 화폐의 편리성을 결합한 형태입니다.

인류학자의 관점에서 본 화폐 제도의 변화에 대하여?

인류학자 **데이비드 그레이버(David Graeber)**는 그의 저서 부채 금본위제와 법정 화폐의 변화가 단순한 경제적 변동이 아니라, 사회적 관계와 권력 구조의 변화와 깊이 연결되어 있다고 설명했습니다. 그레이버에 따르면, 금본위제는 그 자체로서 사회적 안정과 신뢰를 유지하는 장치로 작용했지만, 현대의 법정 화폐 시스템은 더 큰 유동성을 제공하며 경제적 창의성을 자극하는 한편, 새로운 형태의 경제적 불평등과 도전 과제를 낳았다고 주장합니다. 이와 같이, 화폐 시스템의 변화는 단순한 경제적 도구의 변화가 아니라, 그 사회가 어떻게 조직을 어떻게 운영되는지를 반영하는 중요한 지표라고 할 수 있습니다.

3) 디지털 화폐와 암호 화폐의 등장에 대하여?

디지털 화폐와 암호 화폐는 21세기 들어 금융 시스템에서 중요한 혁신으로 떠오르고 있습니다. 이 두 가지 새로운 형태의 화폐에 대해 쉽게 이해할 수 있도록 설명하겠습니다. 또한, 인류학자 데이비드 그레이버(David Graeber)의 관점을 인용하여, 이 변화가 사회와 경제에 미치는 영향을 함께 풀어 보겠습니다.

디지털(CBDC/전자) 화폐란 무엇인가?

디지털 화폐는 우리가 흔히 아는 지폐나 동전과 달리, 물리적인 형태가 아닌 디지털 형태로만 존재하는 화폐입니다. 은행 계좌에 저장된 돈, 온라인 결제 시스템에서 사용하는 전자 화폐, 그리고 최근 중앙은행이 발행하는 디지털 화폐(CBDC)까지 모두 디지털 화폐의 한 종류입니다.

디지털 화폐의 종류에 대하여?

디지털 화폐는 전자 페이와 중앙은행의 정부 지폐로 나뉩니다.

전자 화폐(E-Money): 전자 화폐는 은행 계좌, 신용카드, 모바일 결제 앱 등을 통해서 전자적으로 사용하는 화폐라고 보시면 됩니다. 현재 사용하고 있는 네이버페이, 카카오페이, 핸드폰 결제를 일종의 E-Money의 대표적인 예로 볼 수 있습니다. 사용자가 사실상 현금을 들고 다닐 필요 없이, E-Money 방식으로 거래를 쉽게 할 수 있습니다.

또 다른 디지털 화폐입니다. 사용하던 화폐와 다르게 현재 중국에서 디지털 RMB이라고 하여 시범적으로 사용하고 있습니다. 또한 각국의 중앙은행이 개발 중이라고 합니다. 중앙은행에서 발행하는 디지털 화폐(CBDC)도 있습니다.

디지털 화폐의 장점에 대하여?

디지털 화폐는 여러 가지 장점이 있습니다. 첫째, 편리성이 높습니다. 지폐나 동전을 가지고 다니지 않아도 되기 때문에, 언제 어디서나 간편하게 거래할 수 있습니다. 둘째, 거래 효율성이 뛰어납니다. 거래가 더 빠르게 처리되고, 지폐 인쇄나 운송, 보관에 드는 비용을 줄일 수 있습니다. 셋째, 추적 가능성이 있어, 자금의 흐름을 투명하게 관리할 수 있습니다. 이는 세금 징수나 자금 세탁 방지에 매우 유용합니다.

디지털 화폐의 단점에 대하여?

먼저, 프라이버시 문제가 있습니다. 모든 거래가 기록되기 때문에 사용자의 프라이버시가 침해될 우려가 있습니다. 둘째, 보안 위험이 있습니다. 해킹이나 사이버 공격으로 인해 자산이 손실될 가능성이 있습니다. 마지막으로, 금융 배제의 위험이 있습니다. 디지털 화폐를 사용하려면 인터넷 접근이 필수인데, 인터넷을 사용할 수 없는 사람들은 이 시스템에서 소외될 수 있습니다.

암호 화폐란 무엇인가?

암호 화폐는 블록체인 기술을 기반으로 하는 디지털 화폐의 한 형태입니다. 중앙은행이나 정부의 통제를 받지 않으며, 분산된 네트워크에서 운영됩니다. 즉, 어떤 한 기관이 아니라 전 세계의 많은 컴퓨터가 이 시스템을 함께 관리합니다. 비트코인(Bitcoin)이 대표적인 예입니다.

암호 화폐의 특징에 대하여?

암호 화폐의 주요 특징은 탈중앙화입니다. 이는 중앙 기관의 개입 없이, 전 세계에 분산된 네트워크에 의해 관리된다는 것을 의미합니다. 두 번째로, 블록체인 기술을 사용한다는 점입니다. 블록체인은 모든 거래를 기록하는 분산 원장으로, 위조나 변조가 매우 어렵습니다. 세 번째로, 익명성이 보장됩니다. 암호화 기술을 통해 사용자 신원을 보호할 수 있지만, 이는 불법적인 활동에 악용될 가능성도 있습니다.

암호 화폐의 주요 예

암호 화폐의 대표적인 예로는 비트코인(Bitcoin)이 있습니다. 비트코인은 2009년에 등장한 최초의 암호 화폐로, 지금도 가장 널리 알려져 있으며, 시가 총액도 가장 큽니다. 또한, 이더리움(Ethereum)도 있습니다. 이더리움은 스마트 계약(Smart Contract) 기능을 지원하며, 블록체인 플랫폼으로서의 역할도 합니다. 마지막으로 리플(Ripple)이 있습니다. 리플은 주로 금융 기관 간의 실시간 국제 결제를 목표로 개발된 암호 화폐입니다.

암호 화폐의 장점에 대하여?

첫째, 보안성이 높습니다. 암호화 기술을 사용하여 거래를 보호하므로 해킹이나 위조가 어렵습니다. **둘째,** 국경 없는 거래가 가능하다는 점입니다. 암호 화폐는 전 세계 어디서나 사용할 수 있으며, 국가 간 송금 시 시간과 비용을 절약할 수 있습니다. **셋째,** 투자 기회로서 암호 화폐는 새로운 자산 클래스로 자리 잡아, 높은 수익을 기대할 수 있습니다.

암호 화폐의 단점에 대하여?

가장 큰 문제는 변동성입니다. 암호 화폐의 가치는 매우 변동적이어서, 가격이 급격히 오르거나 내릴 수 있습니다. 이는 큰 투자 리스크를 의미합니다. 둘째, 규제 불확실성이 있습니다.

많은 나라에서 암호 화폐에 대한 규제가 명확하지 않거나, 규제를 강화하려는 움직임이 있어 법적 불확실성이 큽니다. 마지막으로, 보안 및 사기 위험이 존재합니다. 암호 화폐 거래소의 해킹, 피싱 사기, 폰지 사기 등의 사례가 계속해서 보고되고 있습니다.

디지털 화폐와 암호 화폐의 차이점에 대하여?

먼저, 중앙화 여부입니다. 디지털 화폐는 중앙은행이나 정부가 발행하고 관리하는 반면, 암호 화폐는 분산 네트워크에 의해 운영됩니다. 둘째, 법적 지위의 차이가 있습니다. 디지털 화폐는 법정 화폐로서 법적인 지위를 가지지만, 암호 화폐는 대부분의 국가에서 법적 지위가 명확하지 않거나, 법정 화폐로 인정되지 않습니다. 마지막으로, 기술 기반의 차이가 있습니다. 암호 화폐는 블록체인 기술을 필수적으로 사용하지만, 디지털 화폐는 꼭 블록체인을 사용하지 않을 수도 있습니다.

인류학적 관점에서 본 디지털 화폐와 암호 화폐에 대하여?

인류학자 데이비드 그레이버(David Graeber)는 화폐의 역사와 사회적 의미에 대해 깊이 연구한 바 있습니다. 그레이버는 화폐 시스템의 변화가 단순한 경제적 현상이 아니라, 사회적 관계와 권력 구조의 변화를 반영한다고 보았습니다. 디지털 화폐와 암호 화폐의 등장은 기존의 화폐 시스템과 사회적 관계에 도전장을 던진 새로운 현상으로, 사회가 어떻게 조직되고 운영되는지를 새롭게 정의할 수 있습니다.

그레이버는 특히 암호 화폐의 등장이 중앙 권력에 대한 도전으로 볼 수 있다고 설명합니다. 암호 화폐는 중앙은행이나 정부의 통제를 받지 않기 때문에, 기존의 금융 시스템에서 벗어나려는 움직임의 일환으로 해석될 수 있습니다. 반면, 디지털 화폐는 기존의 화폐 시스템을 강화하고 현대화하는 방향으로 작용할 가능성이 큽니다.

이러한 변화는 경제뿐만 아니라 사회 전반에 걸쳐 중요한 영향을 미칠 것이며, 앞으로 이들이 기존 금융 시스템과 어떻게 융합되고 발전할지 주목할 만한 주제입니다.

2

돈의 본질에 대하여?

"What is the essence of money?"

1) 화폐의 기능: 가치 저장, 교환 수단, 회계 단위에 대하여?

화폐는 현대 경제에서 중요한 역할을 하며, 우리 삶의 여러 측면에 깊이 영향을 미칩니다. 화폐는 세 가지 핵심적인 기능을 수행합니다: 가치 저장, 교환 수단, 그리고 회계 단위입니다. 이 각각의 기능은 경제가 원활하게 작동하고 사회적 안정이 유지되도록 돕는 중요한 요소입니다. 인류학자 데이비드 그레이버(David Graeber)의 연구를 통해 이 기능들이 경제와 사회에 어떻게 영향을 미치는지 이해할 수 있습니다.

가치 저장 기능이란 무엇인가?

가치 저장 기능은 화폐가 시간의 흐름에 따라 그 가치를 유지할 수 있는 능력을 의미합니다. 다시 말해, 오늘 화폐를 보유하고 있다면, 미래에도 그 화폐로 필요한 물건이나 서비스를 살 수 있을 만큼 가치가 유지된다는 신뢰가 있어야 합니다. 예를 들어, 우리가 저축하는 이유는 미래에 사용할 자산을 축적하기 위함이며, 이때 화폐는 그 가치가 시간이 지나도 유지될 것이라는 신뢰를 제공해야 합니다.

가치 저장의 특징

화폐가 가치 저장 수단으로 기능하려면 몇 가지 조건을 충족해야 합니다. 첫째, 내구성이 필요합니다. 화폐는 쉽게 훼손되지 않고 오랜 시간 동안 가치를 보존할 수 있어야 합니다. 이는 금이나 현금 같은 전통적인 화폐뿐만 아니라, 현대의 전자 화폐나 디지털 화폐에도 적용됩니다. 둘째, 인플레이션과 디플레이션이 가치 저장에 큰 영향을 미칩니다. 인플레이션이 발생하면 화폐의 구매력이 감소하여 가치 저장 기능이 약화될 수 있습니다. 반면, 디플레이션이 발생하면 화폐의 가치는 오히려 증가할 수 있습니다.

예시

많은 사람들이 저축을 통해 미래를 준비합니다. 이때 중요한 것은 저축한 돈이 시간이 지나도 여전히 유용해야 한다는 점입니다. 만약 화폐가 그 가치를 유지하지 못한다면, 사람들이 저축을 꺼리게 될 것입니다. 데이비드 그레이버는 이러한 신뢰가 경제 시스템의 안정성을 뒷받침한다고 강조합니다.

교환 수단 기능이란 무엇인가?

교환 수단 기능은 화폐가 상품과 서비스를 사고파는 데 사용되는 매개체 역할을 하는 것을 의미합니다. 과거에는 물물교환을 통해 필요한 물건을 교환했지만, 이는 매우 불편하고 비효율적이었습니다. 화폐는 이러한 문제를 해결하고, 거래를 훨씬 더 간편하게 만듭니다.

교환 수단의 특징

화폐가 교환 수단으로 기능하려면 몇 가지 조건이 필요합니다. 첫째, 편리성입니다. 화폐는 휴대하기 쉽고, 다양한 거래에 간편하게 사용할 수 있어야 합니다. 이는 현금뿐만 아니라, 전자 결제 시스템에서도 중요한 요소입니다. 둘째, 보편성입니다. 사람들이 화폐를 신뢰하고 받아들여야만 거래가 원활하게 이루어질 수 있습니다. 이는 거래의 효율성을 높이고 경제 활동을 촉진하는 데 필수적입니다.

예시

일상생활에서 우리는 물건을 살 때 돈을 사용합니다. 상점에서 물건을 살 때, 물건을 직접 교환하는 대신 돈을 지불합니다. 이때 돈은 상품과 서비스를 구매하는 데 사용되는 교환 수단으로서 기능합니다. 데이비드 그레이버는 이러한 화폐의 기능이 사회적 관계를 간단하고 명확하게 만들어 준다고 설명합니다. 화폐는 복잡한 교환 과정을 간소화하고, 사람들 간의 거래를 원활하게 만듭니다.

회계 단위 기능이란 무엇인가?

회계 단위 기능은 화폐가 상품과 서비스의 가치를 측정하고 비교하는 기준이 되는 것을 의미합니다. 이는 경제 활동의 결과를 계산하고, 비용과 수익을 명확히 하는 데 사용됩니다. **예를** 들어, 상품의 가격을 달러, 유로, 원화 같은 특정 화폐 단위로 표시하는 것이 바로 이 기능의 대표적인 예입니다.

회계 단위의 특징

화폐가 회계 단위로서 기능하려면 표준화되어 있어야 합니다. 일정한 단위로 표준화된 화폐는 다양한 상품과 서비스의 가치를 쉽게 비교할 수 있게 합니다. 또한, 명확성이 필요합니다. 화폐의 회계 단위 기능은 경제 주체들이 비용, 수익, 손실 등을 명확하게 파악하고, 이를 바탕으로 의사 결정을 내리는 데 중요한 역할을 합니다.

예시

기업이 재무제표를 작성할 때, 모든 수익과 비용은 특정 화폐 단위로 기록됩니다. 이를 통해 기업의 재무 상태를 명확히 파악할 수 있습니다. 데이비드 그레이버는 이 과정에서 화폐가 단순한 거래 도구를 넘어서, 사회적 관계와 경제적 구조를 명확히 하는 중요한 역할을 한다고 강조합니다.

이 세 가지 기능은 화폐가 경제에서 중요한 역할을 수행하도록 돕습니다.

가치 저장 기능은 사람들이 화폐를 장기적으로 보유할 수 있게 하고, 교환 수단 기능은 일상적인 거래를 원활하게 하며, 회계 단위 기능은 경제 활동의 정확한 측정과 비교를 가능하게 합니다. 데이비드 그레이버는 이러한 화폐의 기능들이 사회적 관계와 경제적 활동을 뒷받침하며, 안정적이고 신뢰할 수 있는 경제 시스템을 만드는 데 필수적이라고 말합니다. 이 세 가지 기능이 조화를 이룰 때, 화폐는 경제에서 안정적이고 신뢰할 수 있는 도구로 자리 잡을 수 있습니다.

2) 돈의 사회적 의미와 심리적 영향에 대하여?

돈의 사회적 의미(사회적 지위와 권력의 상징)

사회적 지위: 돈은 현대 사회에서 개인의 사회적 지위를 나타내는 중요한 요소입니다. 많은 돈을 가진 사람은 더 높은 사회적 지위를 누리는 경향이 있으며, 이는 그들의 생활 방식, 사회적 네트워크, 그리고 타인에 대한 영향력에서 잘 드러납니다. 이를 통해 부는 단순한 재산이 아니라, 사람들이 자신을 표현하고 사회에서 인정받는 방법이 됩니다. 여기서 참고할 만한 인물은 프랑스의 인류학자 '마르셀 모스(Marcel Mauss)'입니다. 모스는 그의 '증여론(The Gift)'에서 사회적 관계에서의 교환과 증여가 사회적 지위와 명성을 어떻게 구축하는지에 대해 설명했습니다. 돈 역시 이와 비슷하게, 사회적 지위와 권력을 형성하는 중요한 도구로 작용한다고 볼 수 있습니다.

권력의 수단: 돈은 단순히 물질적인 교환 수단을 넘어 권력을 행사하는 중요한 도구입니다. 경제적 자원이 많은 개인이나 집단은 정치적 영향력을 행사하거나, 사회 구조에 큰 영향을 미칠 수 있습니다. 예를 들어, 로비스트나 대기업은 막대한 자금을 통해 정책 결정에 영향을 줄 수 있습니다. 마르셀 모스는 이러한 현상을 통해 돈이 단순한 경제적 자산을 넘어 사회적 통제와 영향력을 행사하는 수단임을 강조합니다.

사회적 불평등과 분배

소득 불평등: 돈은 사회적 불평등을 심화시킬 수 있는 요소입니다. 부의 집중은 소득 불평등을 초래하며, 이는 교육, 의료, 주거 등의 사회적 기회에서 불평등을 발생시킵니다. 이러한 불평등은 사회적 갈등과 긴장을 유발할 수 있습니다. 모스의 연구를 통해, 우리가 돈의 불평등한 분배가 사회 전반에 어떤 영향을 미치는지를 이해할 수 있습니다. 그의 연구는 선물 교환과 같은 사회적 행동이 어떻게 권력과 지위를 유지하거나 강화하는 데 기여하는지를 보여줍니다.

분배의 문제: 돈의 분배 문제를 해결하기 위해 사회는 다양한 경제적, 정치적 시스템을 발전시켜 왔습니다. 예를 들어, 사회주의, 자본주의, 복지 국가 등은 각각 돈의 분배 방식을 통

해 사회적 정의를 추구하거나, 개인의 자유를 강조하는 방식으로 발전해 왔습니다. 모스는 이와 같은 다양한 시스템이 사회적 유대를 형성하고 유지하는 방식에 따라 분배의 공정성이나 불공정성이 결정된다고 설명할 수 있습니다.

문화적 차이: 돈의 의미와 사용 방식은 문화마다 다릅니다. 어떤 문화에서는 검소함과 절약이 미덕으로 여겨지지만, 다른 문화에서는 부를 과시하는 것이 사회적 성공의 상징으로 간주됩니다. 마르셀 모스의 이론을 통해, 우리는 돈이 각 문화에서 어떻게 다르게 해석되고 사용되는지를 이해할 수 있습니다. 돈은 단순한 경제적 자산이 아니라, 각 문화에서 중요한 상징적 의미를 지니며, 이는 그 사회의 가치관과 규범을 반영합니다.

소비와 소비주의: 현대 사회에서 돈은 소비를 통해 그 사회적 의미를 갖습니다. 사람들은 자신의 경제적 능력을 소비를 통해 드러내며, 이는 개인의 정체성, 사회적 지위, 그리고 소속감을 표현하는 수단이 됩니다. 이러한 소비주의는 사회적 규범과 경제 구조에 깊은 영향을 미칩니다. 모스는 이러한 소비와 교환이 사회적 관계를 유지하고 강화하는 중요한 역할을 한다고 설명할 수 있습니다.

돈의 심리적 영향(돈과 개인의 심리 상태)

안정감과 불안감: 돈은 개인에게 안정감을 주기도 하고, 반대로 불안감을 초래하기도 합니다. 경제적 안정을 느끼는 사람들은 미래에 대한 불안이 적고, 자신감이 높아질 수 있습니다. 반면, 경제적 불안정에 직면한 사람들은 스트레스와 불안, 심지어는 우울증을 경험할 수 있습니다. 모스의 연구는 개인이 돈을 통해 사회적 위치를 확립하고, 이를 통해 심리적 안정감을 얻는 과정을 설명하는 데 도움이 됩니다.

동기 부여: 돈은 개인의 행동에 강력한 동기 부여 요소로 작용합니다. 많은 사람들은 돈을 더 많이 벌기 위해 열심히 일하며, 이는 개인의 성취감과 자부심을 높이는 데 기여할 수 있습니다. 그러나 지나치게 돈을 중시하면, 일에 대한 스트레스가 증가하고, 삶의 질이 저하될 수

도 있습니다. 모스의 이론에 따르면, 돈에 대한 과도한 집착은 개인의 사회적 관계를 손상시키고, 그로 인해 심리적 부담이 증가할 수 있습니다.

돈과 인간관계

인간관계에 미치는 영향: 돈은 인간관계에 긍정적이거나 부정적인 영향을 미칠 수 있습니다. 경제적 여유가 있는 사람은 더 넓은 인간관계를 형성할 기회를 가지지만, 돈 문제는 종종 갈등의 원인이 되기도 합니다. 모스는 인간관계에서 돈이 어떻게 신뢰를 구축하거나 파괴하는 역할을 하는지를 강조합니다. 돈 문제는 부부 사이에서 갈등을 유발하거나, 친구 관계를 망가뜨릴 수 있는 중요한 요인이 될 수 있습니다.

이타심과 탐욕: 돈에 대한 태도는 개인의 성격과 행동에 큰 영향을 미칩니다. 돈을 중요한 가치로 여기는 사람들은 때로는 탐욕적이거나 이기적으로 행동할 수 있으며, 반대로 돈을 도구로 여기고 이타심을 발휘하는 사람들도 있습니다. 연구에 따르면, 돈에 대한 집착이 강한 사람들은 덜 관대하거나, 타인에게 덜 신경을 쓰는 경향이 있습니다. 모스는 이러한 행동이 사회적 유대의 약화와 관련이 있을 수 있음을 시사합니다.

돈과 자아 정체성

자아 존중감: 많은 사람들은 자신의 경제적 성공을 자아 존중감과 연결 짓습니다. 돈을 많이 버는 것은 자신이 유능하고 성공적이라는 느낌을 줄 수 있으며, 이는 자아 존중감을 높이는 데 기여할 수 있습니다. 반면, 경제적 실패는 자신감 저하와 자존감 문제를 초래할 수 있습니다. 모스의 관점에서, 돈은 개인이 사회에서 자신을 정의하고 위치를 설정하는 중요한 수단으로 작용합니다.

자아 정체성: 돈은 개인의 자아 정체성에 깊은 영향을 미칩니다. 사람들이 자신을 어떻게 생각하고, 사회에서 어떻게 인식되는지를 결정하는 중요한 요소 중 하나가 바로 경제적 위치입니다. 모스는 돈이 자아 정체성 형성에 중요한 역할을 하며, 개인의 삶에서 매우 중요한 정

체성의 일부가 될 수 있음을 설명할 수 있습니다.

돈은 단순한 경제적 교환 수단을 넘어, 사회적 의미와 개인의 심리적 상태에 깊이 영향을 미치는 중요한 요소입니다. 사회적으로, 돈은 지위와 권력의 상징이자, 불평등의 원인이 되며, 문화적 가치를 반영합니다. 심리적으로, 돈은 개인의 안정감, 동기, 인간관계, 자아 정체성에 깊은 영향을 미칩니다. '마르셀 모스'의 이론을 통해, 우리는 돈의 복잡한 의미와 영향력을 더 깊이 이해할 수 있으며, 이는 개인과 사회 모두에서 중요한 주제로 다루어져야 할 것입니다.

3) 돈에 대한 잘못된 인식과 그 영향에 대하여?

돈은 현대 사회에서 중요한 역할을 하지만, 이에 대한 잘못된 인식은 개인과 사회에 부정적인 영향을 미칠 수 있습니다. 이러한 잘못된 인식은 우리의 경제적 행동, 인간관계, 그리고 삶의 질에까지 영향을 미칩니다. 이 내용을 프랑스의 인류학자 '피에르 부르디외(Pierre Bourdieu)'의 연구와 연계하여 풀어 보겠습니다. 부르디외는 사회적 자본과 경제적 자본이 사회적 위치와 개인의 삶에 미치는 영향을 깊이 탐구했습니다. 그의 이론을 바탕으로 돈에 대한 잘못된 인식과 그로 인한 영향을 살펴보겠습니다.

돈이 행복을 가져다 준다?
잘못된 인식: 많은 사람들은 돈이 행복의 주요 원천이라고 생각합니다. 더 많은 돈을 가지면 더 행복해질 것이라고 믿으며, 이를 위해 끝없이 돈을 추구합니다. 이는 물질적 풍요가 행복의 모든 것을 결정한다고 믿는 잘못된 시각입니다.

영향: 돈이 일정 수준의 생활 안정과 편의를 제공하는 것은 사실이지만, 연구에 따르면 일정 수준 이상의 소득이 행복에 미치는 영향은 매우 제한적입니다. 부르디외는 사회적 자본,

즉 인간관계와 사회적 네트워크가 진정한 행복의 원천임을 강조합니다. 돈만을 목표로 하는 삶은 공허함을 느끼게 하며, 지나친 돈에 대한 집착은 스트레스, 불안, 인간관계의 악화를 초래할 수 있습니다.

돈이 곧 성공이다?

잘못된 인식: 돈을 많이 버는 것이 곧 성공적인 삶의 척도라고 믿는 사람들이 많습니다. 이러한 인식은 사회적으로도 널리 퍼져 있으며, 경제적 성공이 곧 인생의 성공으로 평가 받는 경우가 많습니다.

영향: 이로 인해 사람들은 자신이 원하는 삶의 목표보다는 돈을 많이 버는 것에 집중하게 됩니다. 부르디외의 '상징적 자본' 개념을 통해, 사회적 인정과 유대가 개인의 진정한 성공에 중요한 역할을 한다는 점을 이해할 수 있습니다. 그러나 돈을 성공의 유일한 척도로 삼게 되면, 직업 선택에서의 불만족, 삶의 의미 상실, 심리적 불안감이 초래될 수 있습니다. 경제적 성공을 이루지 못했을 때 자존감이 크게 저하될 위험도 있습니다.

돈이 모든 문제를 해결해 준다?

잘못된 인식: 돈이 있으면 모든 문제가 해결될 것이라는 믿음도 흔히 볼 수 있습니다. 이는 특히 경제적 어려움이나 개인적 갈등을 겪는 사람들에게 나타나기 쉬운 생각입니다.

영향: 이와 같은 인식은 문제의 근본적인 원인을 무시하고, 돈으로 해결할 수 없는 문제까지 돈으로 해결하려는 시도를 하게 만듭니다. 부르디외는 경제적 자본이 모든 것을 해결할 수 없으며, 특히 사회적 자본과 문화적 자본이 중요한 역할을 한다고 설명합니다. 예를 들어, 인간관계 문제나 정신적 고통은 돈만으로 해결될 수 없지만, 돈에만 의존하게 되면 더 큰 실망과 좌절을 겪을 수 있습니다. 이는 또한 도덕적 또는 법적 경계를 넘는 행동을 정당화하는 위험을 낳을 수 있습니다.

돈이 더 나은 사람을 만든다?

잘못된 인식: 돈이 많으면 더 가치 있는 사람이라는 생각도 잘못된 인식 중 하나입니다. 이는 부자들이 가난한 사람들보다 더 지혜롭고, 더 나은 도덕적 기준을 가지고 있다고 가정하는 인식에서 비롯됩니다.

영향: 부르디외는 물질적 부보다 중요한 것은 사회적 자본과 상징적 자본이라고 주장합니다. 이러한 잘못된 인식은 사회적 계층 간의 갈등을 부추기고, 경제적 차별을 정당화할 수 있습니다. 또한, 이는 개인이 자신의 도덕적 판단이나 행동을 돈과 연관 지어 평가하게 하여, 부를 축적하는 과정에서 윤리적 문제를 간과하게 만들 수 있습니다. 더 나아가, 경제적 불평등에 대한 사회적 불만과 분노를 증폭시킬 수 있습니다.

4) 돈에 대한 잘못된 인식의 사회적 및 심리적 영향?

소득 불평등의 심화: 돈을 성공의 유일한 척도로 삼는 사회에서는 소득 불평등이 심화될 가능성이 높습니다. 부르디외의 연구에 따르면, 인간 사회에서 경제적 자본의 집중은 사회적 자본의 불균형을 초래할 수 있으며, 이는 갈등을 유발할 수 있습니다. 경제적 성취가 모든 것의 기준이 되면서, 사회적 자원의 배분이 공정하게 이루어지지 않고, 부의 축적이 특정 계층에 집중되며, 이는 사회적 갈등과 계층 간의 불신을 초래할 수 있습니다.

소비주의의 확산: 돈이 행복과 성공의 상징으로 여겨질 때, 사람들은 끊임없이 더 많은 소비를 통해 자신의 가치를 확인하려 합니다. 부르디외는 이러한 소비주의가 사회적 규범을 왜곡하고, 개인이 자신의 진정한 가치를 물질적 소비로 판단하게 된다고 경고합니다. 이는 과도한 소비, 부채 증가, 환경 파괴 등 다양한 사회적 문제를 초래할 수 있습니다.

심리적 영향

스트레스와 불안: 돈에 대한 과도한 집착은 개인에게 지속적인 스트레스와 불안을 유발할 수 있습니다. 부르디외의 이론에 따르면, 인간은 경제적 자본뿐만 아니라 사회적 자본과 문화적 자본을 통해서도 안정감을 얻습니다. 경제적 성취를 이루지 못한 사람들은 자존감 저하와 우울증을 경험할 수 있습니다.

삶의 의미 상실: 돈을 최우선 가치로 여기는 사람들은 종종 삶의 다른 중요한 요소들을 간과하게 됩니다. 부르디외는 인간의 삶에서 중요한 것은 경제적 자본만이 아니라, 사회적 유대와 문화적 자본이라고 강조합니다. 돈에 지나치게 집중하면 인간관계, 건강, 자기 개발 등에서 만족감을 얻지 못하게 되고, 궁극적으로 삶의 의미를 상실할 수 있습니다.

도덕적 기준의 왜곡: 돈이 모든 것의 기준이 될 때, 사람들은 도덕적 기준을 왜곡하여 부를 쌓기 위해 비윤리적인 행동을 정당화할 수 있습니다. 부르디외는 사회적 자본과 신뢰가 사회적 교환의 기본이라고 보았으며, 돈이 이 기준을 무너뜨릴 때 개인적, 사회적 윤리의 붕괴가 일어날 수 있다고 경고합니다.

돈에 대한 잘못된 인식은 개인의 심리적 건강뿐만 아니라 사회적 구조에도 부정적인 영향을 미칩니다. 돈이 중요하지만, 이를 지나치게 중시하거나 왜곡된 시각으로 바라볼 경우, 사람들은 진정한 행복과 만족을 얻지 못할 수 있으며, 사회적으로도 다양한 문제를 초래할 수 있습니다. 따라서 돈에 대한 균형 잡힌 시각을 유지하고, 물질적 성공 외에도 삶의 다른 가치들을 소중히 여기는 것이 중요합니다. 피에르 부르디외의 이론을 통해 우리는 돈의 진정한 의미를 재고하고, 돈에 대한 인식을 개선하여 더 나은 삶을 추구할 수 있을 것입니다.

3

돈과 인간의 관계에 대하여?(돈의 파워에 대하여)?

"What is the relationship between money and humans?"

1) 돈의 힘과 한계에 대하여?

삶의 퀄리티 상승: 돈과 관련된 책이라면 세이노의 돈과 인생이라는 책이 있다. 돈에 관해서 나름 확고한 철학과 가치관이 녹아 있다. 돈은 기본적인 삶(의, 식, 주)에서 보다 (남보다) 삶의 질을 크게 향상시킬 수 있는 하나의 도구라는 것에 대하여 다른 이견이 없지는 않겠지만 대부분 자본주의 국가에서는 인정할 것으로 본다. 충분하고 넉넉한 가치의 돈을 가지고 있다면 좋은 주거의 환경, 의료 서비스, 교육, 등을 누릴 수 있으며, 이는 개인은 물론이고 식구까지도 전반적인 인생의 퀄리티 높여 주기도 한다.

돈의 힘과 한계: 기회, 영향력, 그리고 도덕적 딜레마

돈은 개인과 사회에 다양한 기회를 제공하며, 그 힘은 때로는 긍정적인 방식으로, 때로는 부정적인 방식으로 작용합니다. 돈의 역할과 한계에 대해 논의하면서, 인류학자 클리포드 기어츠(Clifford Geertz)의 연구를 참고하여 돈이 사회와 개인에게 미치는 영향을 쉽게 설명해 보겠습니다. 기어츠는 문화와 상징적 의미가 사회적 행동에 어떻게 영향을 미치는지를 연구했으며, 이를 통해 돈의 역할을 더욱 깊이 이해할 수 있습니다.

돈이 개인과 사회에 주는 기회

개인적 잠재력의 발휘: 돈은 개인이 교육을 받고, 새로운 사업을 시작하며, 취미 생활을 즐길 수 있는 기회를 제공합니다. 이는 개인이 자신의 잠재력을 최대한 발휘할 수 있도록 돕습니다. 기어츠는 문화적 자본이 개인의 성공에 중요한 역할을 한다고 설명하며, 돈이 이러한 자본을 획득하고 활용하는 데 필수적임을 보여 줍니다.

정치적 영향력: 돈은 정치적 영향력을 행사하는 중요한 수단이 됩니다. 기부나 로비 활동을 통해 정책 결정 과정에 영향을 미칠 수 있으며, 이는 돈이 가진 강력한 힘을 보여 줍니다. '기어츠'는 사회적 상징과 힘의 관계를 분석하며, 돈이 어떻게 정치적 권력을 강화하는 수단으로 사용되는지를 설명할 수 있습니다.

사회적 지위와 명성: 많은 사회에서 돈은 높은 사회적 지위와 명성을 얻는 중요한 요소로 여겨집니다. 부유한 사람들은 사회적 네트워크에서 더 큰 영향력을 행사할 수 있으며, 이는 개인의 사회적 입지를 강화시킵니다. 기어츠는 이러한 사회적 상징이 사람들의 행동과 관계를 형성하는 데 어떻게 작용하는지를 강조합니다.

경제적 안전망: 돈은 개인에게 경제적 안전망을 제공합니다. 예상치 못한 사고나 비상 상황이 발생했을 때, 충분한 재정적 여유가 있다면 이를 극복할 수 있는 능력을 가지게 됩니다. 이는 개인에게 안정감과 보안을 제공합니다.

미래 계획의 실현: 돈은 사람들이 미래를 계획하고, 그 계획을 실행할 수 있는 능력을 부여합니다. 집을 구입하거나, 자녀의 교육을 준비하거나, 은퇴 후의 생활을 계획하는 등, 돈은 장기적인 목표를 실현할 수 있는 기반이 됩니다. 기어츠의 연구는 돈이 이러한 장기적 계획과 안정감을 제공하는 데 중요한 역할을 한다고 설명할 수 있습니다.

행복의 상대적 한계: 연구에 따르면, 일정 수준 이상의 소득이 행복에 미치는 영향은 제한

적입니다. 기본적인 필요를 충족시킨 후, 추가적인 돈은 행복의 증가에 크게 기여하지 않습니다. 기어츠는 문화와 상징적 의미가 사람들의 행복과 만족에 어떻게 영향을 미치는지를 분석하며, 돈이 진정한 내면의 평화나 만족감을 제공하는 데 한계가 있음을 보여 줍니다.

심리적 안녕: 돈은 물질적 풍요를 제공할 수 있지만, 내면의 심리적 안정을 보장하지는 못합니다. 사람들은 종종 돈으로 외부적 행복을 추구하지만, 돈만으로는 인간관계, 자아 실현, 정신적 만족 등 깊은 차원의 행복을 얻기 어렵습니다.

인간관계의 상품화: 돈은 인간관계를 왜곡시킬 수 있습니다. 돈이 관계의 중심에 있을 때, 사람들은 서로를 진정한 인간으로 대하기보다는, 이익을 얻기 위한 수단으로 여길 위험이 있습니다. 이는 진정한 인간관계의 형성을 방해하며, 표면적이고 이기적인 관계로 전락할 수 있습니다. 기어츠는 상징적 자본이 인간관계에 미치는 영향을 분석하면서, 돈이 인간관계에서 어떻게 부정적으로 작용할 수 있는지를 설명합니다.

신뢰와 정서적 연결의 손상: 돈은 인간관계에서 신뢰와 정서적 연결을 손상시킬 수 있습니다. 돈과 관련된 갈등은 친구, 가족, 동료 간의 관계를 어렵게 만들 수 있으며, 이러한 갈등은 신뢰를 저하시키고 관계를 파괴할 수 있습니다.

부정적 동기 유발: 돈이 너무 큰 중요성을 가지게 되면, 사람들은 때로는 비윤리적이거나 도덕적으로 문제 있는 행동을 하게 될 수도 있습니다. 이는 부패, 사기, 착취 등의 문제를 초래할 수 있습니다. 돈이 도덕적 기준보다 우선시될 때, 사회적, 개인적 수준에서 윤리적 딜레마가 발생할 수 있습니다. 기어츠는 사회적 구조와 상징적 의미가 도덕적 행동에 어떻게 영향을 미치는지를 연구했으며, 돈이 이러한 구조를 어떻게 왜곡할 수 있는지를 보여 줍니다.

사회적 불평등의 증대: 돈의 집중은 사회적 불평등을 심화시킬 수 있으며, 이는 사회의 안정을 위협할 수 있습니다. 경제적 격차가 커질수록, 사회적 갈등과 불만이 증가할 수 있으며,

이는 장기적으로 사회 전체에 부정적인 영향을 미칠 수 있습니다.

　돈은 강력한 힘을 가지고 있으며, 경제적 기회 창출, 사회적 영향력 행사, 안정감 제공 등의 긍정적인 역할을 할 수 있습니다. 그러나 동시에 돈에는 한계가 존재하며, 진정한 행복을 보장하지 못하고, 인간관계를 왜곡하거나 도덕적 문제를 야기할 수 있습니다. 클리포드 기어츠의 이론을 통해, 우리는 돈이 어떻게 사회적 상징으로서 긍정적이거나 부정적인 영향을 미치는지를 이해할 수 있습니다. 따라서 돈을 중요한 도구로 인식하되, 그 이상의 의미를 부여하지 않도록 하는 것이 중요합니다. 균형 잡힌 시각으로 돈을 바라보는 것이 개인적 행복과 사회적 조화를 이루는 데 필수적입니다.

2) 돈이 삶의 질에 미치는 영향에 대하여?

기본적인 필요 충족

생존과 안정: 돈은 개인이 음식, 의복, 주거와 같은 기본적인 생존 필요를 충족하는 데 필수적입니다. 경제적 여유가 있는 사람들은 이러한 기본적인 필요를 안정적으로 충족할 수 있으며, 이는 삶의 질을 향상시키는 기초가 됩니다. 마르셀 모스의 이론에 따르면, 이러한 기본적인 필요의 충족은 인간 사회에서 중요한 사회적 유대를 형성하는 기반이 됩니다.

의료와 건강: 돈이 있을 경우, 고급 의료 서비스를 이용할 수 있으며, 예방적 건강 관리도 가능해집니다. 이는 개인의 신체적, 정신적 건강을 유지하는 데 중요한 역할을 하며, 더 높은 삶의 질을 누릴 수 있게 합니다. 모스는 건강과 같은 기본적 필요가 사회적 교환과 유대의 중요한 요소로 작용한다고 설명할 수 있습니다.

교육과 자기계발

교육 기회: 돈은 양질의 교육을 받을 수 있는 기회를 제공합니다. 좋은 교육은 개인의 지식

과 기술을 향상시켜, 더 나은 직업 기회를 얻고, 삶의 질을 높이는 데 기여합니다. 모스의 관점에서 교육은 단순한 지식 습득을 넘어, 사회적 유대와 인간관계를 강화하는 중요한 역할을 합니다.

자기계발과 여가 활동: 경제적 여유는 자기계발을 위한 다양한 활동을 가능하게 합니다. 예를 들어, 취미나 운동, 예술 활동 등은 개인의 정신적 만족감을 높이고, 삶의 질을 향상시키는 중요한 요소입니다. 모스는 이러한 활동들이 사회적 관계를 강화하고 개인의 정체성을 구축하는 데 기여한다고 설명할 수 있습니다.

안정감과 자유

경제적 안전망: 돈은 개인에게 경제적 안정감을 제공합니다. 예상치 못한 사건이나 비상 상황에 대비할 수 있는 능력이 삶의 불확실성을 줄여 주고, 스트레스를 경감시켜 줍니다. 모스의 이론에서는 이러한 경제적 안정이 사회적 유대와 신뢰를 유지하는 중요한 요소로 작용합니다.

선택의 자유: 돈은 개인이 자신의 삶을 보다 자유롭게 설계하고, 다양한 선택을 할 수 있게 합니다. 예를 들어, 원하는 직업을 선택하거나, 삶의 방식을 조절하는 자유를 가질 수 있습니다. 이러한 선택의 자유는 삶의 만족도와 직접적으로 연결됩니다. 모스는 이러한 자유와 선택이 사회적 교환과 유대 속에서 개인의 정체성을 확립하는 데 중요한 역할을 한다고 봅니다.

스트레스와 불안

경제적 압박: 돈이 부족하거나 경제적 어려움을 겪는 사람들은 큰 스트레스와 불안을 경험할 수 있습니다. 이는 정신 건강에 부정적인 영향을 미치고, 삶의 질을 크게 저하시킬 수 있습니다. 모스는 경제적 압박이 개인의 사회적 위치와 관계를 위협하며, 이는 사회적 교환에서 신뢰를 약화시킬 수 있다고 설명합니다.

과도한 욕심과 비교: 돈에 대한 집착은 삶에서 다른 중요한 가치를 희생시키게 만들 수 있습니다. 돈을 더 많이 벌기 위한 끝없는 경쟁은 스트레스를 증가시키고, 삶의 만족감을 저하시킬 수 있습니다. 또한, 다른 사람들과의 경제적 비교는 자존감에 부정적인 영향을 미칠 수 있습니다. 모스는 이러한 비교와 경쟁이 사회적 유대와 신뢰를 해칠 수 있음을 경고합니다.

인간관계의 왜곡

돈으로 인한 갈등: 돈은 가족, 친구, 동료 간의 갈등을 초래할 수 있습니다. 경제적 문제로 인해 인간관계가 손상될 수 있으며, 이는 사회적 고립감을 느끼게 하여 삶의 질을 낮출 수 있습니다. 모스의 이론에 따르면, 돈과 같은 물질적 자원이 사회적 교환에서 중요한 역할을 하지만, 그것이 갈등의 원인이 될 때 사회적 유대는 약화됩니다.

표면적 인간관계: 돈이 인간관계에서 주요한 요소로 작용할 때, 관계가 표면적이고 이기적으로 변질될 수 있습니다. 이는 진정한 정서적 연결이 부족한 관계를 만들고, 외로움과 만족감 저하로 이어질 수 있습니다. 모스는 인간관계의 본질이 상호 신뢰와 증여에 있다고 보며, 돈이 그 본질을 왜곡할 때 관계의 질이 떨어질 수 있음을 강조합니다.

물질주의와 삶의 의미 상실

물질주의적 가치관: 돈을 지나치게 중요하게 여기는 물질주의적 가치관은 사람들을 소비와 외적인 성취에 집착하게 만듭니다. 이러한 가치관은 진정한 내면의 평화나 삶의 의미를 추구하는 것을 방해하며, 삶의 질을 낮출 수 있습니다. 모스는 물질적 자원의 축적이 아닌, 사회적 관계와 유대가 인간의 진정한 가치를 형성한다고 설명할 수 있습니다.

삶의 균형 상실: 돈을 목표로 한 삶은 종종 삶의 다른 중요한 요소들을 희생시킵니다. 인간관계, 건강, 정신적 성장 등은 돈을 추구하는 과정에서 간과될 수 있으며, 이는 전반적인 삶의 질을 저하시킬 수 있습니다. 모스의 이론에 따르면, 이러한 불균형은 사회적 교환에서 발생하는 갈등과 유사하며, 이는 개인의 삶에 부정적인 영향을 미칠 수 있습니다.

돈은 삶의 질에 깊은 영향을 미칩니다. 긍정적으로는 기본적인 필요를 충족시키고, 교육과 자기계발의 기회를 제공하며, 안정감과 자유를 증가시킬 수 있습니다. 그러나 부정적으로는 스트레스와 불안, 인간관계의 왜곡, 물질주의로 인한 삶의 의미 상실 등을 초래할 수 있습니다. 마르셀 모스의 이론을 통해, 우리는 돈이 어떻게 사회적 유대와 인간관계에 영향을 미치는지를 이해할 수 있습니다. 따라서 돈을 삶의 중요한 도구로 여기되, 그 이상으로 중요시하지 않고, 균형 잡힌 시각을 유지하는 것이 삶의 질을 높이는 데 필수적입니다.

돈과 행복의 상관관계

돈과 행복의 관계는 오랫동안 많은 연구와 논의의 대상이 되어 왔습니다. 돈은 기본적인 생존과 생활에 필요한 자원을 제공하기 때문에 어느 정도까지는 행복과 직접적인 연관이 있지만, 그 이상의 수준에서는 돈과 행복의 관계가 매우 복잡해집니다. 이 내용을 인류학자 '클리포드 기어츠(Clifford Geertz)'*의 이론을 참고하여 풀어 보겠습니다. '기어츠'는 문화와 상징이 사회적 행동에 어떻게 영향을 미치는지를 연구했으며, 그의 접근법을 통해 돈과 행복의 관계를 더 깊이 이해할 수 있습니다.

기본적인 필요 충족

생존과 안정: 돈은 개인의 기본적인 생활 요구를 충족시켜 행복을 증대시킵니다. 음식, 주거, 의료, 교육 등 생존에 필요한 자원을 확보할 수 있을 때, 사람들은 더 큰 안정감과 안전을 느끼게 됩니다. 이는 행복의 중요한 기반이 됩니다. 기어츠의 연구에 따르면, 이러한 기본적인 필요의 충족은 개인의 정체성과 사회적 위치를 확립하는 데 중요한 역할을 하며, 행복의 기초를 형성합니다.

스트레스 감소: 재정적 안정은 경제적 어려움으로 인한 스트레스를 줄여 줍니다. 경제적 안정이 확보되면 사람들은 더 건강하고 긍정적인 정신 상태를 유지할 수 있으며, 이는 행복에 긍정적인 영향을 미칩니다. 기어츠는 사회적 안정과 자원이 개인의 심리적 안정에 어떻게 기여하는지를 강조하며, 돈이 이 과정에서 중요한 역할을 한다고 설명할 수 있습니다.

자유와 선택권의 확대

선택의 자유: 돈은 사람들에게 더 많은 선택과 기회를 제공합니다. 경제적 여유가 있는 사람들은 더 나은 교육을 선택할 수 있고, 직업 선택의 자유를 가질 수 있으며, 여가 시간을 보다 풍요롭게 활용할 수 있습니다. 이 선택의 자유는 사람들이 자신의 삶을 더 의미 있게 느끼고, 행복감을 증가시키는 데 기여합니다. 기어츠의 이론에 따르면, 이러한 선택과 자유는 개인이 사회적 위치를 강화하고, 자신의 삶에 의미를 부여하는 데 필수적입니다.

삶의 유연성: 경제적 여유가 있으면 사람들은 더 많은 유연성을 가지고 살아갈 수 있습니다. 예를 들어, 일에서의 자유로움, 조기 은퇴, 휴식과 재충전 등을 선택할 수 있으며, 이는 행복과 삶의 만족도를 높일 수 있습니다. 기어츠는 개인이 사회적 맥락에서 자신의 삶을 조정하고 재구성하는 방식이 행복에 미치는 영향을 분석하며, 경제적 자원이 이러한 유연성을 제공하는 데 중요한 역할을 한다고 설명합니다.

3) 돈과 행복의 상관관계에 대하여?

행복의 포화점

포화점 이론: 많은 연구에 따르면, 일정 수준 이상의 소득이 행복에 미치는 영향은 매우 제한적입니다. 2010년의 유명한 연구에 따르면, 미국에서 연간 약 7만 5천 달러 정도의 소득이 개인의 행복과 관련된 가장 큰 차이를 만들었으며, 그 이상으로 소득이 증가해도 행복이 큰 폭으로 상승하지 않는다는 결과가 있었습니다. 이는 기본적인 필요가 충족된 이후에는 추가적인 돈이 행복에 미치는 영향이 상대적으로 적다는 것을 의미합니다. 기어츠의 연구는 이러한 포화점 이론을 사회적 맥락에서 이해하는 데 도움을 줄 수 있습니다. 돈이 많더라도 사회적 관계와 상징적 자본이 부족하면 행복이 크게 증가하지 않을 수 있다는 점을 시사합니다.

상대적 행복: 행복은 절대적인 소득 수준보다는 상대적인 소득, 즉 주변 사람들과의 비교에

서 오는 경우가 많습니다. 돈이 많아도 주변에 더 부유한 사람들이 많으면 상대적 박탈감을 느끼기 쉽습니다. 기어츠의 관점에서 이는 사회적 비교와 상징적 위치가 개인의 행복에 중요한 역할을 한다는 점을 보여 줍니다.

물질주의와 불행: 돈에 대한 집착이 지나치면 오히려 행복을 저해할 수 있습니다. 물질주의적 가치관을 가지고 있으면 돈을 더 많이 벌고 소비하는 것이 삶의 주된 목표가 되는데, 이는 지속적인 불만족과 스트레스를 야기할 수 있습니다. 기어츠는 물질주의가 사회적 상징과 결합될 때 개인의 심리적 안정과 행복을 어떻게 해칠 수 있는지를 설명할 수 있습니다.

부의 역설: 경제적 부유함이 오히려 불행을 초래하는 경우도 있습니다. 더 많은 돈을 가질수록 재산 관리에 대한 책임, 자산 보호에 대한 걱정, 그리고 더 높은 기대치로 인해 스트레스가 증가할 수 있습니다. 기어츠는 부유함이 오히려 개인을 사회적 고립으로 몰아갈 수 있으며, 이는 타인과의 신뢰 관계를 약화시킬 수 있다고 설명합니다.

경험 소비와 행복

경험의 중요성: 연구에 따르면, 사람들은 물건을 구매하는 것보다 경험에 돈을 쓸 때 더 큰 행복감을 느낍니다. 여행, 공연 관람, 취미 활동 등은 물질적인 구매보다 더 오래 지속되는 만족감을 제공합니다. 이는 경험이 개인의 삶에 더 큰 의미를 부여하고, 사회적 관계를 강화시키기 때문입니다. 기어츠는 경험과 사회적 상징이 개인의 정체성과 행복에 어떻게 긍정적인 영향을 미치는지를 설명할 수 있습니다.

시간과 행복: 돈과 시간 사이의 균형도 행복에 중요한 요소입니다. 돈을 많이 벌기 위해 시간이 희생될 경우, 삶의 여유가 줄어들고 행복이 감소할 수 있습니다. 반대로, 돈을 사용해 시간을 절약하거나 여유 시간을 만들면 행복이 증가할 수 있습니다. 기어츠는 시간과 돈이 사회적 위치와 상징적 의미에서 어떻게 교환되고, 이것이 개인의 행복에 어떻게 영향을 미치는지를 분석할 수 있습니다.

돈을 사용하는 목적: 돈이 행복을 가져다 주는가의 여부는 돈을 어떻게 사용하는지에 따라 달라집니다. 돈이 개인의 삶의 목적을 실현하는 데 사용되거나, 다른 사람에게 도움을 주는 데 사용될 때, 사람들은 더 큰 행복을 느낍니다. '기어츠'의 이론에 따르면, 돈이 사회적 목적과 연결될 때 개인은 더 큰 만족감과 의미를 느낄 수 있습니다.

돈과 행복의 관계는 단순히 돈이 많을수록 행복하다는 것 이상의 복잡한 상호 작용을 포함합니다. 돈은 기본적인 필요를 충족시키고 선택의 자유를 제공함으로써 행복에 중요한 기여를 하지만, 일정 수준을 넘어서면 돈이 행복에 미치는 영향은 제한적입니다. 지나친 물질주의적 가치관은 오히려 불행을 초래할 수 있으며, 돈을 사용하는 방식, 특히 경험과 시간에 투자하는 방식이 더 큰 행복을 제공할 수 있습니다. '클리포드 기어츠'의 이론을 통해, 우리는 돈과 행복의 복잡한 관계를 사회적 맥락에서 더 깊이 이해할 수 있으며, 돈이 삶의 유일한 목표가 되지 않도록 균형 잡힌 시각을 유지하는 것이 중요합니다.

돈 관리의 기본 원칙에 대하여?

"What are the basic principles of money management?"

　돈을 효율적으로 관리하는 것은 재정적 안정과 목표 달성에 필수적입니다. 이를 위해 예산을 세우고 지출을 관리하는 방법을 이해하는 것이 중요합니다. 이 내용에서는 인류학자 '마르셀 모스(Marcel Mauss)'의 이론을 참고하여, 돈 관리의 기본 원칙을 쉽게 풀어 설명하겠습니다. 모스는 인간 사회에서 교환과 증여의 중요성을 강조했으며, 이는 돈 관리에서도 중요한 역할을 합니다.

1) 예산 세우기와 지출 관리에 대하여?

수입 파악하기

　수입 항목 식별: 첫 번째 단계는 자신의 모든 수입원을 파악하는 것입니다. 여기에는 월급, 프리랜서 수입, 투자 수익, 정부 지원금 등이 포함됩니다. 모스의 이론을 바탕으로, 이러한 수입은 개인이 사회적 교환에 참여할 수 있는 중요한 자원으로 볼 수 있습니다. 수입을 고정 수입(정기적인 급여)과 비정기 수입(보너스, 임시 일자리 수입)으로 구분하여, 각각의 특성을 이해하는 것이 중요합니다.

순수입 계산: 수입에서 세금, 보험료, 퇴직 연금 등의 공제액을 뺀 순수입(실수령액)을 계산합니다. 모스는 사회적 관계에서 중요한 것은 명목상 금액이 아니라 실제로 사용할 수 있는 자원이라고 강조했습니다. 예산도 마찬가지로, 순수입을 기준으로 세워야 현실적인 재정 계획을 세울 수 있습니다.

지출 목록 작성

고정 지출과 변동 지출 구분: 지출은 고정 지출(매달 일정하게 나가는 비용)과 변동 지출(금액이 달라질 수 있는 비용)으로 나눌 수 있습니다. 모스의 이론에 따르면, 이러한 구분은 개인의 재정적 의사 결정을 보다 체계적으로 이해하고 관리하는 데 도움이 됩니다.

고정 지출: 월세/주택 대출 상환금, 자동차 할부금, 공과금, 보험료 등.

변동 지출: 식비, 교통비, 엔터테인먼트, 쇼핑, 외식비 등.

기록과 추적: 지출 목록을 작성하고, 지난 몇 개월 동안의 은행 명세서나 신용카드 명세서를 검토하여 각 항목에 얼마나 지출했는지 기록합니다. 모스의 연구처럼, 이 과정은 과거의 지출 패턴을 분석하여 미래의 재정 계획을 더욱 명확히 설정하는 데 중요합니다.

단기 목표: 몇 달 내에 달성할 수 있는 목표를 설정합니다. 예를 들어, 비상금 마련, 빚 상환, 단기 여행 자금 마련 등이 있습니다.

중장기 목표: 몇 년 내에 달성할 목표를 설정합니다. 주택 구매, 자녀 교육비, 은퇴 준비 등이 포함될 수 있습니다.

SMART 목표: 목표를 설정할 때는 SMART 기준(구체적이고, 측정 가능하며, 달성 가능하고, 관련성 있으며, 시간에 기반한 목표)을 사용하여 명확하고 달성 가능한 목표를 설정합니다. 모스의 이론에 따르면, 이러한 명확한 목표 설정은 재정적 안정성을 유지하고, 개인의 사회적 위치를 강화하는 데 도움이 됩니다.

필수 지출 우선: 가장 먼저 필수적인 지출(주거비, 식비, 교통비 등)에 예산을 배분합니다. 이는 재정적 안정성을 유지하는 데 가장 중요합니다.

저축 및 투자 배정: 목표를 달성하기 위해 소득의 일정 부분을 저축이나 투자에 배정합니다. 일반적으로 월 소득의 20%를 저축 또는 투자하는 것을 추천합니다.

여가 지출 배정: 나머지 금액을 생활의 질을 높이는 데 사용할 수 있습니다. 여기에는 여가 활동, 취미, 외식 등이 포함될 수 있습니다. 모스의 이론에서, 이러한 지출은 개인의 사회적 관계와 문화적 자본을 강화하는 중요한 요소로 볼 수 있습니다.

50/30/20 규칙: 예산을 설정할 때, 50%는 필수 지출, 30%는 자율적 지출, 20%는 저축 및 부채 상환에 할당하는 50/30/20 규칙을 사용할 수 있습니다. 이는 개인의 재정 관리를 체계적으로 유지하는 데 도움이 됩니다.

지출 추적

일상적인 기록: 예산 계획이 실제로 어떻게 실행되고 있는지 확인하려면 지출을 지속적으로 기록하고 추적해야 합니다. 모스는 사회적 교환에서 신뢰와 투명성이 중요하다고 강조했는데, 이는 지출 관리에서도 마찬가지입니다. 가계부, 엑셀 시트, 또는 지출 관리 애플리케이션을 활용할 수 있습니다.

영수증 보관: 모든 영수증을 보관하거나, 지출할 때마다 기록하는 습관을 들입니다. 이는 예상치 못한 지출을 파악하는 데 도움이 됩니다.

불필요한 지출 식별: 예산을 실행하면서 예상보다 지출이 많아지는 항목이 있다면, 그 지출이 필요한지 다시 생각해보고, 불필요한 지출을 줄이는 방법을 모색합니다. 모스의 이론에 따르면, 사회적 교환에서 불필요한 자원의 낭비는 사회적 유대에 해를 끼칠 수 있습니다.

예산 초과 항목 관리: 특정 카테고리에서 예산을 초과한 경우, 다른 카테고리에서 절약하거나, 예산을 재조정하여 균형을 맞춥니다.

변동 지출의 통제: 식비나 오락비와 같은 변동 지출은 자주 과다 지출의 원인이 됩니다. 식사 계획을 세우고, 외식 빈도를 줄이거나, 할인 쿠폰을 활용하는 등 변동 지출을 통제할 수 있는 방법을 모색합니다.

저축 자동화: 월급이 들어오면 바로 일정 금액을 저축 계좌로 자동 이체하는 방법을 사용해 저축을 생활화합니다. 이렇게 하면 저축을 미루지 않고 안정적으로 재정을 관리할 수 있습니다. 모스의 이론에 따르면, 자동화된 시스템은 개인의 사회적 안정성을 유지하는 데 중요한 역할을 합니다.

비상금 조성: 갑작스러운 상황에 대비하기 위해 최소 3~6개월 치의 생활비를 비상금으로 준비해 둡니다. 이 비상금은 긴급한 상황이 아닌 이상 사용하지 않도록 철저히 관리합니다. 모스는 사회적 교환에서의 안전망이 중요하다고 설명했으며, 비상금은 개인의 재정적 안전망을 강화하는 역할을 합니다.

부채 관리

부채 목록 작성: 모든 부채를 리스트로 작성하고, 이자율, 상환 기간, 월 상환 금액 등을 기록합니다. 부채 관리를 위해 우선순위를 정합니다. 모스의 이론에 따르면, 부채는 사회적 교환에서 중요한 역할을 하며, 이를 적절히 관리하는 것이 필수적입니다.

부채 상환 전략: 이자율이 높은 부채부터 먼저 상환하는 '눈덩이 전략'이나, 소액 부채부터 상환해 나가며 성취감을 높이는 '도미노 전략'을 사용할 수 있습니다.

월간 검토: 매달 예산을 검토하고, 계획과 실제 지출 간의 차이를 분석합니다. 필요에 따라 예산을 수정하거나, 지출 습관을 조정합니다. 모스의 이론에서는 지속적인 피드백과 조정이 사회적 관계의 안정성을 유지하는 데 중요하다고 설명합니다.

연간 검토: 연말에는 연간 재정 목표 달성 여부를 평가하고, 다음 해의 재정 계획을 세웁니다.

　　예산 세우기와 지출 관리는 재정적인 안정과 목표 달성에 필수적입니다. 수입과 지출을 명확히 파악하고, 이를 바탕으로 현실적인 예산을 세워 지출을 관리하는 것은 재정 건강을 유지하는 데 큰 도움이 됩니다. 모스의 이론을 통해, 우리는 돈 관리가 단순한 경제적 행위가 아니라, 사회적 교환과 유대의 중요한 부분임을 이해할 수 있습니다. 정기적으로 예산을 검토하고, 필요할 때 조정하며, 지출을 통제하는 습관을 길러 나가는 것이 중요합니다.

2) 저축과 부채 관리에 대하여?

　　저축과 부채 관리는 개인의 재정 건강을 유지하는 데 매우 중요한 요소입니다. 저축은 미래를 대비하고 경제적 안정감을 제공하는 역할을 하며, 부채 관리는 현재의 재정적 부담을 줄이고, 장기적으로 재정적 자유를 확보하는 데 필수적입니다. 이 두 가지를 잘 관리하면 재정적인 스트레스가 줄어들고, 더 나은 삶을 살 수 있게 됩니다. 이 내용을 쉽게 설명하면서, 인류학자 데이비드 그레이버(David Graeber)의 연구를 참고해 풀어 보겠습니다.

저축의 중요성

　　저축은 단순히 돈을 모으는 것 이상의 의미를 가집니다. 먼저, 저축은 비상금 마련에 도움이 됩니다. 예기치 않은 일이 생겼을 때, 예를 들어 병원비나 갑작스러운 수리비가 필요할 때, 비상금은 큰 도움이 됩니다. 보통 3~6개월치 생활비를 비상금으로 준비해 두는 것이 좋습니다.

　　또한, 저축은 우리가 재정적 목표를 달성하는 데 필수적입니다. 예를 들어, 여행을 가고 싶거나, 새로운 차를 사고 싶거나, 나중에 집을 사기 위해 돈을 모아야 할 때 저축이 필요합니다. 저축을 통해 장기적인 계획을 실현할 수 있습니다.

　　마지막으로, 저축은 금융 스트레스를 줄이는 데 큰 역할을 합니다. 돈을 저축해 두면 예상치 못한 지출이 생겨도 덜 걱정하게 됩니다. 인류학자 데이비드 그레이버는 사람들의 재정적 안정감이 사회적 관계와 개인의 심리적 안정에 중요한 역할을 한다고 강조합니다. 저축은 바로 이러한 안정감을 제공해 줍니다.

저축 전략

저축을 효과적으로 하려면 몇 가지 전략을 사용할 수 있습니다.

첫째, 자동 저축을 설정하는 것입니다. 월급이 들어오면 자동으로 일정 금액이 저축 계좌로 이체되도록 하면, 저축이 더 쉽게 이루어집니다. 이렇게 하면 저축을 생활화할 수 있고, 돈을 덜 쓰게 됩니다.

둘째, 소득의 일정 비율을 저축하는 것이 좋습니다. 일반적으로 소득의 20%를 저축하는 것이 권장됩니다. 물론 개인의 재정 상황에 따라 이 비율은 조정될 수 있습니다.

셋째, 저축 목표 설정이 중요합니다. 목표가 명확할수록 저축에 더 동기 부여가 됩니다. 예를 들어, "1년 안에 300만 원을 모으겠다"는 구체적인 목표를 세우면, 목표를 달성하기 위해 더 열심히 저축하게 됩니다.

마지막으로, 다양한 저축 수단을 활용하는 것이 좋습니다. 예를 들어, 비상금을 위한 예금 계좌, 중장기 목표를 위한 적금이나 투자 상품을 사용하는 것이 효과적입니다.

저축의 유형

저축은 크게 세 가지 유형으로 나뉩니다. 단기 저축은 예기치 않은 상황이나 짧은 기간 내에 필요한 자금을 위한 것입니다. 예를 들어, 몇 달 안에 필요할 돈을 저축하는 것이 이에 해당됩니다.

중기 저축은 몇 년 내에 필요할 자금을 위한 저축입니다. 예를 들어, 자동차를 사거나, 교육비를 준비하는 것이 여기에 해당합니다.

장기 저축은 은퇴 자금이나 주택 구입 자금처럼 장기적인 목표를 위한 저축입니다. 이 경우, 주식이나 채권 같은 투자 상품을 이용해 저축을 늘릴 수 있습니다.

부채의 이해

부채도 잘 관리해야 합니다. 부채는 크게 두 가지로 나눌 수 있습니다. 첫째, 생산적인 부채입니다. 예를 들어, 학자금 대출이나 주택 대출처럼 장기적으로 가치를 창출할 수 있는 부채입니다. 이러한 부채는 미래에 수익을 창출할 가능성이 있기 때문에 긍정적으로 볼 수 있습니다.

둘째, 소비성 부채입니다. 신용카드 대금이나 자동차 할부금처럼 현재의 소비를 위해 발생한 부채입니다. 이러한 부채는 이자율이 높아 빨리 갚는 것이 중요합니다.

부채 상환 전략

부채를 효과적으로 상환하기 위해서는 몇 가지 전략이 필요합니다.

첫째, 이자율이 높은 부채부터 상환하는 것이 좋습니다. 이자율이 높은 부채를 먼저 갚으면, 전체적으로 부담해야 할 이자를 줄일 수 있습니다.

둘째, 눈덩이 전략을 활용할 수 있습니다. 이 전략은 작은 부채부터 빠르게 갚아 나가면서 성취감을 얻고, 이를 바탕으로 더 큰 부채를 갚아 나가는 방식입니다. 이렇게 하면 부채를 갚는 것이 더 쉽고, 심리적으로도 만족감을 느낄 수 있습니다.

셋째, 고정 상환 계획을 세우는 것이 중요합니다. 매달 일정한 금액을 꾸준히 상환하는 계획을 세우면 부채를 체계적으로 줄여 나갈 수 있습니다.

마지막으로, 부채 통합도 고려할 수 있습니다. 여러 건의 부채를 하나의 낮은 이자율 대출로 통합하면, 이자 부담을 줄이고 상환을 더 단순화할 수 있습니다.

부채 관리의 원칙

부채를 관리할 때는 상환 우선순위를 설정하는 것이 중요합니다. 모든 부채를 동일하게 처리하기보다는, 긴급하게 상환해야 할 부채와 그렇지 않은 부채를 구분해 우선순위를 정해야 합니다.

또한, 지출 통제가 필요합니다. 부채를 갚는 동안 새로운 부채가 생기지 않도록 신용카드 사용을 줄이거나 불필요한 지출을 줄이는 것이 중요합니다.

마지막으로, 모든 부채 상황을 파악하고, 상환 계획을 주기적으로 검토해 조정하는 것이 필요합니다.

부채와 신용 관리

부채를 관리하는 것과 함께 신용 점수 관리도 중요합니다. 신용 점수는 대출이나 신용카드 발급 등에 중요한 역할을 합니다. 제때 상환하지 않으면 신용 점수가 하락할 수 있으므로 꾸준한 상환이 필요합니다.

상환이 어려운 경우에는 부채 재조정 협상을 고려할 수 있습니다. 채권자와 협상해 상환 조건을 재조정하거나, 상환 일정을 조정하는 것도 방법입니다.

저축과 부채 관리는 재정 건강을 유지하는 데 필수적인 요소입니다. 저축은 미래를 대비하고 재정적 목표를 달성하는 데 필요한 자원을 제공합니다. 반면, 부채 관리는 현재의 재정적 부담을 줄이고 장기적으로 재정적 자유를 확보하는 데 중요합니다. 데이비드 그레이버는 개인의 재정적 건강이 그들의 사회적 관계와 삶의 질에 깊은 영향을 미친다고 주장합니다. 저축과 부채를 균형 있게 관리함으로써 재정적 안정성과 여유를 누릴 수 있습니다. 이 균형을 잘 유지하면, 미래에 대한 걱정 없이 더 나은 삶을 살 수 있습니다.

3) 돈의 흐름 이해하기: 현금 흐름과 재무제표에 대하여?

돈의 흐름을 이해하는 것은 개인 재정 관리뿐만 아니라, 기업 운영에서도 중요한 역할을 합니다. 이를 위해 개인과 기업은 현금 흐름과 재무제표를 통해 재정 상태와 자금의 이동을 파악해야 합니다.

현금 흐름(Cash Flow)의 정의

현금 흐름은 일정 기간 동안 들어오고 나가는 현금의 흐름을 의미합니다. 이는 개인이나 기업의 재정 상태를 평가하는 중요한 지표로, 현금 흐름을 잘 관리하는 것이 재정적 안정성을 유지하는 데 필수적입니다.

현금 흐름의 유형

운영 현금 흐름(Operating Cash Flow): 일상적인 운영 활동에서 발생하는 현금 흐름입니다. 예를 들어, 급여 지급, 판매 수익, 공과금 납부 등이 포함됩니다. 이는 주로 기업의 영업 활동에서 발생하는 현금의 흐름을 나타냅니다.

투자 현금 흐름(Investing Cash Flow): 투자 활동에서 발생하는 현금 흐름입니다. 예를 들어, 자산 구매나 매각, 투자 수익 등이 여기에 포함됩니다. 이는 주로 장기적인 자산과 관련된 현금 흐름을 나타냅니다.

현금 흐름(Financing Cash Flow): 자본 조달 및 상환 활동에서 발생하는 현금 흐름입니다. 예를 들어, 대출금 수령, 배당금 지급, 채무 상환 등이 포함됩니다. 이는 주로 기업의 자본 구조와 관련된 현금 흐름을 나타냅니다.

현금 유입과 유출의 균형: 긍정적인 현금 흐름을 유지하는 것이 중요합니다. 이는 현금 유입이 현금 유출보다 많아야 함을 의미하며, 이는 재정적 안정성을 유지하는 데 필수적입니다.

현금 흐름 예측: 미래의 현금 흐름을 예측하여 적절한 재정 계획을 세우는 것이 필요합니다. 이를 통해 예상치 못한 현금 부족 사태를 예방할 수 있습니다.

유동성 관리: 유동성은 필요한 순간에 현금을 확보할 수 있는 능력을 의미합니다. 유동성이 부족하면, 일시적인 자금 부족으로 인해 심각한 재정 문제가 발생할 수 있습니다. 따라서 유동성을 충분히 확보하는 것이 중요합니다.

재무제표(Financial Statements)

재무제표의 정의

재무제표는 일정 기간 동안의 재정 상태와 경영 성과를 기록한 문서로, 기업이나 개인의 재정 상태를 종합적으로 평가할 수 있는 도구입니다. 재무제표는 주로 세 가지 주요 보고서로 구성됩니다: 대차 대조표(또는 재무 상태표), 손익 계산서, 현금 흐름표입니다.

재무제표의 구성 요소

대차 대조표(Balance Sheet)

정의: 대차 대조표는 특정 시점에서의 자산, 부채, 자본을 나타내는 재무제표입니다. 대차 대조표는 '자산 = 부채 + 자본'의 등식을 기반으로 작성됩니다.

자산: 기업이나 개인이 보유하고 있는 모든 자원, 예를 들어 현금, 부동산, 재고, 기계 등이 포함됩니다.

부채: 기업이나 개인이 갚아야 할 모든 빚이나 의무, 예를 들어 대출금, 미지급금 등이 포함됩니다.

자본: 자산에서 부채를 뺀 나머지, 즉 순자산입니다. 이는 기업 소유주의 지분이나 개인의 순재산을 나타냅니다.

손익 계산서(Income Statement)

정의: 손익 계산서는 일정 기간 동안의 수익, 비용, 이익 또는 손실을 나타내는 재무제표입니다. 손익 계산서는 기업의 경영 성과를 평가하는 데 사용됩니다.

수익: 제품이나 서비스를 판매하여 발생한 모든 수익을 나타냅니다.

비용: 수익을 창출하는 과정에서 발생한 모든 비용, 예를 들어 인건비, 원자재 비용, 운영비 등이 포함됩니다.

순이익: 수익에서 비용을 뺀 나머지로, 기업이나 개인이 일정 기간 동안 실현한 이익을 나타냅니다.

현금 흐름표(Cash Flow Statement)

정의: 현금 흐름표는 일정 기간 동안의 현금 유입과 유출을 기록한 재무제표입니다. 이 보고서는 기업의 현금 상태를 명확하게 보여 줍니다.

운영 활동 현금 흐름: 기업의 주된 영업 활동에서 발생한 현금 흐름을 나타냅니다.

투자 활동 현금 흐름: 자산의 구매나 매각 등 투자 활동에서 발생한 현금 흐름을 나타냅니다.

재무 활동 현금 흐름: 자본 조달 및 상환 활동에서 발생한 현금 흐름을 나타냅니다.

재무제표 분석

재무 비율 분석: 재무제표를 분석할 때, 다양한 재무 비율을 사용하여 기업이나 개인의 재정 상태를 평가할 수 있습니다. 예를 들어, 유동 비율(유동 자산/유동 부채), 부채 비율(총 부채/총 자산), 순이익률(순이익/총 수익) 등이 있습니다.

트렌드 분석: 재무제표를 시간의 흐름에 따라 분석함으로써 재정 상태의 변화를 이해하고, 장기적인 경향을 파악할 수 있습니다. 이는 미래의 재정 계획을 세우는 데 중요한 정보를 제공합니다.

현금 흐름과 재무제표는 돈의 흐름을 이해하는 데 중요한 도구입니다. 현금 흐름은 일상적인 재정 활동에서 현금이 어떻게 이동하는지를 보여주며, 재무제표는 더 종합적으로 개인이나 기업의 재정 상태를 평가할 수 있는 정보를 제공합니다. 현금 흐름과 재무제표를 통해 자신의 재정 상태를 정확히 파악하고, 이를 바탕으로 재정 계획을 세우고 실행하는 것이 재정적 성공의 열쇠입니다.

● 소득(PIR)으로 주택(부동산) 매입하는 시대는 아니다. 자산으로 주택(부동산) 매입하는 시대에 대하여?

소득(PIR)으로 주택(부동산) 매입하는 시대?

"지금은 자산으로 주택을 매입하는 시대다."라는 주제를 설명하면서, 인류학자 마셜 살린스 (Marshall Sahlins)의 이론을 활용하여 쉽게 풀어 보겠습니다. 마셜 살린스는 경제적 행동이 단순한 물질적 필요를 넘어 사회적 관계와 문화적 가치에 의해 형성된다고 주장한 인류학자입니다. 그의 이론을 바탕으로, 왜 현재의 주택 시장에서 소득이 아닌 자산이 더 중요한지를 이해하기 쉽게 설명하겠습니다.

소득(PIR)으로 주택을 매입하는 시대는 지났다

PIR(Price-to-Income Ratio)는 주택 가격을 가구 소득으로 나눈 비율로, 이 비율이 낮을수록 소득에 비해 주택 가격이 적절함을 의미합니다. 과거에는 소득 수준이 주택 구매력을 결정 짓는 주요 요소였기 때문에, 사람들은 주로 자신의 소득을 기준으로 주택을 구매했습니다. 하지만 최근 몇 년 동안, 주택 가격이 급격히 상승하면서 소득만으로는 집을 사기 어려운 시대가 되었습니다.

자산으로 주택을 매입하는 시대

오늘날 주택을 매입할 때는 소득보다 자산이 더 중요한 역할을 합니다. 이는 주택 가격이 소득 수준을 초과하는 상황에서, 기존에 축적한 자산을 활용하여 주택을 구매해야 하는 시대가 되었음을 의미합니다. 자산으로 주택을 매입한다는 것은, 과거에 축적해 둔 자산(예: 금융 자산, 부동산, 주식 등)을 사용해 주택을 구매하거나, 이를 담보로 대출을 받아 주택을 구입하는 것을 말합니다.

자산의 중요성

주택 가격 상승: 주택 가격이 소득 대비 훨씬 빠르게 상승하면서, 소득만으로는 주택을 구매하기 어려워졌습니다. 이로 인해, 주택을 구입하려면 소득 외에 추가적인 자산이 필요하게 되었습니다.

투자 자산의 증가

주식, 펀드, 부동산 등 다양한 투자 자산이 늘어나면서, 이러한 자산을 활용해 주택을 구매하는 것이 일반화되었습니다. 자산을 통해 주택을 구매하는 것은 단순한 주거지를 확보하는 것을 넘어, 장기적인 투자와 자산 증식을 고려한 전략이 되었습니다.

대출의 역할 변화

과거에는 소득 기반 대출이 주택 구매의 주요 수단이었으나, 이제는 자산을 담보로 대출을 받는 경우가 많아졌습니다. 이는 자산의 가치가 대출을 가능하게 하는 중요한 요소로 작용하고 있음을 보여줍니다.

마셜 살린스의 이론 적용

마셜 살린스의 이론에 따르면, 경제적 행동은 단순한 생존과 물질적 필요를 넘어, 사회적 관계와 문화적 가치에 의해 형성됩니다. 주택을 자산을 통해 매입하는 현상도 이러한 맥락에서 이해할 수 있습니다. 자산은 단순한 물질적 재화가 아니라, 사회적 지위를 나타내는 상징적 자산으로 작용할 수 있으며, 이를 통해 개인의 사회적 위치와 안정성을 확보하는 수단이 됩니다.

자산을 통해 주택을 매입하는 것은, 사회에서 자신의 위치를 강화하고, 장기적인 안정성을 추구하는 경제적 행동으로 볼 수 있습니다. 이는 주택을 단순한 주거 공간이 아니라, 사회적 지위와 경제적 안정성을 나타내는 중요한 자산으로 인식하게 만듭니다.

지금은 소득(PIR)으로 주택을 매입하는 시대가 아니라, 자산으로 주택을 매입하는 시대입니다. 이는 주택 가격이 소득 대비 너무 높아졌기 때문에, 자산을 활용해 주택을 구매하는 방식이 일반화된 결과입니다. 피에르 부르디외의 이론을 바탕으로, 우리는 자산이 단순한 경제적 자원을 넘어서, 개인의 사회적 위치와 성공에 중요한 역할을 한다는 것을 이해할 수 있습니다. 따라서 자산을 활용한 주택 매입은 경제적 자본과 사회적 자본, 문화적 자본이 결합된 현대 사회의 중요한 현상입니다.

● 재테크의 기본이 '투자 대비 수익률'이 더 중요하다고?

　재테크의 기본이 '투자 대비 수익률'이 더 중요하다는 주제에 대해 설명하면서, 인류학자 클로드 레비스트로스(Claude Lévi-Strauss)의 구조주의 이론을 활용하여 쉽게 풀어보겠습니다. 레비스트로스는 인간의 행동과 사회 구조가 서로 어떻게 연결되어 있는지를 탐구한 인류학자입니다. 그의 이론을 바탕으로, 왜 투자 대비 수익률이 재테크에서 중요한지를 이해하기 쉽게 설명하겠습니다.

투자 대비 수익률의 개념

투자 대비 수익률(Return on Investment, ROI)은 투자한 자본이 얼마나 많은 수익을 창출했는지를 나타내는 지표입니다. 이는 투자에 대한 성과를 평가하는 가장 기본적인 방법으로, 투자자들은 자신의 자산을 어디에, 얼마나 투자해야 가장 큰 이익을 얻을 수 있을지를 결정하는 데 있어 ROI를 중요하게 고려합니다.

ROI는 간단히 말해, 내가 투자한 돈이 얼마나 더 많은 돈을 벌어다 주었는지를 보여주는 척도입니다. 예를 들어, 100만 원을 투자해서 10만 원의 수익을 얻었다면, ROI는 10%입니다. 이 비율이 높을수록 투자 성과가 좋다는 것을 의미합니다.

왜 ROI가 중요한가?

투자 대비 수익률이 중요한 이유는, 재테크의 궁극적인 목표가 자산을 증대시키는 것이기 때문입니다. 단순히 돈을 투자하는 것만으로는 큰 의미가 없으며, 얼마나 효율적으로 수익을 창출했는지가 중요합니다. 재테크에서 가장 중요한 것은 돈이 얼마나 잘 불어나는가입니다. 이는 결국 투자한 자본 대비 얻는 수익률로 평가될 수 있습니다.

클로드 레비스트로스의 구조주의 이론에 따르면, 인간의 행동은 사회 구조와 상호작용하며, 이는 개인의 성공과도 밀접하게 연관됩니다. 투자에서도 구조적인 접근이 필요합니다. 단순히 많은 자산을 투입한다고 해서 성공적인 투자로 이어지지 않으며, 효율적으로 수익을 창출할 수 있는 투자 전략을 세우는 것이 중요합니다. 레비스트로스의 이론은 이러한 전략을 세우는 데 있어 투자와 수익의 구조적 관계를 이해하는 것이 필수적임을 시사합니다.

재테크에서 ROI가 중요한 이유

자원의 효율적 사용(Efficient Use of Resources): 투자 대비 수익률이 높다는 것은 적은 자원을 사용해 더 큰 수익을 얻었음을 의미합니다. 이는 자원을 효율적으로 사용한 결과로, 자산을 최대로 활용하여 가장 높은 성과를 낼 수 있는 방법입니다. 레비스트로스의 구조주의 이론을 적용하면, 이는 자원의 배분과 활용이 사회적 구조 내에서 어떻게 최적화될 수 있는지를 보여 줍니다.

리스크 관리(Risk Management)

투자에는 항상 리스크가 따릅니다. 높은 수익률을 얻기 위해서는 리스크를 잘 관리하는 것이 중요합니다. ROI는 이러한 리스크 대비 얻을 수 있는 수익을 평가하는 데 중요한 역할을 합니다. 리스크를 최소화하면서도 최대한의 수익을 올리는 것이 재테크의 핵심입니다.

투자의 비교 기준(Benchmark for Comparison)

ROI는 다양한 투자 옵션을 비교하는 데 사용될 수 있습니다. 여러 가지 투자 기회가 있을 때, 가장 높은 수익률을 제공하는 옵션을 선택하는 것이 합리적입니다. 이는 개인의 재정적 목표를 달성하기 위한 가장 효율적인 경로를 찾는 과정입니다.

장기적인 성과(Long-Term Performance): 높은 ROI를 지속적으로 달성하는 것은 장기적인 재정적 안정성과 성장에 중요합니다. 단기적인 수익만을 추구하는 것이 아니라, 장기적인 관점에서 안정적이고 지속 가능한 수익을 창출하는 것이 재테크에서 중요한 이유입니다.

레비스트로스의 이론 적용

클로드 레비스트로스의 구조주의 이론을 통해, 우리는 투자 대비 수익률이 단순한 수익의 문제가 아니라, 자원을 어떻게 효율적으로 배분하고 사용하는가에 대한 구조적인 문제임을 이해할 수 있습니다. 재테크에서 성공하기 위해서는 단순히 많은 돈을 투자하는 것이 아니라, 얼마나 효율적으로 자본을 운영할 수 있는지를 고려해야 합니다. 레비스트로스의 이론은 투자와 수익의 관계를 구조적으로 분석하고, 이를 통해 가장 높은 ROI를 달성할 수 있는 전략을 세우는 데 중요한 통찰을 제공합니다.

재테크의 기본에서 투자 대비 수익률(ROI)이 중요한 이유는, 이것이 자산을 효율적으로 증

대시키는 핵심 척도이기 때문입니다. 클로드 레비스트로스의 구조주의 이론을 바탕으로, 우리는 ROI가 단순한 숫자가 아니라, 자원의 효율적 사용과 리스크 관리, 그리고 장기적인 성과를 고려한 구조적 분석의 결과임을 이해할 수 있습니다. 재테크에서 성공하기 위해서는 ROI를 최적화하는 전략을 세우는 것이 필수적이며, 이는 자산을 최대한 활용하여 자유로운 재정적 삶을 구축하는 데 중요한 역할을 합니다.

● 정부? 부동산 정책의 종류에 대해서 무엇이 있는가?

　정부의 부동산 정책은 주택 시장의 안정과 균형을 유지하기 위해 다양한 방식으로 이루어 집니다. 이를 설명하면서 인류학자 클로드 레비스트로스(Claude Lévi-Strauss)의 구조주의 이론을 활용하여, 부동산 정책이 어떻게 사회적 구조와 상호작용하며 주택 시장에 영향을 미치는지를 쉽게 풀어 보겠습니다.

정부의 부동산 정책이란?

부동산 정책은 정부가 주택 시장을 조절하고 안정화하기 위해 시행하는 다양한 법률과 규제, 세금 정책 등을 말합니다. 정부는 주택 공급을 확대하거나, 가격을 안정시키기 위해 다양한 정책 도구를 사용합니다. 이 정책들은 주택 시장의 수요와 공급을 조절하고, 시장 참여자들의 행동을 유도하여 주택 시장의 균형을 유지하는 데 목적이 있습니다.

부동산 정책의 주요 종류

세제 정책(Taxation Policies):

양도 소득세: 부동산을 매도할 때 발생하는 이익에 대해 부과하는 세금입니다. 이를 통해 정부는 부동산 투기 억제와 시장 안정을 도모합니다.

종합 부동산세: 고가의 부동산을 소유한 사람들에게 부과되는 세금으로, 부동산 보유에 대한 부담을 늘려 투기를 억제하려는 목적이 있습니다.

금융 정책(Financial Policies):

대출 규제: 주택 담보 대출 비율(LTV)과 총부채 상환 비율(DTI) 등을 규제하여, 가계의 과도한 부채 축적을 방지하고, 주택 시장의 과열을 막기 위한 정책입니다.

금리 조정: 중앙은행이 금리를 조정함으로써 주택 대출 비용에 영향을 미칩니다. 금리가 낮아지면 주택 구매가 촉진될 수 있고, 금리가 높아지면 주택 구매 수요가 줄어들게 됩니다.

주택 공급 정책(Housing Supply Policies):

신규 주택 공급 확대: 정부가 공공주택이나 민간 주택 공급을 확대하여, 주택 시장의 수요와 공급 균형을 맞추는 정책입니다.

도시 개발 및 재개발: 도시 내 낙후된 지역을 개발하거나, 재개발을 통해 새로운 주택 공급을 촉진하는 정책입니다.

규제 정책(Regulatory Policies):

임대차 보호법: 임차인의 권리를 보호하고, 임대료 상승을 억제하기 위한 법적 규제입니다. 이 정책은 특히 서민들의 주거 안정성을 강화하는 데 목적이 있습니다.

거래 규제: 부동산 거래 과정에서의 투명성을 강화하고, 불법 거래를 방지하기 위한 법적 규제입니다.

클로드 레비스트로스의 이론 적용

클로드 레비스트로스는 사회의 구조와 문화적 패턴이 어떻게 형성되고 유지되는지를 연구했습니다. 그의 구조주의 이론에 따르면, 사회의 모든 요소는 서로 연결되어 있으며, 특정 요소가 변화하면 전체 구조에도 영향을 미칩니다.

부동산 정책도 이와 비슷하게 사회 구조와 상호작용하며, 주택 시장에 중요한 영향을 미칩니다. 정부의 부동산 정책은 단순히 경제적 수치를 조절하는 것이 아니라, 사회적 안정성과 주거 환경의 질을 결정하는 중요한 역할을 합니다. 레비스트로스의 이론을 적용하면, 부동산 정책은 사회의 다른 부분들과 긴밀하게 연결되어 있으며, 이러한 정책 변화는 사회 전체의 구조적 변화로 이어질 수 있습니다.

예를 들어, 대출 규제가 강화되면 가계의 재정 상태뿐만 아니라, 주택 시장 전체의 수요와 공급 구조에도 변화를 초래할 수 있습니다. 이는 다시 주택 가격, 사회적 이동성, 그리고 궁극적으로는 사회적 불평등에까지 영향을 미칠 수 있습니다.

정부의 부동산 정책은 주택 시장의 안정과 균형을 유지하기 위해 시행되는 다양한 법률과 규제, 세금 정책 등을 포함합니다. 클로드 레비스트로스의 구조주의 이론을 바탕으로, 우리는 이러한 정책이 단순한 경제적 조치가 아니라, 사회 구조와 긴밀하게 연결된 중요한 요소임을 이해할 수 있습니다. 부동산 정책의 변화는 주택 시장뿐만 아니라, 사회 전체에 걸친 변화로 이어질 수 있으며, 이는 사회의 안정성과 발전에 중요한 역할을 합니다.

부자가 무엇인데?
"What is a rich person?"

부자와 부동산/ 부자와 재테크/부자와 자산

1

부의 정의와 다양한 측면에 대하여?

"On the Definition of Wealth and Its Various Aspects."

1) 부자의 정의: 물질적 풍요와 정신적 풍요에 대하여?

부(Wealth)는 단순히 물질적 풍요를 의미하는 것 이상으로, 정신적 풍요와 삶의 질을 포함하는 다차원적인 개념입니다. 부는 다양한 측면에서 이해될 수 있으며, 각 개인의 가치관, 문화적 배경, 삶의 목표에 따라 그 의미가 달라질 수 있습니다. 아래에서는 부자의 정의와 그 다양한 측면을 물질적 풍요와 정신적 풍요의 관점에서 설명하겠습니다.

부자의 정의: 물질적 풍요와 정신적 풍요

물질적 풍요

물질적 부는 **금전적 자산, 부동산, 주식, 예금** 등 경제적 자원의 풍요로움을 의미합니다. 물질적 부는 사람들이 생존과 생활을 유지하고, 편안한 삶을 영위할 수 있게 하는 기반을 제공합니다.

경제적 안전: 물질적 부는 개인이 경제적으로 안정되고, 미래의 불확실성에 대비할 수 있는

자원을 가지고 있음을 의미합니다. 이는 주택 **소유, 자산 축적, 충분한 저축**과 투자를 통해 달성될 수 있습니다.

물질적 부의 중요성

기본적인 생활 유지: 물질적 부는 **음식, 주거, 의료, 교육** 등 기본적인 생활 요구를 충족시키는 데 필수적입니다. 경제적 자원이 충분하면 이러한 필요를 안정적으로 충족시킬 수 있습니다.

사회적 지위와 권력: 물질적 부는 사회적 지위와 권력을 강화할 수 있습니다. 경제적 자원이 많은 사람들은 더 많은 선택의 자유와 영향력을 가지며, 이는 사회적 인정과 영향력으로 이어질 수 있습니다.

자유와 선택의 확대: 물질적 부는 개인이 더 많은 선택과 기회를 가질 수 있게 합니다. 부유한 사람들은 더 나은 교육, 건강 관리, 여가 활동을 선택할 수 있으며, 이는 삶의 질을 향상시키는 데 기여합니다.

물질적 부의 한계

행복과의 상관관계: 물질적 부는 일정 수준까지는 개인의 행복에 기여할 수 있지만, 그 이상에서는 행복과 큰 상관관계가 없는 경우가 많습니다. 돈이 많아지면 더 많은 행복을 가져다준다는 보장은 없습니다.

지속 가능한 만족: 물질적 부는 일시적인 만족감을 줄 수 있지만, 지속적인 행복을 위해서는 더 깊은 삶의 의미와 정신적 만족이 필요합니다. 물질적 부만으로는 삶의 모든 문제를 해결할 수 없습니다.

정신적 부의 정의

정신적 부는 내적인 평화, 삶의 의미, 인간관계, 자아실현 등 물질적 부와는 다른 차원의 풍요로움을 의미합니다. 이는 개인의 심리적, 감정적, 영적 건강과 밀접하게 관련되어 있습니다.

삶의 만족과 의미: 정신적 부는 개인이 자신의 삶에 만족하고, 삶의 의미를 발견하며, 자신이 속한 공동체나 사회에서 긍정적인 역할을 수행할 때 느낄 수 있는 풍요로움입니다.

정신적 부의 중요성

내적 평화와 행복: 정신적 부는 개인이 내적으로 평화롭고, 만족스러운 삶을 살아가는 데 필수적입니다. 이는 긍정적인 감정, 스트레스 관리, 명상, 인간관계의 질 등을 포함합니다.

자아실현: 정신적 부는 개인이 자신의 잠재력을 최대한 발휘하고, 자신의 목표와 꿈을 실현하는 과정에서 경험하는 만족감을 포함합니다. 이는 물질적 부를 초월한 깊은 성취감과 연결됩니다.

사회적 유대와 공동체 의식: 정신적 부는 인간관계와 공동체와의 연결에서도 찾을 수 있습니다. 가족, 친구, 사회와의 건강한 관계는 개인의 정신적 부를 풍요롭게 하고, 삶의 질을 높이는 중요한 요소입니다.

정신적 부의 원천

인간관계: 사랑과 신뢰를 바탕으로 한 인간관계는 정신적 부의 중요한 원천입니다. 긍정적인 관계는 심리적 안정을 제공하고, 어려운 시기에 감정적 지지를 받을 수 있게 합니다.

자기 성장과 학습: 지속적인 자기 성장과 학습은 개인의 내적 만족을 증대시키며, 자아실현의 기회를 제공합니다. 이는 새로운 기술 습득, 지식 탐구, 취미 활동 등을 통해 이루어질 수 있습니다.

삶의 균형: 정신적 부는 일과 삶의 균형, 건강한 생활 습관, 스트레스 관리 등에서 비롯될 수

있습니다. 이는 몸과 마음의 조화를 이루는 데 중요한 역할을 합니다.

물질적 풍요와 정신적 풍요의 통합

균형 잡힌 부: 진정한 부는 물질적 풍요와 정신적 풍요의 균형에 있습니다. 물질적 자원이 충분하면서도 정신적 만족감을 느낀다면, 개인은 더욱 충만한 삶을 살아갈 수 있습니다. 이는 돈과 내적 평화가 조화를 이루는 삶을 의미합니다.

부의 상호 작용: 물질적 부와 정신적 부는 서로 영향을 미칩니다. 예를 들어, 경제적 안정은 내적 평화를 증대시키며, 정신적 부는 물질적 부의 의미를 더 깊게 만들어 줍니다. 두 가지 요소는 상호 보완적입니다.

통합적 부를 위한 전략

목표 설정: 물질적 목표(예: 재정적 안정, 자산 증대)와 정신적 목표(예: 내적 평화, 인간관계 개선)를 함께 설정하고, 이를 달성하기 위한 계획을 수립합니다. 이는 일과 삶의 균형을 고려한 삶의 전반적인 전략을 포함할 수 있습니다.

자기 관리: 재정적 목표를 추구하면서도, 정신적 건강과 인간관계에 신경을 쓰는 것이 중요합니다. 이는 명상, 운동, 여가 활동, 가족과의 시간 등을 통해 실현될 수 있습니다.

지속적인 학습과 성장: 물질적 부와 정신적 부 모두를 위해 지속적인 학습과 성장이 필요합니다. 재정적 지식뿐만 아니라 심리적, 감정적 성장도 함께 추구해야 합니다.

부(Wealth)는 물질적 풍요와 정신적 풍요를 모두 포함하는 개념입니다. 물질적 부는 경제적 안정과 생활의 편안함을 제공하지만, 정신적 부는 내적인 만족과 삶의 의미를 제공하는 데 필수적입니다. 성공적인 삶을 위해서는 물질적 풍요와 정신적 풍요를 통합적으로 추구하는 것이 중요합니다. 균형 잡힌 부를 추구함으로써, 개인은 더욱 충만하고 의미 있는 삶을 살 수 있습니다.

2) 부의 종류: 경제적 부, 사회적 부, 시간적 부에 대하여?

부(Wealth)는 단순히 경제적 자산을 의미하는 것이 아니라, 다양한 측면에서 정의될 수 있습니다. 부는 개인의 삶의 질과 직결되는 여러 요소들을 포함하며, 각각의 부는 서로 다른 방식으로 삶에 영향을 미칩니다. 여기서는 경제적 부, 사회적 부, 시간적 부의 세 가지 주요 측면을 살펴보겠습니다.

경제적 부(Economic Wealth)

경제적 부는 재정적 자산, 소득, 투자, 부동산 등 물질적 자원으로 구성됩니다. 이는 개인이 원하는 물건을 구매하고, 기본적인 필요를 충족시키며, 경제적 안정성을 유지할 수 있는 능력을 의미합니다.

경제적 부의 중요성

생활 안정: 경제적 부는 기본적인 생활 요구를 충족시키고, 안정적인 삶을 영위하는 데 필수적입니다. 주거, 음식, 의료, 교육 등 필수적인 요소들을 제공할 수 있게 합니다.

미래 대비: 경제적 부는 개인이 미래의 불확실성에 대비할 수 있도록 도와 줍니다. 충분한 저축과 투자 자산은 예기치 못한 상황에 대처할 수 있는 안전망을 제공합니다.

자유와 선택: 경제적 자원이 충분하면 더 많은 선택의 자유를 가지게 됩니다. 이는 삶의 여러 측면에서 더 높은 수준의 만족감을 추구할 수 있게 합니다.

경제적 부의 형성 방법

저축과 투자: 지속적인 저축과 투자는 경제적 부를 형성하는 중요한 방법입니다. 저축은 안전망을 제공하고, 투자는 자산 증식을 가능하게 합니다.

수입 증가: 능력을 향상시키고, 전문성을 강화하여 더 높은 소득을 얻는 것도 경제적 부를 증대시키는 방법입니다. 이는 경력 개발, 교육, 기술 습득 등을 통해 이루어질 수 있습니다.

지출 관리: 경제적 부를 유지하려면 지출을 관리하고, 낭비를 줄이는 것이 중요합니다. 재

정 계획을 수립하고, 불필요한 지출을 줄이면 더 많은 자산을 축적할 수 있습니다.

사회적 부(Social Wealth)

사회적 부는 인간관계, 사회적 지위, 네트워크, 사회적 자본 등을 포함하는 개념입니다. 이는 개인이 사회에서 형성하는 인간관계와 그 관계에서 얻는 지원과 혜택을 의미합니다.

사회적 부의 중요성

지지와 지원: 강한 사회적 관계는 개인이 어려운 시기를 극복하는 데 필요한 지지와 지원을 제공합니다. 가족, 친구, 동료 등으로부터 받는 정서적 지지는 삶의 질을 높이는 중요한 요소입니다.

기회 창출: 넓은 사회적 네트워크는 개인에게 더 많은 기회를 제공합니다. 직장, 사업, 개인 생활에서 더 많은 가능성을 열어주는 데 기여합니다.

행복과 만족: 사회적 부는 인간관계에서 오는 정서적 만족과 행복감을 포함합니다. 사람들과의 연결은 심리적 안정과 행복의 중요한 원천입니다.

사회적 부의 형성 방법

인간관계 구축: 진정성 있는 인간관계를 형성하고, 상호 신뢰를 쌓는 것이 사회적 부의 기본입니다. 이는 시간을 투자하고, 타인에 대한 관심과 배려를 통해 이루어질 수 있습니다.

네트워킹: 다양한 사람들과의 네트워킹을 통해 사회적 부를 확장할 수 있습니다. 이는 직장, 커뮤니티 활동, 동호회 등을 통해 이루어질 수 있습니다.

공동체 기여: 사회에 기여하고, 타인을 돕는 것은 사회적 부를 증가시킬 수 있습니다. 자원봉사, 기부, 멘토링 등은 사회적 유대감을 강화하고, 더 많은 사회적 자본을 쌓는 데 기여합니다.

시간적 부(Time Wealth)

시간적 부는 개인이 자신의 시간을 자유롭게 관리하고, 원하는 활동에 사용할 수 있는 능력을 의미합니다. 이는 일정의 유연성, 여가 시간, 자기 계발 시간 등과 관련됩니다.

시간적 부의 중요성

삶의 균형: 시간적 부는 일과 삶의 균형을 유지하는 데 중요합니다. 충분한 여가 시간과 개인 시간을 가질 수 있을 때, 개인의 전반적인 삶의 질이 향상됩니다.

건강과 웰빙: 시간적 부는 신체적, 정신적 건강을 유지하는 데 필수적입니다. 스트레스를 관리하고, 충분한 휴식을 취하며, 건강한 생활 습관을 유지할 수 있는 여유를 제공합니다.

자기 계발과 성취: 시간을 자유롭게 사용할 수 있을 때, 개인은 자기 계발에 집중할 수 있습니다. 이는 학습, 취미 활동, 창의적 활동 등을 통해 자신의 잠재력을 발휘하는 데 도움이 됩니다.

시간적 부의 형성 방법

우선순위 설정: 시간을 효율적으로 관리하기 위해 우선순위를 설정하는 것이 중요합니다. 중요한 일에 집중하고, 덜 중요한 일을 줄이거나 위임함으로써 시간적 부를 늘릴 수 있습니다.

효율성 증대: 작업과 일상 활동의 효율성을 높여 더 많은 자유 시간을 확보할 수 있습니다. 생산성 도구를 활용하고, 불필요한 일을 줄이면 시간적 여유를 늘릴 수 있습니다.

일과 삶의 균형: 일에 치중하기보다는 여가와 개인 시간을 확보하는 것이 중요합니다. 주말, 휴가, 정기적인 휴식 시간을 통해 삶의 균형을 유지하는 것이 시간적 부를 증대시키는 방법입니다.

부(Wealth)는 단순히 경제적 자산에 국한되지 않고, 경제적 부, 사회적 부, 시간적 부의 다양한 측면에서 이해될 수 있습니다. 각각의 부는 개인의 삶에 중요한 영향을 미치며, 서로 보완적인 관계에 있습니다. 경제적 부는 물질적 안정과 선택의 자유를 제공하고, 사회적 부는 인간관계와 사회적 지지를 통해 행복을 증대시키며, 시간적 부는 삶의 균형과 자기 계발을 가능하게 합니다. 성공적인 삶을 위해서는 이 세 가지 부를 균형 있게 추구하는 것이 중요합니다.

3) 부를 이루는 요소: 소득, 자산, 라이프스타일에 대하여?

부를 이루는 요소: 소득, 자산, 라이프스타일

부(Wealth)는 다양한 요소로 구성되며, 이들 요소는 서로 상호작용하여 개인의 전반적인 경제적 상태와 삶의 질을 결정합니다. 주된 요소로는 소득, 자산, 라이프스타일이 있으며, 각각은 부의 중요한 구성 요소로 작용합니다. 이 요소들은 개별적으로도 중요하지만, 조화를 이루어야만 진정한 부를 형성할 수 있습니다. 아래에서는 소득, 자산, 라이프스타일이 부에 어떻게 기여하는지 설명하겠습니다.

소득(Income)

소득은 개인이 근로, 사업, 투자 등을 통해 정기적으로 얻는 금전적 보상을 의미합니다. 이는 급여, 배당금, 이자, 임대료, 자영업 수익 등 다양한 형태로 나타날 수 있습니다.

소득의 중요성

생활비 충당: 소득은 일상 생활에서 필요한 기본적인 비용(식비, 주거비, 교육비, 의료비 등)을 충당하는 데 필수적입니다. 안정적인 소득은 생활의 안정을 보장합니다.

저축과 투자: 소득은 자산 축적의 기본이 됩니다. 일정 부분을 저축하고, 이를 투자하여 자산을 증식시킬 수 있습니다. 소득이 높을수록 더 많은 자산을 형성할 수 있는 기회가 주어집니다.

경제적 자유: 높은 소득은 개인이 원하는 라이프스타일을 유지하면서도 경제적 자유를 누릴 수 있게 합니다. 이는 재정적 스트레스를 줄이고, 더 많은 선택의 자유를 제공하는 중요한 요소입니다.

소득 관리 전략

소득 증대: 소득을 늘리기 위해 교육과 경력을 개발하고, 새로운 기술을 습득하며, 자산을 다양화하는 것이 중요합니다. 예를 들어, 부업이나 투자 수익을 통해 추가 소득을 창출할 수

있습니다.

지출 관리: 소득을 효과적으로 관리하려면 지출을 통제하고, 과도한 소비를 피하는 것이 중요합니다. 예산을 수립하고, 지출을 계획적으로 관리하여 소득을 최대한 활용할 수 있습니다.

저축과 재투자: 소득의 일정 부분을 저축하고, 이를 재투자하여 장기적인 자산 증식을 도모하는 것이 필요합니다. 이는 미래의 경제적 안정성을 확보하는 데 중요한 역할을 합니다.

자산(Assets)

자산은 개인이 소유한 모든 경제적 가치 있는 재산을 의미합니다. 이는 부동산, 주식, 채권, 예금, 사업체, 귀금속 등 다양한 형태로 나타날 수 있습니다.

자산의 중요성

경제적 안전망: 자산은 경제적 불확실성에 대비하는 안전망 역할을 합니다. 자산이 많을수록 예기치 않은 상황(예: 실직, 건강 문제 등)에 대처할 수 있는 능력이 커집니다.

소득 창출: 자산은 추가적인 소득을 창출할 수 있습니다. 예를 들어, 부동산 자산은 임대료를 제공하고, 금융 자산은 이자나 배당금 수익을 발생시킬 수 있습니다.

장기적인 자산 증식: 자산은 시간이 지남에 따라 가치가 상승할 수 있으며, 이는 장기적인 부를 증대시키는 중요한 요소입니다. 특히, 잘 분산된 투자 포트폴리오는 자산의 지속적인 성장을 가능하게 합니다.

자산 관리 전략

다양화: 자산 포트폴리오를 다양화하여 리스크를 분산시키는 것이 중요합니다. 다양한 자산 클래스(주식, 채권, 부동산 등)에 투자하여 경제적 충격에 대비할 수 있습니다.

장기 투자: 자산을 장기적으로 보유하여 자산의 가치 상승을 기대하는 것이 부를 증대시키는 핵심 전략입니다. 주식, 부동산 등의 자산은 장기적으로 높은 수익을 제공할 수 있습니다.

리스크 관리: 자산 관리에서 리스크를 통제하는 것이 중요합니다. 보험, 자산 배분, 유동성 확보 등의 전략을 통해 자산 손실을 최소화할 수 있습니다.

라이프스타일(Lifestyle)

라이프스타일은 개인이 일상에서 선택하는 생활 방식, 소비 패턴, 여가 활동, 가치관 등을 의미합니다. 이는 개인의 전반적인 삶의 질과 만족도에 큰 영향을 미칩니다.

삶의 질 향상: 라이프스타일은 개인의 행복과 만족도를 결정하는 중요한 요소입니다. 건강한 생활 습관, 긍정적인 인간관계, 의미 있는 취미 활동 등은 삶의 질을 크게 향상시킬 수 있습니다.

경제적 지속 가능성: 과도한 소비와 부채는 장기적으로 경제적 안정성을 해칠 수 있습니다. 라이프스타일이 재정적 현실에 부합하지 않으면, 경제적 스트레스와 불안이 증가할 수 있습니다.

장기적인 행복: 물질적 부가 반드시 행복을 보장하지는 않습니다. 따라서 개인의 가치관에 맞는 라이프스타일을 선택하고, 물질적 부와 정신적 부를 균형 있게 추구하는 것이 중요합니다.

라이프스타일 관리 전략

지속 가능한 소비: 자신의 소득과 자산에 맞는 소비 습관을 유지하는 것이 중요합니다. 과소비를 피하고, 자산을 유지하며, 장기적인 재정 목표를 달성할 수 있는 라이프스타일을 선택해야 합니다.

가치 중심의 생활: 자신의 가치관에 부합하는 라이프스타일을 선택하는 것이 중요합니다. 이는 물질적 소비보다 경험, 인간관계, 건강 등에 더 가치를 두는 생활 방식을 의미할 수 있습니다.

균형 유지: 일과 삶의 균형, 여가와 생산성의 균형을 유지하는 것이 중요합니다. 이는 장기적인 행복과 만족을 보장하며, 지속 가능한 부를 형성하는 데 도움이 됩니다.

부(Wealth)는 소득, 자산, 라이프스타일의 세 가지 주요 요소로 구성됩니다. 소득은 일상 생활과 재정적 목표를 달성하는 데 필요한 자금을 제공하며, 자산은 장기적인 경제적 안전과 성장을 보장합니다. 라이프스타일은 개인의 삶의 질과 행복을 결정하는 중요한 요소로, 재정적 요소와 균형을 이루어야 합니다. 성공적인 부의 형성을 위해서는 이 세 가지 요소를 잘 관리하고, 조화롭게 발전시키는 것이 중요합니다.

2

부자가 되는 길에 대하여?
"On the Path to Becoming Wealthy."

1) 부의 축적: 시간과 복리의 마법에 대하여?

부자가 되는 길에서 가장 중요한 요소 중 하나는 시간과 복리(Compound Interest)의 효과를 최대한 활용하는 것입니다. 이 두 가지는 함께 작용하여 작은 초기 투자도 시간이 지나면 큰 자산으로 성장할 수 있도록 도와 줍니다. 아래에서는 시간과 복리의 마법이 어떻게 부의 축적에 기여하는지 설명하겠습니다.

부의 축적: 시간과 복리의 마법

복리의 정의와 작동 원리
복리는 이자가 원금에 더해져 새로운 원금을 형성하고, 그 다음 이자가 다시 계산되는 방식입니다. 즉, 이자가 이자를 낳는 방식으로 자산이 기하급수적으로 증가하는 효과를 발생시킵니다.

복리의 작동 원리

기본 원리: 초기 투자금(원금)에 대해 첫해의 이자가 발생하면, 그 이자는 다음 해에 원금에 추가되어 더 많은 이자가 발생합니다. 시간이 지날수록 이자에 이자가 붙는 효과가 커지면서, 자산은 점점 더 빠르게 증가하게 됩니다.

예를 들어, 초기 원금이 1,000만 원이고, 연이율이 5%이며, 매년 이자를 복리로 계산할 경우, 20년 후의 최종 금액은 다음과 같습니다.

$$A = 1{,}000만\ 원 \times \left(1 + \frac{0.05}{1}\right)^{1 \times 20} = 2{,}653{,}297원$$

이처럼 복리 효과는 시간이 지남에 따라 더 큰 금액으로 성장하게 됩니다.

시간이 복리의 마법을 강화하는 이유

시간의 축적: 복리의 가장 큰 장점은 시간이 지남에 따라 그 효과가 더욱 강력해진다는 것입니다. 시간이 길어질수록 이자가 누적되며, 원금 대비 자산의 증식 속도가 가속화됩니다.

초기의 중요성: 투자 시작 시점이 빠를수록 복리 효과를 더 오래 누릴 수 있습니다. 예를 들어, 20대에 투자하기 시작한 사람은 30대에 시작한 사람보다 훨씬 더 큰 복리 효과를 경험할 수 있습니다.

시간에 따른 자산 증식

장기 투자: 장기적으로 투자할수록 복리의 힘이 극대화됩니다. 단기적인 시장 변동에도 불구하고, 장기 투자자는 복리 효과를 통해 자산이 꾸준히 증가하는 것을 경험할 수 있습니다.

시간에 따른 리스크 관리: 시간이 길어질수록 시장의 단기 변동성에 대한 리스크는 줄어듭니다. 장기 투자는 시장 변동성을 극복하고, 복리의 마법을 통해 자산을 꾸준히 증대시킬 수 있는 전략입니다.

복리 효과를 극대화하는 방법

조기 투자 시작

빠른 시작: 가능한 한 일찍 투자를 시작하는 것이 중요합니다. 복리의 힘은 시간이 지남에 따라 커지므로, 젊을 때부터 투자를 시작하면 더 큰 자산을 축적할 수 있습니다.

정기적인 추가 투자

정기적인 저축: 복리 효과를 극대화하기 위해 정기적으로 투자금을 추가하는 것이 좋습니다. 매달 일정 금액을 투자하면, 복리 효과가 더욱 크게 작용하게 됩니다.

자동화된 투자: 자동 이체 등을 통해 정기적으로 투자금을 추가하여, 시장 상황에 흔들리지 않고 꾸준히 투자할 수 있습니다.

재투자 전략

이자와 배당금 재투자: 투자 수익으로 얻은 이자나 배당금을 현금으로 인출하지 않고 다시 투자하여, 복리 효과를 극대화할 수 있습니다. 이는 자산 증식 속도를 더욱 가속화하는 방법입니다.

복리 투자 상품 활용: 복리 계산이 적용되는 금융 상품(예: 재투자형 펀드, DRIP 등)을 선택하여 투자하면, 자연스럽게 복리 효과를 누릴 수 있습니다.

비용과 세금 관리

비용 최소화: 투자 수익에 부과되는 수수료나 관리 비용을 줄이면, 복리 효과가 훼손되지 않고 그대로 자산에 반영될 수 있습니다. 저비용 인덱스 펀드나 ETF를 선택하는 것이 도움이 됩니다.

세금 효율성: 세금 우대 계좌(IRA, Roth IRA 등)를 활용하여 세금을 최소화함으로써, 복리 효과를 극대화할 수 있습니다. 세금이 유예되거나 비과세되는 계좌에서 투자를 진행하면 장기적으로 더 큰 자산을 형성할 수 있습니다.

부의 축적에서 시간과 복리는 가장 강력한 도구입니다. 복리의 마법은 시간이 지남에 따라 작은 투자도 크게 성장할 수 있도록 도와 줍니다. 성공적인 자산 증식을 위해서는 가능한 한 일찍 투자를 시작하고, 정기적으로 추가 투자하며, 재투자를 통해 복리 효과를 최대한 활용하는 것이 중요합니다. 또한, 비용과 세금을 최소화하여 복리의 힘이 최대한 발휘되도록 하는 전략이 필요합니다. 시간이 지나면, 이러한 원칙을 지킨 투자자는 그 결과로 큰 부를 이루게 될 것입니다.

2) 수입원 다각화와 수동적 소득에 대하여?

수입원 다각화와 수동적 소득은 개인의 재정적 안정과 부의 축적을 위해 중요한 전략입니다. 이 두 가지 요소는 재정적 리스크를 줄이고, 경제적 자유를 추구하는 데 큰 역할을 합니다. 아래에서는 수입원을 다각화하는 방법과 수동적 소득을 창출하는 전략에 대해 설명하겠습니다.

수입원 다각화(Diversification of Income Sources)

수입원 다각화는 하나의 주요 수입원에 의존하는 대신, 여러 가지 수입원을 구축하여 재정적 리스크를 분산시키는 것을 의미합니다. 이는 경제적 안정성을 높이고, 예기치 못한 상황에서도 재정적 스트레스를 줄이는 데 도움이 됩니다.

리스크 분산: 하나의 수입원에 의존할 경우, 그 수입원이 사라지거나 감소하면 큰 재정적 어려움을 겪을 수 있습니다. 여러 수입원이 있을 경우, 특정 수입원이 감소하더라도 다른 수입원이 이를 보완할 수 있습니다.

경제적 안정: 수입원이 다각화되면 예상치 못한 경제적 변화(예: 실직, 경기 침체 등)에 대한 대비책이 마련됩니다. 이는 장기적으로 재정적 안전망을 강화합니다.

수입 증가: 다양한 수입원을 통해 전체적인 소득 수준을 높일 수 있습니다. 추가 수입원은

기존 수입원에 더해져 총 수입을 증가시키며, 이를 통해 더 빠른 자산 증식이 가능합니다.

수입원 다각화 방법

본업 외 부업(사이드 잡) 시작: 현재의 직업 외에 부업을 시작하여 추가 수입을 창출할 수 있습니다. 예를 들어, 프리랜서 일, 컨설팅, 강의, 온라인 판매 등이 부업으로 적합할 수 있습니다.

투자 수익 창출: 주식, 채권, 부동산, 펀드 등에 투자하여 자산을 증식시키고, 배당금, 이자, 임대료 등의 수입을 얻는 것도 수입원을 다각화하는 방법입니다.

디지털 자산: 블로그, 유튜브 채널, 팟캐스트 등 디지털 콘텐츠를 통해 광고 수익, 스폰서십, 구독료 등의 수입을 창출할 수 있습니다.

지적 재산권: 저작권, 특허권, 상표권 등의 지적 재산권을 통해 수입을 얻을 수 있습니다. 책을 출판하거나, 음악, 예술 작품을 창작하여 로열티 수입을 받을 수 있습니다.

수동적 소득(Passive Income)

수동적 소득은 직접적인 노동 없이도 꾸준히 발생하는 수입을 의미합니다. 이는 초기 설정 후에는 시간이 지남에 따라 자동적으로 발생하는 소득으로, 경제적 자유를 추구하는 데 중요한 요소입니다.

수동적 소득의 중요성

경제적 자유: 수동적 소득은 개인이 경제적 자유를 누릴 수 있도록 도와 줍니다. 더 이상 직접적인 노동에 의존하지 않고도 생활비를 충당할 수 있게 되며, 이는 일과 삶의 균형을 유지하는 데 기여합니다.

시간의 자유: 수동적 소득은 시간의 자유를 제공합니다. 직접적인 노동 없이도 소득이 발생하므로, 개인은 원하는 활동에 더 많은 시간을 투자할 수 있습니다.

장기적인 안정: 수동적 소득원은 장기적으로 안정적인 소득을 제공할 수 있으며, 특히 은퇴

후 경제적 안정을 보장하는 데 중요한 역할을 합니다.

수동적 소득 창출 방법

부동산 투자: 부동산을 구입하여 임대 수입을 얻는 것이 대표적인 수동적 소득 창출 방법입니다. 월세 수입은 정기적인 수입원이 될 수 있으며, 부동산 가치 상승도 기대할 수 있습니다.

배당 주식: 배당을 꾸준히 지급하는 주식에 투자하여 정기적인 배당금을 수동적 소득으로 받을 수 있습니다. 특히, 배당금이 안정적으로 성장하는 기업에 투자하면 장기적인 수익을 기대할 수 있습니다.

P2P 대출: P2P 대출 플랫폼을 통해 자금을 대출해주고 이자를 수동적 소득으로 받을 수 있습니다. 이는 다소 높은 리스크가 있지만, 안정적인 플랫폼을 선택하면 고수익을 기대할 수 있습니다.

디지털 제품 판매: 전자책, 온라인 코스, 소프트웨어, 스톡 사진 등 디지털 제품을 만들어 온라인에서 판매하면 지속적인 수입을 얻을 수 있습니다. 초기 제작 후에는 유지 보수에만 신경 쓰면 되므로 수동적 소득으로 적합합니다.

지적 재산권 수익: 책, 음악, 예술 작품 등의 저작권을 통해 로열티 수입을 얻을 수 있습니다. 이러한 자산은 시간이 지남에 따라 꾸준한 소득을 발생시킵니다.

REITs: 부동산 투자 신탁(REITs)에 투자하여 부동산 임대 수익을 배당금 형태로 받을 수 있습니다. 이는 직접 부동산을 관리하지 않아도 부동산에서 발생하는 수익을 얻을 수 있는 방법입니다.

수동적 소득 전략의 실행

초기 자본 확보: 대부분의 수동적 소득원은 초기 자본 투자가 필요합니다. 따라서 초기 자본을 확보하기 위해 저축하고, 현명하게 투자하는 것이 중요합니다.

장기적 시각 유지: 수동적 소득은 시간이 지남에 따라 점진적으로 증가하는 경향이 있습니다. 따라서 장기적인 시각을 가지고 꾸준히 소득원을 관리하는 것이 필요합니다.

지속적 관리: 수동적 소득원은 초기 설정 후에도 어느 정도의 관리가 필요합니다. 예를 들

어, 부동산의 경우 유지 보수, 임차인 관리가 필요하며, 디지털 콘텐츠는 업데이트와 마케팅이 필요할 수 있습니다.

수입원 다각화와 수동적 소득은 재정적 안정과 경제적 자유를 달성하는 데 중요한 전략입니다. 수입원을 다각화하면 재정적 리스크를 분산시키고, 다양한 소득원을 통해 수입을 극대화할 수 있습니다. 동시에 수동적 소득을 창출하면, 직접적인 노동 없이도 꾸준한 수입을 얻을 수 있어, 시간과 경제적 자유를 누릴 수 있습니다. 이 두 가지 전략을 조합하여, 개인은 보다 안정적이고 풍요로운 삶을 설계할 수 있습니다.

3) 부채 관리와 지출 통제에 대하여?

부채 관리와 지출 통제는 개인의 재정적 건강을 유지하고, 장기적인 재정 목표를 달성하는 데 핵심적인 요소입니다. 잘 관리된 부채와 지출은 경제적 안정을 가져오며, 부채의 올바른 활용과 불필요한 지출의 최소화는 자산 축적을 돕습니다. 아래에서는 부채를 효과적으로 관리하고 지출을 통제하는 방법에 대해 설명하겠습니다.

(1) 부채 관리(Debt Management)

재정적 안정: 부채를 효과적으로 관리하면 재정적 스트레스를 줄이고, 경제적 안정을 유지할 수 있습니다. 부채가 과도해지면 이자 부담이 커지고, 이는 다른 재정 목표를 달성하는 데 방해가 됩니다.

신용 점수 유지: 부채를 적절히 관리하면 신용 점수를 유지하거나 개선할 수 있습니다. 신용 점수는 대출, 신용카드, 주택 구입 등 다양한 재정적 결정에 영향을 미칩니다.

장기적인 재정 목표 달성: 부채를 잘 관리하면 장기적인 재정 목표(예: 주택 구입, 자녀 교육비 마련, 은퇴 준비 등)를 더 쉽게 달성할 수 있습니다.

부채 관리 전략

부채 목록 작성: 현재 가지고 있는 모든 부채를 목록으로 작성하고, 각각의 부채에 대한 이자율, 월 상환액, 남은 원금, 상환 기간 등을 기록합니다. 이는 부채 관리의 첫걸음으로, 전체적인 부채 상황을 명확하게 이해하는 데 도움이 됩니다.

부채 종류 분류: 부채를 좋은 부채(예: 주택 담보 대출, 교육 대출)와 나쁜 부채(예: 고이율 신용카드 대출, 고금리 소비 대출)로 분류합니다. 좋은 부채는 자산을 증대시키거나 미래 수익을 증가시킬 가능성이 있지만, 나쁜 부채는 주로 소비를 위한 것으로 이자 부담이 클 수 있습니다.

부채 상환 전략

최소 상환액 이상 지불: 모든 부채의 최소 상환액 이상을 지불하여 이자 발생을 줄이고, 원금을 더 빨리 상환할 수 있도록 합니다. 최소 상환액만 지불하면 부채 상환 기간이 길어지고, 전체 이자 부담이 커집니다.

고이율 부채 우선 상환: 이자율이 높은 부채부터 우선적으로 상환하는 것이 좋습니다. 고이율 부채는 시간이 지남에 따라 이자 부담이 기하급수적으로 증가할 수 있으므로, 이를 먼저 상환하면 전체 부채 부담을 줄일 수 있습니다. 이 방법을 눈덩이(Snowball) 방법이라고도 합니다.

부채 통합(Consolidation): 여러 부채를 하나의 대출로 통합하여 낮은 이자율로 재융자할 수 있습니다. 부채 통합은 이자 부담을 줄이고, 상환 관리를 단순화하는 데 도움이 됩니다.

자동 이체 설정: 상환 일정을 놓치지 않도록 자동 이체를 설정하여, 제때 상환할 수 있도록 관리합니다. 이는 연체로 인한 불필요한 수수료와 신용 점수 하락을 방지하는 데 효과적입니다.

부채 관리 도구 활용

부채 상환 계산기: 부채 상환 계획을 세울 때 온라인 부채 상환 계산기를 활용하여 다양한 상환 시나리오를 시뮬레이션하고, 최적의 상환 계획을 세울 수 있습니다.

재정 상담 서비스: 부채가 복잡하거나 관리하기 어려운 경우, 전문 재정 상담 서비스의 도움을 받아 효과적인 부채 관리 전략을 수립할 수 있습니다.

(2) 지출 통제(Expense Control)

지출 통제의 중요성

자산 축적: 지출을 통제하면 저축과 투자를 통해 자산을 축적할 수 있는 여유 자금을 확보할 수 있습니다. 이는 장기적인 재정 목표를 달성하는 데 필수적입니다.

부채 감소: 지출을 줄이면 부채를 상환할 수 있는 자금을 더 많이 확보할 수 있습니다. 이는 부채를 더 빨리 줄이고, 이자 부담을 줄이는 데 기여합니다.

재정적 자유: 지출을 통제하면 재정적 자유를 더 빨리 달성할 수 있습니다. 이는 경제적 스트레스가 줄어들고, 원하는 라이프스타일을 더 쉽게 유지할 수 있게 합니다.

지출 통제 전략

수입과 지출 분석: 월간 수입과 지출을 분석하여, 어디에서 돈이 나가고 있는지 파악합니다. 이는 불필요한 지출을 줄이는 데 필요한 첫 번째 단계입니다.

예산 작성: 수입에 맞는 예산을 작성하고, 각 지출 항목에 일정 금액을 할당합니다. 예산을 통해 지출을 계획하고, 지출이 계획을 초과하지 않도록 관리할 수 있습니다.

50/30/20 규칙: 일반적인 예산 수립 방법으로, 소득의 50%는 필수 지출(주거, 식비 등), 30%는 유연한 지출(여가, 쇼핑 등), 20%는 저축과 투자에 할당하는 규칙입니다. 이 규칙을 통해 지출을 체계적으로 관리할 수 있습니다.

지출 추적

지출 기록: 모든 지출을 기록하고, 매달 말에 지출을 검토하여 예산을 준수했는지 확인합니다. 지출 기록은 소비 습관을 파악하고, 개선할 부분을 찾는 데 유용합니다.

지출 추적 앱 사용: 지출 추적 앱을 사용하면 모든 지출을 한눈에 관리할 수 있습니다. 앱을 통해 예산 대비 지출 현황을 실시간으로 확인하고, 과도한 지출을 예방할 수 있습니다.

불필요한 지출 줄이기

필수 vs. 선택적 지출 구분: 지출을 필수적인 것과 선택적인 것으로 나누고, 선택적 지출을 줄이거나 없앨 수 있는지 검토합니다. 예를 들어, 외식, 쇼핑, 구독 서비스 등을 줄일 수 있습니다.

구독 서비스 검토: 매달 자동으로 빠져나가는 구독 서비스를 검토하고, 더 이상 필요하지 않은 서비스는 취소합니다. 이는 월간 지출을 줄이는 데 큰 도움이 될 수 있습니다.

가격 비교와 할인 활용: 큰 지출을 하기 전에 가격 비교를 하고, 가능한 할인, 쿠폰, 포인트 등을 활용하여 지출을 줄일 수 있습니다.

자동화와 상환 전략

저축 자동화: 매달 일정 금액을 자동으로 저축 계좌나 투자 계좌로 이체하여 저축을 자동화합니다. 이는 저축 습관을 형성하는 데 도움이 됩니다.

지출의 사전 계획: 큰 지출은 미리 계획하고, 예산 내에서 구매하도록 합니다. 즉흥적인 지출을 피하는 것이 중요합니다.

부채 관리와 지출 통제는 재정적 안정과 부의 축적을 위해 필수적인 전략입니다. 부채를 효과적으로 관리하면 이자 부담을 줄이고, 신용 점수를 유지하며, 장기적인 재정 목표를 달성할 수 있습니다. 지출을 통제하면 자산을 축적하고, 불필요한 부채를 피할 수 있으며, 경제적 자유를 더 빠르게 달성할 수 있습니다. 이 두 가지 전략을 결합하여, 개인은 보다 안정적이고 풍요로운 재정적 미래를 설계할 수 있습니다.

3

부자의 마인드셋에 대하여?
"On the Mindset of the Wealthy."

1) 긍정적인 사고와 목표 설정에 대하여?

부자의 마인드셋은 단순히 부를 이루는 방법을 아는 것 이상으로, 성공적인 삶을 이끌어가는 중요한 정신적 태도를 의미합니다. 긍정적인 사고와 명확한 목표 설정은 부자의 마인드셋의 핵심 요소로, 이는 성공적인 재정적 성취와 삶의 질을 향상시키는 데 기여합니다. 아래에서는 긍정적인 사고와 목표 설정의 중요성과 이를 실천하는 방법에 대해 설명하겠습니다.

긍정적인 사고(Positive Thinking)

긍정적인 사고는 어려운 상황에서도 긍정적인 면을 보고, 희망을 잃지 않으며, 문제를 해결할 수 있다는 믿음을 유지하는 정신적 태도입니다. 이는 부정적인 감정에 휘둘리지 않고, 상황을 주도적으로 이끌어가는 데 중요한 역할을 합니다.

긍정적인 사고의 중요성

성공의 원동력: 긍정적인 사고는 도전과 실패를 극복하고, 목표를 달성하는 데 필요한 원동력을 제공합니다. 긍정적인 사람들은 실패를 학습의 기회로 보고, 이를 통해 더 나은 성과를

이루어냅니다.

스트레스 관리: 긍정적인 사고는 스트레스를 관리하는 데 효과적입니다. 어려운 상황에서도 긍정적인 관점을 유지하면, 스트레스를 줄이고, 더 나은 해결책을 찾을 수 있습니다.

인간관계 향상: 긍정적인 태도는 인간관계를 향상시킵니다. 긍정적인 사람들은 주변 사람들에게 좋은 에너지를 전파하며, 더 나은 사회적 지지와 협력을 얻을 수 있습니다.

긍정적인 사고를 실천하는 방법

감사하는 마음 가지기: 매일 감사한 일들을 기록하거나, 감사하는 마음을 표현하는 습관을 가지면 긍정적인 사고를 유지하는 데 도움이 됩니다. 작은 일에도 감사하는 마음을 가지면, 긍정적인 시각이 더욱 강화됩니다.

자기 대화의 관리: 자신에게 하는 말이 긍정적인지 부정적인지 인식하고, 부정적인 자기 대화는 긍정적인 언어로 바꾸는 연습을 합니다. 예를 들어, "나는 실패할 거야" 대신 "나는 최선을 다하고 있어, 배우고 성장할 수 있어"라고 말하는 것이 좋습니다.

긍정적인 사람들과의 교류: 긍정적인 사고를 가진 사람들과 시간을 보내면, 그들의 에너지가 전염되어 자신의 태도도 긍정적으로 변화할 수 있습니다. 긍정적인 환경을 조성하는 것이 중요합니다.

도전적인 목표 설정: 긍정적인 사고를 유지하려면 도전적인 목표를 설정하고, 이를 달성하기 위해 노력하는 것이 중요합니다. 이는 성취감을 높이고, 자신에 대한 긍정적인 믿음을 강화합니다.

목표 설정(Goal Setting)

목표 설정은 개인이 달성하고자 하는 구체적인 결과를 명확히 정의하고, 이를 실현하기 위한 계획을 수립하는 과정입니다. 목표는 장기적인 성공을 위한 방향성을 제공하며, 동기 부여의 중요한 요소입니다.

목표 설정의 중요성

명확한 방향 제시: 목표는 개인에게 명확한 방향을 제시합니다. 목표가 없으면 어디로 가야 할지 모호해지고, 시간이 지나도 성취감이 느껴지지 않을 수 있습니다.

동기 부여: 목표는 도전 정신을 자극하고, 더 열심히 노력하게 만드는 동기를 제공합니다. 목표를 달성할 때 느끼는 성취감은 자신감을 키우고, 더 큰 목표를 향해 나아가게 합니다.

진척도 측정: 목표는 진척도를 측정할 수 있는 기준이 됩니다. 목표를 달성하기 위한 중간 목표를 설정하고, 이를 통해 자신의 진척도를 평가할 수 있습니다.

SMART 목표 설정

구체적(Specific): 목표는 명확하고 구체적이어야 합니다. 예를 들어, "재정적 독립을 이루겠다"보다는 "5년 내에 1억 원의 저축을 달성하겠다"와 같이 구체적인 목표를 설정합니다.

측정 가능(Measurable): 목표는 진척 상황을 측정할 수 있어야 합니다. 예를 들어, 매달 일정 금액을 저축하여 목표 금액에 도달하는 방식을 설정할 수 있습니다.

달성 가능(Achievable): 목표는 현실적이고 달성 가능해야 합니다. 너무 과도한 목표는 실패로 이어질 수 있으며, 이는 동기 부여를 약화시킬 수 있습니다.

관련성 있는(Relevant): 목표는 개인의 가치관과 삶의 방향에 부합해야 합니다. 예를 들어, 자신의 장기적인 목표와 일치하는 목표를 설정합니다.

시간에 기반한(Time-bound): 목표는 일정한 시간 내에 달성할 수 있어야 합니다. 예를 들어, "6개월 내에 5kg 감량"과 같은 구체적인 시간 프레임을 설정합니다.

목표 시각화

시각적 표현: 목표를 달성한 모습을 시각적으로 표현하거나, 목표와 관련된 이미지를 시각화하는 것이 효과적입니다. 이를 통해 목표 달성에 대한 의지가 강화됩니다.

목표 다이어그램: 목표를 다이어그램으로 표현하고, 목표 달성 과정에서 이루어야 할 단계를 시각화합니다. 이는 목표 달성을 위한 구체적인 계획을 수립하는 데 도움이 됩니다.

중간 목표 설정

작은 단계로 나누기: 큰 목표를 달성하기 위해서는 중간 목표를 설정하고, 이를 달성하기 위한 작은 단계로 나누는 것이 중요합니다. 예를 들어, "매달 10만 원씩 저축"과 같은 작은 목표를 설정하여, 궁극적인 목표에 다가갈 수 있습니다.

진척도 평가: 중간 목표를 달성할 때마다 자신의 진척도를 평가하고, 필요한 경우 목표를 조정합니다. 이는 목표 달성의 현실성을 높이는 데 도움이 됩니다.

목표 달성을 위한 지속적인 노력

꾸준한 실행: 목표는 꾸준히 실행해야 달성할 수 있습니다. 목표를 달성하기 위해 매일 작은 노력을 지속적으로 기울이는 것이 중요합니다.

성공 경험 축적: 작은 목표를 지속적으로 달성하여 성취감을 경험하면, 더 큰 목표에 도전할 때 자신감을 얻을 수 있습니다.

부자의 마인드셋을 가지기 위해서는 긍정적인 사고와 명확한 목표 설정이 필수적입니다. 긍정적인 사고는 도전과 실패를 극복하고, 끊임없이 성장할 수 있는 힘을 제공합니다. 또한, 명확한 목표 설정은 개인에게 명확한 방향성과 동기 부여를 제공하여, 장기적인 성공을 가능하게 합니다. 이 두 가지 요소를 결합하여, 개인은 경제적 성공뿐만 아니라 전반적인 삶의 질을 향상시킬 수 있습니다.

2) 부자들이 가진 습관과 행동 패턴에 대하여?

부자들이 성공을 유지하고 부를 축적하는 데는 습관과 행동 패턴이 중요한 역할을 합니다. 이들의 행동은 일상적인 선택에서 장기적인 재정 계획에 이르기까지 다양한 측면에서 부의 축적에 기여합니다. 아래에서는 부자들이 일반적으로 가진 습관과 행동 패턴을 소개합니다.

재정 관리 습관

예산 수립: 부자들은 자신의 재정 상황을 명확히 파악하고, 소득과 지출을 체계적으로 관리합니다. 매월 예산을 수립하여 모든 지출 항목을 계획하고, 충동적인 지출을 피합니다.

지출 추적: 자신의 지출을 철저히 추적하여 예산 내에서 소비하도록 합니다. 이를 통해 불필요한 지출을 줄이고, 더 많은 자금을 저축하거나 투자에 활용할 수 있습니다.

적극적인 저축과 투자

자동화된 저축: 부자들은 소득의 일정 비율을 자동으로 저축 계좌나 투자 계좌로 이체합니다. 이는 저축을 일관되게 유지하는 데 도움이 되며, 장기적인 자산 증식에 기여합니다.

지속적인 투자: 부자들은 꾸준히 투자하며, 주식, 부동산, 채권 등 다양한 자산에 분산 투자합니다. 장기적인 관점에서 시장 변동성을 견디며, 복리의 효과를 극대화합니다.

부채 관리

신중한 부채 사용: 부자들은 부채를 신중하게 사용하며, 높은 이자율의 부채를 피하고, 자산 증식에 기여할 수 있는 부채(예: 부동산 대출, 사업 대출)를 활용합니다.

빚 빨리 갚기: 높은 이자율의 부채는 가능한 빨리 상환하여 이자 비용을 최소화하고, 더 많은 자금을 자산 증식에 활용할 수 있도록 합니다.

지속적인 학습

재정적 지식 강화: 부자들은 경제, 금융, 투자에 대한 지식을 지속적으로 습득합니다. 재정적 지식은 현명한 투자 결정을 내리고, 자산을 효과적으로 관리하는 데 중요한 역할을 합니다.

책 읽기: 부자들은 독서를 통해 새로운 아이디어를 얻고, 시야를 넓히며, 끊임없이 자기 계발을 추구합니다. 많은 성공한 사람들은 매일 책을 읽는 습관을 가지고 있습니다.

새로운 기술 습득

전문성 향상: 부자들은 자신이 속한 분야에서 지속적으로 새로운 기술을 습득하고, 전문성

을 강화합니다. 이는 그들이 경쟁력을 유지하고, 더 높은 소득을 창출할 수 있게 합니다.

다양한 경험: 다양한 경험을 통해 새로운 기회를 찾고, 자신의 능력을 확장하는 데 주저하지 않습니다. 이는 새로운 비즈니스 기회를 발견하거나, 투자 기회를 포착하는 데 도움이 됩니다.

시간의 가치 인식

시간 관리: 부자들은 시간을 소중히 여기고, 효율적으로 관리합니다. 중요한 일에 집중하고, 가치 있는 활동에 시간을 투자합니다.

아웃소싱과 위임: 부자들은 자신의 시간을 가장 잘 사용할 수 있는 일에 집중하고, 반복적이거나 부가 가치가 낮은 일은 아웃소싱하거나 위임합니다. 이는 더 높은 생산성을 유지하는 데 도움을 줍니다.

목표 지향적 행동

명확한 목표 설정: 부자들은 명확한 목표를 설정하고, 이를 달성하기 위해 구체적인 계획을 수립합니다. 목표 달성을 위한 단계를 체계적으로 진행하며, 장기적인 목표를 향해 꾸준히 노력합니다.

일관된 행동: 목표를 달성하기 위해 일관된 행동을 취합니다. 이는 매일의 작은 행동들이 누적되어 큰 성과를 이루는 데 기여합니다.

긍정적인 인간관계 구축

건강한 인간관계 유지: 부자들은 긍정적이고 성공적인 사람들과의 관계를 중시합니다. 이러한 인간관계는 지지, 조언, 새로운 기회를 제공하며, 개인의 성장에 기여합니다.

멘토와의 관계: 성공적인 부자들은 자신의 성장을 도울 멘토를 찾고, 이들과 지속적인 관계를 유지합니다. 멘토는 중요한 인사이트와 경험을 제공하여 개인의 성장을 촉진합니다.

네트워킹

넓은 네트워크: 부자들은 자신의 분야뿐만 아니라 다양한 분야에서 넓은 네트워크를 구축

합니다. 이는 새로운 사업 기회나 투자 기회를 발견하는 데 유리합니다.

협력과 팀워크: 부자들은 타인과 협력하여 더 큰 목표를 달성하는 법을 잘 알고 있습니다. 팀워크를 통해 개인의 한계를 넘어서고, 더 큰 성과를 이끌어 냅니다.

긍정적인 마인드셋

실패에 대한 관점: 부자들은 실패를 좌절로 받아들이지 않고, 배움의 기회로 삼습니다. 실패에서 교훈을 얻고, 이를 바탕으로 더 나은 결정을 내리며 성공으로 나아갑니다.

위험 감수: 부자들은 때로는 위험을 감수하며, 그로 인해 더 큰 보상을 얻습니다. 그러나 그 위험은 철저히 분석되고, 계획된 것입니다.

지속적인 긍정적 사고

긍정적인 사고: 부자들은 항상 긍정적인 관점을 유지하며, 문제를 해결할 수 있다는 자신감을 가지고 있습니다. 이는 도전적인 상황에서도 기회를 발견하고, 지속적으로 성장할 수 있게 합니다.

끈기와 인내

끈기: 부자들은 목표를 달성하기 위해 꾸준히 노력하며, 쉽게 포기하지 않습니다. 시간이 걸리더라도, 그들은 자신의 목표를 이루기 위해 지속적으로 행동합니다.

인내: 부자들은 인내심을 가지고 장기적인 목표를 추구합니다. 단기적인 만족보다 장기적인 성공을 위해 기다릴 줄 압니다.

부자들이 가진 습관과 행동 패턴은 단순한 재정적 성공을 넘어, 전반적인 삶의 질을 높이는 데 중요한 역할을 합니다. 철저한 재정 관리, 지속적인 학습과 자기 계발, 시간 관리, 긍정적인 인간관계, 그리고 긍정적인 마인드셋이 결합되어 이들의 성공을 뒷받침합니다. 이러한 습관과 행동 패턴을 일상에 적용하면, 누구나 부를 축적하고 성공적인 삶을 이룰 수 있는 기반을 마련할 수 있습니다.

3) 실패와 역경을 극복하는 법에 대하여?

실패와 역경은 누구나 겪는 삶의 일부이며, 이를 어떻게 극복하느냐가 성공과 성장을 결정 짓는 중요한 요소입니다. 실패를 긍정적으로 받아들이고, 역경을 극복하는 능력은 개인의 회복 탄력성(resilience)을 높이고, 더 큰 성공을 이루는 데 기여합니다. 아래에서는 실패와 역경을 효과적으로 극복하는 방법에 대해 설명하겠습니다.

실패에 대한 올바른 인식

실패는 배움의 기회: 실패를 단순히 부정적인 경험으로만 보지 않고, 중요한 배움의 기회로 재정의하는 것이 중요합니다. 실패는 더 나은 결정을 내릴 수 있도록 도와 주는 중요한 피드백을 제공합니다.

성공의 일부: 실패는 성공의 반대말이 아니라, 성공으로 가는 과정의 일부입니다. 많은 성공한 사람들은 실패를 겪으며 그 과정에서 배운 것을 바탕으로 성공을 이루었습니다.

실패의 감정 관리

자기 연민 피하기: 실패 후에 자신을 비난하거나 지나치게 자책하는 것은 역경을 극복하는 데 도움이 되지 않습니다. 대신, 실패를 받아들이고, 이를 극복하기 위한 전략을 세우는 것이 중요합니다.

감정 표현: 실패로 인한 감정을 억누르지 말고, 건강하게 표현하는 것이 중요합니다. 이를 위해 친구나 가족과 대화하거나, 일기를 쓰는 방법을 사용할 수 있습니다.

실패와 역경을 극복하는 전략

실패 분석과 학습

실패의 원인 분석: 실패의 원인을 분석하고, 무엇이 잘못되었는지 파악하는 것이 중요합니다. 이는 향후 같은 실수를 반복하지 않도록 도와 줍니다. 문제의 원인을 객관적으로 분석하고, 개선할 부분을 명확히 이해합니다.

학습과 성장 기회: 실패에서 배울 수 있는 교훈을 찾고, 이를 바탕으로 성장하는 방법을 모색합니다. 실패를 통해 얻은 교훈은 개인의 역량을 강화하고, 더 나은 결정을 내릴 수 있도록 도와 줍니다.

긍정적인 사고 유지

긍정적인 자아 대화: 실패를 경험한 후, 자신에게 긍정적인 메시지를 전달하는 것이 중요합니다. 예를 들어, "나는 이 경험을 통해 성장할 수 있어"라는 식의 자기 대화는 긍정적인 사고를 유지하는 데 도움이 됩니다.

작은 성취 축하: 실패를 극복하는 과정에서 작은 성취를 축하하고, 자신을 격려하는 것이 중요합니다. 이는 긍정적인 에너지를 제공하고, 앞으로 나아갈 동력을 줍니다.

행동 계획 수립

구체적인 행동 계획: 실패 후 새로운 목표를 설정하고, 이를 달성하기 위한 구체적인 행동 계획을 수립합니다. 작은 단계로 나누어 실천 가능한 계획을 세우면, 실패를 극복하고 목표를 달성하는 데 더 큰 자신감을 가질 수 있습니다.

유연성 유지: 실패 후 새로운 시도를 할 때, 유연성을 유지하는 것이 중요합니다. 상황에 따라 계획을 조정하고, 변화에 적응하는 능력은 역경을 극복하는 데 필수적입니다.

지원 시스템 활용

지지 받기: 실패와 역경을 극복하는 데 있어 주변의 지지와 도움이 중요합니다. 친구, 가족, 멘토와 같은 지지 시스템을 적극적으로 활용하여 힘든 시기를 이겨낼 수 있도록 합니다.

전문가의 도움: 심리적 어려움이나 큰 역경을 겪고 있다면, 상담사나 코치와 같은 전문가의 도움을 받는 것도 좋은 방법입니다. 이는 회복 탄력성을 높이고, 문제를 보다 효과적으로 해결할 수 있도록 도와 줍니다.

회복 탄력성 기르기

회복 탄력성은 스트레스, 실패, 역경 등의 어려운 상황에서도 다시 일어설 수 있는 능력을 의미합니다. 이는 실패를 극복하고, 더 나은 상태로 돌아가는 데 필요한 정신적 강인함을 의미합니다.

회복 탄력성을 기르는 방법

긍정적인 관점 유지: 회복 탄력성을 기르기 위해서는 어려운 상황에서도 긍정적인 관점을 유지하는 것이 중요합니다. 이는 상황을 냉정하게 평가하고, 문제 해결에 집중할 수 있도록 도와 줍니다.

목표 재설정: 큰 실패 후에는 목표를 재설정하고, 새로운 목표를 향해 나아가는 것이 회복 탄력성을 높이는 데 도움이 됩니다. 이는 삶의 의미와 목적을 재발견하는 과정이 될 수 있습니다.

자신감 강화: 작은 성공 경험을 통해 자신감을 회복하는 것이 중요합니다. 이는 더 큰 도전에 직면했을 때, 자신을 믿고 나아갈 수 있게 합니다.

일상적인 습관

규칙적인 운동: 신체적 건강은 정신적 회복 탄력성과 밀접한 관련이 있습니다. 규칙적인 운동은 스트레스를 줄이고, 긍정적인 감정을 유지하는 데 도움이 됩니다.

명상과 심리적 훈련: 명상, 요가 등 심리적 훈련은 마음을 차분하게 유지하고, 어려운 상황에서도 침착하게 대응할 수 있게 합니다.

일상의 균형 유지: 일과 삶의 균형을 유지하는 것도 회복 탄력성을 기르는 데 중요한 요소입니다. 충분한 휴식과 자기 관리는 지속적인 성장과 성공을 가능하게 합니다.

실패와 역경을 극복하는 법은 삶에서 중요한 교훈을 배우고, 더 나은 자신으로 성장하는 과정입니다. 실패를 배움의 기회로 인식하고, 긍정적인 사고와 구체적인 행동 계획을 통해 극복할 수 있습니다. 또한, 주변의 지원을 받으며 회복 탄력성을 기르면, 어떤 어려움이 닥치더라도 이를 극복하고 더 큰 성공을 이룰 수 있습니다. 실패를 두려워하지 않고, 이를 극복하는 능력을 기르는 것이 진정한 성공의 열쇠입니다.

부와 사회적 책임에 대하여?

"On Wealth and Social Responsibility."

1) 부의 윤리적 측면에 대하여?

부와 사회적 책임: 부의 윤리적 측면

부의 윤리적 측면은 개인이 축적한 부를 어떻게 사용하고, 그 과정에서 어떤 책임을 지는가에 대한 문제를 다룹니다. 부를 가진 사람은 그 자산을 사회적으로 어떻게 활용할 것인지에 대한 도덕적 의무를 가지고 있으며, 이는 사회적 책임과 밀접하게 연관됩니다. 아래에서는 부의 윤리적 측면에 대해 설명하겠습니다.

정당한 방법으로의 부 축적

정당한 수단 사용: 부를 축적하는 과정에서 윤리적인 방법을 사용하는 것이 중요합니다. 이는 법률을 준수하고, 공정한 거래를 통해 부를 축적하며, 타인을 착취하거나 불공정한 이익을 취하지 않는 것을 의미합니다.

투명성과 정직성: 재정적 거래와 비즈니스 운영에서 투명성과 정직성을 유지하는 것이 윤리적으로 중요합니다. 기업의 이익을 추구하면서도 고객, 직원, 주주 등 이해 관계자들과의 신뢰를 유지해야 합니다.

환경적, 사회적 책임 고려

지속 가능한 경영: 부를 축적하는 과정에서 환경을 고려한 지속 가능한 경영을 실천하는 것이 윤리적 책임의 일부입니다. 자원을 남용하거나 환경을 훼손하지 않는 방식으로 사업을 운영하는 것이 중요합니다.

사회적 영향: 사업이나 투자가 지역 사회와 더 넓은 사회에 미치는 영향을 고려해야 합니다. 이는 고용 창출, 공정한 임금 지급, 사회적 약자를 배려하는 정책을 포함할 수 있습니다.

공정한 대우와 인권 존중

공정한 노동 관행: 부를 축적하는 과정에서 직원과 노동자들을 공정하게 대우하는 것이 중요합니다. 이는 적절한 보상, 안전한 작업 환경 제공, 차별 없는 고용 등을 포함합니다.

인권 존중: 사업 운영 및 투자 과정에서 인권을 존중하고, 인권 침해를 방지하기 위한 조치를 취하는 것이 윤리적으로 필수적입니다.

사회적 책임과 환원

기부와 자선 활동: 부를 사회에 환원하는 방법으로 기부와 자선 활동이 중요합니다. 부자들은 자신이 얻은 부의 일부를 사회적으로 의미 있는 활동에 기부함으로써, 사회적 책임을 다할 수 있습니다. 이는 교육, 의료, 빈곤 퇴치, 환경 보호 등 다양한 분야에서 이루어질 수 있습니다.

지역 사회 발전 기여: 자신이 속한 지역 사회에 긍정적인 영향을 미치기 위해 지역 사회 발전에 기여하는 것이 윤리적입니다. 이는 지역 사회 인프라 구축, 공공시설 지원, 지역 경제 활성화 등을 포함할 수 있습니다.

윤리적 투자와 소비

윤리적 투자: 부자들은 자신이 소유한 자산을 윤리적인 방식으로 투자하는 것이 중요합니다. 이는 사회적 가치를 고려한 투자(Socially Responsible Investment, SRI), 환경, 사회, 지배구조(ESG) 요소를 고려한 투자 등을 포함합니다. 윤리적 투자는 단순히 수익만을 추구하는 것이 아니라, 사회적 가치를 증진시키는 방향으로 이루어져야 합니다.

지속 가능한 소비: 소비 습관에서도 윤리적 측면을 고려해야 합니다. 환경에 미치는 영향이 적은 제품을 선택하고, 공정 무역 제품을 구매하며, 불필요한 소비를 줄이는 것이 부자의 윤리적 책임입니다.

교육과 후원

교육 지원: 부자들은 자신의 자산을 교육의 기회 확대에 사용할 수 있습니다. 이는 장학금 제공, 교육 시설 지원, 교육 프로그램 후원 등을 통해 이루어질 수 있습니다. 교육은 사회의 발전과 개인의 잠재력 실현에 중요한 역할을 합니다.

멘토링과 리더십: 부자들은 자신의 지식과 경험을 다른 사람들과 공유함으로써 사회에 기여할 수 있습니다. 멘토링, 강연, 커뮤니티 리더십 등을 통해 다른 사람들이 성공할 수 있도록 도울 수 있습니다.

부와 윤리적 딜레마

자산 집중과 불평등 문제

부의 불평등: 부가 소수에게 집중되면서 사회적 불평등이 심화될 수 있습니다. 이는 윤리적 딜레마를 초래할 수 있으며, 부자들이 부를 공정하고 사회적으로 책임 있는 방식으로 사용해야 하는 이유입니다.

공정한 분배: 부자들은 자신의 부가 사회 전반에 긍정적인 영향을 미칠 수 있도록 공정하게 분배되도록 노력해야 합니다. 이는 고용 창출, 공공 서비스 지원, 사회적 약자에 대한 지원 등을 통해 이루어질 수 있습니다.

세금 회피와 탈세 문제

세금의 윤리적 책임: 부자들은 합법적인 절세는 가능하지만, 탈세나 과도한 세금 회피는 윤리적으로 문제가 될 수 있습니다. 세금은 사회적 책임의 일부로, 부자들은 공정한 세금 납부를 통해 사회에 기여해야 합니다.

공공재 지원: 세금은 공공재와 사회적 인프라를 유지하는 데 사용됩니다. 따라서 부자들은 세금을 통해 사회적 책임을 다하고, 공공의 이익을 위해 기여하는 것이 중요합니다.

부의 윤리적 측면은 부자들이 부를 축적하고 사용하는 과정에서 사회적 책임을 다하는 것을 의미합니다. 윤리적인 부의 축적은 정당한 방법을 사용하고, 사회적 영향과 환경적 책임을 고려하며, 공정한 대우와 인권을 존중하는 데 있습니다. 또한, 부의 사용에서는 사회적 책임을 다하기 위해 기부, 윤리적 투자, 교육 지원 등을 실천하는 것이 중요합니다. 부자들은 자신이 축적한 부를 통해 사회에 긍정적인 영향을 미치고, 공공의 이익을 위해 기여하는 책임을 가지고 있습니다. 이러한 윤리적 관점에서 부를 관리하고 사용하는 것이 진정한 부자로서의 길입니다.

2) 기부와 사회적 환원에 대하여?

기부와 사회적 환원은 부를 사회에 다시 돌려주어 공동체의 발전과 복지를 촉진하는 중요한 활동입니다. 기부는 단순히 물질적인 나눔을 넘어, 사회적 책임을 실천하고, 더 나은 세상을 만드는 데 기여하는 방법입니다. 이러한 활동은 개인의 삶에도 깊은 의미와 만족을 가져다 줄 수 있습니다. 아래에서는 기부와 사회적 환원의 중요성과 방법, 그 영향에 대해 설명하겠습니다.

사회적 책임 실천

부의 윤리적 사용: 부자들이 자신이 축적한 부를 사회에 기부하는 것은 사회적 책임을 실천하는 방법입니다. 이는 개인이 얻은 부를 통해 다른 사람들의 삶을 개선하고, 사회의 공공선을 증진시키는 데 기여합니다.

사회적 불평등 해소: 기부는 자원을 사회 전반에 분배하여 불평등을 완화하는 데 도움을 줍니다. 특히, 교육, 의료, 주거 등 기본적인 인프라가 부족한 지역이나 계층에 기부를 통해 더

많은 기회를 제공할 수 있습니다.

지역 사회 지원: 기부는 지역 사회의 발전을 촉진합니다. 공공시설 지원, 지역 프로그램 후원, 소규모 비즈니스 지원 등을 통해 지역 경제와 사회적 인프라를 강화할 수 있습니다.

사회적 자본 형성: 기부는 사회적 자본을 형성하는 데 중요한 역할을 합니다. 기부를 통해 사람들 간의 신뢰와 협력 관계가 강화되며, 이는 공동체의 응집력과 사회적 유대감을 높이는 데 기여합니다.

개인적 성장과 만족

삶의 의미 부여: 기부를 통해 자신의 부를 의미 있게 사용할 수 있으며, 이는 개인의 삶에 더 깊은 의미와 만족감을 가져다 줍니다. 많은 사람들이 기부를 통해 얻는 정신적 보상을 삶의 중요한 부분으로 여깁니다.

자기 성장: 기부 활동은 개인이 사회적 문제에 대한 인식을 높이고, 자신의 능력과 자원을 다른 사람들과 공유하는 기회를 제공합니다. 이는 개인의 자기 성장과 성취감을 높이는 데 기여합니다.

금전적 기부

직접 기부: 개인이나 기업이 자금을 직접 기부하는 방식입니다. 이는 비영리 단체, 교육 기관, 의료 기관, 환경 보호 단체 등 다양한 목적에 사용될 수 있습니다. 직접 기부는 가장 일반적인 기부 방식으로, 기부자가 지원하고자 하는 목적에 자금을 직접 할당할 수 있습니다.

자선 기금 설립: 장기적인 기부를 위해 자선 기금을 설립하는 방법입니다. 기금을 통해 지속적으로 기부 활동을 이어갈 수 있으며, 특정 목적을 위해 자산을 관리하고 운용할 수 있습니다.

물질적 기부

물품 기부: 의류, 식량, 의료용품, 학용품 등 필요한 물품을 기부하는 방식입니다. 물질적 기

부는 특히 재난 구호나 빈곤 지역 지원에서 중요한 역할을 합니다.

재능 기부: 자신의 전문 지식이나 기술을 사회에 기부하는 방식입니다. 예를 들어, 변호사는 무료 법률 상담을 제공하거나, 의사는 무료 진료를 통해 기부할 수 있습니다. 이는 금전적 기부보다 더 실질적이고 직접적인 도움을 줄 수 있습니다.

봉사와 시간 기부

자원봉사: 시간을 기부하여 직접 사회에 참여하는 방법입니다. 자원봉사는 지역 사회 프로그램, 환경 보호 활동, 교육 프로그램 등 다양한 영역에서 이루어질 수 있습니다. 이는 물질적인 기부뿐만 아니라 자신의 시간과 노력을 통해 사회에 기여할 수 있는 방법입니다.

멘토링과 교육: 자신의 지식과 경험을 다른 사람들에게 전수하는 멘토링도 중요한 기부 방식입니다. 특히 청소년이나 신생 기업가를 대상으로 한 멘토링은 그들의 성장과 성공에 큰 도움이 됩니다.

임팩트 투자

사회적 기업 지원: 사회적 목적을 가지고 운영되는 기업에 투자하여 그들의 성장을 지원하는 방식입니다. 임팩트 투자는 단순히 수익을 추구하는 것이 아니라, 사회적, 환경적 가치를 창출하는 기업을 지원함으로써 기부와 투자 효과를 동시에 추구합니다.

지속 가능한 투자: ESG(Environmental, Social, Governance) 요소를 고려한 투자로, 환경 보호와 사회적 책임을 강조하는 기업에 투자하여 사회적 환원 효과를 높일 수 있습니다.

기부와 사회적 환원의 영향

빈곤 감소: 기부는 빈곤을 감소시키고, 경제적 약자들에게 더 나은 삶의 기회를 제공합니다. 교육, 건강, 주거 등 기본적인 삶의 요소들을 지원함으로써, 빈곤층의 자립을 돕습니다.

교육 기회 확대: 기부를 통해 더 많은 사람들이 교육의 기회를 얻을 수 있습니다. 이는 개인

의 잠재력을 최대한 발휘할 수 있게 하며, 사회 전반의 발전에 기여합니다.

건강과 복지 증진: 의료 서비스가 부족한 지역이나 계층에 대한 기부는 건강과 복지를 증진시킵니다. 이는 생명과 직결된 중요한 기부 활동입니다.

환경 보호: 환경 보호 단체나 프로젝트에 대한 기부는 생태계를 보존하고, 기후 변화를 완화하는 데 중요한 역할을 합니다. 이는 지구와 미래 세대를 위한 투자이기도 합니다.

지속 가능한 발전 지원: 기부를 통해 지속 가능한 에너지, 친환경 농업, 보존 활동 등을 지원함으로써, 자연과 조화를 이루는 사회적 발전을 촉진할 수 있습니다.

경제적 영향

경제적 자립 지원: 기부는 소규모 비즈니스나 사회적 기업을 지원하여 경제적 자립을 촉진합니다. 이는 일자리 창출과 지역 경제 활성화에 기여할 수 있습니다.

공공 서비스 강화: 기부를 통해 공공 서비스가 강화되면, 더 많은 사람들이 기본적인 서비스에 접근할 수 있게 됩니다. 이는 사회 전반의 삶의 질을 높이는 데 중요한 역할을 합니다.

기부와 사회적 환원은 부자들이 자신의 자산을 사회에 돌려주어 공동체 발전에 기여하는 중요한 방법입니다. 이는 단순히 금전적 지원을 넘어, 시간, 재능, 그리고 자원을 활용하여 사회적 책임을 다하는 행위입니다. 기부는 빈곤 감소, 교육 기회 확대, 환경 보호 등 다양한 방식으로 사회에 긍정적인 영향을 미치며, 기부자는 이를 통해 삶의 의미와 만족감을 얻을 수 있습니다. 기부와 사회적 환원을 통해 부자는 개인의 이익을 넘어 사회 전체의 발전에 기여할 수 있으며, 이는 진정한 부자로서의 길을 열어 줍니다.

3) 부자가 사회에 미치는 영향에 대하여?

부자들이 사회에 미치는 영향은 매우 크고 다각적입니다. 이들은 경제적, 사회적, 문화적, 환경적 측면에서 중요한 역할을 하며, 긍정적인 기여를 하기도 하지만, 때로는 부정적인 영향을 미칠 수도 있습니다. 부자들의 행동과 선택이 사회에 어떤 영향을 미치는지 이해하는 것은 그들이 사회적 책임을 다하고, 더 나은 사회를 만드는 데 기여할 수 있도록 하는 중요한 요소입니다.

일자리 창출

기업과 고용 창출: 부자들은 종종 기업을 운영하거나 투자함으로써 일자리를 창출합니다. 이들이 설립한 기업이나 지원한 스타트업은 많은 사람들에게 고용 기회를 제공하며, 지역 경제를 활성화하는 데 기여합니다.

혁신과 성장 촉진: 부자들은 혁신적인 사업에 투자하여 기술 발전과 경제 성장을 촉진합니다. 이러한 투자 활동은 새로운 시장을 창출하고, 경제 전반에 긍정적인 파급 효과를 일으킵니다.

자본 시장 활성화: 부자들의 투자 활동은 자본 시장을 활성화시킵니다. 이들은 주식, 채권, 부동산 등에 투자하여 자본 유동성을 높이고, 기업이 자금을 조달할 수 있는 환경을 조성합니다.

경제 안정화: 부자들은 종종 경제 위기나 침체 시기에 투자하여 시장을 안정시키는 역할을 하기도 합니다. 이는 경제적 불황을 극복하는 데 도움이 될 수 있습니다.

소비와 경제 순환

고급 소비와 시장 확대: 부자들은 고급 소비재 시장을 활성화하고, 새로운 산업을 촉진합니다. 그들의 소비 패턴은 관련 산업의 발전을 이끌며, 고용과 소득 창출로 이어집니다.

자선과 기부를 통한 경제 순환: 부자들은 자선 활동을 통해 경제적 자원을 사회에 환원합니다. 이러한 활동은 사회적 복지를 증진시키고, 경제적 불평등을 완화하는 데 기여합니다.

사회적 책임과 리더십

사회적 책임 실천: 부자들은 사회적 책임을 실천함으로써 다른 사람들에게 모범을 보입니다. 기부, 자선 활동, 사회적 투자 등을 통해 자신이 얻은 부를 사회에 환원하며, 이는 사회적

리더십의 중요한 요소로 작용합니다.

멘토링과 교육 지원: 부자들은 자신의 지식과 경험을 공유하며, 다음 세대의 리더를 양성하는 데 기여할 수 있습니다. 이는 교육과 멘토링 프로그램을 통해 이루어질 수 있으며, 사회적 자본 형성에 중요한 역할을 합니다.

불평등 문제와 부의 집중

경제적 불평등: 부자들이 부를 과도하게 축적하면, 경제적 불평등이 심화될 수 있습니다. 부의 집중은 사회적 계층 간의 격차를 확대시키고, 이는 사회적 긴장과 불안정을 초래할 수 있습니다.

사회적 이동성 저하: 부의 집중은 사회적 이동성을 저해할 수 있습니다. 부유한 가정에서 태어난 사람들은 더 많은 기회를 누리게 되고, 이는 세대 간 부의 불균형을 심화시킬 수 있습니다.

사회 복지와 인프라 지원

공공 서비스 지원: 부자들은 자신의 자산을 활용하여 공공 서비스와 인프라를 지원할 수 있습니다. 이는 병원, 학교, 공원 등 공공 시설의 건립과 유지에 기여하며, 전체 사회의 삶의 질을 향상시킵니다.

비영리 단체와 자선 기관 지원: 부자들은 다양한 비영리 단체와 자선 기관에 기부하여 사회 복지와 공공선에 기여합니다. 이는 교육, 의료, 환경 보호 등 다양한 분야에서 긍정적인 변화를 일으킵니다.

문화와 예술 지원

문화 예술 후원: 부자들은 예술가와 문화 단체를 후원하여 문화와 예술의 발전에 기여합니다. 이들은 박물관, 미술관, 공연 예술 등에 투자하여 문화 유산을 보존하고, 새로운 예술적 표현을 지원합니다.

문화적 리더십: 부자들은 문화적 리더로서 사회의 가치와 관습에 영향을 미칠 수 있습니다.

그들이 후원하는 예술과 문화 활동은 사회적 담론을 형성하고, 새로운 문화적 트렌드를 만들어 냅니다.

교육과 연구에 대한 기여

교육 기관 후원: 부자들은 대학과 연구 기관에 기부하여 교육과 연구의 발전을 지원합니다. 이는 새로운 지식과 기술의 개발을 촉진하며, 사회의 장기적인 발전에 기여합니다.

지적 자본 확대: 부자들은 장학금, 연구 기금 등을 통해 지적 자본을 확장하고, 더 많은 사람들이 교육과 학습의 기회를 가질 수 있도록 돕습니다.

지속 가능한 발전 촉진

친환경 사업 투자: 부자들은 지속 가능한 발전을 촉진하기 위해 친환경 사업에 투자할 수 있습니다. 이는 재생 가능 에너지, 지속 가능한 농업, 환경 보호 활동 등을 통해 이루어질 수 있습니다.

환경 보호 후원: 부자들은 환경 보호 단체와 프로젝트에 기부하여 환경 보존과 생태계 보호에 기여합니다. 이는 기후 변화 대응, 자연 보호 구역 유지, 멸종 위기 동물 보호 등을 포함합니다.

환경적 책임 인식: 부자들은 자신이 미치는 환경적 영향을 인식하고, 이를 줄이기 위해 노력할 수 있습니다. 이는 자원 효율적인 사업 운영, 탄소 배출 감소, 지속 가능한 소비 습관 채택 등을 포함합니다.

기후 변화 대응: 부자들은 기후 변화 대응을 위한 글로벌 이니셔티브와 프로젝트를 지원할 수 있습니다. 이는 기후 변화의 영향을 완화하고, 지속 가능한 지구를 만들기 위한 중요한 역할을 합니다.

부자가 사회에 미치는 영향은 매우 광범위하며, 긍정적이든 부정적이든 그 영향력은 크고

지속적입니다. 부자들은 경제적, 사회적, 문화적, 환경적 측면에서 중요한 역할을 하며, 이들의 결정은 사회 전반에 큰 파급 효과를 미칩니다. 부자들이 사회적 책임을 다하고, 자신의 부를 공공의 이익을 위해 사용하는 것은 더 나은 사회를 만드는 데 필수적입니다. 사회는 부자들이 자신의 부를 윤리적으로 사용하고, 긍정적인 변화를 일으키도록 장려해야 하며, 이는 모두가 더 나은 미래를 향해 나아가는 데 중요한 요소가 됩니다.

● 고령 인구의 증가는 가구 수 증가의 원인이라서 가구 수가 증가하는 것이 주택 가격 변동에 영향이 있다고?

고령 인구의 증가가 가구 수 증가의 원인이 되고, 가구 수 증가가 주택 가격 변동에 영향을 미친다는 개념을 설명하면서, 인류학자 마거릿 미드(Margaret Mead)의 이론을 활용하여 쉽게 풀어 보겠습니다. 마거릿 미드는 가족 구조와 사회적 변화가 인간의 삶과 사회적 행동에 미치는 영향을 연구한 인류학자입니다. 그녀의 이론을 바탕으로, 고령 인구 증가와 가구 수 증가가 주택 시장에 미치는 영향을 이해하기 쉽게 설명하겠습니다.

고령 인구의 증가와 가구 수 증가

고령 인구의 증가는 많은 선진국에서 공통적으로 나타나는 현상입니다. 사람들이 더 오래 살게 되면서, 1인 가구나 부부만 사는 가구의 수가 늘어나는 경향이 있습니다. 이는 가구 수 증가로 이어지며, 주택 수요를 자극하게 됩니다.

예를 들어, 과거에는 여러 세대가 한 집에 모여 사는 것이 일반적이었으나, 오늘날 고령자들이 독립적으로 생활하는 것을 선호하거나, 자녀와 별도로 사는 경우가 많아졌습니다. 이로 인해 전체 가구 수가 증가하고, 이는 주택 수요를 높이는 원인이 됩니다.

가구 수 증가와 주택 가격 변동

가구 수의 증가는 자연스럽게 주택 수요를 증가시키며, 이는 주택 가격 변동에 중요한 영향을 미칩니다. 새로운 가구가 형성될 때마다 추가적인 주택이 필요해지기 때문에, 주택 공급이 수요를 따라가지 못하면 가격이 상승하게 됩니다.

수요 증가(Increased Demand): 고령 인구가 증가하고, 이들이 새로운 가구를 형성하면서 주택 수요가 늘어납니다. 특히, 고령자들은 종종 작은 주택이나 아파트를 선호하므로, 이러한 유형의 주택에 대한 수요가 집중될 수 있습니다.

주택 공급의 한계(Limits of Housing Supply): 주택 공급이 일정한 속도로 이루어지지 않으면, 수요 증가로 인해 주택 가격이 상승하게 됩니다. 특히, 도시 지역이나 인기 있는 거주 지역에서는 주택 공급이 수요를 따라가지 못하는 경우가 많습니다.

주택 가격 상승(Rising Housing Prices): 가구 수가 증가하고, 주택 수요가 높아지면, 이는 주택 가격 상승으로 이어집니다. 특히 고령 인구가 많은 지역에서는 이러한 현상이 더욱 두드러질 수 있습니다.

마거릿 미드의 이론 적용

마거릿 미드의 이론에 따르면, 가족 구조와 사회적 변화는 개인의 삶과 사회 전체에 깊은 영향을 미칩니다. 고령 인구의 증가와 이에 따른 가구 수 증가는 새로운 사회적 구조를 형성하게 되며, 이는 주택 시장에도 직접적인 영향을 미칩니다. 미드는 가족의 변화가 사회적 제도와 경제적 행동을 어떻게 변화시키는지를 강조했으며, 이 맥락에서 고령화와 가구 수 증가는 주택 수요와 가격에 중요한 영향을 미친다고 할 수 있습니다.

고령 인구의 증가로 인해 가구 구조가 변화하면, 이는 주택 수요를 변화시키고, 그 결과 주택 가격에도 영향을 미칩니다. 미드의 관점에서, 이러한 변화는 단순한 경제적 변동이 아니라, 사회적 변화의 결과로 이해될 수 있습니다.

고령 인구가 주택 시장에 미치는 영향

고령 인구 증가와 가구 수 증가는 주택 시장에 다음과 같은 영향을 미칩니다

특정 유형의 주택 수요 증가: 고령 인구는 대체로 작은 크기의 주택이나 아파트를 선호하기 때문에, 이러한 주택 유형에 대한 수요가 증가할 수 있습니다. 이는 특정 지역의 주택 가격을 상승시키는 원인이 될 수 있습니다.

도시와 교외 지역의 주택 가격 차이: 고령 인구가 도시 지역에서 교외 지역으로 이동하면서, 교외 지역의 주택 수요가 증가할 수 있습니다. 이는 교외 지역의 주택 가격 상승을 초래할

수 있습니다.

장기적인 주택 시장 변화

고령 인구가 계속 증가함에 따라, 주택 시장의 구조가 장기적으로 변화할 수 있습니다. 이는 새로운 주택 공급의 필요성을 촉진하고, 주택 정책에도 영향을 미칠 수 있습니다.

고령 인구의 증가는 가구 수 증가의 원인이 되며, 이는 주택 수요를 자극하여 주택 가격 변동에 중요한 영향을 미칩니다. 마거릿 미드의 이론을 바탕으로, 우리는 가족 구조와 사회적 변화가 주택 시장에 미치는 영향을 깊이 이해할 수 있습니다. 고령화와 이에 따른 가구 수 증가는 단순한 인구 변화가 아니라, 사회적, 경제적 구조를 변화시키는 중요한 요소로 작용하며, 주택 가격 변동의 중요한 원인으로 작용합니다.

● 전자 제품 및 필수품 등의 필요가 커지고 있고 혼자 살아도 있을 것 다 있어야 되기 때문에 적당한 평수가 필요하다고?

전자 제품 및 필수품이 증가하고, 혼자 살아도 필요한 모든 것이 갖추어져야 하기에 적당한 평수가 필요하다는 개념을 설명하면서, 인류학자 마빈 해리스(Marvin Harris)의 문화 물질주의 이론을 활용하여 쉽게 풀어 보겠습니다. 마빈 해리스는 물질적 조건과 자원이 사람들의 생활 방식과 문화에 어떻게 영향을 미치는지를 연구한 인류학자입니다. 그의 이론을 바탕으로, 혼자 사는 사람들에게 왜 적당한 평수가 중요한지 이해하기 쉽게 설명하겠습니다.

현대 생활과 물질적 필요

현대 사회에서 전자제품과 필수품은 우리의 생활에서 없어서는 안 될 중요한 요소가 되었습니다. 컴퓨터, TV, 냉장고, 세탁기 등 다양한 전자 제품뿐만 아니라, 생활에 필요한 가구와 물품들도 필수적입니다. 혼자 사는 사람들도 이러한 물건들을 모두 갖추어야 하기 때문에, 일정한 공간이 필요하게 됩니다.

마빈 해리스의 문화 물질주의 이론에 따르면, 사람들의 생활 방식은 그들이 이용할 수 있는 자원과 물질적 조건에 의해 크게 영향을 받습니다. 현대 사회에서 전자 제품과 필수품의 증가로 인해, 혼자 사는 사람들도 최소한의 생활 공간이 필요하게 되었으며, 이는 적당한 평수의 집을 요구하게 됩니다.

왜 적당한 평수가 필요한가?

적당한 평수란, 혼자 살기에도 충분한 공간을 의미합니다. 이는 단순히 잠을 자고 생활할 수 있는 공간을 넘어, 현대 생활에 필요한 모든 물건들을 적절히 배치할 수 있는 공간을 포함합니다.

전자제품과 필수품의 수용(Accommodating Electronics and Essentials)

혼자 살더라도, 다양한 전자 제품과 필수품을 소유하게 됩니다. 컴퓨터와 책상을 위한 공간, TV와 소파를 위한 공간, 주방과 식사를 위한 공간 등이 필요합니다. 적당한 평수가 없다면, 이러한 물건들을 효율적으로 배치하기 어려워지고, 생활의 질이 떨어질 수 있습니다.

생활의 편의성과 기능성(Convenience and Functionality)

적당한 평수의 집은 혼자 살더라도 모든 생활 필수품을 편리하게 사용할 수 있는 기능적인 공간을 제공합니다. 예를 들어, 충분한 주방 공간은 요리를 쉽게 만들고, 세탁기와 건조기를 적절히 배치할 수 있는 공간은 생활의 편리함을 더해줍니다.

프라이버시와 개인 공간(Privacy and Personal Space)

혼자 사는 사람들에게도 개인적인 프라이버시와 휴식을 위한 공간이 필요합니다. 적당한 평수의 집은 이러한 필요를 충족시켜줍니다. 이는 마빈 해리스의 이론에서 말하는 물질적 조건이 인간의 기본적인 필요를 어떻게 충족시키는지를 보여주는 예입니다.

마빈 해리스의 이론 적용

마빈 해리스의 문화 물질주의 이론에 따르면, 사람들의 생활 방식과 문화는 그들이 가진 물질적 자원에 의해 형성됩니다. 전자 제품과 필수품이 현대 생활의 필수 요소가 되면서, 혼자 사는 사람들도 이 모든 것을 수용할 수 있는 공간이 필요해졌습니다. 해리스의 관점에서, 이러한 물질적 조건은 우리의 생활 방식에 큰 영향을 미치며, 적당한 평수의 집을 필요로 하게 만드는 중요한 요인입니다.

전자 제품과 필수품의 증가로 인해, 혼자 사는 사람들에게도 적당한 평수의 집이 필요하게 되었습니다. 마빈 해리스의 이론을 바탕으로, 우리는 물질적 조건이 우리의 생활 방식과 필요를 어떻게 형성하는지를 이해할 수 있습니다. 혼자 살더라도 필요한 모든 것이 갖추어져야 하기 때문에, 충분한 공간이 중요한 요소로 작용하게 됩니다. 적당한 평수의 집은 현대 생활의 요구를 충족시키고, 생활의 편의성과 질을 높이는 중요한 역할을 합니다.

● 부동산에서 중요한 것은 가격인가? 가치인가? 어느 것이 더 중요한 건데?

　부동산에서 중요한 것은 가격인가? 가치인가?에 대한 질문은 투자자나 주택 구매자에게 중요한 고려 사항입니다. 이를 이해하기 위해 인류학자 마셜 살린스(Marshall Sahlins)의 이론을 활용하여 쉽게 풀어 보겠습니다. 마셜 살린스는 인간의 경제적 행동이 단순히 물질적 필요를 충족하는 것 이상으로, 사회적 관계와 문화적 가치에 의해 형성된다고 주장한 인류학자입니다. 그의 이론을 바탕으로, 부동산에서 가격과 가치 중 어느 것이 더 중요한지를 이해하기 쉽게 설명하겠습니다.

가격과 가치의 차이

　가격(Price): 부동산이 시장에서 거래되는 금액을 의미합니다. 이는 수요와 공급, 경제 상황, 금리, 정책 등 다양한 요인에 의해 결정되며, 특정 시점에서 부동산을 구매하거나 판매할 때 지불하는 실제 금액입니다.

　가치(Value): 그 부동산이 내재적으로 가지고 있는 중요성과 유용성을 의미합니다. 가치는 개인의 필요, 미래의 잠재력, 위치, 주변 환경, 사회적 요인 등 여러 가지 요소를 포함하며, 반드시 시장 가격과 일치하지 않을 수 있습니다. 가치는 부동산이 장기적으로 얼마나 유익한지, 얼마나 중요한 자산이 될지를 평가하는 기준입니다.

부동산에서 가격이 중요한 이유

　가격은 부동산을 실제로 거래할 때 중요한 요소입니다. 시장에서 거래되는 실제 금액이기 때문에, 가격은 투자자나 구매자가 즉각적인 경제적 결정을 내리는 데 있어 중요한 기준이 됩니다.

경제적 결정의 기준

　부동산을 구매하거나 판매할 때, 가격은 경제적 결정을 내리는 데 있어 핵심적인 요소입니다. 가격이 적절한지를 판단하기 위해 시장 조사를 하고, 다른 유사한 부동산과 비교하게 됩니다.

단기적 수익성: 투자자에게는 가격이 투자 수익을 결정짓는 중요한 요소입니다. 구매한 가격이 낮고, 향후 재판매할 때 가격이 높다면, 투자 수익이 발생합니다. 따라서 가격은 단기적 수익을 고려할 때 중요한 역할을 합니다.

부동산에서 가치가 중요한 이유

가치는 부동산이 장기적으로 얼마나 유용하고, 중요한 자산이 될지를 평가하는 기준입니다. 이는 단순한 경제적 이득을 넘어, 사회적, 문화적, 환경적 요인들을 모두 포함합니다.

장기적 잠재력

가치는 부동산의 장기적인 잠재력을 평가하는 데 중요합니다. 예를 들어, 현재 가격이 낮더라도, 앞으로 그 지역이 개발되거나 인프라가 확충되면 가치가 크게 상승할 수 있습니다.

사용성과 만족도

가치는 개인이나 가족이 그 부동산에서 얼마나 만족스럽게 생활할 수 있는지, 그 부동산이 개인의 필요를 얼마나 잘 충족시키는지와 관련이 있습니다. 예를 들어, 학교, 공원, 교통 등의 접근성이 좋은 지역의 부동산은 더 큰 가치를 지닐 수 있습니다.

사회적 및 문화적 의미

마셜 살린스의 이론에 따르면, 부동산의 가치는 그 사회적, 문화적 맥락 속에서 형성됩니다. 어떤 부동산은 역사적, 문화적 의미를 가지기 때문에 더 큰 가치를 지닐 수 있습니다. 이러한 가치는 단순히 경제적 이익을 넘어서는 중요한 요소로 작용할 수 있습니다.

가격과 가치 중 어느 것이 더 중요한가?

가격과 가치 중 어느 것이 더 중요한지는 부동산을 구매하거나 투자하는 목적에 따라 달라집니다.

　단기적 관점: 단기적으로 수익을 추구하는 투자자에게는 가격이 더 중요할 수 있습니다. 투자 수익을 극대화하기 위해서는 구매 가격이 적절해야 하고, 이를 통해 매도 시 더 높은 가격에 팔아 이익을 얻을 수 있기 때문입니다.

　장기적 관점: 장기적인 관점에서 부동산을 평가할 때는 가치가 더 중요합니다. 부동산의 내재적 가치, 즉 그 부동산이 제공하는 생활의 질, 장기적인 발전 가능성, 그리고 사회적, 문화적 의미가 중요합니다. 이는 단순한 가격 상승을 넘어, 안정적인 생활과 지속 가능한 투자로 이어질 수 있습니다.

마셜 살린스의 이론

　부동산의 가치는 사회적 관계와 문화적 맥락 속에서 중요하게 평가되어야 한다고 할 수 있습니다. 따라서 장기적인 성공과 안정성을 추구하는 경우, 가격보다 가치에 더 집중하는 것이 현명할 수 있습니다.

　부동산에서 가격과 가치는 모두 중요한 요소지만, 그 중요성은 상황에 따라 달라질 수 있습니다. 마셜 살린스의 이론을 바탕으로, 우리는 부동산의 가치가 사회적, 문화적 맥락에서 형성되는 중요한 요소임을 이해할 수 있습니다. 따라서 단기적 수익을 추구할 때는 가격이 중요할 수 있지만, 장기적인 안정과 발전을 고려할 때는 가치에 더 큰 비중을 두는 것이 바람직합니다.

투자가 무엇인데?
"What is investment?"

투자와 부동산 / 투자와 재테크 / 투자와 돈 / 투자와 자산

1

투자의 개념과 중요성에 대하여?

"On the Concept and Importance of Investment."

1) 투자란 무엇인가?

투자는 현재의 자금을 사용하여 미래에 더 큰 수익이나 혜택을 얻기 위해 자산이나 프로젝트에 자금을 배분하는 행위입니다. 투자는 개인이나 기업이 재정적 목표를 달성하고 자산을 증식하기 위한 중요한 수단이며, 경제 성장과 혁신에도 중요한 역할을 합니다. 이를 이해하기 위해 인류학자 '마르셀 모스(Marcel Mauss)*의 이론을 참고해 보겠습니다. 모스는 사회적 교환과 증여의 개념을 통해, 사람들이 자원을 어떻게 배분하고 교환하는지에 대해 깊이 있는 연구를 했습니다. 그의 이론을 바탕으로 투자의 개념과 중요성을 쉽게 설명하겠습니다.

투자의 기본 개념

자산 배분

자산: 투자는 다양한 자산에 자금을 배분하는 것을 포함합니다. 이러한 자산에는 **주식, 채권, 부동산, 원자재, 저축 상품, 기업** 등이 있습니다. 각 자산은 고유한 리스크와 수익 잠재력을 가지고 있습니다. 마르셀 모스의 관점에서 자산 배분은 단순한 경제적 선택이 아니라, 사회적 자원과 권력의 배분을 반영하는 중요한 행위로 볼 수 있습니다.

배분: 투자자는 자산을 분산하여 리스크를 줄이고, 장기적인 수익을 극대화하기 위해 자산을 배분합니다. 이를 자산 배분(Asset Allocation)이라고 하며, 다양한 자산 클래스에 자금을 배분함으로써 특정 자산의 리스크가 전체 포트폴리오에 미치는 영향을 최소화합니다. 모스의 이론에 따르면, 이러한 자산 배분은 사회적 교환과 유사하며, 서로 다른 자산 간의 균형을 유지함으로써 전체적인 안정성을 추구합니다.

리스크와 수익

리스크: 투자는 항상 일정 수준의 리스크를 동반합니다. 리스크는 자산의 가치가 예상과 다르게 변동할 수 있는 가능성을 의미합니다. 일반적으로 높은 수익을 기대할 수 있는 투자는 더 높은 리스크를 동반하는 경향이 있습니다. 모스는 이러한 리스크가 단순히 경제적 불확실성일

뿐만 아니라, 사회적 관계에서 발생하는 불확실성과도 관련이 있다고 설명할 수 있습니다.

수익: 수익은 투자로부터 얻을 수 있는 재정적 보상을 의미합니다. 이는 배당금, 이자, 자본 이득(자산 가격 상승에 따른 이익) 등 다양한 형태로 나타날 수 있습니다. 투자자는 리스크와 수익 간의 균형을 고려하여 투자 결정을 내립니다. 모스의 연구에 따르면, 이러한 수익은 단순히 개인의 이익을 넘어, 사회적 유대와 관계를 강화하는 데 중요한 역할을 할 수 있습니다.

시간의 개념

단기 투자: 단기 투자는 비교적 짧은 기간(예: 1년 미만) 내에 자산을 매입하고 매도하는 것을 말합니다. 단기 투자는 주식 거래나 단기 금융 상품에 주로 적용되며, 높은 유동성과 빠른 수익 실현을 목표로 합니다. 모스는 단기 투자가 사회적 관계에서 단기적인 교환이나 증여와 유사하다고 설명할 수 있습니다.

장기 투자: 장기 투자는 오랜 기간(예: 5년 이상) 동안 자산을 보유하며, 장기적인 성장을 목표로 합니다. 장기 투자는 주식, 부동산, 장기 채권 등에서 자산의 장기적인 가치 상승을 기대하는 전략입니다. 모스의 이론에 따르면, 장기 투자는 사회적 관계에서 장기적인 신뢰와 유대를 형성하는 중요한 역할을 할 수 있습니다.

투자의 종류
주식 투자

정의: 주식 투자는 기업의 주식을 매입하여 해당 기업의 소유권 일부를 취득하는 것입니다. 주식을 보유하면 배당금을 받을 수 있으며, 기업의 주가 상승 시 자본 이득을 얻을 수 있습니다. 모스는 주식 투자와 같은 행위가 사회적 권력과 자원의 배분을 반영하는 중요한 요소라고 설명할 수 있습니다.

특징: 주식 투자는 높은 수익 가능성이 있지만, 동시에 주가 변동성에 따른 리스크도 큽니다. 주식 시장의 변동성, 기업의 경영 성과, 경제 전반의 변화 등에 영향을 받습니다.

채권 투자

정의: 채권 투자는 정부, 기업, 지방 자치 단체 등이 발행하는 채권을 매입하여 이자 수익을 얻는 것입니다. 채권은 발행자가 일정 기간 동안 정해진 이자를 지급하고, 만기 시 원금을 상환하는 금융 상품입니다.

특징: 채권 투자는 일반적으로 주식보다 안정적이며, 고정된 이자 수익을 제공합니다. 그러나 채권의 신용 리스크(발행자의 채무 불이행 위험)와 금리 변화에 따른 가격 변동 리스크가 존재합니다. 모스는 이러한 채권 투자와 같은 행위가 사회적 신뢰와 약속을 기반으로 한다고 설명할 수 있습니다.

부동산 투자

정의: 부동산 투자는 토지, 건물, 아파트 등을 구매하여 장기적인 자산 가치 상승이나 임대 수익을 얻는 것을 목표로 하는 투자입니다.

특징: 부동산은 실물 자산으로서 인플레이션에 대한 헤지(hedge) 역할을 할 수 있으며, 장기적인 안정성을 제공합니다. 그러나 초기 자본이 많이 필요하고, 유동성이 낮으며, 유지 관리 비용이 발생할 수 있습니다. 모스는 부동산 투자가 사회적 지위와 권력을 반영하는 중요한 요소라고 설명할 수 있습니다.

펀드 투자

정의: 펀드 투자는 여러 투자자의 자금을 모아 포트폴리오 매니저가 다양한 자산(주식, 채권 등)에 분산 투자하는 방식입니다. 펀드에는 뮤추얼 펀드, 상장 지수 펀드(ETF), 헤지 펀드 등이 포함됩니다.

특징: 펀드는 자산의 분산 투자를 통해 리스크를 줄이고, 전문적인 관리자를 통해 효율적인 투자를 가능하게 합니다. 그러나 펀드 매니저의 성과와 수수료 구조에 따라 수익률이 달라질 수 있습니다. 모스는 펀드 투자와 같은 행위가 사회적 교환과 협력을 기반으로 한다고 설명할 수 있습니다.

기타 투자

원자재 투자: 금, 은, 원유, 농산물 등의 원자재에 투자하여 자산 가치 상승을 기대하는 투자입니다.

암호 화폐 투자: 비트코인, 이더리움 등과 같은 디지털 자산에 투자하여 고수익을 추구하는 투자 방식입니다. 높은 변동성으로 인해 큰 리스크가 따르지만, 잠재적 수익도 큽니다. 모스의 관점에서 암호 화폐 투자는 새로운 형태의 사회적 교환과 자원 배분을 반영하는 사례로 볼 수 있습니다.

투자 전략과 원칙

투자 목표 설정

재정적 목표: 투자하기 전에 명확한 재정적 목표를 설정해야 합니다. 목표는 단기, 중기, 장기적으로 구분할 수 있으며, 주택 구입, 자녀 교육비 마련, 은퇴 자금 등이 될 수 있습니다. 모스는 목표 설정이 사회적 관계에서 중요한 역할을 한다고 설명할 수 있으며, 이는 투자에서도 마찬가지입니다.

위험 수용 범위: 자신의 리스크 수용 능력을 파악하는 것이 중요합니다. 이는 나이, 재정 상태, 투자 경험, 투자 기간 등에 따라 달라집니다.

분산 투자

리스크 관리: 분산 투자는 다양한 자산에 자금을 배분함으로써 리스크를 줄이는 전략입니다. 이는 특정 자산의 가격 변동에 따른 손실을 최소화하는 데 도움이 됩니다. 모스의 이론에서는 분산 투자가 사회적 교환에서 신뢰를 구축하는 중요한 방법으로 설명될 수 있습니다.

포트폴리오 구성: 다양한 자산 클래스로 포트폴리오를 구성하여 리스크와 수익의 균형을 맞추는 것이 중요합니다. 예를 들어, 주식, 채권, 부동산, 원자재 등으로 포트폴리오를 구성할 수 있습니다.

장기 투자

복리의 힘: 장기 투자는 복리 효과를 극대화할 수 있는 기회를 제공합니다. 시간이 지남에 따라 자산의 가치가 상승하고, 수익이 재투자되면서 복리 효과가 발생합니다.

시장 변동성 대응: 장기적으로 시장의 단기 변동성에 덜 민감하게 반응할 수 있으며, 이는 시장 하락기에 매도하지 않고 자산을 보유함으로써 장기적인 성장을 기대할 수 있습니다. 모스는 장기적인 사회적 유대와 신뢰가 교환과 증여에서 중요한 역할을 한다고 설명했으며, 이는 장기 투자에서도 중요한 개념입니다.

규칙적인 모니터링

투자 성과 검토: 정기적으로 투자 포트폴리오를 검토하고, 목표 달성을 위해 필요한 조정이 있는지 확인해야 합니다. 경제 상황, 시장 변화, 개인 재정 상태에 따라 투자 전략을 조정할 필요가 있습니다.

감정 통제: 투자에서는 감정을 통제하는 것이 중요합니다. 시장의 변동성에 따라 급격한 결정을 내리기보다는, 냉철한 판단을 통해 장기적인 목표에 집중하는 것이 필요합니다. 모스의 이론에서는 감정과 사회적 압력이 개인의 행동에 어떻게 영향을 미치는지를 설명할 수 있습니다.

투자는 현재의 자금을 사용하여 미래에 더 큰 수익이나 혜택을 얻기 위한 과정입니다. 다양한 자산에 자금을 배분하고, 리스크와 수익의 균형을 고려하며, 장기적인 목표를 설정하고 추구하는 것이 성공적인 투자의 핵심입니다. 마르셀 모스의 이론을 통해, 우리는 투자가 단순한 경제적 행위가 아니라, 사회적 교환과 신뢰의 중요한 부분임을 이해할 수 있습니다. 투자는 재정적 자유를 위한 중요한 수단이며, 이를 위해서는 철저한 계획과 지속적인 관리가 필요합니다.

2) 투자와 저축의 차이에 대하여?

저축과 투자는 모두 개인의 재정 관리에서 중요한 요소입니다. 하지만 이 둘은 목적, 리스크, 수익률, 유동성 등의 측면에서 차이가 있습니다. 이런 차이를 이해하는 것은 현명한 재정

결정을 내리는 데 도움이 됩니다. 여기에 인류학자 마르셀 모스(Marcel Mauss)의 이론을 적용하여 저축과 투자의 개념을 더 쉽게 설명해 보겠습니다. 모스는 인간 사회에서의 교환과 증여의 의미를 연구한 바 있습니다. 그의 이론을 참고하면, 저축과 투자가 단순한 경제적 행위를 넘어, 사회적 관계와 신뢰 형성에 중요한 역할을 한다는 것을 알 수 있습니다.

저축의 안전성: 저축의 주요 목적은 자금을 안전하게 보관하고 필요할 때 사용할 수 있도록 하는 것입니다. 예를 들어, 여행 자금이나 학비처럼 단기적인 재정적 목표를 위해 저축합니다. 모스의 이론에 따르면, 저축은 사회적 안정성과 신뢰를 유지하는 방법으로 볼 수 있습니다.

유동성: 저축은 필요할 때 언제든지 현금으로 인출할 수 있어 유동성이 높습니다. 이는 갑작스러운 상황에 대비할 수 있게 해 줍니다.

투자와 자산 증식: 투자의 주요 목적은 현재의 자금을 활용하여 미래에 자산을 증식시키는 것입니다. 투자는 주로 은퇴 자금이나 주택 구입처럼 장기적인 재정적 목표를 달성하기 위해 사용됩니다. 모스는 투자가 단순히 돈을 불리는 것뿐만 아니라, 장기적인 사회적 위치와 관계를 구축하는 방법이라고 볼 수 있습니다.

장기 성장: 투자는 자산의 장기적인 성장을 목표로 하며, 일정 기간 동안 자금을 묶어 두는 경우가 많습니다.

리스크

낮은 리스크: 저축은 일반적으로 매우 낮은 리스크를 동반합니다. 은행 예금이나 적금 계좌는 원금이 보장되며, 예금자 보호 제도에 의해 보호받는 경우가 많습니다. 모스의 관점에서 이는 저축이 사회적 신뢰를 강화하는 방법이라는 것을 보여 줍니다.

안정성: 저축은 자산의 안정성을 유지하는 데 중점을 둡니다. 따라서 원금 손실의 위험이 거의 없습니다.

투자

높은 리스크: 투자는 저축보다 더 높은 리스크를 수반합니다. 주식, 채권, 부동산, 암호 화폐 등 다양한 자산에 투자할 때, 자산의 가격 변동으로 인해 원금 손실이 발생할 수 있습니다. 모스의 이론에 따르면, 투자는 더 큰 사회적 이익을 추구하는 과정에서의 불확실성을 반영합니다.

변동성: 투자 자산은 시장 상황, 경제 동향, 기업 실적 등에 따라 가치가 변동할 수 있습니다. 이는 투자자가 예측하지 못한 손실을 입을 가능성을 의미합니다.

수익률

낮은 수익률: 저축은 일반적으로 낮은 수익률을 제공합니다. 은행 예금이나 적금 계좌의 이자율은 보통 투자 수익률보다 낮으며, 인플레이션에 비해 낮은 경우가 많아 실질 구매력이 감소할 수 있습니다. 모스는 이러한 낮은 수익률이 사회적 안전과 신뢰를 유지하기 위한 대가일 수 있다고 설명할 수 있습니다.

고정 이자: 저축은 고정된 이자를 제공하는 경우가 많습니다. 이자율은 상대적으로 낮지만, 안전한 수익을 제공합니다.

투자

높은 수익률: 투자는 저축보다 잠재적으로 높은 수익률을 제공합니다. 특히 주식, 부동산, 암호 화폐 등은 장기적으로 높은 수익을 기대할 수 있습니다. 모스의 관점에서 높은 수익률은 사회적 자본을 확대하는 데 기여할 수 있습니다.

변동 수익: 투자 수익은 시장 상황에 따라 변동하며, 경우에 따라서는 매우 높은 수익을 얻을 수 있지만, 손실을 볼 수도 있습니다.

유동성

높은 유동성: 저축은 일반적으로 유동성이 매우 높습니다. 은행 예금이나 적금 계좌에서 언제든지 돈을 인출할 수 있으며, 비상 상황이나 긴급한 지출을 대비하는 데 적합합니다. 모스

는 이러한 유동성을 사회적 관계에서의 유연성과 비교할 수 있습니다.

단기 접근성: 저축된 자금은 단기적으로 쉽게 접근 가능하며, 계획된 지출이나 예기치 않은 상황에서 유용합니다.

투자

낮은 유동성: 투자는 자산의 종류에 따라 유동성이 다릅니다. 주식은 비교적 쉽게 현금화할 수 있지만, 부동산은 매도에 시간이 걸릴 수 있습니다. 일부 장기 투자 상품은 유동성이 낮아 투자 기간 동안 자금을 인출하기 어려울 수 있습니다. 모스는 이러한 낮은 유동성이 장기적인 사회적 관계와 유사하다고 설명할 수 있습니다.

장기 접근성: 투자는 장기적인 접근이 필요한 경우가 많으며, 자산을 판매하거나 현금화하는 데 시간이 걸릴 수 있습니다.

예시

은행 예금: 예금 계좌에 돈을 저축하여 이자를 받는 형태입니다. 자금의 안전성과 유동성이 높습니다.

적금: 일정 기간 동안 정기적으로 저축하여 만기 시 원금과 이자를 받는 저축 방식입니다.

주식: 기업의 소유권을 일부 구매하여 주가 상승과 배당금을 통해 수익을 얻는 투자 방식입니다.

채권: 정부나 기업이 발행한 채권을 구매하여 이자를 받는 투자 방식입니다.

부동산: 토지, 건물, 아파트 등을 구매하여 임대 수익이나 자산 가치 상승을 기대하는 투자 방식입니다.

저축과 투자는 각각 다른 목적과 리스크, 수익률, 유동성을 가지고 있으며, 개인의 재정 목표와 상황에 따라 적절히 활용할 필요가 있습니다. 저축은 단기적인 재정 안정과 비상 상황에

대비하는 데 적합한 반면, 투자는 장기적인 자산 증식과 재정적 목표 달성에 적합합니다. 마르셀 모스의 이론을 통해 저축과 투자의 개념을 이해하면, 저축이 사회적 신뢰와 안전을 유지하는 역할을 하고, 투자가 장기적인 사회적 관계와 자본 형성에 기여한다는 것을 알 수 있습니다. 균형 잡힌 재정 관리를 위해서는 저축과 투자를 조화롭게 활용하는 것이 중요합니다.

안정성: 저축 〉부동산 〉주식
환금성: 저축 〉주식 〉부동산
수익성: 부동산 〉주식 〉저축

3) 투자의 중요성: 왜 투자해야 하는가?

투자는 개인과 가족의 장기적인 재정적 안정을 확보하고, 미래의 목표를 달성하기 위한 중요한 수단입니다. 저축만으로는 어려운 재정적 성장을 가능하게 하며, 자산을 효율적으로 증대시키는 방법입니다. 여기서 인류학자 클리포드 기어츠(Clifford Geertz)의 이론을 참고하여, 투자의 중요성을 쉽게 풀어 설명해 보겠습니다. 기어츠는 문화와 상징이 사회적 행동에 어떻게 영향을 미치는지 연구했으며, 그의 이론을 바탕으로 투자의 의미를 깊이 이해할 수 있습니다.

인플레이션의 영향

인플레이션은 시간이 지나면서 돈의 구매력이 감소하는 현상을 말합니다. 예를 들어, 오늘날 100만 원으로 살 수 있는 물건이 10년 후에는 훨씬 더 많은 돈을 지불해야 같은 것을 살 수 있을지 모릅니다. 기어츠의 이론을 적용해 보면, 인플레이션은 단순한 경제적 변화가 아니라, 사회적 상징과 가치를 변화시키는 중요한 요소입니다.

저축의 한계: 은행에 돈을 저축하는 것은 안전하지만, 일반적으로 저축 이자율은 인플레이션율보다 낮기 때문에 시간이 지나면서 돈의 실제 가치는 줄어들 수 있습니다. 이는 기어츠가 설명한 사회적 상징에서, 단순히 저축만으로는 사회적 위치를 유지하거나 향상시키기 어려움을 보여 줍니다.

투자를 통한 인플레이션 방어

자산 가치 상승: 주식, 부동산, 금과 같은 투자 자산은 인플레이션을 초과하는 수익률을 제공할 가능성이 있습니다. 이는 돈의 실질 구매력을 유지하거나 증가시키는 데 도움이 됩니다.

장기적인 재정 성장: 투자는 인플레이션을 고려한 실질 수익률을 높여, 장기적으로 자산을 증가시키는 효과적인 방법입니다. 기어츠의 이론에 따르면, 투자는 단순한 경제적 행위가 아니라, 사회적 상징과 지위를 유지하는 중요한 도구입니다.

자산 증식과 재정 목표 달성

자산 증식의 필요성

미래의 재정적 필요: 은퇴 자금, 자녀 교육비, 주택 구입 등 장기적인 재정 목표를 달성하기 위해서는 단순 저축만으로는 부족할 수 있습니다.

투자를 통한 자산 증식: 투자 활동을 통해 자산의 성장을 도모할 수 있습니다. 예를 들어, 주식이나 부동산에 투자하면 시간이 지남에 따라 자산 가치가 상승할 수 있습니다. 기어츠는 이러한 자산 증식이 사회적 관계와 상징적 자본을 확대하는 데 중요한 역할을 한다고 설명할 수 있습니다.

재정 목표의 실현

장기적인 재정 목표: 주택 구입, 자녀 교육비 마련, 은퇴 후 생활비 등 중요한 재정적 목표를 달성하려면, 지속적이고 계획적인 투자가 필요합니다.

복리 효과: 투자에서 얻은 수익을 다시 투자함으로써 복리 효과를 누릴 수 있습니다. 복리 효과는 시간이 지남에 따라 투자 자산의 가치를 기하급수적으로 증가시키는 중요한 요소입니다. 기어츠는 이 과정이 개인의 사회적 위치를 강화하는 방법이라고 설명할 수 있습니다.

재정적 자유와 독립

재정적 자유란

재정적 자유는 외부적인 재정적 의무에 얽매이지 않고, 자신이 원하는 삶을 살 수 있는 경제적 여유를 의미합니다. 이는 주로 안정적인 소득원과 충분한 자산 축적을 통해 가능해집니다. 기어츠의 관점에서 재정적 자유는 사회적 상징과 권력을 얻는 방법이라고 볼 수 있습니다.

투자를 통한 재정적 자유 달성

다양한 소득원 창출: 투자 활동은 주식 배당금, 채권 이자, 부동산 임대료 등 다양한 소득원을 창출할 수 있습니다. 이는 근로 소득 외에 추가적인 수입을 제공해 재정적 자유를 높이는 데 기여합니다.

은퇴 준비: 투자를 통해 충분한 자산을 축적하면, 은퇴 후에도 경제적 어려움 없이 생활할 수 있습니다. 이는 경제적 독립을 가능하게 하며, 원하는 삶을 계획하고 실현할 수 있는 기반을 제공합니다. 기어츠는 이러한 투자가 사회적 관계와 상징을 유지하는 데 어떻게 기여하는지를 설명할 수 있습니다.

리스크 관리와 자산 분산

리스크와 수익의 균형

리스크와 수익: 모든 투자에는 일정한 리스크가 따르지만, 적절한 리스크 관리를 통해 더 높은 수익을 기대할 수 있습니다. 자산을 단순히 저축에만 의존할 경우, 인플레이션이나 경제적 충격에 취약해질 수 있습니다.

자산 분산 투자

분산 투자: 다양한 자산에 분산 투자함으로써 특정 자산의 리스크를 줄이고, 전체 포트폴리오의 안정성을 높일 수 있습니다. 이는 경제적 충격이나 시장 변동성에 대비하는 데 효과적입니다. 기어츠는 분산 투자가 사회적 관계에서 위험을 관리하는 방법이라고 설명할 수 있습니다.

안전망 구축: 분산된 투자 포트폴리오는 하나의 자산군에서 손실이 발생하더라도 다른 자산군에서 이익을 볼 수 있어, 전체적인 재정 상태를 안정적으로 유지할 수 있습니다.

경제 성장에 기여

투자와 경제 성장

자본 제공: 투자는 기업과 정부에 필요한 자본을 제공함으로써 경제 성장을 촉진합니다. 기업은 투자 자금을 활용해 사업을 확장하고, 일자리를 창출하며, 새로운 기술 개발에 투자할 수 있습니다.

경제적 번영에 기여: 개인의 투자 활동은 경제 전반에 긍정적인 영향을 미치며, 경제적 번영에 기여합니다. 이는 개인뿐만 아니라 사회 전체의 재정적 건강에 긍정적인 영향을 미칩니

다. 기어츠는 이러한 투자 활동이 사회적 상징과 구조를 강화하는 방법이라고 설명할 수 있습니다.

　투자는 인플레이션에 대한 방어, 자산 증식, 재정적 자유와 독립 달성, 리스크 관리, 경제 성장 기여 등 다양한 이유로 중요합니다. 저축만으로는 달성하기 어려운 장기적인 재정 목표를 달성하고, 미래의 경제적 불확실성에 대비하기 위해서는 계획적이고 지속적인 투자가 필수적입니다. 클리포드 기어츠의 이론을 통해, 우리는 투자가 단순한 경제적 행위가 아니라, 사회적 관계와 상징을 형성하고 강화하는 중요한 역할을 한다는 것을 이해할 수 있습니다. 개인의 재정 상태와 목표에 맞춘 투자 전략을 세우고, 이를 꾸준히 실천함으로써 안정적인 재정적 미래를 구축할 수 있습니다.

투자 전략의 기본 원칙에 대하여?

"On the Fundamental Principles of Investment Strategy."

리스크와 수익의 균형은 모든 투자 전략의 핵심입니다. 투자자는 높은 수익을 기대하면서도, 그에 따르는 리스크를 관리할 수 있는 방법을 찾아야 합니다. 이 균형을 유지하는 것은 재정적 성공을 위해 매우 중요합니다. 아래에서는 리스크와 수익의 균형을 이해하고, 이를 기반으로 투자 전략을 수립하는 방법을 설명하겠습니다. 이를 설명하는 데 인류학자 클리포드 기어츠(Clifford Geertz)의 이론을 참고하겠습니다. 기어츠는 사회적 상징과 문화적 의미가 개인의 행동에 어떻게 영향을 미치는지를 연구한 학자입니다. 그의 관점을 통해 리스크와 수익의 관계를 이해하면, 투자의 복잡성을 더 잘 파악할 수 있습니다.

1) 리스크와 수익의 균형에 대하여?

리스크와 수익의 상관관계

리스크-수익 트레이드오프: 일반적으로 높은 수익을 기대할 수 있는 투자에는 더 높은 리스크가 따릅니다. 이는 투자자들이 더 높은 리스크를 감수해야만 그에 상응하는 높은 수익을 얻을 수 있다는 원칙을 반영합니다. 예를 들어, 주식 투자는 채권 투자보다 더 높은 수익을 기대할 수 있지만, 그만큼 주가 변동성이 커서 손실을 볼 가능성도 높습니다. 기어츠의 이론을 통해 보면, 이러한 리스크-수익 트레이드오프는 단순한 경제적 선택이 아니라, 사회적 신뢰와 문화적 의미와도 깊이 연결될 수 있습니다.

다양한 리스크 요인: 투자에서의 리스크는 여러 요인에 의해 발생할 수 있습니다. 시장 리스크(전체 시장의 변동성), 신용 리스크(발행자의 채무 불이행 위험), 유동성 리스크(자산을 신속하게 현금화하지 못할 위험), 금리 리스크(금리 변화에 따른 자산 가치 변동) 등이 있습니다. 기어츠는 이런 복잡한 리스크 요인이 개인의 사회적 관계와도 얽혀 있다고 설명할 수 있습니다.

리스크 허용 범위

개인의 리스크 수용 능력: 투자 전략을 수립할 때, 개인의 리스크 수용 능력을 평가하는 것이 중요합니다. 이는 개인의 나이, 재정 상태, 투자 목표, 시간적 여유, 성격 등에 따라 달라집니다. 예를 들어, 젊은 투자자는 장기적으로 더 높은 리스크를 감수할 수 있지만, 은퇴를 앞둔 투자자는 더 보수적인 접근이 필요할 수 있습니다. 기어츠의 관점에서 보면, 개인의 리스크 수용 능력은 그들의 사회적 위치와 문화적 배경에 따라 다를 수 있습니다.

리스크 수용 범위 설정: 리스크 수용 범위를 설정하고, 이를 기준으로 투자 포트폴리오를 구성해야 합니다. 이를 통해 투자자는 자신에게 적합한 리스크 수준을 유지하면서도, 적절한 수익을 추구할 수 있습니다. 기어츠는 이런 전략이 개인의 사회적 네트워크와 문화적 상징을 유지하는 데 어떻게 기여하는지를 설명할 수 있습니다.

리스크 관리 전략

분산 투자(Diversification): 다양한 자산 클래스(주식, 채권, 부동산 등)와 다양한 지역 또는 산업에 자금을 분산 투자하여 리스크를 줄이는 방법입니다. 분산 투자는 특정 자산군에서 발생하는 손실을 다른 자산군의 수익으로 상쇄할 수 있는 효과가 있습니다. 기어츠의 이론에 따르면, 분산 투자는 사회적 관계에서 위험을 나누는 방법과 유사합니다.

포트폴리오 구성: 주식, 채권, 부동산, 원자재 등 다양한 자산에 자금을 나누어 투자함으로써 특정 자산에 대한 의존도를 줄이고, 전체적인 포트폴리오의 안정성을 높일 수 있습니다. 또한, 국내외 시장에 분산 투자하여 지역적 리스크도 분산할 수 있습니다.

손실 한도 설정

손절매 전략: 특정 자산의 가격이 일정 수준 이상 하락할 경우, 손실을 제한하기 위해 자산을 매도하는 전략입니다. 손절매 전략은 손실이 더 커지기 전에 미리 정한 손실 한도를 기준으로 자산을 매도함으로써 더 큰 손실을 방지할 수 있습니다.

리스크 한도 설정: 투자자는 자신이 감수할 수 있는 최대 손실 한도를 설정하고, 그 범위 내에서 투자 결정을 내리는 것이 중요합니다. 이는 전체 포트폴리오에 대한 리스크를 관리하는 데 효과적입니다. 기어츠는 이러한 손실 관리 전략이 개인의 사회적 위치와 명성을 보호하는 방법이라고 설명할 수 있습니다.

투자 기간과 리스크

장기 투자: 장기 투자는 단기적인 시장 변동성을 피하고, 장기적인 자산 성장에 집중하는 전략입니다. 시간이 지남에 따라 주식 시장은 역사적으로 상승하는 경향이 있어, 장기 투자자는 일시적인 시장 하락에 덜 민감하게 반응할 수 있습니다.

투자 기간을 늘리면 리스크가 분산되며, 시장의 일시적인 변동성에 대응할 수 있는 여유가 생깁니다. 반면, 단기 투자는 시장 변동성에 더 큰 영향을 받을 수 있으므로, 리스크 관리에 더 주의를 기울여야 합니다.

수익 극대화 전략

자산 배분(Asset Allocation)

적절한 자산 배분: 투자자의 리스크 수용 능력과 투자 목표에 따라 주식, 채권, 부동산 등 다양한 자산에 자금을 배분하는 것이 중요합니다. 자산 배분은 리스크와 수익 간의 균형을 맞추

는 데 핵심적인 역할을 합니다. 기어츠는 자산 배분이 개인의 사회적 관계와 상징적 자본을 어떻게 유지하는지에 대해 설명할 수 있습니다.

동적 자산 배분: 시장 상황과 개인의 재정 상태 변화에 따라 자산 배분을 조정하는 방법입니다. 예를 들어, 경제 불황기에는 더 안전한 자산으로의 비중을 높이고, 경기 회복기에는 더 공격적인 자산에 투자할 수 있습니다.

장기적 접근

복리 효과 활용: 투자 수익을 다시 투자함으로써, 시간이 지남에 따라 자산이 기하급수적으로 증가하는 복리 효과를 극대화할 수 있습니다. 이는 장기 투자에서 매우 중요한 요소로 작용합니다. 기어츠의 이론에 따르면, 복리 효과는 시간이 지남에 따라 사회적 신뢰와 자본이 어떻게 축적되는지를 설명할 수 있습니다.

배당 재투자: 배당금을 현금으로 인출하지 않고, 다시 주식이나 자산에 재투자함으로써, 장기적으로 더 높은 수익을 기대할 수 있습니다.

수수료 및 세금 최적화

수수료 관리: 투자 수수료는 장기적으로 투자 수익에 큰 영향을 미칠 수 있습니다. 저비용 펀드나 ETF를 선택하고, 중개 수수료를 최소화하는 전략을 통해 더 높은 순수익을 실현할 수 있습니다.

세금 효율성: 투자에 따른 세금을 최소화하는 것도 중요한 전략입니다. 예를 들어, 세제 혜택이 있는 계좌(퇴직 연금 계좌 등)를 활용하거나, 세금이 적게 부과되는 자산에 투자함으로써 순수익을 극대화할 수 있습니다.

리스크와 수익의 균형은 성공적인 투자 전략의 핵심입니다. 투자는 높은 수익을 추구하면

서도 리스크를 적절히 관리하는 것이 중요합니다. 이를 위해 투자자는 리스크 허용 범위를 설정하고, 분산 투자, 손실 한도 설정, 장기 투자 등 다양한 전략을 활용할 수 있습니다. 적절한 자산 배분과 장기적 접근을 통해 리스크를 관리하면서도 수익을 극대화할 수 있는 투자 전략을 수립하는 것이 중요합니다. 클리포드 기어츠의 이론을 통해, 우리는 이러한 전략들이 단순한 경제적 행위를 넘어, 사회적 상징과 관계를 형성하고 강화하는 중요한 역할을 한다는 것을 이해할 수 있습니다.

2) 분산 투자와 포트폴리오 관리에 대하여?

분산 투자와 포트폴리오 관리는 리스크를 줄이고 안정적인 수익을 추구하기 위한 중요한 투자 전략입니다. 이 두 개념은 서로 밀접하게 연관되어 있으며, 성공적인 투자 결과를 얻기 위해 함께 사용됩니다. 이 내용을 쉽게 설명하기 위해 인류학자 브로니스와프 말리노프스키(Bronislaw Malinowski)의 연구를 참고하겠습니다. 말리노프스키는 인간 사회에서의 교환과 관계 맺기의 중요성을 강조한 학자로, 그의 이론을 통해 투자와 포트폴리오 관리의 개념을 더 쉽게 이해할 수 있습니다.

분산 투자(Diversification)

분산 투자는 자산을 다양한 종류의 투자 대상에 배분하여 리스크를 줄이는 투자 전략입니다. 이는 특정 자산이나 시장의 변동성으로 인한 손실을 최소화하고, 포트폴리오 전체의 안정성을 높이는 것을 목표로 합니다. 말리노프스키의 관점에서 분산 투자는 다양한 사회적 관계를 통해 안정성을 확보하는 것과 비슷합니다. 여러 관계를 통해 사회적 지위를 강화하듯이, 다양한 자산에 투자하여 재정적 안정성을 높일 수 있습니다.

분산 투자의 중요성

리스크 감소: 분산 투자는 단일 자산에 투자할 때 발생할 수 있는 높은 리스크를 줄여 줍니

다. 예를 들어, 특정 주식이 급락하더라도 다른 자산이 상승하거나 안정적이라면 포트폴리오 전체의 손실을 줄일 수 있습니다. 말리노프스키는 사회적 관계를 통해 불확실성을 관리하는 것이 중요하다고 강조했습니다. 투자에서도 마찬가지로, 다양한 자산에 분산 투자하여 불확실성을 줄이는 것이 중요합니다.

수익의 안정성: 다양한 자산에 투자하면, 한 자산군의 부진이 다른 자산군의 성과로 보완될 수 있습니다. 이는 포트폴리오의 전체적인 수익을 안정적으로 유지하는 데 기여합니다.

예측 불가능성 대응: 시장의 변동성이나 예측 불가능한 경제 상황에 대비할 수 있습니다. 특정 산업이나 지역에 의존하지 않음으로써, 글로벌 경제의 변화에도 유연하게 대응할 수 있습니다.

분산 투자 방법

자산 클래스 간 분산: 주식, 채권, 부동산, 원자재, 현금 등 다양한 자산 클래스에 투자하는 것이 기본입니다. 각 자산 클래스는 고유한 리스크와 수익 특성을 가지므로, 이를 적절히 배분함으로써 포트폴리오의 균형을 맞출 수 있습니다.

산업 및 지역 분산: 동일한 자산 클래스 내에서도 다양한 산업(예: 기술, 의료, 에너지)이나 지역(예: 미국, 유럽, 아시아)으로 분산 투자할 수 있습니다. 이를 통해 특정 산업이나 지역의 경제적 불황에 대비할 수 있습니다.

개별 자산 간 분산: 동일한 자산 클래스 내에서도 여러 개의 주식이나 채권에 투자하여 개별 자산의 리스크를 줄일 수 있습니다. 예를 들어, 여러 회사의 주식에 투자하면, 특정 회사의 부진이 포트폴리오 전체에 미치는 영향을 줄일 수 있습니다.

포트폴리오 관리(Portfolio Management)

포트폴리오 관리는 투자 포트폴리오의 구성을 결정하고, 이를 지속적으로 평가하고 조정하는 과정입니다. 목표는 투자자의 재정적 목표와 리스크 허용 범위에 맞는 최적의 자산 배분을 유지하는 것입니다. 말리노프스키의 연구에서처럼, 포트폴리오 관리는 사회적 관계를 유지하고 조정하는 과정과 유사합니다. 투자자도 변화하는 환경에 맞춰 포트폴리오를 조정해야 합니다.

포트폴리오 관리의 기본 원칙

목표 설정: 포트폴리오를 관리하기 전에, 투자 목표(예: 은퇴 자금 마련, 자녀 교육비 준비 등)를 명확히 설정해야 합니다. 목표에 따라 포트폴리오의 구성과 리스크 허용 범위가 달라집니다.

리스크 허용 범위 평가: 투자자가 감수할 수 있는 리스크 수준을 평가하고, 이에 맞는 자산 배분 전략을 수립합니다. 이는 투자자의 나이, 재정 상태, 투자 기간, 성격 등에 따라 달라질 수 있습니다.

자산 배분 결정: 목표와 리스크 허용 범위에 따라 다양한 자산 클래스 간의 배분을 결정합니다. 이는 포트폴리오의 성과에 큰 영향을 미치는 중요한 요소입니다.

포트폴리오 관리 방법

정기적 리밸런싱: 시장 상황의 변화로 인해 포트폴리오의 자산 비중이 원래 설정한 목표와 달라질 수 있습니다. 이러한 경우, 자산을 매도하거나 추가 구매하여 원래의 목표 비율로 재조정하는 과정이 필요합니다. 이를 리밸런싱이라고 하며, 일반적으로 6개월에서 1년에 한 번씩 수행합니다. 말리노프스키는 사회적 관계에서 주기적인 조정과 유지를 강조했는데, 이는 포트폴리오 관리에도 적용될 수 있습니다.

성과 분석: 포트폴리오의 성과를 정기적으로 분석하고, 투자 목표와 비교하여 필요한 조정을 합니다. 성과 분석은 포트폴리오가 계획된 대로 진행되고 있는지, 혹은 수정이 필요한지

판단하는 데 필수적입니다.

시장 및 경제 변화 모니터링: 경제 상황, 금리 변화, 정책 변화 등 외부 요인들이 포트폴리오에 미치는 영향을 모니터링하고, 이에 맞춰 전략을 조정할 수 있어야 합니다. 이는 장기적으로 포트폴리오의 성과를 최적화하는 데 도움이 됩니다.

포트폴리오의 위험 관리

헷지(hedging) 전략: 특정 자산의 가격 변동성으로 인한 리스크를 줄이기 위해 헷지 전략을 사용할 수 있습니다. 예를 들어, 주식 포트폴리오의 하락 리스크를 줄이기 위해 옵션이나 선물 계약을 활용할 수 있습니다.

손절매 설정: 특정 자산의 가치가 일정 수준 이하로 떨어질 경우 자동으로 매도하는 손절매 전략을 사용하여 손실을 제한할 수 있습니다.

분산 투자와 포트폴리오 관리의 이점

리스크 최소화

다양한 리스크 관리: 분산 투자는 특정 자산이나 시장에 대한 리스크를 줄여 줍니다. 포트폴리오 관리의 리밸런싱과 손실 제한 전략을 통해 리스크를 추가로 관리할 수 있습니다. 말리노프스키는 다양한 사회적 관계를 통해 불확실성을 관리하는 것이 중요하다고 했습니다. 이는 투자에서도 마찬가지입니다.

수익 안정화

수익 변동성 완화: 다양한 자산에 분산 투자함으로써 수익의 변동성을 줄일 수 있습니다. 이는 장기적으로 더 안정적인 수익을 제공하며, 투자자가 불확실한 시장 상황에서도 꾸준한 성과를 유지할 수 있게 도와줍니다.

재정 목표 달성

목표 지향적 투자: 포트폴리오 관리를 통해 투자자의 재정적 목표에 맞춘 자산 배분을 유지할 수 있습니다. 이는 목표 달성 가능성을 높이고, 불필요한 리스크를 회피하는 데 도움이 됩니다.

분산 투자와 포트폴리오 관리는 투자 전략의 핵심 요소입니다. 분산 투자를 통해 리스크를 줄이고 포트폴리오의 안정성을 높일 수 있으며, 포트폴리오 관리를 통해 자산 배분을 최적화하고 목표에 맞는 성과를 유지할 수 있습니다. 성공적인 투자를 위해서는 이 두 가지 전략을 함께 사용하여 리스크와 수익의 균형을 잘 맞추는 것이 중요합니다. 브로니스와프 말리노프스키의 연구를 통해 우리는 이러한 전략들이 단순한 경제적 선택을 넘어, 사회적 관계와 안정성을 강화하는 중요한 역할을 한다는 것을 이해할 수 있습니다.

3) 장기 투자와 복리 효과에 대하여?

장기 투자와 복리 효과: 성공적인 재정 관리의 핵심 전략

장기 투자와 복리 효과는 재정적 성공을 이루기 위한 매우 강력한 도구입니다. 이 두 가지 개념은 시간이 지남에 따라 자산을 증대시키는 데 중점을 두며, 특히 장기적인 재정 목표를 달성하는 데 중요한 역할을 합니다. 이를 설명하기 위해 인류학자 마르셀 모스(Marcel Mauss)의 연구를 참고하겠습니다. 모스는 인간 사회에서의 선물 교환과 그로 인한 사회적 유대의 중요성을 연구한 학자로, 그의 이론을 통해 장기 투자와 복리 효과의 중요성을 더 잘 이해할 수 있습니다.

장기 투자(Long-Term Investment)

장기 투자는 일정 기간(일반적으로 5년 이상) 동안 자산을 보유하면서, 시장의 단기 변동성에 관계없이 지속적인 성장을 목표로 하는 투자 전략입니다. 장기 투자자는 시장의 일시적인 하락이나 변동성에 민감하지 않으며, 장기적인 자산 가치 상승을 기대합니다. 모스의 연구에서처럼, 장기 투자도 시간이 지남에 따라 자산을 꾸준히 쌓아 가는 과정이라고 할 수 있습니다.

장기 투자의 장점

시장 변동성 극복: 주식 시장과 같은 금융 시장은 단기적으로 변동성이 크지만, 장기적으로는 상승하는 경향이 있습니다. 장기 투자는 이러한 단기적인 변동성을 극복하고, 장기적인 성장을 통해 수익을 실현하는 전략입니다. 모스는 사회적 관계에서도 단기적인 갈등을 극복하고 장기적인 유대를 유지하는 것이 중요하다고 강조했습니다.

복리 효과 극대화: 장기 투자는 복리 효과를 극대화할 수 있는 충분한 시간을 제공합니다. 이는 투자 수익을 재투자하여 자산을 기하급수적으로 증가시킬 수 있습니다. 모스의 연구에서 선물 교환이 지속적인 관계를 유지하고 강화하는 데 기여한 것처럼, 장기 투자는 시간이 지남에 따라 자산을 강화하는 데 중요한 역할을 합니다.

심리적 스트레스 감소: 단기 투자는 시장 변동에 따른 심리적 스트레스가 크지만, 장기 투자는 이러한 스트레스에서 비교적 자유로울 수 있습니다. 장기적인 관점에서 자산을 바라보기 때문에 일시적인 손실에도 크게 동요하지 않습니다.

비용 절감: 장기 투자는 자주 매매를 하지 않기 때문에 거래 수수료와 세금 등의 비용이 절감됩니다. 이는 장기적으로 순수익을 높이는 데 기여합니다.

장기 투자 전략

성장주 투자: 장기적인 성장을 기대할 수 있는 기업에 투자하는 전략입니다. 이러한 기업은 시간이 지남에 따라 매출과 이익이 증가할 가능성이 높으며, 주식 가격도 함께 상승할 수 있습니다.

배당주 투자: 꾸준한 배당을 지급하는 기업에 투자하여, 배당금을 재투자함으로써 장기적인 수익을 추구하는 전략입니다. 배당주는 안정적인 수익을 제공하면서도, 주가 상승에 따른 자본 이득을 기대할 수 있습니다.

분산 투자: 다양한 자산 클래스와 지역에 분산 투자하여 리스크를 줄이고, 장기적인 성장을 추구하는 전략입니다. 이를 통해 특정 자산이나 시장에 대한 의존도를 낮추고, 장기적인 안정성을 확보할 수 있습니다. 모스는 다양한 사회적 관계를 통해 사회적 안정성을 유지한다고 주장했는데, 투자에서도 이와 비슷한 개념을 적용할 수 있습니다.

복리 효과(Compound Interest)

복리의 정의

복리는 원금에 대해 발생한 이자나 수익을 다시 원금에 합산하여, 다음 기간에 대한 이자를 계산하는 방식입니다. 즉, 이자가 이자를 낳는 효과를 통해 자산이 기하급수적으로 증가하는 현상을 말합니다. 모스의 '증여론'에서 나타난 지속적인 선물 교환이 사회적 관계를 강화하듯이, 복리 효과는 시간이 지남에 따라 자산을 지속적으로 증대시키는 역할을 합니다.

복리 효과의 중요성

시간의 힘: 복리 효과는 시간이 지날수록 그 힘이 강력해집니다. 처음에는 수익 증가가 미미할 수 있지만, 시간이 지남에 따라 수익이 쌓이면서 기하급수적으로 자산이 증가합니다. 이는 장기 투자의 핵심 이점 중 하나입니다.

작은 기여의 큰 결과: 초기 투자 금액이 크지 않더라도, 꾸준히 투자하고 복리 효과를 활용하면 장기적으로 큰 자산을 형성할 수 있습니다. 이는 모스의 선물 교환 이론에서처럼, 작은 선물도 지속적으로 교환되면 큰 사회적 유대를 형성하는 것과 유사합니다.

복리 효과 극대화 방법

초기 투자 시점의 중요성: 가능한 빨리 투자하는 것이 중요합니다. 초기 투자 시점이 빠를수록 복리 효과를 누릴 수 있는 기간이 길어지고, 장기적으로 더 큰 자산을 형성할 수 있습니다.

정기적인 추가 투자: 정기적으로 추가 투자를 하면 복리 효과가 더욱 극대화됩니다. 예를 들어, 매달 일정 금액을 추가로 투자하면, 원금과 수익이 함께 증가하여 복리 효과가 더욱 커집니다.

재투자: 배당금이나 이자 수익을 현금으로 인출하지 않고 다시 투자하면, 복리 효과를 극대화할 수 있습니다. 이는 자산의 성장을 가속화하는 데 중요한 역할을 합니다.

복리의 수학적 이해

복리 계산 공식은 다음과 같습니다:

$$A = P \times \left(1 + \frac{r}{n} \right)^{nt}$$

여기서,

A

A: 미래의 가치(최종 금액)

P

P: 초기 투자금(원금)

r

r: 연이율(이자율)

n

n: 연간 이자 지급 횟수

t

t: 투자 기간(년)

**예를 들어, 10년 동안 연이율 5%로 매년 이자를 복리로 계산하여 투자했을 경우,
초기 투자금이 얼마인지에 따라 최종 금액이 크게 달라집니다.**

장기 투자와 복리 효과의 시너지

장기 투자와 복리의 결합

장기 투자는 복리 효과를 극대화하는 데 필요한 시간을 제공합니다. 장기적으로 투자 수익이 재투자되면서, 초기 투자보다 훨씬 큰 자산을 형성할 수 있습니다. 모스의 연구에서처럼, 지속적인 관계와 교환이 사회적 유대를 강화하듯이, 장기 투자와 복리 효과의 결합은 자산을 기하급수적으로 증대시킵니다.

현실적인 기대 관리

인내와 꾸준함: 장기 투자와 복리 효과는 시간이 지남에 따라 그 가치를 발휘하기 때문에, 인내와 꾸준한 투자가 필요합니다. 초기에는 수익이 크지 않더라도, 꾸준히 투자하면 장기적으로 큰 성과를 기대할 수 있습니다.

단기 변동성 무시: 복리 효과를 극대화하기 위해서는 단기적인 시장 변동성에 흔들리지 않고, 장기적인 시각을 유지하는 것이 중요합니다. 이는 장기적인 재정적 안정을 추구하는 데 필수적입니다.

장기 투자와 복리 효과는 재정적 성공을 위해 반드시 활용해야 할 전략입니다. 장기 투자는 시장의 단기 변동성을 극복하고, 꾸준한 자산 성장을 가능하게 하며, 복리 효과는 시간이 지남에 따라 자산을 기하급수적으로 증대시킵니다. 이 두 가지 전략을 결합하여 장기적인 재정 목표를 달성하고, 안정적인 재정 미래를 구축할 수 있습니다. 마르셀 모스의 이론을 통해 우리는 이러한 전략들이 단순한 경제적 선택을 넘어, 지속적인 관계와 안정성을 구축하는 데 중요한 역할을 한다는 것을 이해할 수 있습니다.

3

다양한 투자 수단에 대하여?

"On Various Investment Vehicles."

1) 주식 투자: 기본 원리와 전략에 대하여?

주식 투자는 개인의 재정 관리를 위한 중요한 수단 중 하나로, 기업의 주식을 매입함으로써 그 기업의 성장과 수익에 따른 이익을 얻는 방법입니다. 주식 투자는 잠재적으로 높은 수익을 기대할 수 있지만, 그만큼 리스크도 크기 때문에 기본 원리와 다양한 전략을 이해하는 것이 매우 중요합니다. 인류학자 '마르셀 모스(Marcel Mauss)'의 연구를 참고하여, 주식 투자에 대한 개념을 더 쉽게 풀어 보겠습니다. 모스는 인간 사회에서의 교환과 선물의 역할을 탐구했으며, 그의 연구는 우리가 주식 투자와 같은 경제적 활동을 이해하는 데 도움이 됩니다.

주식 투자의 기본 원리

주식이란 무엇인가?

주식: 주식은 기업의 소유권을 나타내는 증서입니다. 주식을 소유한 사람은 그 기업의 일부 소유주가 되며, 기업이 성장하고 이익을 내면 주식 가격이 오르거나 배당금을 받을 수 있습니다. 마르셀 모스의 '증여론'에서는 선물을 주고받는 행위가 사회적 유대를 강화하는 방식으로 설명되는데, 주식 투자도 일종의 '경제적 교환'이라고 볼 수 있습니다. 투자자는 자신의 자본

을 제공하고, 그 대가로 기업의 성과에 따른 보상을 받게 됩니다.

주식 시장: 주식은 주식 시장에서거래됩니다. 주식 시장은 투자자들이 주식을 사고파는 장소로, 뉴욕 증권 거래소(NYSE), 나스닥(NASDAQ), 런던 증권 거래소(LSE) 등이 대표적입니다.

주식 투자 수익의 종류

자본 이득(Capital Gains): 주식을 구매한 가격보다 더 높은 가격에 매도함으로써 발생하는 수익입니다. 주식 가격은 기업의 실적, 경제 상황, 시장 심리 등 여러 요인에 따라 변동합니다.

배당금(Dividends): 기업이 이익의 일부를 주주에게 분배하는 것으로, 정기적으로 지급됩니다. 배당금은 안정적인 수익을 제공하며, 특히 장기 투자자에게 중요한 수익원입니다. 마르셀 모스의 연구에서 선물 교환이 사회적 관계를 유지하는 데 중요한 역할을 하듯이, 배당금도 투자자와 기업 간의 경제적 관계를 유지하는 중요한 요소입니다.

주식 가격의 변동성

시장 변동성: 주식 가격은 수요와 공급에 의해 결정되며, 이는 경제 상황, 정치적 이벤트, 기업 실적 발표, 글로벌 시장 트렌드 등 다양한 요인에 의해 영향을 받습니다. 모스가 강조한 사회적 교환에서 예측할 수 없는 요소들이 관계에 영향을 미치듯이, 주식 시장도 예측할 수 없는 변동성이 존재합니다.

리스크 관리: 주식 시장의 변동성은 높은 리스크를 수반하기 때문에, 투자자는 리스크를 관리하기 위해 포트폴리오를 다양화하거나, 장기 투자 전략을 사용하는 것이 중요합니다.

주식 투자 전략

장기 투자(Buy and Hold): 주식을 장기적으로 보유하여 시간이 지남에 따라 기업의 성장과 함께 주식 가격이 상승할 것을 기대하는 전략입니다. 장기 투자는 단기적인 시장 변동성에 덜 영향을 받으며, 복리 효과를 통해 자산을 증대시킬 수 있습니다.

가치 투자(Value Investing): 기업의 내재 가치를 평가하여, 시장에서 저평가된 주식을 매수하는 전략입니다. 가치 투자자는 기업의 재무제표, 경영진, 시장 점유율 등을 분석하여 실제 가치보다 낮게 평가된 주식을 찾습니다. 마르셀 모스의 '증여론'에서는 선물의 가치를 재평가하는 과정이 중요한데, 가치 투자도 이러한 재평가 과정을 통해 주식의 진정한 가치를 발견하는 것입니다.

성장 투자(Growth Investing): 높은 성장 가능성을 가진 기업의 주식을 매수하는 전략입니다. 이러한 기업은 빠른 매출 성장, 혁신적인 제품, 시장 점유율 확대 등을 통해 주식 가격의 급격한 상승을 기대할 수 있습니다. 성장주는 높은 수익 가능성을 가지고 있지만, 동시에 높은 리스크도 수반합니다.

배당 투자(Dividend Investing): 꾸준히 배당금을 지급하는 기업의 주식에 투자하는 전략입니다. 배당주는 안정적인 수익을 제공하며, 특히 은퇴 후 안정적인 소득원을 찾는 투자자에게 적합합니다. 배당금은 일종의 '경제적 선물'로, 기업이 주주에게 보답하는 방식입니다.

모멘텀 투자(Momentum Investing): 주가가 상승하는 주식을 매수하고, 하락하는 주식을 매도하는 전략입니다. 모멘텀 투자자는 주식의 가격 추세를 중시하며, 단기적인 수익을 추구합니다. 마르셀 모스의 연구에서는 관계의 변화가 중요하게 다뤄지는데, 모멘텀 투자도 시장의 변화에 민감하게 반응하는 전략입니다.

인덱스 투자(Index Investing): 특정 시장 지수(S&P 500, 다우 존스, 코스피 등)를 추종하는 인덱스 펀드나 ETF에 투자하는 전략입니다. 인덱스 투자는 개별 주식을 선택할 필요 없이, 전체 시장의 평균 성과를 추구합니다. 이는 사회 전체의 움직임을 따라가는 방식으로, 시장 전체에 참여하는 것이 장기적으로 유리하다는 점에서 효과적입니다.

분산 투자(Diversification): 리스크를 줄이기 위해 다양한 주식에 투자하는 전략입니다. 이는 특정 주식의 성과에 의존하지 않고, 포트폴리오 전체의 안정성을 높이는 데 도움이 됩니다. 모스의 연구에서 다양한 사회적 관계를 유지하는 것이 중요하듯이, 분산 투자도 다양한 자산을 통해 리스크를 관리하는 중요한 방법입니다.

주식 투자 시 고려해야 할 요소들

재무제표 분석

기업의 건강 상태: 기업의 재무제표(손익 계산서, 대차 대조표, 현금 흐름표 등)를 분석하여 기업의 수익성, 부채 수준, 현금 흐름 등을 평가하는 것이 중요합니다. 이는 기업의 장기적인 성장 가능성을 판단하는 데 도움이 됩니다. 모스가 사회적 관계에서 신뢰와 안정성을 중시한 것처럼, 주식 투자에서도 기업의 재무 건전성을 평가하는 것이 중요합니다.

경제 및 시장 분석

거시 경제 상황: 금리, 인플레이션, GDP 성장률 등 거시 경제 지표를 고려하여 시장의 전반적인 방향성을 파악하는 것이 중요합니다. 이는 투자 전략을 수립할 때 참고할 수 있는 중요한 정보입니다.

산업 트렌드: 투자하고자 하는 주식이 속한 산업의 트렌드와 경쟁 환경을 분석하여, 해당 산업이 향후 성장할 가능성이 높은지 평가해야 합니다.

심리적 요인

감정 통제: 주식 투자는 감정적인 결정을 피하고, 냉철하게 데이터를 분석하여 투자 결정을 내리는 것이 중요합니다. 공포나 탐욕에 휘둘리지 않고, 장기적인 목표에 집중하는 것이 성공적인 투자로 이어집니다. 모스의 연구에서처럼, 사회적 관계를 유지하는 데 있어 감정 통제와 신중함이 필요하듯이, 주식 투자에서도 이러한 접근이 필요합니다.

주식 투자는 높은 수익을 기대할 수 있는 투자 방법이지만, 그만큼 리스크도 수반됩니다. 따라서 주식 투자의 기본 원리와 다양한 전략을 잘 이해하고, 자신에게 맞는 전략을 선택하여 투자하는 것이 중요합니다. 성공적인 주식 투자를 위해서는 냉철한 분석과 장기적인 시각, 감정 통제, 지속적인 학습이 필수적입니다. 마르셀 모스의 연구는 이러한 투자 접근법에 대한 통찰을 제공하며, 투자자들이 신중하고 장기적인 관점에서 주식을 바라보도록 돕습니다.

2) 채권과 고정 수익 투자에 대하여?

채권과 고정 수익 투자는 투자자들이 자산을 안전하게 증대시키고, 안정적인 수익을 추구하기 위해 사용하는 중요한 투자 도구입니다. 이 두 가지는 주식 투자보다 상대적으로 낮은 리스크를 가지며, 특히 안정성을 중시하는 투자자들에게 적합합니다. 아래에서는 채권의 기본 개념과 고정 수익 투자 전략에 대해 설명하겠습니다.

채권 투자(Bonds)

채권은 정부, 기업, 지방 자치 단체 등이 자금을 조달하기 위해 발행하는 일종의 차용 증서입니다. 채권을 구매한 투자자는 발행자에게 돈을 빌려준 것이며, 발행자는 이를 일정 기간 동안 이자를 지급하고, 만기 시 원금을 상환합니다.

채권의 주요 특징

원금 보장: 채권은 만기 시 원금을 상환받을 수 있다는 점에서 상대적으로 안전한 투자로 간주됩니다. 이는 주식보다 리스크가 낮은 이유 중 하나입니다.

이자 수익: 채권 투자자는 정기적으로 이자를 받게 됩니다. 이 이자율은 채권의 쿠폰 이자율이라고 하며, 고정된 비율로 지급됩니다.

만기: 채권에는 만기일이 있으며, 만기일에 투자자는 원금을 상환받습니다. 만기는 몇 개월에서 수십 년까지 다양합니다.

채권 등급: 채권 발행자의 신용도를 평가하는 등급이 있습니다. 등급이 높은 채권(예: AAA 등급)은 상대적으로 안전하지만, 이자율이 낮을 수 있습니다. 반면, 등급이 낮은 채권(하이일드 채권)은 더 높은 리스크와 수익률을 가집니다.

채권의 종류

국채(Treasury Bonds): 정부가 발행하는 채권으로, 신용 리스크가 거의 없기 때문에 매우 안전한 투자로 간주됩니다. 미국 국채, 독일 국채 등이 대표적입니다.

회사채(Corporate Bonds): 기업이 자금을 조달하기 위해 발행하는 채권입니다. 국채보다 리스크가 크지만, 일반적으로 더 높은 이자율을 제공합니다.

지방채(Municipal Bonds): 지방 자치 단체가 발행하는 채권으로, 주로 지역 개발이나 공공 프로젝트 자금 조달을 위해 사용됩니다. 지방채는 이자 소득이 세금 혜택을 받을 수 있는 경우가 많습니다.

하이일드 채권(High-Yield Bonds): 신용 등급이 낮은 기업이 발행하는 채권으로, 높은 이자율을 제공하지만 그만큼 리스크가 큽니다. 일반적으로 '정크 본드'라고도 불립니다.

채권 투자 전략

사다리 전략(Ladder Strategy): 다양한 만기를 가진 채권을 구매하여, 정기적으로 만기가 돌아오도록 하는 전략입니다. 이는 리스크를 분산시키고, 만기가 돌아올 때마다 새로운 채권에 재투자할 수 있어 유연성을 제공합니다.

바벨 전략(Barbell Strategy): 단기 채권과 장기 채권을 혼합하여 투자하는 전략입니다. 이는 중기 채권에 비해 리스크를 줄이면서도, 더 높은 수익을 기대할 수 있는 방법입니다.

채권 펀드: 개별 채권에 투자하는 대신, 채권 펀드에 투자하여 여러 채권으로 구성된 포트폴리오에 간접 투자할 수 있습니다. 이는 분산 투자 효과를 제공하며, 관리 비용이 상대적으로 저렴합니다.

고정 수익 투자(Fixed-Income Investments)

고정 수익 투자는 일정한 수익을 정기적으로 지급받을 수 있는 금융 상품에 투자하는 것을 의미합니다. 이에는 채권뿐만 아니라, 저축성 보험, 연금, 뮤추얼 펀드 등이 포함될 수 있습니다.

고정 수익 투자의 종류

저축성 보험: 일정 기간 동안 보험료를 납입하고, 만기 시 원금과 이자를 받는 금융 상품입니다. 저축성 보험은 채권과 유사한 방식으로 고정된 수익을 제공하며, 보험의 혜택을 동시에 누릴 수 있습니다.

연금: 일정 기간 동안 정기적으로 일정 금액을 지급받는 금융 상품입니다. 이는 은퇴 후 안정적인 수익을 제공하는 데 유용하며, 장기적인 재정 계획의 중요한 부분을 차지합니다.

고정 수익 뮤추얼 펀드: 다양한 고정 수익 자산(채권, 연금, 저축성 상품 등)에 투자하는 뮤추얼 펀드입니다. 이는 개별적으로 투자하는 것보다 분산 효과를 제공하며, 전문 매니저에 의해 운용됩니다.

고정 수익 투자의 장점

안정성: 고정 수익 투자는 일반적으로 원금이 보장되거나, 높은 안전성을 제공합니다. 이는 주식과 같은 변동성이 큰 자산보다 리스크가 낮습니다.

예측 가능성: 고정 수익 투자는 정기적인 수익을 제공하므로, 투자자는 미래의 현금 흐름을 예측하고 계획할 수 있습니다. 이는 재정 계획을 세우는 데 매우 유용합니다.

다양화: 고정 수익 자산은 주식과 상관관계가 낮아, 포트폴리오에 추가할 경우 전체적인 리스크를 줄이고 수익을 안정화하는 데 도움이 됩니다.

고정 수익 투자 전략

리스크 관리: 고정 수익 투자에서도 신용 리스크(발행자의 지급 불능 위험), 금리 리스크(금리 변동에 따른 채권 가격 변화), 유동성 리스크(필요할 때 자산을 현금화할 수 있는 능력) 등을 고려해야 합니다. 이를 위해 분산 투자와 신용 등급이 높은 자산에 투자하는 전략이 필요

합니다.

금리 환경 분석: 금리가 상승하면 기존 채권의 가격이 하락할 수 있으므로, 금리 변동을 예측하고 이에 맞춘 투자 전략을 세우는 것이 중요합니다. 예를 들어, 금리 상승기에 대비해 단기 채권 비중을 높일 수 있습니다.

투자 목적과 기간 설정: 고정 수익 투자는 장기적인 재정 목표(예: 은퇴 자금 마련)나 안정적인 현금 흐름을 필요로 하는 시기에 적합합니다. 따라서 투자 목적과 기간에 맞춰 포트폴리오를 구성하는 것이 중요합니다.

채권과 고정 수익 투자의 리스크

금리 리스크

금리 변동의 영향: 금리가 상승하면 기존 채권의 시장 가격은 하락합니다. 이는 채권의 고정 이자율이 새로운 채권의 이자율보다 낮아지기 때문입니다. 반대로, 금리가 하락하면 채권 가격은 상승합니다.

리스크 관리 방법: 금리 리스크를 관리하기 위해서는 금리 변동에 민감하지 않은 단기 채권에 투자하거나, 금리 상승기에 대비해 변동 금리 채권에 투자할 수 있습니다.

신용 리스크

발행자의 지급 불능 위험: 채권 발행자가 파산하거나 채무 불이행을 할 경우, 투자자는 원금과 이자를 상환받지 못할 위험이 있습니다. 신용 등급이 낮은 채권일수록 이 리스크가 높습니다.

리스크 관리 방법: 신용 등급이 높은 국채나 우량 회사채에 투자하는 것이 신용 리스크를 줄이는 방법입니다. 또한, 여러 채권으로 분산 투자하여 특정 발행자의 리스크에 대한 노출을 줄일 수 있습니다.

유동성 리스크

자산 현금화의 어려움: 고정 수익 자산은 주식보다 유동성이 낮아, 필요한 시점에 자산을 현금화하는 데 어려움이 있을 수 있습니다.

리스크 관리 방법: 유동성이 높은 채권이나 단기 금융 상품을 포함하여, 유동성 리스크를 줄이는 것이 중요합니다.

채권과 고정 수익 투자는 안정적인 수익을 추구하고, 포트폴리오의 리스크를 줄이는 데 중요한 역할을 합니다. 채권은 원금 보장과 정기적인 이자 수익을 제공하며, 고정 수익 투자는 예측 가능한 현금 흐름을 통해 재정적 안정성을 높여 줍니다. 투자자는 금리 리스크, 신용 리스크, 유동성 리스크 등을 고려하여 적절한 채권과 고정 수익 자산에 투자해야 하며, 이를 통해 장기적인 재정 목표를 달성할 수 있습니다.

3) 부동산 투자와 REITs에 대하여?

부동산 투자와 REITs(부동산 투자 신탁)는 모두 부동산 시장에 투자하여 자산을 증대시키고, 수익을 창출하는 방법입니다. 이 두 가지는 각기 다른 방식으로 부동산에 투자하는 방법을 제공하며, 투자자의 재정 목표와 리스크 허용 범위에 따라 선택할 수 있습니다. 아래에서는 부동산 투자와 REITs의 개념, 장단점, 그리고 투자 전략에 대해 설명하겠습니다.

부동산 투자(Real Estate Investment)
부동산 투자의 정의

부동산 투자는 토지, 건물, 주택, 상업용 부동산 등 실물 자산에 자금을 투자하여 임대 수익, 자산 가치 상승, 또는 개발 수익을 얻는 투자 방법입니다. 부동산 투자는 주로 장기적인 자산 증식을 목적으로 하며, 직접 소유와 관리를 필요로 합니다.

부동산 투자의 형태

주거용 부동산: 주택, 아파트, 콘도 등 거주 목적으로 사용되는 부동산에 투자하는 방식입

니다. 임대 수익과 자산 가치 상승을 기대할 수 있습니다.

상업용 부동산: 사무실 건물, 쇼핑몰, 호텔 등 상업 활동에 사용되는 부동산에 투자하는 방식입니다. 주거용 부동산보다 더 높은 임대 수익을 기대할 수 있지만, 관리와 유지 비용이 더 클 수 있습니다.

토지 투자: 개발되지 않은 토지나 농지에 투자하는 방식입니다. 토지의 가치는 시간에 따라 증가할 수 있으며, 재개발이나 용도 변경을 통해 큰 수익을 얻을 수 있습니다.

개발 프로젝트: 기존 부동산을 개발하거나, 새로운 부동산 프로젝트에 투자하여 이익을 얻는 방식입니다. 이는 높은 수익을 기대할 수 있지만, 그만큼 리스크도 큽니다.

부동산 투자의 장점

자산 가치 상승: 시간이 지남에 따라 부동산의 가치는 인플레이션에 대응하면서 상승하는 경향이 있습니다. 이는 장기적인 자산 증식에 기여할 수 있습니다.

임대 수익: 부동산을 임대하여 정기적인 수익을 얻을 수 있습니다. 이는 안정적인 현금 흐름을 제공하며, 장기적으로 자산을 유지하는 데 도움이 됩니다.

세금 혜택: 부동산 투자는 정부로부터 다양한 세금 혜택을 받을 수 있습니다. 예를 들어, 이자 비용 공제, 감가상각 공제, 자본 이득에 대한 세금 유예 등이 있습니다.

부동산 투자의 단점

유동성 부족: 부동산은 실물 자산이기 때문에 현금화하는 데 시간이 걸릴 수 있습니다. 긴급한 상황에서 자산을 신속하게 처분하기 어려울 수 있습니다.

높은 초기 자본: 부동산 투자는 일반적으로 큰 초기 자본이 필요하며, 대출이나 모기지를 통해 자금을 조달해야 할 수도 있습니다.

관리 및 유지 비용: 부동산 소유자는 유지 관리, 수리, 세금, 보험 등의 비용을 부담해야 하며, 이는 수익을 감소시킬 수 있습니다.

시장 변동성: 부동산 시장은 경제 상황, 금리 변동, 지역적 요인 등에 따라 영향을 받을 수 있으며, 이는 자산 가치에 직접적인 영향을 미칠 수 있습니다.

REITs(Real Estate Investment Trusts)

REITs(Real Estate Investment Trusts)는 투자자들이 부동산 자산이나 부동산 관련 자산에 간접적으로 투자할 수 있는 방법을 제공합니다. REITs는 주식 시장에 상장된 회사로, 투자자들은 REITs의 주식을 구매하여 부동산 자산의 소유와 관리로부터 발생하는 수익에 참여할 수 있습니다.

REITs의 종류

지분형 REITs(Equity REITs): 주로 상업용 부동산, 주거용 부동산, 산업용 부동산 등 다양한 유형의 부동산을 소유하고, 임대 수익과 자산 가치 상승을 통해 수익을 창출합니다.

모기지 REITs(Mortgage REITs): 부동산 자산을 소유하지 않고, 부동산 관련 대출이나 모기지를 통해 수익을 얻습니다. 이들은 주로 대출 이자 수익을 통해 수익을 창출합니다.

혼합형 REITs(Hybrid REITs): 지분형 REITs와 모기지 REITs의 특징을 모두 결합한 형태로, 다양한 수익원을 통해 수익을 창출합니다.

REITs의 장점

유동성: REITs는 주식 시장에 상장되어 거래되므로, 부동산에 비해 유동성이 높습니다. 투자자는 필요할 때 주식을 매도하여 현금화할 수 있습니다.

소액 투자 가능: REITs는 개별 부동산 투자보다 훨씬 적은 자본으로 부동산 시장에 참여할 수 있는 기회를 제공합니다. 이는 다양한 투자자들에게 접근성을 제공합니다.

분산 투자: REITs는 여러 부동산 자산에 분산 투자되어 리스크를 줄일 수 있습니다. 또한, 다양한 유형의 부동산과 지역에 투자할 수 있는 기회를 제공합니다.

정기적인 배당 수익: REITs는 법적으로 수익의 90% 이상을 배당금으로 지급해야 하므로, 정기적인 수익을 제공할 수 있습니다. 이는 안정적인 현금 흐름을 원하는 투자자에게 유리합니다.

REITs의 단점

시장 변동성: REITs는 주식 시장에서 거래되기 때문에, 주식 시장의 변동성에 영향을 받을

수 있습니다. 이는 부동산 시장의 상황과 상관없이 주식 시장의 변동성에 따라 REITs의 가격이 변동할 수 있음을 의미합니다.

관리비 및 수수료: REITs 투자자는 관리비와 수수료를 부담해야 하며, 이는 수익률에 부정적인 영향을 미칠 수 있습니다.

세금 효율성: REITs 배당금은 일반적으로 자본 이득보다 높은 세율이 적용됩니다. 이는 세금 측면에서 개인 부동산 투자보다 불리할 수 있습니다.

부동산 투자와 REITs의 비교

직접 투자 vs 간접 투자

부동산 투자는 실물 자산에 대한 직접 투자를 의미하며, 소유권과 관리의 모든 책임이 투자자에게 있습니다. 반면, REITs는 부동산에 간접적으로 투자하는 방식으로, 관리 책임이 없으며, 주식처럼 간편하게 거래할 수 있습니다.

유동성

부동산은 실물 자산이기 때문에 유동성이 낮으며, 매도 시 시간이 걸릴 수 있습니다. REITs는 주식 시장에서 거래되므로 유동성이 높아, 필요할 때 쉽게 현금화할 수 있습니다.

투자 규모

부동산 투자는 일반적으로 높은 초기 자본이 필요하지만, REITs는 소액으로도 투자가 가능하여 다양한 투자자들에게 접근성을 제공합니다.

수익원

부동산 투자자는 임대 수익과 자산 가치 상승을 통해 수익을 얻으며, REITs 투자자는 배당금과 주식 가격 상승을 통해 수익을 얻습니다. REITs는 법적으로 배당금 지급 의무가 있어, 정기적인 수익을 제공합니다.

관리와 유지

부동산 투자는 소유와 관리의 책임이 투자자에게 있으며, 유지 보수, 세금, 보험 등의 추가 비용이 발생합니다. 반면, REITs 투자자는 이러한 관리 책임이 없으며, 전문가들이 부동산 자산을 관리합니다.

부동산 투자와 REITs는 모두 부동산 시장에 투자할 수 있는 유효한 방법이며, 투자자의 목표, 리스크 허용 범위, 자본 규모에 따라 적절한 선택을 할 수 있습니다. 부동산 투자는 실물 자산을 직접 소유하고 관리하며 장기적인 자산 증식을 추구하는 반면, REITs는 간접적으로 부동산에 투자하여 유동성과 분산 투자 효과를 누릴 수 있습니다. 투자자는 자신의 재정적 목표와 상황에 맞춰 이 두 가지 투자 방법을 조화롭게 활용할 수 있습니다.

4) 대체 투자: 암호 화폐, 귀금속, 예술품에 대하여?

대체 투자는 전통적인 자산군(주식, 채권, 부동산 등) 외의 자산에 투자하는 방식으로, 투자 포트폴리오의 다각화와 리스크 분산을 목적으로 합니다. 이러한 대체 투자 자산에는 암호 화폐, 귀금속, 예술품 등이 포함되며, 각각의 자산군은 고유한 리스크와 수익 잠재력을 가지고 있습니다. 아래에서는 암호 화폐, 귀금속, 예술품에 대한 대체 투자 개념과 전략을 살펴보겠습니다.

암호 화폐 투자(Cryptocurrency Investment)

암호 화폐는 블록체인 기술을 기반으로 한 디지털 화폐로, 중앙은행이나 정부의 통제를 받지 않습니다. 대표적인 암호 화폐로는 비트코인(Bitcoin), 이더리움(Ethereum), 리플(Ripple) 등이 있습니다. 암호 화폐는 분산 네트워크에서 거래가 이루어지며, 거래 내역이 블록체인에 기록됩니다.

암호 화폐 투자의 장점

고수익 잠재력: 암호 화폐는 높은 변동성을 보이며, 단기간에 큰 수익을 얻을 수 있는 잠재력을 가지고 있습니다. 초기 투자자들은 비트코인 등에서 막대한 수익을 얻기도 했습니다.

분산화와 익명성: 암호 화폐는 중앙 기관의 통제를 받지 않고, 개인 간의 거래에서 높은 익명성을 유지할 수 있습니다. 이는 개인의 금융 프라이버시를 중요시하는 투자자들에게 매력적일 수 있습니다.

디지털 자산 혁신: 블록체인 기술과 암호 화폐는 금융 시스템의 혁신을 이끌고 있으며, 이는 장기적인 투자 기회를 제공합니다. 탈중앙화 금융(DeFi) 및 스마트 계약 등 새로운 디지털 자산 생태계가 형성되고 있습니다.

암호 화폐 투자의 단점

높은 변동성: 암호 화폐는 가격 변동성이 매우 크며, 이는 높은 리스크를 의미합니다. 급격한 가격 상승 이후 급락할 수 있는 가능성이 높습니다.

규제 불확실성: 암호 화폐는 아직 전 세계적으로 규제가 명확하지 않으며, 각국 정부의 규제 강화 움직임이 지속되고 있습니다. 이는 암호 화폐 시장에 불확실성을 더할 수 있습니다.

보안 위험: 암호 화폐 거래소 해킹, 피싱 사기, 개인 키 유실 등으로 인한 자산 손실 위험이 존재합니다. 암호 화폐의 디지털 특성상, 해킹 등의 보안 문제에 민감할 수 있습니다.

암호 화폐 투자 전략

장기 보유 전략(HODL): 암호 화폐를 장기적으로 보유하여, 가격 상승을 통해 수익을 실현하는 전략입니다. 이는 단기적인 변동성에 흔들리지 않고, 장기적인 성장을 기대하는 투자자에게 적합합니다.

다양화 전략: 비트코인 외에도 다양한 암호 화폐에 분산 투자하여 리스크를 줄이고, 잠재적인 수익 기회를 확대하는 전략입니다.

리스크 관리: 암호 화폐 투자는 높은 리스크를 동반하므로, 전체 포트폴리오에서 차지하는 비중을 적절히 조정하고, 투자금의 일부만 할당하는 것이 중요합니다.

귀금속 투자(Precious Metals Investment)

귀금속은 희소성과 내구성을 가진 금속으로, 주로 투자 및 산업용으로 사용됩니다. 대표적인 귀금속으로는 금(Gold), 은(Silver), 백금(Platinum), 팔라듐(Palladium) 등이 있습니다. 귀금속은 오랜 기간 동안 가치 저장 수단으로 인정받아 왔습니다.

귀금속 투자의 장점

가치 저장 수단: 금과 같은 귀금속은 인플레이션에 대한 방어 수단으로 오랜 시간 동안 사용되어 왔으며, 경제 불안정 시기에도 안정적인 가치를 유지하는 경향이 있습니다.

안전 자산: 경제적 위기나 금융 불안정 시기에 귀금속은 '안전 자산'으로 여겨지며, 자산 보호 수단으로 투자자들에게 인기를 끕니다. 이는 주식이나 채권 시장이 불안정할 때 포트폴리오를 안정화하는 데 기여할 수 있습니다.

유동성: 금과 은은 전 세계적으로 거래되며, 높은 유동성을 가지고 있습니다. 필요할 때 쉽게 현금화할 수 있는 장점이 있습니다.

귀금속 투자의 단점

수익률 제한: 귀금속은 가치 저장 수단으로서의 역할은 뛰어나지만, 주식이나 부동산과 같은 자산에 비해 장기적인 자산 증식 수단으로는 수익률이 낮을 수 있습니다.

보관 및 안전 문제: 물리적 귀금속을 보유할 경우, 이를 안전하게 보관하는 비용과 노력이 필요합니다. 금고나 안전한 장소에 보관해야 하며, 도난 위험도 존재합니다.

변동성: 귀금속 가격도 변동성이 있으며, 특히 은과 같은 금속은 산업 수요에 따라 가격이 변동될 수 있습니다.

귀금속 투자 전략

포트폴리오 다각화: 귀금속은 전통적인 투자 포트폴리오에 포함시켜 리스크를 줄이고, 경

제 불확실성에 대비하는 데 효과적입니다. 귀금속의 비중은 전체 포트폴리오의 5~10% 정도가 일반적입니다.

ETF 투자: 물리적 귀금속을 직접 보유하는 대신, 금이나 은에 투자하는 ETF(상장 지수 펀드)를 통해 간접적으로 투자할 수 있습니다. 이는 보관의 불편함을 피할 수 있는 방법입니다.

장기 보유: 귀금속은 인플레이션 방어와 장기적인 가치 저장 수단으로 사용되므로, 장기 보유 전략이 적합합니다.

예술품 투자(Art Investment)

예술품은 회화, 조각, 사진, 도자기 등 다양한 형태의 미술품을 의미하며, 투자 목적으로 구매되는 경우가 많습니다. 예술품 투자는 고유의 아름다움과 역사적 가치를 가지며, 그 가치가 시간이 지남에 따라 상승할 수 있습니다.

예술품 투자의 장점

고유의 가치: 예술품은 고유의 미적 가치와 역사적 중요성을 가지고 있으며, 이는 시간이 지남에 따라 더욱 가치가 상승할 수 있습니다. 유명 작가의 작품은 특히 높은 수익 잠재력을 가질 수 있습니다.

포트폴리오 다각화: 예술품은 주식, 채권과 같은 전통적인 자산과 상관관계가 낮기 때문에, 투자 포트폴리오에 포함시켜 리스크를 분산시킬 수 있습니다.

문화적 및 사회적 가치: 예술품 소유는 개인의 문화적 지위를 높이고, 사회적 인정을 받을 수 있는 기회를 제공합니다. 이는 재정적 가치 외에도 추가적인 만족감을 제공할 수 있습니다.

예술품 투자의 단점

유동성 부족: 예술품은 부동산과 마찬가지로 유동성이 낮으며, 필요할 때 신속하게 현금화하기 어렵습니다. 예술품 판매에는 시간이 걸릴 수 있으며, 적절한 구매자를 찾는 것이 어려울 수 있습니다.

전문 지식 요구: 예술품 투자에는 작품의 가치와 진위를 평가할 수 있는 전문 지식이 필요합니다. 잘못된 평가로 인해 과대평가된 작품을 구매할 위험이 있습니다.

보관 및 유지 비용: 예술품은 적절한 환경에서 보관해야 하며, 보험, 보관, 유지 관리 비용이 발생할 수 있습니다. 작품의 손상은 가치를 크게 훼손할 수 있습니다.

예술품 투자 전략

전문가와의 협력: 예술품 투자에 익숙하지 않은 투자자는 경매사, 아트 컨설턴트 등 전문가의 도움을 받아 작품을 평가하고 구매하는 것이 중요합니다. 이는 투자 리스크를 줄이고, 성공적인 투자를 가능하게 합니다.

작가와 작품의 평가: 작품의 작가, 역사적 배경, 작품의 희소성 등을 고려하여 투자할 작품을 선택합니다. 유명 작가의 작품은 안정적인 가치를 가지는 경향이 있습니다.

장기 보유: 예술품은 시간이 지남에 따라 가치가 상승할 수 있으므로, 장기 보유를 통해 투자 수익을 극대화하는 전략이 효과적입니다.

대체 투자는 전통적인 자산군 외의 다양한 자산에 투자하여 포트폴리오를 다각화하고, 리스크를 분산시키는 방법입니다. 암호 화폐는 높은 수익 잠재력과 함께 큰 변동성을 동반하며, 귀금속은 가치 저장 수단으로서 인플레이션에 대비할 수 있는 안전 자산입니다. 예술품은 고유의 미적 가치와 함께 장기적인 자산 증식 수단으로 활용될 수 있습니다. 각 자산군의 특성과 리스크를 잘 이해하고, 자신의 재정 목표와 투자 전략에 맞는 대체 투자를 선택하는 것이 중요합니다.

4

성공적인 투자를 위한 팁에 대하여?
"On Tips for Successful Investing."

1) 시장 타이밍과 감정 관리에 대하여?

성공적인 투자를 위해서는 시장 타이밍을 잘 활용하고, 투자 과정에서 감정을 관리하는 것이 중요합니다. 시장 타이밍은 최적의 매수 및 매도 시점을 결정하는 것을 의미하며, 감정 관리는 투자 결정을 내릴 때 논리와 분석에 기반한 판단을 유지하는 것을 뜻합니다. 아래에서는 시장 타이밍과 감정 관리를 통해 성공적인 투자를 할 수 있는 방법을 소개하겠습니다.

시장 타이밍(Market Timing)

시장 타이밍은 주식이나 다른 자산을 매수하거나 매도할 최적의 시점을 예측하려는 시도입니다. 투자자들은 일반적으로 자산 가격이 저점일 때 매수하고, 고점일 때 매도하여 수익을 극대화하려 합니다.

시장 타이밍의 어려움

예측의 어려움: 시장의 움직임을 정확하게 예측하는 것은 매우 어렵습니다. 시장은 다양한 경제적, 정치적, 심리적 요인에 의해 영향을 받기 때문에, 정확한 타이밍을 잡는 것은 불가능

에 가깝습니다.

단기 변동성: 시장은 단기적으로 변동성이 매우 크며, 단기적인 가격 변동에 의존하는 시장 타이밍 전략은 리스크가 높습니다. 잘못된 타이밍으로 인해 예상치 못한 손실을 볼 수 있습니다.

시장 타이밍의 대안

장기 투자: 장기적인 시각에서 시장에 참여하는 것이 단기적인 시장 타이밍 전략보다 성공 확률이 높습니다. 시장의 단기 변동성을 피하고, 장기적인 성장 잠재력에 투자하는 것이 중요합니다.

달러 코스트 애버리징(Dollar Cost Averaging): 일정한 금액을 정기적으로 투자하여, 시장의 타이밍을 맞추려고 하지 않고 장기적으로 평균 비용을 낮추는 전략입니다. 이를 통해 시장 변동성의 리스크를 줄일 수 있습니다.

분산 투자: 다양한 자산 클래스와 지역에 분산 투자함으로써, 특정 시장이나 자산의 변동성에 따른 리스크를 줄일 수 있습니다. 이는 시장 타이밍의 어려움을 보완하는 방법입니다.

감정 관리(Emotion Management)
감정이 투자에 미치는 영향

공포와 탐욕: 투자자들은 종종 시장이 하락할 때 공포에 휩싸여 매도하고, 시장이 상승할 때 탐욕에 이끌려 매수하는 경향이 있습니다. 이는 시장에서 흔히 말하는 "저점에서 팔고, 고점에서 사는" 반대의 결과를 초래할 수 있습니다.

군중 심리: 많은 투자자들이 군중 심리에 따라 행동하는 경우가 많습니다. 다른 사람들이 사는 것을 보고 따라 사거나, 팔 때 따라 파는 경향이 있습니다. 이는 비합리적인 투자 결정을 초래할 수 있습니다.

확증 편향: 투자자들은 자신이 믿고 싶은 정보를 더 신뢰하는 경향이 있으며, 이는 잘못된 투자 결정을 강화할 수 있습니다. 객관적인 정보보다 자신의 감정이나 기존 신념에 따라 결정을 내리는 것은 위험할 수 있습니다.

감정 관리 전략

투자 계획 수립: 투자 전에 명확한 투자 계획을 세우고, 그 계획에 따라 일관되게 행동하는 것이 중요합니다. 투자 목표, 리스크 허용 범위, 투자 기간 등을 명확히 설정하면 감정에 휘둘리지 않고 계획에 따라 투자할 수 있습니다.

목표에 집중: 단기적인 시장 변동성에 영향을 받지 않고, 장기적인 목표에 집중하는 것이 중요합니다. 투자자는 시장의 일시적인 하락이나 상승에 따라 감정적으로 반응하기보다는, 장기적인 목표를 달성하기 위해 냉정하게 행동해야 합니다.

자동화된 투자: 자동화된 투자 시스템을 활용하면 감정적 결정을 줄일 수 있습니다. 예를 들어, 정기적인 매수 계획을 자동으로 실행하는 투자 플랫폼을 사용하면 시장 변동에 따른 감정적 개입을 최소화할 수 있습니다.

기록과 반성: 투자 일기를 작성하여 자신의 투자 결정을 기록하고, 그 결정이 감정에 의해 좌우된 것은 아닌지 반성하는 습관을 가지는 것이 좋습니다. 이를 통해 더 나은 투자 결정을 내릴 수 있습니다.

냉철한 투자 판단 유지

데이터와 분석 기반 결정: 감정보다는 데이터와 분석을 바탕으로 투자 결정을 내리는 것이 중요합니다. 재무제표, 시장 지표, 경제 동향 등을 분석하여 합리적인 결정을 내리도록 노력해야 합니다.

다양한 관점 수용: 자신의 견해에 반대되는 정보도 적극적으로 받아들여, 편향된 결정을 내리지 않도록 해야 합니다. 이를 통해 더 균형 잡힌 결정을 내릴 수 있습니다.

현실적인 기대 설정: 투자에서 비현실적인 기대를 가지면 감정적으로 흔들릴 가능성이 큽니다. 현실적인 수익 기대와 리스크를 설정하고, 이에 맞춰 투자하는 것이 중요합니다.

시장 타이밍과 감정 관리는 성공적인 투자를 위해 중요한 요소입니다. 시장 타이밍은 매우 어려운 작업이므로, 장기 투자, 달러 코스트 애버리징, 분산 투자와 같은 전략을 활용하여 이를 보완할 수 있습니다. 동시에, 투자 과정에서 감정을 잘 관리하는 것이 중요합니다. 공포와

탐욕, 군중 심리에 휘둘리지 않고, 냉철한 판단과 계획에 따라 행동하는 것이 장기적인 투자 성공의 열쇠입니다. 투자자는 자신의 감정을 통제하고, 데이터를 기반으로 한 합리적인 결정을 내리며, 장기적인 목표를 달성하기 위해 꾸준히 노력해야 합니다.

2) 투자 목표 설정과 리밸런싱에 대하여?

투자 목표 설정과 리밸런싱은 성공적인 투자 전략의 중요한 요소입니다. 명확한 목표를 설정하고, 주기적으로 포트폴리오를 리밸런싱하여 목표에 맞는 자산 배분을 유지하는 것이 중요합니다. 아래에서는 투자 목표 설정과 리밸런싱의 개념, 중요성, 그리고 이를 효과적으로 실행하는 방법에 대해 설명하겠습니다.

투자 목표 설정

명확한 방향성: 투자 목표는 투자자에게 명확한 방향성을 제시합니다. 목표가 없으면 투자 결정을 내릴 때 일관성이 부족할 수 있으며, 단기적인 시장 변동에 흔들리기 쉽습니다.

동기 부여: 구체적인 목표는 투자자에게 동기를 부여하며, 장기적인 계획을 꾸준히 실천할 수 있게 도와줍니다. 목표는 투자자가 어려운 시기에도 포기하지 않고 계속 투자할 수 있는 이유가 됩니다.

리스크 관리: 투자 목표는 리스크 허용 범위와 투자 기간을 설정하는 데 중요한 기준이 됩니다. 이는 포트폴리오 구성과 투자 전략을 결정하는 데 핵심적인 역할을 합니다.

투자 목표 설정 방법

SMART 목표: 투자 목표는 SMART 원칙에 따라 설정하는 것이 좋습니다. SMART는 구체적(Specific), 측정 가능(Measurable), 달성 가능(Achievable), 관련성 있는(Relevant), 시간에 기반한(Time-bound) 목표를 의미합니다.

구체적: 목표는 명확하고 구체적이어야 합니다. 예를 들어, "은퇴 자금 마련"이라는 목표 대

신 "65세까지 10억 원의 은퇴 자금을 마련"이라는 식으로 구체화합니다.

측정 가능: 목표는 측정 가능해야 합니다. 목표 달성 여부를 확인할 수 있는 구체적인 수치를 설정합니다.

달성 가능: 현실적인 목표를 설정해야 합니다. 지나치게 낙관적이거나 비현실적인 목표는 오히려 투자 실패로 이어질 수 있습니다.

관련성 있는: 목표는 개인의 상황과 재정적 목표에 맞아야 합니다. 목표가 투자자의 가치관이나 장기 계획과 일치해야 합니다.

시간에 기반한: 목표 달성 시점을 명확히 설정해야 합니다. 예를 들어, "20년 내에 주택 자금 마련"과 같은 구체적인 시간 계획을 포함합니다.

다양한 투자 목표

단기 목표: 1년 이내에 달성할 수 있는 목표로, 비상금 마련, 휴가 자금, 결혼 자금 등이 포함될 수 있습니다.

중기 목표: 1~5년 내에 달성할 수 있는 목표로, 주택 구입 자금, 자녀 교육비, 대출 상환 등이 포함될 수 있습니다.

장기 목표: 5년 이상 장기간에 걸쳐 달성할 목표로, 은퇴 자금, 장기 투자 수익 극대화 등이 있습니다.

투자 목표에 따른 자산 배분

보수적 투자: 단기 목표를 위해서는 주로 현금, 단기 채권 등 안전한 자산에 투자하여 원금 보전을 중시합니다.

균형적 투자: 중기 목표를 위해서는 주식과 채권을 혼합하여 적절한 리스크와 수익을 추구하는 자산 배분 전략을 사용합니다.

공격적 투자: 장기 목표를 위해서는 주식, 부동산, 대체 자산 등에 비중을 높여 높은 수익률을 추구할 수 있습니다. 장기적인 시각에서 단기 변동성에 대응할 수 있습니다.

리밸런싱(Rebalancing)

리밸런싱은 투자 포트폴리오에서 자산의 비중을 목표 자산 배분과 일치시키기 위해 조정하는 과정입니다. 시장의 변동으로 인해 자산 비중이 원래 설정한 목표에서 벗어나게 되면, 리밸런싱을 통해 원래의 목표 비중으로 되돌리는 것입니다.

리밸런싱의 중요성

리스크 관리: 시장의 변동성으로 인해 자산 배분이 변할 수 있습니다. 예를 들어, 주식 시장이 상승하면 포트폴리오에서 주식의 비중이 원래 목표보다 높아질 수 있습니다. 이는 포트폴리오의 리스크가 증가할 수 있음을 의미합니다. 리밸런싱을 통해 리스크를 원래 목표 수준으로 유지할 수 있습니다.

목표 일관성 유지: 리밸런싱은 투자자가 설정한 목표에 따라 자산 배분을 지속적으로 유지하는 데 도움을 줍니다. 이는 투자 목표 달성의 가능성을 높이는 중요한 과정입니다.

감정적 결정 회피: 리밸런싱은 시장 변동에 따라 감정적으로 매수하거나 매도하는 것을 방지합니다. 주기적인 리밸런싱은 논리적이고 체계적인 투자 접근 방식을 유지할 수 있게 합니다.

리밸런싱 방법

정기적 리밸런싱: 일정한 주기(예: 매년, 매 분기)에 맞춰 정기적으로 포트폴리오를 리밸런싱하는 방법입니다. 이는 시장 변동에 관계없이 일관된 리밸런싱을 유지할 수 있습니다.

임계값 리밸런싱: 특정 자산의 비중이 원래 목표 비중에서 일정 범위(예: ±5%) 이상 벗어날 때 리밸런싱을 실행하는 방법입니다. 이는 시장 변동성에 더 유연하게 대응할 수 있습니다.

혼합 접근법: 정기적 리밸런싱과 임계값 리밸런싱을 결합한 방법입니다. 예를 들어, 매년 정기적으로 리밸런싱하되, 자산 비중이 목표에서 크게 벗어날 경우에는 추가 리밸런싱을 실행하는 것입니다.

리밸런싱 시 고려 사항

거래 비용: 리밸런싱 과정에서 자산을 매도하거나 매수할 때 발생하는 거래 비용을 고려해

야 합니다. 잦은 리밸런싱은 거래 비용을 증가시켜 투자 수익을 감소시킬 수 있습니다.

세금 영향: 자산 매도 시 발생할 수 있는 자본 이득에 대한 세금을 고려해야 합니다. 리밸런싱 전략은 세금 효율성을 염두에 두고 실행해야 합니다.

시장 상황: 시장 상황에 따라 리밸런싱 전략을 조정할 수 있습니다. 예를 들어, 경제 불황기에는 더 보수적인 자산으로 리밸런싱할 수 있으며, 경제 성장기에는 더 공격적인 자산으로 리밸런싱할 수 있습니다.

투자 목표 설정과 리밸런싱은 성공적인 투자 전략의 필수 요소입니다. 명확한 투자 목표를 설정함으로써 투자자들은 일관된 투자 결정을 내리고, 목표를 달성하기 위한 구체적인 계획을 세울 수 있습니다. 리밸런싱은 포트폴리오의 자산 배분을 목표에 맞게 유지함으로써 리스크를 관리하고, 감정적인 결정을 피할 수 있게 도와줍니다. 투자자는 자신의 재정 목표와 리스크 허용 범위에 맞는 목표를 설정하고, 주기적인 리밸런싱을 통해 포트폴리오를 효과적으로 관리해야 합니다.

3) 세금 효율적인 투자 전략에 대하여?

세금 효율적인 투자 전략은 투자 수익을 극대화하면서 세금 부담을 최소화하는 데 중점을 둡니다. 투자 수익이 세금으로 인해 상당 부분 감소할 수 있기 때문에, 세금 계획을 잘 세우는 것이 매우 중요합니다. 아래에서는 세금 효율성을 높이는 다양한 투자 전략에 대해 설명하겠습니다.

세금 우대 계좌의 종류

연금계좌: IRA(Individual Retirement Account), Roth IRA, 401(k)와 같은 연금 계좌는 세금 우대 혜택을 제공합니다. 이들 계좌에서 발생하는 투자 소득은 세금이 유예되거나, 일정 조건 하에 비과세될 수 있습니다.

교육 저축 계좌: 교육비를 위해 저축된 자금은 비과세 혜택을 받을 수 있으며, 인출 시에도 교육 목적일 경우 세금이 부과되지 않습니다.

세금 우대 계좌의 활용 전략

장기 투자: 세금 우대 계좌는 장기 투자에 적합합니다. 계좌 내에서 발생하는 수익에 대해 세금이 유예되거나 비과세되므로, 장기적으로 복리 효과를 극대화할 수 있습니다.

불입 한도 최대화: 세금 우대 계좌에는 매년 불입할 수 있는 금액에 한도가 있으므로, 가능한 최대 한도로 불입하여 세금 혜택을 최대화하는 것이 좋습니다.

계좌 간 자산 배분: 세금 우대 계좌에 고수익 자산을, 과세 계좌에 세금 효율적인 자산을 배분하여 세금 부담을 줄일 수 있습니다.

자본 이득의 종류

단기 자본 이득: 자산을 1년 미만 보유 후 매도하여 발생한 이득은 단기 자본 이득으로 간주되며, 일반 소득세율로 과세됩니다.

장기 자본 이득: 자산을 1년 이상 보유 후 매도하여 발생한 이득은 장기 자본 이득으로 간주되며, 일반적으로 낮은 세율이 적용됩니다.

자본 이득 관리 전략

장기 보유: 자산을 1년 이상 보유하여 장기 자본 이득으로 과세되도록 함으로써, 낮은 세율 혜택을 받을 수 있습니다.

손실 수확(Tax-Loss Harvesting): 투자 포트폴리오 내에서 손실이 발생한 자산을 매도하여 자본 이득을 상쇄하는 전략입니다. 이렇게 하면 전체적인 세금 부담을 줄일 수 있습니다. 손실은 다른 자본 이득과 상계되며, 초과 손실은 향후 연도에 이월하여 사용할 수 있습니다.

세금 연기 전략: 자본 이득이 발생할 가능성이 있는 자산을 매도하는 시점을 조절하여, 세금을 연기하거나 세율이 낮은 해로 이월할 수 있습니다.

배당 소득의 종류

적격 배당: 특정 조건을 충족하는 배당금은 적격 배당으로 분류되며, 낮은 장기 자본 이득 세율로 과세됩니다.

일반 배당: 적격 배당 요건을 충족하지 않는 배당금은 일반 소득으로 간주되며, 일반 소득 세율로 과세됩니다.

배당 소득 관리 전략

적격 배당 우선 투자: 적격 배당을 제공하는 주식에 투자하여 낮은 세율 혜택을 받을 수 있습니다. 이는 배당 소득에 대한 세금 부담을 줄이는 데 효과적입니다.

세금 우대 계좌 활용: 배당 소득을 세금 우대 계좌에서 발생하도록 하여, 배당 소득에 대한 세금을 연기하거나 비과세 혜택을 누릴 수 있습니다.

이자 소득 관리 전략

세금 우대 채권 투자: 지방채와 같은 세금 우대 채권에 투자하여 이자 소득에 대한 세금을 줄일 수 있습니다. 지방채에서 발생하는 이자 소득은 연방 소득세가 면제되며, 일부 주에서는 주 소득세도 면제됩니다.

이자 소득 연기: CD(양도성 예금증서)나 채권과 같은 자산에서 발생하는 이자 소득을 만기 시점까지 연기할 수 있는 방법을 고려하여, 세금을 연기하거나 절세할 수 있습니다.

과세 계좌와 비과세 계좌의 자산 배분

과세 계좌: 세금 효율적인 자산(예: 인덱스 펀드, 적격 배당 주식)을 과세 계좌에 배분합니다. 이러한 자산은 낮은 이자율이나 배당률을 제공하며, 장기 자본 이득 세율이 적용되는 경우가 많습니다.

비과세 계좌: 세금 우대 계좌에는 세금 비효율적인 자산(예: 고수익 채권, 단기 거래)을 배분하여, 세금이 유예되거나 비과세되는 혜택을 활용할 수 있습니다.

자산 로케이션 전략

고수익 자산 비과세 계좌 배치: 고수익 자산을 세금 우대 계좌에 배치하여 세금 부담을 줄이는 전략입니다. 예를 들어, 고수익 주식이나 고수익 채권을 비과세 계좌에 배치하여, 세금 부담을 줄이고 복리 효과를 극대화할 수 있습니다.

저수익 자산 과세 계좌 배치: 낮은 수익률을 제공하는 자산(예: 지방채, 적격 배당 주식)을 과세 계좌에 배치하여, 과세 부담을 최소화할 수 있습니다.

증여 및 상속을 통한 절세

증여 세금 전략

증여 한도 활용: 연간 증여 면세 한도 내에서 자산을 증여하여 세금 부담을 줄일 수 있습니다. 이는 상속세를 줄이기 위해 자산을 미리 분산하는 효과적인 방법입니다.

기부: 자산을 기부함으로써 세액 공제를 받을 수 있으며, 이는 자본 이득 세금을 피하면서도 세금 부담을 줄이는 방법입니다.

상속 계획

상속세 효율화: 상속세 효율화를 위해 신탁(Trust)을 설립하거나, 비과세 한도를 활용하는 방법을 고려할 수 있습니다. 상속 계획을 통해 세금 부담을 최소화하고, 자산을 효율적으로 이전할 수 있습니다.

세금 효율적인 투자 전략은 투자 수익을 극대화하면서 세금 부담을 최소화하는 데 필수적입니다. 세금 우대 계좌를 최대한 활용하고, 자본 이득과 배당 소득을 효율적으로 관리하며, 자산 배분과 로케이션 전략을 통해 세금 효율성을 높일 수 있습니다. 또한, 증여 및 상속 계획을 통해 장기적으로 세금 부담을 줄일 수 있습니다. 투자자는 세금 계획을 투자 전략의 중요한 요소로 고려하고, 세무 전문가의 조언을 통해 자신에게 맞는 효율적인 세금 전략을 수립하는 것이 중요합니다.

● 그 나라, 그 지역의 유동 자금(M2)이 부동산 가격에 주는(변화)에 대하여?

유동 자금(M2)이 부동산 가격에 미치는 영향에 대해 설명하면서, 인류학자 칼 폴라니(Karl Polanyi)의 이론을 활용하여 쉽게 풀어 보겠습니다. 칼 폴라니는 시장 경제와 사회적 구조가 어떻게 상호작용하는지를 연구한 인류학자로, 그의 이론은 경제적 변화가 사회적 관계와 제도에 미치는 영향을 이해하는 데 도움을 줍니다. 그의 이론을 바탕으로 유동 자금이 부동산 가격에 미치는 영향을 쉽게 설명하겠습니다.

유동 자금(M2)이란 무엇인가?

유동 자금(M2)은 한 나라나 지역에서 통화 공급을 측정하는 지표 중 하나로, M1(현금과 요구불 예금)뿐만 아니라 정기 예금, 저축성 예금, 머니 마켓 펀드(MMF) 등 단기 자산을 포함합니다. M2는 쉽게 현금화할 수 있는 자산을 포함하므로, 시장에 실제로 유동성이 얼마나 존재하는지를 나타내는 중요한 지표입니다.

유동 자금이 많아지면, 경제 전반에 현금이 풍부해지고, 이는 다양한 자산으로의 투자로 이어질 수 있습니다. 이러한 유동성은 주식 시장뿐만 아니라 부동산 시장에도 큰 영향을 미칩니다.

유동 자금과 부동산 가격의 관계

유동 자금이 많아지면, 사람들이 사용할 수 있는 돈이 늘어나기 때문에, 자연스럽게 그 돈이 어디로 흘러갈지 결정하는 것이 중요해집니다. 이때 많은 자금이 부동산으로 몰리면, 부동산 가격이 상승하게 됩니다.

투자 증가(Increase in Investment): 유동 자금이 많아지면, 사람들은 부동산과 같은 안정적이고 수익성이 높은 자산에 투자하려고 합니다. 이는 부동산 수요를 증가시키고, 결국 부동산 가격을 상승시키는 원인이 됩니다.

저금리와 대출 증가(Low Interest Rates and Increased Lending): 유동 자금이 증가할 때, 중앙은행은 종종 금리를 낮추어 자금이 더욱 쉽게 흘러가도록 만듭니다. 낮은 금리는 사람들이 더 많은 대출을 받아 부동산을 구매하는 것을 촉진하며, 이는 다시 부동산 가격 상승으로 이어집니다.

인플레이션과 자산 가치 보호(Inflation and Asset Value Protection): 유동 자금이 많아지면 인플레이션이 발생할 수 있습니다. 사람들이 화폐 가치 하락을 우려하여 부동산과 같은 실물 자산에 투자하게 되면, 이는 부동산 가격을 더욱 밀어 올리는 효과를 가져옵니다.

칼 폴라니의 이론 적용

칼 폴라니의 이론에 따르면, 경제적 변화는 단순히 시장의 작용이 아니라, 사회적 관계와 구조에 깊이 영향을 미칩니다. 유동 자금이 증가하면서 부동산 가격이 상승하면, 이는 사회 전반에 걸쳐 다양한 영향을 미칩니다. 예를 들어, 부동산 가격이 급등하면 주택을 소유하지 못한 사람들은 더욱 큰 경제적 압박을 받게 되고, 이는 사회적 불평등을 심화시킬 수 있습니다.

폴라니는 시장 경제가 사회적 안정과 복지에 어떻게 영향을 미치는지를 중요하게 다뤘습니다. 부동산 가격이 유동 자금 증가로 인해 급등할 때, 이는 단순한 경제적 현상이 아니라, 사회적 구조와 안정성에 대한 도전이 될 수 있습니다. 이는 부동산을 통해 경제적 불평등이 확대되고, 사회적 갈등이 심화될 가능성을 시사합니다.

예를 들어, 2008년 글로벌 금융 위기 이후 각국 중앙은행들은 경제를 회복시키기 위해 대규모 유동성을 시장에 공급했습니다. 이로 인해 많은 자금이 주식과 부동산 시장으로 흘러들어갔으며, 결과적으로 주요 도시의 부동산 가격이 급격히 상승했습니다. 이는 유동 자금이 부동산 가격에 미치는 영향을 보여주는 대표적인 사례입니다.

유동 자금(M2)이 증가하면 부동산 가격에 큰 영향을 미칩니다. 유동 자금이 많아지면 사람들이 더 많은 자산을 구매할 수 있게 되며, 특히 안정적이고 수익성이 높은 부동산에 대한 수요가 증가하면서 부동산 가격이 상승합니다. 칼 폴라니의 이론을 바탕으로, 우리는 이러한 경제적 변화가 단순한 시장의 변화에 그치지 않고, 사회적 구조와 관계에 큰 영향을 미친다는 것을 이해할 수 있습니다. 따라서 유동 자금의 증가는 부동산 가격 상승뿐만 아니라, 사회적 불평등과 안정성에도 중요한 영향을 미칠 수 있습니다.

● 전세는 '현재의 실질 가격'이라고 하고 매매는 '부동산(주택)의 미래 가격'이라는데 어떻게 다른가?

전세는 '현재의 실질 가격'이고 매매는 '부동산(주택)의 미래 가격'이라는 개념을 설명하면서, 인류학자 클리퍼드 기어츠(Clifford Geertz)의 해석적 인류학 이론을 활용하여 쉽게 풀어보겠습니다. 클리퍼드 기어츠는 인간의 행동과 사회적 의미를 깊이 있게 해석하는 것을 중시한 인류학자입니다. 그의 이론을 바탕으로 전세와 매매가 어떻게 다른지를 쉽게 이해할 수 있도록 설명하겠습니다.

전세와 매매의 기본 개념

전세는 주택에 거주하기 위해 일정 기간 동안 집주인에게 거액의 보증금을 맡기고, 그 기간 동안 월세를 내지 않고 거주하는 방식입니다. 이 보증금은 계약 기간이 끝나면 집주인에게서 돌려받게 됩니다. 따라서 전세는 현재의 주택을 사용하기 위해 지불하는 실질적인 가격이라고 볼 수 있습니다.

매매는 주택을 구매하여 소유권을 가지는 것입니다. 매매 가격은 현재의 주택 가치를 반영할 뿐만 아니라, 주택의 미래 가치를 포함하고 있습니다. 주택을 구매할 때, 구매자는 이 주택의 미래 가격 상승 가능성, 즉 투자 가치를 고려하게 됩니다.

전세와 매매의 차이

전세와 매매는 기본적으로 시간적인 관점에서 다릅니다:

전세: 현재의 실질 가격(Current Real Price)

전세는 주택을 일정 기간 동안 사용할 수 있는 대가로, 그 기간 동안의 주거비를 의미합니다. 전세 가격은 현재의 시장 상황, 즉 현재 주택을 사용하기 위해 필요한 비용을 반영합니다. 이는 클리퍼드 기어츠의 이론에서, 현재의 사회적 맥락과 의미를 중시하는 방식으로 해석될 수 있습니다. 전세는 현재의 경제적 상황에서 집을 빌려 쓰는 데 드는 비용이기 때문에, 주택의 미래 가치보다는 현재의 실질적 가치에 집중합니다.

매매: 부동산의 미래 가격(Future Value of Real Estate)

반면, 매매는 주택을 소유하게 됨으로써 발생할 수 있는 미래의 가치 변동을 고려합니다. 매매 가격에는 주택의 미래 가치를 향한 기대가 포함됩니다. 구매자는 집값이 오를 것이라는 기대를 가지고 매매에 참여하며, 이는 주택이 단순한 거주지 이상의 투자 자산으로 여겨지는 이유입니다. 기어츠의 관점에서, 매매는 주택의 현재 가치뿐만 아니라, 사회적, 경제적 변화에 따라 미래에 그 가치가 어떻게 변할지에 대한 사회적 의미와 기대를 반영한 결과입니다.

왜 전세는 현재의 실질 가격이고, 매매는 미래 가격인가?

전세: 안정적인 주거비(Stable Living Cost)

전세는 일정 기간 동안 고정된 주거비를 의미합니다. 전세 계약을 맺을 때, 보증금은 현재의 경제 상황을 반영하며, 이로 인해 전세는 주택을 사용하는 데 드는 실질적 비용으로 간주됩니다. 주거비를 단기적으로 고정할 수 있다는 점에서, 전세는 현재의 실질적 가격으로 작용합니다.

매매: 자산 가치의 변동성(Volatility of Asset Value)

매매는 주택의 소유권을 획득하는 것이므로, 구매자는 주택의 미래 가치에 대한 기대를 가지고 투자합니다. 이는 주택 가격이 상승할 것이라는 기대를 반영하며, 매매 가격은 미래의 가치 변동을 내포하고 있습니다. 따라서 매매는 주택의 미래 가치를 반영한 가격으로 이해할 수 있습니다. 기어츠의 해석적 관점에서는, 매매는 단순한 거주 목적을 넘어, 사회적 의미와 경제적 전망을 고려한 결정으로 해석됩니다.

기어츠의 이론 적용

클리퍼드 기어츠의 해석적 인류학 이론을 통해, 우리는 전세와 매매의 차이를 단순한 경제적 거래로만 볼 것이 아니라, 사회적 의미와 맥락 속에서 이해할 수 있습니다. 전세는 현재의 경제적 상황을 반영하여 실질적 주거비를 나타내며, 매매는 주택이 미래에 가질 가치에 대한 사회적 기대와 경제적 전망을 반영합니다. 이는 주택이 단순한 거주지가 아니라, 사회적, 경제적 맥락에서 중요한 의미를 가진 자산임을 보여 줍니다.

　전세는 주택의 현재 실질 가격을 반영하며, 주택을 일정 기간 사용하기 위한 비용을 의미합니다. 반면, 매매는 주택의 미래 가격을 반영하며, 주택의 소유권을 통해 얻을 수 있는 미래 가치를 고려한 가격입니다. 클리퍼드 기어츠의 이론을 바탕으로, 우리는 전세와 매매가 단순히 경제적 선택이 아니라, 사회적 의미와 맥락 속에서 중요한 역할을 하는 행위임을 이해할 수 있습니다. 주택의 가치는 현재와 미래의 경제적, 사회적 기대를 반영한 결과로, 전세와 매매의 차이는 이러한 관점에서 명확히 구분됩니다.

● '경제와 부동산'은 변화기 때문에 '살아 있는 생물'이라서 생물체의 원리에 대하여 알고 있냐고?

'경제와 부동산'이 변화하기 때문에 '살아 있는 생물'과 같다는 비유를 설명하면서, 인류학자 그레고리 베이트슨(Gregory Bateson)의 이론을 활용하여 쉽게 풀어 보겠습니다. 베이트슨은 시스템 이론과 생태학적 사고를 통해 인간 사회와 자연의 상호작용을 연구한 인류학자입니다. 그의 이론을 바탕으로, 경제와 부동산이 왜 변화하는 생물체처럼 움직이는지 이해하기 쉽게 설명하겠습니다.

경제와 부동산의 변화와 생물체 비유

경제와 부동산은 끊임없이 변화하는 복잡한 시스템입니다. 이 시스템들은 시장의 변화, 정책 변화, 사람들의 행동과 기대, 그리고 외부 환경에 따라 끊임없이 변화하고 적응합니다. 이러한 변화의 특성 때문에, 경제와 부동산을 '살아 있는 생물'에 비유할 수 있습니다. 생물체가 환경에 따라 성장하고 변화하며 적응하듯이, 경제와 부동산 시장도 변화에 따라 움직이고 반응합니다.

생물체의 원리와 경제, 부동산

생물체는 몇 가지 중요한 원리에 따라 작동합니다. 이러한 원리들은 경제와 부동산의 변화와도 밀접하게 연관되어 있습니다

적응과 변화(Adaptation and Change): 생물체는 생존을 위해 환경에 적응하며 변화합니다. 마찬가지로, 경제와 부동산도 외부 환경(예: 경제적 충격, 금리 변화, 정부 정책)에 따라 변동하고 적응합니다. 예를 들어, 금리가 인상되면 부동산 시장은 이에 반응하여 거래가 줄어들고, 가격이 조정될 수 있습니다.

성장과 쇠퇴(Growth and Decay): 생물체는 시간이 지나면서 성장하거나 쇠퇴합니다. 경제와 부동산 시장도 이와 유사하게 상승기와 하락기를 겪습니다. 부동산 가격은 특정 시기에는

급격히 상승하고, 또 다른 시기에는 하락할 수 있습니다. 이는 생물체가 생애 주기 동안 겪는 변화와 비슷합니다.

상호 의존성(Interdependence): 생물체의 각 부분은 서로 밀접하게 연결되어 있으며, 하나의 부분이 변화하면 전체에 영향을 미칩니다. 마찬가지로, 경제와 부동산 시장은 여러 요인들이 복잡하게 얽혀 있어, 한 부분의 변화가 전체 시스템에 영향을 미칩니다. 예를 들어, 주요 도시의 부동산 가격이 급등하면, 주변 지역의 가격도 영향을 받습니다.

그레고리 베이트슨의 이론 적용

그레고리 베이트슨은 생태학적 사고를 통해 시스템의 복잡성과 상호작용을 강조했습니다. 베이트슨의 이론에 따르면, 모든 시스템은 서로 연결되어 있으며, 변화와 적응을 통해 지속적으로 진화합니다. 경제와 부동산 시장도 이러한 시스템의 일종으로 볼 수 있습니다. 베이트슨의 관점에서, 경제와 부동산은 단순한 거래와 가격 변동을 넘어, 사회적, 정치적, 환경적 요인들이 복합적으로 작용하는 복잡한 생태계입니다.

베이트슨은 시스템이 건강하게 작동하려면 균형과 조화가 중요하다고 강조했습니다. 경제와 부동산 시장도 지나친 변동성이나 불균형이 발생하면 전체 시스템에 문제가 생길 수 있습니다. 예를 들어, 부동산 시장이 과열되면 결국 거품이 꺼지면서 경제 전반에 큰 충격을 줄 수 있습니다. 따라서 경제와 부동산 시장의 변화를 이해하고 관리하는 것은 매우 중요합니다.

경제와 부동산의 생물학적 비유 이해

경제와 부동산을 살아 있는 생물체에 비유하는 것은, 이들이 단순히 고정된 상태에 있는 것이 아니라 끊임없이 변화하고 적응하는 복잡한 시스템임을 강조하는 것입니다. '베이트슨'의 생태학적 접근은 이러한 변화와 상호작용을 이해하는 데 중요한 통찰을 제공합니다. 경제와 부동산은 다양한 요인들이 상호작용하면서 진화하는 시스템이며, 이를 이해하는 것이 경제적 안정과 발전을 위해 필수적입니다.

경제와 부동산은 끊임없이 변화하고 적응하는 살아 있는 생물체와 같습니다. 그레고리 베이트슨의 이론을 바탕으로, 우리는 경제와 부동산 시장이 단순한 숫자와 거래 이상의 복잡한 시스템임을 이해할 수 있습니다. 이 시스템은 외부 환경에 따라 변화하고, 다양한 요인들이 서로 상호작용하면서 진화합니다. 경제와 부동산의 변화를 이해하고 적절히 대응하는 것은 사회 전체의 안정과 발전을 위해 중요한 역할을 합니다.

부동산이 무엇인데?
"What is real estate?"

투자용?/ 실거주용?/ 필수품?

1

부동산의 개념과 중요성에 대하여?

"On the Concept and Importance of Real Estate."

1) 부동산의 정의와 특성에 대하여?

부동산(Real Estate)은 물리적인 자산으로, 인간의 생활과 경제 활동에 있어서 매우 중요한 역할을 합니다. 부동산은 단순한 토지와 건물을 넘어서, 다양한 경제적, 사회적 기능을 수행하며, 자산 축적과 투자의 중요한 수단으로 사용됩니다. 아래에서는 부동산의 정의와 특성에 대해 설명하겠습니다.

부동산의 정의

부동산은 주로 토지와 그 위에 고정된 건물을 포함하는 물리적 자산을 의미합니다. 부동산은 크게 두 가지로 분류됩니다:

토지(Land): 자연 상태의 토지, 농지, 목초지, 산림 등 사람이 개간하거나 개발하지 않은 순수한 형태의 토지.

개발된 부동산(Improved Property): 주거용, 상업용, 산업용 등의 목적을 위해 개발된 건물과 그 부지를 포함한 자산.

부동산의 구성 요소

물리적 요소: 부동산은 물리적 자산으로, 지형, 지질, 위치와 같은 자연적 특성을 가집니다. 이는 부동산의 가치에 직접적으로 영향을 미치는 중요한 요소입니다.

법적 요소: 부동산은 법적으로 소유권, 사용권, 개발권, 임대권 등 다양한 권리와 의무가 결합된 복합적인 자산입니다. 부동산 소유자는 법적으로 해당 부동산에 대한 일정한 권리를 가지며, 이는 거래나 활용 시 중요한 역할을 합니다.

부동산의 고유한 특성

위치의 고정성(Immobilty): 부동산은 그 위치가 고정되어 있으며, 이동할 수 없습니다. 이는 부동산의 가장 기본적인 특성 중 하나로, 그 위치가 부동산의 가치에 큰 영향을 미칩니다. 예를 들어, 도심지에 위치한 부동산은 높은 가치를 가지며, 접근성이 떨어지는 외곽 지역의 부동산은 상대적으로 낮은 가치를 가질 수 있습니다.

부동성(Permanence): 부동산은 시간이 지나도 사라지거나 없어지지 않습니다. 건물은 시간이 지나면서 노후화될 수 있지만, 토지는 여전히 그 자리에 존재합니다. 이는 부동산이 장기적인 자산으로 간주되는 이유 중 하나입니다.

고유성(Heterogeneity): 각 부동산은 그 위치, 크기, 형태, 주변 환경 등 여러 요인에 의해 고유한 특성을 가집니다. 동일한 형태의 부동산이라도 그 위치와 환경에 따라 가치가 달라지며, 이는 부동산 거래에서 중요한 고려 사항입니다.

장기적 자산: 부동산은 일반적으로 장기적인 자산으로 간주됩니다. 부동산의 가치는 시간이 지남에 따라 상승할 가능성이 있으며, 이는 인플레이션 대비 자산 가치를 보존하는 데 유리합니다. 장기적으로 소유자의 경제적 안정에 기여할 수 있습니다.

희소성(Scarcity): 모든 토지는 한정되어 있으며, 특히 도심이나 특정 지역의 부동산은 매우 희소합니다. 이로 인해 수요와 공급의 불균형이 발생하면, 부동산의 가격이 급등할 수 있습니다. 희소성은 부동산의 가치를 결정 짓는 중요한 요소 중 하나입니다.

경제적 효용성(Utility): 부동산은 다양한 용도로 활용될 수 있는 자산입니다. 주거용, 상업용, 산업용, 농업용 등 그 용도에 따라 경제적 효용성이 달라지며, 이는 부동산의 수익성을 결정 짓는 중요한 요인입니다.

투자 수단으로서의 가치

투자 가치: 부동산은 자산 축적과 투자의 주요 수단 중 하나로, 장기적인 투자 가치가 높습니다. 임대 수익, 자본 이득, 세금 혜택 등 다양한 방식으로 부동산 투자자에게 이익을 제공합니다.

위치 효과(Location Effect)

위치 효과: 부동산의 가치는 위치에 따라 크게 달라집니다. 교통 편의성, 교육 기관 접근성, 상업 시설 근접성 등 위치에 따른 특성은 부동산의 경제적 가치를 결정하는 중요한 요소입니다.

소유권과 권리

소유권: 부동산 소유권은 법적으로 보호되며, 소유자는 해당 부동산에 대해 배타적인 권리를 가집니다. 이는 매매, 임대, 개발 등의 권리와 의무를 포함하며, 법적 분쟁 시 중요한 기준이 됩니다.

사용 제한: 부동산 소유자는 법적, 환경적 규제에 따라 부동산을 사용해야 하며, 이는 부동산 개발이나 사용에 제약을 가할 수 있습니다. 예를 들어, 토지 이용 계획, 건축법, 환경 보호법 등이 부동산 사용에 영향을 미칠 수 있습니다.

개발권과 제한

개발권: 부동산 소유자는 해당 부동산을 개발할 권리를 가집니다. 그러나 이 권리는 지역 사회와 법률의 규제를 받으며, 특정 개발은 허가가 필요할 수 있습니다.

제한 조건: 부동산 개발에는 환경 보호, 역사적 유산 보존, 지역 사회의 안전과 복지를 고려한 제한 조건이 따를 수 있습니다. 이는 부동산 가치에 긍정적 또는 부정적 영향을 미칠 수 있습니다.

부동산은 물리적 자산으로서의 특성과 법적, 경제적 특성을 가지고 있으며, 이는 부동산의 가치를 결정 짓는 중요한 요소입니다. 부동산은 위치가 고정되어 있고, 고유한 특성을 가지며, 장기적인 자산으로서 투자 가치가 있습니다. 또한, 부동산 소유자는 법적 권리와 의무를 가지며, 이를 통해 다양한 경제적 활동을 할 수 있습니다. 부동산의 정의와 특성을 이해하는

것은 부동산 투자와 관리에 있어서 필수적인 지식이며, 이를 통해 개인과 사회는 안정적인 경제적 기반을 구축할 수 있습니다.

2) 부동산의 경제적 중요성에 대하여?

부동산은 경제 활동에 있어서 매우 중요한 자산으로, 개인과 국가 경제 모두에 큰 영향을 미칩니다. 부동산은 주거, 상업, 산업용으로 사용되며, 경제적 가치 창출과 자산 축적의 주요 수단으로 기능합니다. 아래에서는 부동산의 경제적 중요성을 여러 측면에서 설명하겠습니다.

자산 가치의 보존과 증식

자산 가치 보존: 부동산은 시간이 지남에 따라 가치가 상승할 가능성이 높은 자산으로, 개인의 자산 가치를 보존하는 데 중요한 역할을 합니다. 인플레이션이 발생해도 부동산 가격은 일반적으로 상승하는 경향이 있어, 실질 자산 가치를 유지할 수 있습니다.

자산 증식: 부동산 투자를 통해 개인은 자산을 증식할 수 있습니다. 특히, 가치가 상승할 가능성이 있는 지역에 부동산을 구입하면, 매도 시 자본 이득을 통해 큰 수익을 올릴 수 있습니다.

안정적인 수입원

임대 수익: 부동산을 임대하여 정기적인 수입을 얻을 수 있습니다. 주거용 부동산의 임대료, 상업용 부동산의 임대료 등은 안정적인 현금 흐름을 제공하며, 이는 경제적 안정성을 높이는 데 기여합니다.

포트폴리오 다각화: 부동산은 개인의 투자 포트폴리오에서 중요한 역할을 합니다. 주식이나 채권과 달리, 부동산은 물리적 자산으로서 장기적으로 안정적인 수익을 제공할 수 있으며, 이는 포트폴리오의 리스크를 분산시키는 효과가 있습니다.

국가 경제에 미치는 영향

경제 성장 촉진: 부동산 개발은 경제 성장을 촉진하는 주요 요인 중 하나입니다. 대규모 부동산 프로젝트는 건설업, 제조업, 서비스업 등 다양한 산업에 긍정적인 영향을 미치며, 일자리 창출과 경제 활성화에 기여합니다.

도시화와 인프라 발전: 부동산 개발은 도시화와 인프라 발전의 핵심 요소입니다. 새로운 주택, 상업 지구, 산업 단지의 개발은 교통, 전력, 통신 등 인프라의 확장과 개선을 필요로 하며, 이는 전반적인 경제 성장에 기여합니다.

세수 확보와 재정 안정

세수 확보: 부동산은 지방 자치 단체와 중앙 정부에게 중요한 세수원입니다. 재산세, 양도 소득세, 취득세 등 다양한 세금이 부동산 거래와 소유에서 발생하며, 이는 공공 서비스와 인프라 개발에 필요한 재정을 확보하는 데 중요한 역할을 합니다.

재정 안정: 부동산 시장의 안정성은 국가 재정의 안정성에도 영향을 미칩니다. 부동산 가격이 안정되면 경제 전체에 긍정적인 영향을 미치며, 금융 시스템의 안정성과 정부의 재정 계획에도 도움이 됩니다.

금융 시장과의 연계성

담보 자산: 부동산은 금융 거래에서 중요한 담보 자산으로 사용됩니다. 주택 담보 대출, 상업용 부동산 대출 등에서 부동산이 담보로 제공되며, 이는 금융 시장의 안정성과 신용 공급에 중요한 역할을 합니다.

부동산 관련 금융 상품: 부동산 투자 신탁(REITs), 부동산 펀드, 모기지 담보 증권(MBS) 등 부동산 관련 금융 상품은 투자자들에게 다양한 투자 기회를 제공하며, 금융 시장의 다변화와 발전에 기여합니다.

주거 안정성과 사회 복지

주거 안정성 제공: 부동산은 주거 안정성의 기본 요소입니다. 안정적인 주거 환경은 사회적 복지와 개인의 삶의 질을 높이는 데 필수적이며, 이는 사회적 안정과 경제적 발전에 기여합니다.

사회적 불평등 완화: 적절한 주거 정책과 부동산 공급은 사회적 불평등을 완화하는 데 중요한 역할을 합니다. 정부의 공공주택 공급이나 저소득층을 위한 주거 지원 프로그램은 경제적 약자들에게 주거 안정성을 제공하며, 사회적 통합을 촉진합니다.

지역 경제 활성화: 부동산 개발은 지역 경제를 활성화시키는 중요한 요소입니다. 새로운 주거 단지나 상업 지구의 개발은 지역 내 소비를 촉진하고, 일자리 창출을 통해 지역 경제를 강화할 수 있습니다.

공동체 형성과 사회적 자본: 부동산은 지역 사회의 공동체 형성에도 중요한 역할을 합니다. 잘 계획된 주거 단지와 공공 공간은 지역 주민들 간의 교류와 협력을 촉진하며, 이는 사회적 자본을 형성하는 데 기여합니다.

부동산 시장의 변동성과 리스크

시장 변동성: 부동산 시장은 경제 상황, 금리 변화, 정책 변화 등에 민감하게 반응합니다. 시장 변동성은 투자자와 경제 전체에 리스크를 초래할 수 있으며, 과열된 부동산 시장은 경제 위기의 원인이 될 수 있습니다.

거품과 금융 위기: 부동산 가격이 비정상적으로 상승하면 거품이 형성될 수 있으며, 거품이 터질 경우 경제적 손실이 발생할 수 있습니다. 이는 금융 시스템의 불안정성과 대규모 경제 위기로 이어질 수 있습니다.

정부의 역할: 정부는 부동산 시장의 안정성을 유지하기 위해 다양한 규제와 정책을 시행합

니다. 이는 주택 공급 조절, 금융 규제, 세금 정책 등을 포함하며, 부동산 시장의 과열을 방지하고, 사회적 안정을 유지하는 데 중요합니다.

장기적 계획과 개발: 부동산 시장의 장기적 안정을 위해서는 지속 가능한 도시 개발과 인프라 계획이 필요합니다. 이는 환경 보호, 사회적 공공성, 경제적 효율성을 고려한 개발 정책을 통해 달성할 수 있습니다.

부동산의 경제적 중요성은 개인과 국가 경제, 사회 전반에 걸쳐 다양한 방식으로 나타납니다. 부동산은 개인 자산 축적의 중요한 수단이며, 안정적인 수입원으로 기능합니다. 또한, 국가 경제 성장과 재정 안정에 기여하며, 사회적 복지와 주거 안정성을 제공하는 중요한 요소입니다. 부동산 시장의 안정성과 효율적인 관리가 유지될 때, 부동산은 경제 발전과 사회적 안정을 위한 핵심 자산으로서의 역할을 다할 수 있습니다.

3) 부동산과 삶의 안정성에 대하여?

부동산과 삶의 안정성이란 부동산이 개인과 가족의 삶에 제공하는 경제적, 사회적, 정서적 안정성을 의미합니다. 부동산은 단순히 물리적 자산이나 재산 소유를 넘어서, 인간이 삶을 영위하는 데 필요한 기본적인 안정감을 제공하는 중요한 요소로 작용합니다.

자산 축적: 부동산은 시간이 지나면서 가치가 상승할 가능성이 있는 자산으로, 개인이 경제적 자립을 이루는 데 중요한 수단입니다. 자가 소유는 경제적 자산으로서 개인의 재정적 안전망 역할을 합니다.

안정적인 수입원: 부동산을 임대하여 정기적인 수입을 창출할 수 있으며, 이는 가계 경제의 안정성에 기여합니다. 임대 수익은 경제적 충격에 대한 방어 수단이 될 수 있습니다.

주택 담보 대출: 부동산은 금융 거래에서 중요한 담보 자산으로 사용되며, 이는 개인이 자

금을 조달하는 데 유리한 조건을 제공할 수 있습니다. 이는 경제적 여유와 재정 관리에 중요한 역할을 합니다.

주거 안정: 안정적인 주거 환경은 개인과 가족의 정서적 안정에 중요한 역할을 합니다. 자가 소유는 임대 주거보다 더 큰 안정감을 제공하며, 불확실성을 줄입니다.

안전과 보안: 안정된 주거 환경은 가족 구성원에게 안전과 보안을 제공합니다. 특히, 자신이 소유한 주택은 더욱 안정적이고 보호받는 느낌을 줍니다.

삶의 질 향상: 편안한 주거 환경과 좋은 이웃 관계는 개인의 삶의 질을 높이며, 이는 정서적 안정성을 강화하는 요소입니다.

사회적 지위: 부동산 소유는 사회적 지위와 밀접하게 연결됩니다. 주택의 위치와 유형은 개인의 사회적 계층을 반영하며, 이는 사회적 안정성에 기여할 수 있습니다.

사회적 자본: 주거지가 위치한 지역 사회와의 연계는 개인의 사회적 자본 형성에 중요한 역할을 합니다. 이는 사회적 네트워크를 강화하고, 공동체 의식을 높입니다.

공동체 생활: 안정적인 주거 환경은 지역 사회 내에서 공동체 생활을 영위할 수 있는 기회를 제공합니다. 이는 사회적 유대감을 형성하고, 사회적 안정성을 강화하는 데 기여합니다.

부동산과 삶의 안정성은 부동산이 제공하는 경제적 안전망, 정서적 안정, 그리고 사회적 유대감이 개인의 전반적인 삶의 질을 향상시키는 것을 의미합니다. 부동산 소유는 단순히 재산을 보유하는 것을 넘어, 개인과 가족이 안정된 삶을 영위할 수 있도록 돕는 중요한 기반이 됩니다. 이를 통해 개인은 보다 안정적이고 행복한 삶을 구축할 수 있으며, 이는 사회 전체의 안정성에도 긍정적인 영향을 미칩니다.

부동산 시장의 이해에 대하여?

"On Understanding the Real Estate Market."

1) 부동산 시장의 구조와 동향에 대하여?

부동산 시장을 구성하는 기본적인 요소들과 그 시장이 어떻게 움직이는지를 이해하는 개념을 말합니다. 부동산 시장은 경제의 중요한 부분으로, 다양한 요인들이 상호작용하며 부동산 가격, 거래량, 공급과 수요 등에 영향을 미칩니다.

부동산 시장의 구조

부동산 시장의 구조는 부동산이 거래되고 평가되는 시장의 기본 틀을 나타내며, 주로 다음과 같은 요소들로 구성됩니다

개인 구매자와 투자자: 주거용 부동산을 구매하거나 투자 목적으로 부동산을 소유하는 사람들.

부동산 개발자: 토지나 건물을 개발하여 판매하거나 임대하는 기업 또는 개인.

임대인과 임차인: 부동산을 임대하거나 임차하는 관계에 있는 사람들.

금융 기관: 주택 담보 대출 등 부동산 관련 금융 서비스를 제공하는 은행, 저축은행 등.

정부: 세제, 법규, 도시 계획 등을 통해 시장에 직접적 또는 간접적 영향을 미치는 주체.

부동산 유형:

주거용 부동산: 아파트, 주택, 다가구 주택 등.

상업용 부동산: 오피스 빌딩, 쇼핑몰, 상가 등.

산업용 부동산: 공장, 물류 센터, 창고 등.

토지: 개발되지 않은 순수한 토지 또는 개발 가능한 용도로 지정된 토지.

시장 구분:

초기 시장: 새로 건설된 부동산이 처음으로 거래되는 시장.

중고 시장: 이미 소유권이 이전된 부동산이 다시 거래되는 시장.

거래 방식:

매매: 부동산 소유권을 이전하는 거래.

임대: 부동산 사용권을 일정 기간 동안 제공하는 거래.

부동산 시장의 동향

부동산 시장의 동향은 시간에 따라 부동산 가격, 거래량, 수요와 공급의 변화 양상을 의미합니다. 이는 다양한 경제적, 사회적, 정치적 요인들에 의해 영향을 받습니다.

가격 동향:

부동산 가격 상승과 하락: 수요와 공급의 변화, 금리, 경제 성장, 인플레이션 등이 부동산 가격에 영향을 미칩니다.

지역별 가격 차이: 특정 지역의 경제적 발전, 인프라 개선, 인구 증가 등이 지역별 부동산 가격에 영향을 미칩니다.

수요와 공급 동향:

수요 변화: 인구 증가, 소득 수준 상승, 저금리 등의 요인으로 부동산에 대한 수요가 증가하거나 감소합니다.

공급 변화: 정부의 주택 공급 정책, 건설 경기, 토지 이용 규제 등이 공급에 영향을 미칩니다.

정책적 동향:

정부 정책: 세금, 대출 규제, 주택 공급 정책 등의 변화는 시장에 큰 영향을 미칩니다.

금융 정책: 금리 변화, 대출 규제, 유동성 공급 등이 부동산 시장의 동향을 좌우합니다.

경제적 동향:

경기 변동: 경제 성장이 빠르거나 둔화되면, 부동산 시장도 그에 따라 반응합니다.

금리 변화: 금리가 오르면 부동산 대출이 어려워지고, 가격 상승에 제약이 생기며, 반대로 금리가 내리면 부동산 시장이 활성화될 수 있습니다.

사회적 동향:

인구 구조 변화: 고령화, 가구 구조 변화 등이 주택 수요에 영향을 미칩니다.

도시화: 도시로의 인구 집중이 특정 지역의 부동산 수요와 가격에 영향을 미칩니다.

부동산 시장의 구조와 동향을 이해하는 것은 시장이 어떻게 작동하는지, 어떤 요인들이 가격과 거래량에 영향을 미치는지를 파악하는 데 필수적입니다. 이는 부동산 투자, 정책 결정, 그리고 일반적인 시장 참여에 있어서 중요한 통찰을 제공하며, 이를 통해 시장의 변화에 효율적으로 대응할 수 있습니다.

2) 주택 시장과 상업용 부동산에 대하여?

주택 시장과 상업용 부동산은 부동산 시장을 구성하는 주요 두 가지 유형으로, 각각 개인과 기업의 다양한 요구를 충족시키기 위해 존재합니다. 이들 시장은 서로 다른 특성과 목적을 가지며, 부동산 시장 내에서 중요한 역할을 합니다.

주택 시장이란?

주택 시장은 개인이나 가족이 거주하기 위해 사용되는 주거용 부동산을 거래하는 시장입니다. 주택 시장은 경제와 사회 전반에 큰 영향을 미치며, 주거 안정성, 사회적 복지, 경제적 성장과 밀접하게 연관되어 있습니다.

주거 목적:

주택 시장은 사람들이 생활하고 거주할 공간을 제공하는 것을 주목적으로 합니다. 이 시장은 다양한 주거 형태를 포함합니다.

단독 주택: 독립적인 건물로 구성된 주택.

아파트: 여러 세대가 한 건물 안에서 각각의 주거 공간을 가지는 형태.

다가구 주택: 한 건물에 여러 가족이 거주할 수 있는 형태.

타운하우스: 여러 개의 단독 주택이 연속적으로 붙어있는 형태.

연립 주택: 한 건물에 여러 가구가 거주하는 형태로, 주로 저층 구조.

가격 형성:

주택 가격은 수요와 공급, 입지, 주택의 상태, 주택의 크기와 시설, 인근 인프라 등 다양한 요인에 의해 결정됩니다.

정부의 주택 정책, 금리 변화, 인구 증가 등도 주택 가격에 중요한 영향을 미칩니다.

사회적 의미:

주택은 단순한 거주 공간을 넘어, 가족의 안식처와 같은 사회적 의미를 가지며, 사회적 안정과 복지에 중요한 역할을 합니다.

주택 소유는 개인의 경제적 안정성과 사회적 지위의 상징으로 여겨집니다.

시장 참가자:

개인 구매자: 자신의 주거지를 마련하려는 사람들.

투자자: 임대 수익이나 장기적인 자산 증식을 목적으로 주택을 구입하는 사람들.

정부: 주택 공급 정책, 세제, 규제 등을 통해 시장에 영향을 미침.

상업용 부동산: 비즈니스 목적을 위해 사용되는 부동산을 말합니다. 상업용 부동산 시장은 경제 활동의 중심이며, 기업의 운영, 경제 성장, 일자리 창출 등에 중요한 역할을 합니다.

비즈니스 목적: 상업용 부동산은 기업의 영업, 생산, 유통, 서비스 제공 등을 위한 공간을 제공합니다. 이 시장은 다음과 같은 다양한 부동산 유형을 포함합니다.

오피스 빌딩: 기업의 사무 공간으로 사용되는 건물.

쇼핑몰 및 상가: 소매업체가 입주하여 상품이나 서비스를 제공하는 공간.

산업용 부동산: 제조업, 물류, 창고 등의 용도로 사용되는 부동산.

호텔 및 숙박 시설: 관광객이나 비즈니스 고객을 위한 숙박 시설.

레스토랑 및 음식점: 식음료를 제공하는 공간.

수익성:

상업용 부동산은 임대료 수익, 자본 이득, 사업 운영에 필요한 필수 자산 등 다양한 방식으로 수익을 창출합니다.

임대 수익이 주요 수익원이며, 임대 계약의 안정성, 임차인의 신용도, 위치 등이 수익성에 큰 영향을 미칩니다.

시장 참여자:

투자자: 장기적 수익 창출을 위해 상업용 부동산에 투자하는 개인 또는 기관.

기업: 비즈니스 운영을 위해 상업용 부동산을 임대하거나 구입하는 기업들.

개발자: 상업용 부동산을 개발하여 판매하거나 임대하는 사업자.

경제적 영향:

상업용 부동산은 지역 경제에 큰 영향을 미칩니다. 예를 들어, 새로운 오피스 빌딩이나 쇼핑몰의 건설은 일자리를 창출하고, 지역 경제를 활성화시키며, 상업 활동을 촉진합니다.

상업용 부동산 시장은 경제의 경기 사이클에 민감하게 반응하며, 경제 성장기에는 활발해지고, 경기 침체기에는 둔화될 수 있습니다.

주택 시장과 상업용 부동산 시장은 각각 개인과 기업의 다양한 요구를 충족시키는 부동산의 주요 분야입니다. 주택 시장은 개인과 가족의 삶의 질과 경제적 안정성을 지원하는 중요한 역할을 하며, 상업용 부동산은 기업의 운영과 경제 활동의 중심으로서 기능합니다. 이 두 시장은 경제 전반에 걸쳐 서로 다른 방식으로 중요한 영향을 미치며, 각기 다른 특성과 동인을 가지고 있습니다.

3) 부동산 경기 사이클과 투자 타이밍에 대하여?

부동산 경기 사이클은 부동산 시장에서 가격, 수요, 공급 등의 주요 지표들이 시간에 따라 변동하는 패턴을 말합니다. 이 사이클은 일반적으로 회복기, 확장기, 과열기, 수축기의 네 단계를 거치며, 부동산 투자자는 이 사이클을 이해하고 적절한 투자 타이밍을 잡는 것이 중요합니다.

부동산 경기 사이클의 단계

회복기(Recovery): 이전의 경기 침체나 하락에서 벗어나, 부동산 가격이 저점에서 안정되기 시작하는 단계입니다.

경제가 회복 조짐을 보이며, 실업률이 낮아지고, 소비자 신뢰 지수가 상승합니다.

거래량이 서서히 증가하고, 공실률이 감소합니다.

개발자들이 시장에 다시 관심을 가지며, 건설 활동이 점차 회복됩니다.

투자 전략: 기회 포착: 이 시기에 부동산 가격은 여전히 저렴할 수 있기 때문에, 장기적인 가격 상승을 기대하며 저점 매수를 고려할 수 있습니다.

위험 관리: 회복기 초기에는 아직 시장이 불안정할 수 있으므로, 보수적인 투자 접근이 필요합니다.

확장기(Expansion)

특징: 경제가 지속적으로 성장하며, 부동산 가격이 꾸준히 상승하는 단계입니다.

수요가 급증하면서 거래량이 증가하고, 신규 건설 프로젝트가 활발하게 진행됩니다.

공실률은 낮아지고, 임대료도 상승하는 경향을 보입니다.

시장에 긍정적인 분위기가 지배적이며, 투자자들의 신뢰도가 높아집니다.

투자 전략:

적극적 투자: 확장기에는 부동산 가격이 상승세를 타기 때문에, 적극적인 투자가 적절합니다. 이 시기에 구매한 부동산은 향후 자본 이득을 기대할 수 있습니다.

포트폴리오 다각화: 다양한 유형의 부동산에 투자하여 리스크를 분산시키고, 시장의 성장을 최대한 활용할 수 있습니다.

과열기(Peak/Hyper Supply)

특징: 부동산 가격이 최고점에 도달하고, 시장에 과잉 공급의 조짐이 나타나는 단계입니다. 수요는 한계에 다다르며, 거래량이 정체되기 시작합니다.

건설업자들이 활발하게 신규 프로젝트를 추진하지만, 수익률이 점차 감소합니다.

투자자들은 가격이 너무 높다고 판단하여, 거래를 꺼리기 시작합니다.

투자 전략:

보수적 접근: 과열기에는 시장이 이미 과대 평가되어 있을 수 있으므로, 신규 투자는 신중해야 합니다. 자산을 현금화하거나, 포트폴리오를 재조정하는 것이 바람직할 수 있습니다.

매도 타이밍: 자산을 처분할 계획이 있다면, 이 시기에 매도하여 최대의 수익을 실현할 수 있습니다.

수축기(Recession)

특징: 부동산 가격이 하락하기 시작하며, 시장이 침체되는 단계입니다.

경제 상황이 악화되고, 실업률이 상승하며, 소비자 신뢰가 떨어집니다.

거래량은 급감하고, 공실률이 증가하며, 임대료가 하락합니다.

과잉 공급으로 인해 건설업자들이 어려움을 겪고, 부동산 가치 하락이 심화됩니다.

투자 전략:

현금 보유: 수축기에는 자산 가치를 지키기 위해 현금을 보유하는 것이 중요합니다. 시장이 안정될 때까지 기다리면서 투자 기회를 모색하는 것이 좋습니다.

위험 관리: 리스크가 높기 때문에, 기존 자산의 관리에 집중하고, 투자 손실을 최소화하는 것이 필요합니다.

타이밍이 수익에 미치는 영향

부동산 투자의 성공 여부는 시장 사이클에서 언제 진입하고 언제 나가느냐에 달려 있습니다.

저점 매수와 고점 매도는 이상적이지만, 현실적으로는 사이클의 변화를 예측하고 대응하는 것이 중요합니다.

타이밍을 잘못 맞추면 수익성에 큰 영향을 미칠 수 있으며, 특히 과열기나 수축기에서의 잘못된 판단은 큰 손실로 이어질 수 있습니다.

시장 예측의 어려움

부동산 시장은 많은 요인에 의해 영향을 받기 때문에, 사이클의 정확한 예측은 어려울 수 있습니다.

경제 지표, 정부 정책, 국제 경제 상황 등을 종합적으로 분석하여 투자 결정을 내려야 합니다.

리스크 관리와 포트폴리오 다각화는 불확실한 시장 상황에서 중요한 전략이 됩니다.

장기적 관점의 중요성

부동산 투자는 일반적으로 장기적인 관점에서 이루어져야 합니다. 시장의 단기적인 변동성에 일희일비하지 않고, 장기적 성장 가능성을 고려한 투자가 필요합니다.

장기적인 경기 사이클을 이해하고, 자신의 재정적 목표와 투자 계획에 맞춘 전략을 세워야 합니다.

부동산 경기 사이클은 시장의 상승과 하락을 반복하는 패턴으로, 투자자에게 적절한 타이밍을 찾는 것이 중요합니다. 각 사이클 단계에 따라 투자 전략을 달리해야 하며, 시장의 변동성에 대비한 리스크 관리가 필요합니다. 사이클의 이해와 투자 타이밍 조절은 부동산 투자의 성공에 중요한 요소로, 이를 통해 장기적인 수익을 극대화할 수 있습니다.

3

부동산 투자 전략에 대하여?

"On Real Estate Investment Strategies."

1) 부동산 투자 유형: 직접 투자 vs. 간접 투자에 대하여?

부동산 투자에는 다양한 접근 방식이 있으며, 크게 직접 투자와 간접 투자로 나눌 수 있습니다. 각각의 투자 유형은 투자자의 목표, 자금력, 위험 감수 성향, 시장 이해도에 따라 선택될 수 있습니다. 아래에서는 이 두 가지 투자 유형에 대해 자세히 살펴보겠습니다.

부동산 투자 유형: 직접 투자 vs. 간접 투자

직접 투자(Direct Investment)는 투자자가 실제 부동산 자산을 직접 소유하고 관리하는 형태의 투자입니다. 여기에는 주거용 부동산, 상업용 부동산, 토지 등이 포함됩니다.

주요 특징

직접 소유: 투자자는 부동산을 물리적으로 소유하며, 자산 가치 상승과 임대 수익을 직접적으로 누릴 수 있습니다.

관리 책임: 투자자는 부동산의 유지 보수, 임대 관리, 법적 책임 등을 직접 관리해야 합니다.

현금 흐름: 임대 수익을 통해 안정적인 현금 흐름을 창출할 수 있으며, 부동산 가격이 상승

할 경우 자본 이득도 실현할 수 있습니다.

리스크: 시장 변동성, 공실 위험, 유지 보수 비용 등 다양한 리스크를 직접 감수해야 합니다.

투자 형태

주거용 부동산: 아파트, 주택, 다가구 주택 등 거주 목적의 부동산에 투자하여 임대 수익이나 자본 이득을 얻습니다.

상업용 부동산: 오피스 빌딩, 쇼핑몰, 상가 등 비즈니스 목적의 부동산에 투자하여 높은 임대 수익을 추구합니다.

토지 투자: 개발 가능성이 있는 토지를 매입하여, 이후 개발 또는 매도를 통해 수익을 실현합니다.

장점: 자산에 대한 완전한 통제권. 자산 가치 상승 시 큰 자본 이득 가능. 임대 수익을 통한 현금 흐름 창출.

단점: 높은 초기 자본이 필요. 부동산 관리와 유지 보수에 대한 책임. 시장 변동성에 대한 직접적인 노출.

간접 투자(Indirect Investment)

간접 투자는 투자자가 부동산 자산을 직접 소유하지 않고, 부동산에 투자하는 금융 상품을 통해 수익을 얻는 방식입니다. 여기에는 리츠(REITs), 부동산 펀드, 부동산 관련 주식 등이 포함됩니다.

주요 특징

간접 소유: 투자자는 부동산 자산의 소유권을 가지지 않지만, 부동산 자산의 수익에 참여할 수 있습니다.

유동성: 간접 투자 상품은 일반적으로 주식 시장에서 거래되므로, 직접 투자보다 유동성이 높습니다.

관리 부담 없음: 자산 관리와 유지 보수는 전문 관리 회사나 펀드 매니저가 담당하며, 투자자는 별도의 관리 부담이 없습니다.

분산 투자: 여러 부동산에 분산 투자할 수 있어, 리스크를 줄일 수 있습니다.

투자 형태

리츠(REITs): 부동산 투자 신탁으로, 투자자들은 리츠 주식을 매수함으로써 다양한 부동산 자산에 간접적으로 투자할 수 있습니다. 리츠는 주식 시장에서 거래되며, 배당금 형태로 수익을 배분합니다.

부동산 펀드: 전문 투자자가 관리하는 펀드로, 다양한 부동산 자산에 투자합니다. 이 펀드는 주로 기관 투자자나 고액 자산가를 대상으로 합니다.

부동산 관련 주식: 건설사, 개발사, 부동산 서비스 제공 업체 등의 주식을 매수하여, 간접적으로 부동산 시장에 투자하는 방식입니다.

장점: 상대적으로 낮은 초기 투자 비용. 높은 유동성으로 자산을 쉽게 매도 가능. 관리 부담이 적음. 투자 포트폴리오 다각화 가능.

단점: 자산에 대한 직접 통제권이 없음. 주식 시장 변동성에 노출됨. 수익이 시장 상황에 따라 변동.

직접 투자 vs. 간접 투자: 선택 기준

자본력과 리스크 감수 성향

자본력: 직접 투자는 초기 자본이 많이 필요하지만, 간접 투자는 소액으로도 참여할 수 있습니다.

리스크 감수 성향: 직접 투자는 시장 변동성, 유지 보수 비용 등의 리스크를 감수해야 하지만, 간접 투자는 상대적으로 리스크가 분산됩니다.

투자 목적과 시간 관리

투자 목적: 장기적인 자산 축적을 원한다면 직접 투자가, 단기적인 수익과 유동성을 원한다면 간접 투자가 더 적합할 수 있습니다.

시간 관리: 직접 투자는 관리에 많은 시간이 소요되지만, 간접 투자는 투자 후 관리에 대한 부담이 적습니다.

시장 이해도와 경험

시장 이해도: 직접 투자는 시장에 대한 깊은 이해와 경험이 필요하지만, 간접 투자는 전문 관리자의 역량에 의존할 수 있습니다.

경험: 부동산 시장에 경험이 많고, 관리를 직접 할 자신이 있다면 직접 투자가, 그렇지 않다면 간접 투자가 더 적합할 수 있습니다.

직접 투자와 간접 투자는 각각의 장단점이 있으며, 투자자의 목표와 상황에 따라 선택이 달라집니다. 직접 투자는 자산에 대한 통제권과 장기적인 자산 축적을 제공하지만, 높은 초기 자본과 관리 부담이 따른다는 단점이 있습니다. 반면, 간접 투자는 낮은 초기 투자 비용과 높은 유동성, 관리 부담의 감소를 장점으로 가지지만, 자산에 대한 직접 통제권이 없고, 주식 시장의 변동성에 노출된다는 단점이 있습니다.

따라서 투자자는 자신의 자본력, 리스크 감수 성향, 시간 관리 능력, 시장 이해도를 고려하여 직접 투자와 간접 투자 중 자신에게 가장 적합한 방식을 선택하는 것이 중요합니다.

2) 임대 수익과 자본 이득에 대하여?

부동산 투자에서 임대 수익과 자본 이득은 투자자들이 기대할 수 있는 두 가지 주요 수익원입니다. 이 두 가지 수익은 부동산 투자 전략을 수립하고 투자 결정을 내리는 데 있어 중요한 요소로 작용합니다.

임대 수익(Rental Income)

임대 수익은 부동산 소유자가 자신이 소유한 부동산을 임차인에게 임대해 주고받는 수익을 의미합니다. 이 수익은 주거용 부동산, 상업용 부동산, 산업용 부동산 등 다양한 부동산 유형에서 발생할 수 있습니다.

임대 수익의 주요 특징

정기적 수입:

임대 수익은 매월, 분기별 또는 연 단위로 정기적으로 발생하는 현금 흐름을 제공합니다.

안정적인 임대 수익은 부동산 투자자의 현금 흐름을 유지하고, 장기적인 재정 계획을 세우는 데 도움이 됩니다.

임대료 상승 가능성:

시장 상황에 따라 임대료를 조정할 수 있으며, 특히 임대 수요가 높은 지역에서는 임대료 상승을 통해 더 높은 수익을 기대할 수 있습니다.

장기적인 인플레이션이나 경제 성장으로 인해 임대료가 지속적으로 상승할 수 있습니다.

임대 계약 조건:

임대 수익은 임대 계약의 조건에 따라 달라질 수 있습니다. 예를 들어, 임대 계약 기간, 임대료 조정 조건, 유지 보수 책임 등이 임대 수익에 영향을 미칩니다.

상업용 부동산의 경우, 임대료 외에도 관리비나 추가 수익을 얻을 수 있는 조항이 포함될 수 있습니다.

공실 위험:

임대 수익은 임차인의 퇴거 또는 신규 임차인 확보의 어려움으로 인해 공실이 발생할 경우 감소할 수 있습니다. 공실이 길어지면 임대 수익에 부정적인 영향을 미칠 수 있습니다.

임대 수익의 계산 방법

임대 수익은 일반적으로 다음과 같은 공식으로 계산됩니다.

$$\text{임대 수익률} \quad \frac{\text{(연간 임대 수익 부동산의 총 투자 비율)}}{\text{(부동산의 총 투자 비용 연간 임대 수익)}} \times 100$$

연간 임대 수익: 임대료 수입에서 관련 비용(예: 유지 보수비, 관리비, 세금 등)을 제외한 순수 수익.

부동산의 총 투자 비용: 부동산의 구입 비용, 취득세, 리노베이션 비용 등을 포함한 총 투자액.

자본 이득(Capital Gain)

자본 이득은 부동산을 구매한 후 매도할 때, 매입 가격보다 매도 가격이 높을 경우 발생하는 수익을 의미합니다. 자본 이득은 부동산 가격의 상승으로 인해 얻는 이득으로, 장기적인 부동산 투자에서 중요한 수익원입니다.

자본 이득의 주요 특징

가격 상승에 따른 수익:

자본 이득은 부동산 시장에서 가격이 상승했을 때, 부동산을 매도하여 얻는 수익입니다.

경제 성장, 인플레이션, 지역 개발, 인프라 확충 등 다양한 요인들이 부동산 가격 상승을 촉진할 수 있습니다.

장기적 투자 수익:

자본 이득은 주로 부동산을 장기간 보유한 후 매도할 때 실현됩니다. 따라서, 장기적인 자산 가치 상승을 기대하는 투자자에게 적합합니다.

단기적으로는 시장 변동성에 의해 자본 이득이 불확실할 수 있습니다.

매도 시점의 중요성:

자본 이득을 극대화하려면 부동산을 매도하는 시점이 중요합니다. 시장이 과열되었을 때 매도하면 최대의 자본 이득을 얻을 수 있지만, 시기를 잘못 판단할 경우 예상보다 낮은 수익을 얻거나 손실을 볼 수도 있습니다.

세금 부담:

자본 이득에 대해서는 양도 소득세가 부과될 수 있습니다. 각 국가나 지역의 세법에 따라 자본 이득에 대한 세율이 달라지므로, 세금 계획이 필요합니다.

자본 이득의 계산 방법

자본 이득은 다음과 같은 공식으로 계산됩니다:

$$자본 이득 = 매도 가격 - 구입 가격 - 관련 비용$$

매도 가격: 부동산을 매도한 가격.

구입 가격: 부동산을 처음 구입한 가격.

관련 비용: 부동산 거래 시 발생한 비용(예: 부동산 중개 수수료, 법적 비용, 취득세 등).

임대 수익과 자본 이득은 부동산 투자에서 기대할 수 있는 두 가지 주요 수익원입니다. 임대 수익은 정기적인 현금 흐름을 제공하며, 부동산을 장기적으로 보유할 때 안정적인 수익을 기대할 수 있습니다. 반면, 자본 이득은 부동산을 매도할 때 발생하는 일회성 수익으로, 주로

부동산 가격 상승에 따른 수익입니다.

투자자는 자신의 투자 목적, 재정적 상황, 시장 환경을 고려하여 임대 수익과 자본 이득을 균형 있게 활용하는 전략을 세우는 것이 중요합니다. 임대 수익을 통해 안정적인 현금 흐름을 유지하면서, 자본 이득을 통해 장기적인 자산 가치를 증대시킬 수 있습니다.

3) 부동산 포트폴리오 관리에 대하여?

부동산 포트폴리오 관리는 투자자가 소유한 다양한 부동산 자산을 효율적으로 운영하고 관리하여 최적의 수익을 창출하고, 리스크를 최소화하는 전략적 과정입니다. 부동산 포트폴리오 관리의 목표는 자산 가치의 극대화, 안정적인 현금 흐름 확보, 그리고 시장 변동성에 대한 대비를 통해 장기적인 투자 성과를 달성하는 것입니다.

부동산 포트폴리오의 구성 요소

부동산 자산 유형

주거용 부동산: 아파트, 주택, 다가구 주택 등 개인이 거주하는 용도로 사용되는 부동산.

상업용 부동산: 오피스 빌딩, 쇼핑몰, 상가 등 비즈니스 목적으로 사용되는 부동산.

산업용 부동산: 공장, 물류 센터, 창고 등 제조 및 유통 관련 부동산.

토지: 개발 가능성이 있는 미개발 토지나 장기적인 자산 축적을 위한 투자용 토지.

특수 목적 부동산: 호텔, 리조트, 병원 등 특정 용도로 사용되는 부동산.

지역적 분산

도시 중심 지역: 경제 활동이 활발하고 수요가 높은 지역의 부동산.

교외 지역: 상대적으로 가격이 저렴하지만 개발 가능성이 있는 교외 지역의 부동산.

해외 투자: 외국의 부동산 시장에 투자하여 환율 변동, 국제 경제 상황 등의 이점을 활용.

부동산 포트폴리오 관리의 주요 전략

리스크 분산

자산 다각화: 다양한 유형의 부동산에 투자하여 리스크를 분산시킵니다. 주거용, 상업용, 산업용 부동산을 포함하여 포트폴리오를 구성함으로써 특정 시장 부문의 부진이 전체 포트폴리오에 미치는 영향을 줄일 수 있습니다.

지역 분산: 여러 지역에 걸쳐 부동산을 분산 투자하여 지역별 경제 상황이나 규제 변화에 따른 리스크를 줄입니다.

임차인 분산: 상업용 부동산의 경우 다양한 업종의 임차인을 유치하여 특정 업종의 경기 변동이 임대 수익에 미치는 영향을 최소화합니다.

수익 극대화

임대 수익 최적화: 임대료를 시장 가격에 맞춰 조정하고, 공실률을 줄이기 위해 효율적인 임차인 관리를 수행합니다.

부동산 가치 상승: 리노베이션, 재개발, 용도 변경 등을 통해 부동산의 가치를 높이고, 장기적으로 자본 이득을 극대화합니다.

자산 리밸런싱: 시장 상황과 투자 목표에 따라 주기적으로 포트폴리오를 재조정합니다. 수익률이 낮거나 리스크가 높은 자산을 매도하고, 더 나은 기회를 제공하는 자산을 추가합니다.

현금 흐름 관리

안정적인 현금 흐름 확보: 다양한 임대 수익원과 장기 임대 계약을 통해 안정적인 현금 흐름을 유지합니다.

유동성 관리: 포트폴리오 내 일부 자산을 쉽게 매도할 수 있는 유동성 자산으로 구성하여, 예기치 못한 시장 상황 변화에 대비합니다.

비용 절감: 부동산 유지 보수, 관리비, 세금 등 운영 비용을 최적화하여 순수익을 극대화합니다.

시장 모니터링과 예측
시장 분석: 경제 지표, 부동산 가격 지수, 거래량, 금리 등 시장 데이터를 지속적으로 모니터링하여 포트폴리오 관리에 반영합니다.

경기 사이클 예측: 부동산 경기 사이클을 분석하여 최적의 매수 및 매도 타이밍을 예측합니다. 예를 들어, 확장기에는 매입을 확대하고, 과열기에는 자산을 매도하는 전략을 취할 수 있습니다.

정책 변화 대응: 정부의 부동산 정책, 세금 제도, 대출 규제 등의 변화를 주의 깊게 살펴보고, 이에 맞는 투자 전략을 조정합니다.

지속 가능한 투자 전략
환경, 사회, 지배구조(ESG) 고려: 지속 가능한 개발과 운영을 목표로 하는 부동산에 투자하여 장기적인 가치 상승을 추구합니다. 예를 들어, 친환경 건축물이나 재생 에너지를 사용하는 부동산이 이에 해당됩니다.

기술적 혁신: PropTech(부동산 기술)의 발전을 활용하여 포트폴리오 관리를 자동화하고, 운영 효율성을 높입니다.

부동산 포트폴리오 성과 평가

성과 지표

수익률(ROI): 포트폴리오 전체 및 개별 자산의 투자 수익률을 정기적으로 평가합니다.

현금 흐름: 임대 수익, 운영 비용 등을 고려한 순 현금 흐름을 분석하여 포트폴리오의 재정 상태를 평가합니다.

자산 가치 변화: 부동산 가치 평가를 통해 포트폴리오 자산의 장기적인 가치 상승 여부를 평가합니다.

리스크 평가

포트폴리오 리스크 분석: 리스크 지표를 사용하여 포트폴리오의 전반적인 리스크 수준을 평가하고, 이를 관리하기 위한 전략을 수립합니다.

스트레스 테스트: 경제 위기, 금리 상승, 공실률 증가 등의 가상 시나리오를 통해 포트폴리오가 이러한 상황에서 어떻게 대응할 수 있을지를 테스트합니다.

리밸런싱 전략

주기적 리밸런싱: 시장 상황, 포트폴리오 성과, 투자 목표의 변화를 고려하여 포트폴리오를 주기적으로 재조정합니다.

자산 매도와 재투자: 성과가 부진한 자산을 매도하고, 새로운 투자 기회를 포착하여 포트폴리오를 재구성합니다.

부동산 포트폴리오 관리는 단순한 자산 보유를 넘어, 다양한 부동산 자산을 전략적으로 운영하고 최적의 수익을 창출하는 과정입니다. 리스크 분산, 수익 극대화, 현금 흐름 관리, 시장 모니터링, 지속 가능한 투자 전략 등 여러 측면을 고려하여 포트폴리오를 관리함으로써, 장기

적인 투자 성과를 달성할 수 있습니다. 주기적인 성과 평가와 리밸런싱을 통해 변화하는 시장 환경에 유연하게 대응하고, 부동산 포트폴리오의 가치를 지속적으로 높여가는 것이 중요합니다.

4

부동산 구매와 관리에 대하여?

"On Purchasing and Managing Real Estate."

1) 부동산 구매 절차와 유의 사항에 대하여?

부동산 구매는 큰 금액이 오가는 중요한 결정이기 때문에, 체계적인 절차와 신중한 검토가 필요합니다. 이 과정에서 발생할 수 있는 여러 가지 리스크를 줄이기 위해서는 각 단계에서의 유의 사항을 잘 이해하고 준비하는 것이 중요합니다.

부동산 구매 절차와 유의사항

사전 준비 및 시장 조사

예산 설정

예산 계획: 자신의 재정 상황을 면밀히 검토하고, 구매할 수 있는 최대 금액을 설정합니다. 이는 주택 담보 대출 가능액, 초기 자본금, 기타 구매 관련 비용(세금, 수수료 등)을 포함해야 합니다.

대출 가능성 확인: 은행이나 금융 기관에서 대출 가능 여부와 대출 한도를 사전에 파악하여 자금 조달 계획을 세웁니다.

시장 조사

지역 조사: 관심 있는 지역의 부동산 시장을 분석합니다. 이는 해당 지역의 가격 동향, 미래 개발 계획, 인프라, 교통 편의성 등을 포함합니다.

부동산 유형 선택: 주거용, 상업용, 투자용 등 목적에 맞는 부동산 유형을 선택합니다. 또한, 아파트, 주택, 토지 등 세부 유형을 결정합니다.

시장 동향 파악: 현재 부동산 시장의 트렌드를 파악하고, 가격 상승 또는 하락의 가능성을 예측합니다. 이는 구매 시점을 결정하는 데 중요한 요소가 됩니다.

부동산 검색 및 방문

부동산 매물 검색

온라인 플랫폼 활용: 다양한 부동산 매물 정보 사이트에서 매물을 검색하고, 가격 비교를 통해 적정 가격을 확인합니다.

부동산 중개업체 이용: 신뢰할 수 있는 부동산 중개업체를 통해 전문가의 조언을 받으며 매물을 찾습니다.

매물 방문 및 평가

현장 방문: 관심 있는 매물을 직접 방문하여 주택의 상태, 위치, 주변 환경 등을 꼼꼼히 확인합니다.

건물 상태 점검: 건물의 구조적 안정성, 내부 상태, 수리 필요 여부 등을 체크합니다. 전문적인 평가가 필요할 경우, 건축 전문가를 고용하는 것도 좋습니다.

법적 확인: 해당 부동산의 등기부 등본을 확인하여 소유권, 권리 관계, 저당권 설정 여부 등을 검토합니다. 이는 향후 법적 분쟁을 예방하는 데 중요합니다.

계약 체결

계약서 작성

계약 조건 협상: 구매 가격, 계약금, 잔금 지급 일정, 소유권 이전 시기 등 계약의 주요 조건을 협상하고 확정합니다.

계약서 검토: 계약서의 모든 조건을 꼼꼼히 검토합니다. 필요시 법률 전문가의 도움을 받아 계약서에 문제점이 없는지 확인합니다.

계약금 지급

계약금 납부: 계약 체결 시 계약금을 지급합니다. 계약금은 보통 전체 매매 금액의 10% 정도로 설정되며, 계약 파기 시에 관련된 조건을 명확히 이해해야 합니다.

위약금 조항: 계약 파기에 따른 위약금 조건을 확인하고, 상호 간의 책임을 명확히 규정합니다.

잔금 지급 및 소유권 이전

잔금 지급 준비

잔금 마련: 계약서에 명시된 일정에 맞춰 잔금을 준비합니다. 주택 담보 대출이 필요한 경우, 은행과의 절차를 사전에 준비해야 합니다.

세금 및 비용 확인: 잔금 지급 전에 취득세, 등록세, 중개 수수료, 법무사 수수료 등 모든 비용을 확인하고 준비합니다.

소유권 이전 절차

등기 이전 신청: 잔금 지급과 동시에 소유권 이전 등기를 신청합니다. 이는 법무사를 통해

진행하는 것이 일반적입니다.

등기부 등본 확인: 등기 이전이 완료된 후, 등기부 등본을 다시 확인하여 소유권이 정확히 이전되었는지 확인합니다.

입주 및 사후 관리
입주 준비
이사 계획 수립: 입주 일정에 맞춰 이사 계획을 세우고, 필요한 경우 인테리어, 수리 등의 작업을 준비합니다.

유틸리티 이전: 전기, 수도, 가스 등의 유틸리티 계정을 새 주소로 이전합니다.

부동산 관리
정기 점검: 부동산의 상태를 정기적으로 점검하고, 필요한 경우 수리 및 유지 보수를 시행합니다.

임대 관리: 만약 부동산을 임대할 계획이라면, 임차인 관리와 임대료 수집, 임대 계약 갱신 등을 체계적으로 관리합니다.

보험 가입: 화재, 천재지변, 기타 사고에 대비해 부동산 보험에 가입하여 리스크를 관리합니다.

법적 검토의 중요성: 부동산 거래 과정에서 발생할 수 있는 법적 문제를 사전에 차단하기 위해 법적 검토를 철저히 합니다. 등기부 등본, 건축물대장, 관련 규제 등을 사전에 확인하는 것이 필수입니다.

예상치 못한 비용: 부동산 구매에는 예상치 못한 비용이 발생할 수 있습니다. 예를 들어, 수리비, 추가 세금, 유지 관리비 등을 고려하여 충분한 예산을 확보하는 것이 중요합니다.

부동산 시장의 변동성: 부동산 시장은 경제 상황, 정부 정책, 금리 변동 등에 의해 영향을 받기 때문에, 장기적인 시장 전망을 고려한 신중한 구매 결정을 내리는 것이 중요합니다.

전문가의 조언 활용: 부동산 거래는 복잡한 절차와 많은 자금이 필요하기 때문에, 부동산 중개업자, 법무사, 세무사 등 전문가의 조언을 활용하여 신중하게 진행해야 합니다.

부동산 구매는 복잡하고 중요한 과정으로, 사전 준비부터 계약 체결, 소유권 이전, 입주 및 사후 관리까지 각 단계에서의 세심한 주의가 필요합니다. 특히 법적 검토, 시장 조사, 자금 계획 등 중요한 요소를 철저히 검토하여 예상치 못한 리스크를 최소화하고, 성공적인 부동산 거래를 이루는 것이 중요합니다.

2) 부동산 자산 가치 평가에 대하여?

부동산 자산 가치 평가는 부동산의 시장 가치를 정확히 산정하는 과정으로, 부동산 거래, 투자, 재무 계획 수립 등에서 중요한 역할을 합니다. 자산 가치를 정확하게 평가함으로써, 투자자나 소유자는 부동산의 적정한 가격을 산정하고, 합리적인 결정을 내릴 수 있습니다.

부동산 자산 가치 평가의 목적

매매 거래: 부동산을 매수하거나 매도할 때, 적정 거래 가격을 산정하기 위해 필요합니다.

투자 결정: 부동산 투자 시, 현재 가치와 미래 가치를 평가하여 투자 수익성을 판단합니다.

대출 심사: 금융 기관에서 담보 대출을 진행할 때, 담보물의 가치를 평가하기 위해 사용됩니다.

재무 보고: 기업이나 개인의 자산 가치를 정확히 산정하여 재무 보고서에 반영합니다.

세금 부과: 재산세나 양도 소득세 등을 산정할 때, 자산 가치를 기준으로 세금을 부과합니다.

부동산 자산 가치 평가의 주요 방법

비교 접근법(Sales Comparison Approach)

비교 접근법은 가장 일반적으로 사용되는 부동산 가치 평가 방법으로, 평가 대상 부동산과 유사한 특성을 가진 최근 거래된 부동산의 가격을 비교하여 가치를 산정합니다.

방법: 평가 대상 부동산과 유사한 매물을 찾아 그 거래 가격을 수집합니다. 위치, 크기, 건축 연도, 상태 등 다양한 특성을 비교하여, 평가 대상 부동산의 가치를 조정합니다. 유사 매물들의 평균 가격을 계산하여 최종 가치를 산정합니다.

장점: 시장에서 실제 거래된 가격을 기반으로 하므로, 현실적이고 신뢰할 수 있습니다. 단독 주택, 아파트 등 주거용 부동산에 적합합니다.

단점: 유사 매물의 데이터를 확보하기 어려운 경우, 정확한 평가가 어렵습니다.

급격한 시장 변동기에는 비교 접근법이 부정확할 수 있습니다.

수익 접근법(Income Approach)

수익 접근법은 부동산이 창출할 수 있는 미래의 수익을 현재 가치로 환산하여 평가하는 방법입니다. 주로 상업용 부동산이나 임대 부동산 평가에 사용됩니다.

방법: 부동산이 발생시키는 연간 순수익(Net Operating Income, NOI)을 계산합니다. 이는 임대 수익에서 운영 비용을 제외한 금액입니다. 해당 부동산이 위치한 지역의 자본화율(캡 레이트, Capitalization Rate)을 적용하여 현재 가치를 산정합니다.

$$\text{부동산의 가치} = \frac{\text{연간 순수익(NOI)}}{\text{자본화율(캡 레이트)}}$$

장점: 임대 수익을 창출하는 상업용 부동산에 적합합니다. 수익성에 기반한 평가이므로, 투자자의 관점에서 유용합니다.

단점: 임대료 변동, 공실률, 유지 보수 비용 등 여러 변수를 정확히 예측해야 합니다. 자본화율이 시장 상황에 따라 달라질 수 있어, 정확한 적용이 어렵습니다.

원가 접근법(Cost Approach)

원가 접근법은 부동산을 현재 상태로 재건축할 때 발생하는 비용을 기준으로 가치를 산정하는 방법입니다. 주로 특수 목적 부동산이나 신축 건물 평가에 사용됩니다.

방법: 동일한 부동산을 건축하는 데 드는 현재 건축 비용을 산정합니다. 기존 건물의 감가상각을 적용하여 건축비용을 조정합니다. 토지 가치를 추가하여 최종 부동산 가치를 산정합니다.

부동산 가치:

건축비용 - 감가상각 + 토지 가치 + 사용(이용) 가치 + 투자 가치 + 프라이드 가치

장점: 특수한 목적의 부동산이나 신축 건물에 적합합니다. 시장 데이터가 부족한 경우, 비교 접근법 대신 사용될 수 있습니다.

단점: 건축 비용의 변동, 감가상각률의 정확한 산정이 어려울 수 있습니다. 오래된 건물의 경우, 원가 접근법이 실질 가치를 반영하지 못할 수 있습니다.

부동산 가치 평가 시 고려해야 할 요소

위치(Location)

부동산의 위치는 그 가치에 가장 큰 영향을 미치는 요소 중 하나입니다. 지역의 경제적 활력, 인프라, 교육 시설, 교통 접근성, 환경 등이 주요 고려 사항입니다.

건물의 상태(Condition)

건물의 나이, 구조적 상태, 수리 및 유지 보수 기록 등이 가치 평가에 중요한 영향을 미칩니다. 특히 노후된 건물은 감가상각이 더 크게 적용될 수 있습니다.

용도(Use)

부동산의 현재 용도와 미래 용도가 평가에 영향을 미칩니다. 예를 들어, 상업용 부동산으로 개발 가능한 토지는 추가적인 가치가 있을 수 있습니다.

시장 동향(Market Trends)

부동산 시장의 전반적인 트렌드, 금리, 경기 상황 등이 가치 평가에 중요한 영향을 미칩니다. 시장이 상승세인지 하락세인지에 따라 부동산의 가치는 달라질 수 있습니다.

법적 및 규제적 고려사항(Legal and Regulatory Considerations)

부동산의 소유권, 저당권, 법적 분쟁, 지역 규제(예: 용도 지역, 건축 제한 등) 등이 부동산 가치에 영향을 줄 수 있습니다.

부동산 자산 가치 평가는 부동산의 정확한 가치를 산정하기 위해 필수적인 과정입니다. 비교 접근법, 수익 접근법, 원가 접근법 등 다양한 평가 방법을 활용하여 부동산의 가치를 산정하며, 각 방법은 평가 대상 부동산의 유형과 목적에 따라 적절하게 선택됩니다. 평가 과정에서 위치, 건물 상태, 용도, 시장 동향, 법적 고려 사항 등을 종합적으로 검토하여 신뢰할 수 있는 평가 결과를 도출하는 것이 중요합니다. 이를 통해 부동산 투자, 매매, 대출 심사 등의 결

정에서 합리적이고 전략적인 판단을 내릴 수 있습니다.

3) 임대 관리와 유지 보수 전략에 대하여?

임대 관리와 유지 보수 전략은 부동산 소유자가 안정적인 수익을 창출하고 자산 가치를 보호하기 위해 필수적으로 수행해야 하는 활동입니다. 성공적인 임대 관리와 유지 보수는 공실률을 줄이고, 임대 수익을 극대화하며, 장기적으로 자산의 가치를 유지하거나 증가시키는 데 중요한 역할을 합니다.

임대 관리 전략
임차인 선정 및 계약 관리

임차인 선정
신용 조사: 임차인의 신용을 확인하여 임대료 지급 능력을 평가합니다. 신용 기록, 소득 증명, 고용 안정성 등을 확인하여 신뢰할 수 있는 임차인을 선정하는 것이 중요합니다.

임차인 인터뷰: 임차인과의 면담을 통해 신뢰성, 생활 습관, 장기 거주 가능성 등을 파악합니다. 이는 임대 주택의 보존과 유지에 긍정적인 영향을 줄 수 있습니다.

임차인 추천서: 이전 거주지에서의 임대 이력을 확인하고, 이전 임대인의 추천서를 요청하여 과거의 거주 행태를 검토합니다.

임대 계약서 작성
계약 조건 명시: 임대료, 보증금, 임대 기간, 임대료 인상 조건, 유지 보수 책임 등 모든 계약 조건을 명확하게 명시합니다.

법적 보호 조항 포함: 계약서에 임차인과 임대인의 권리와 의무, 계약 위반 시 조치 사항을 포함시켜 분쟁 발생 시 법적 보호를 받을 수 있도록 합니다.

갱신 및 해지 조건: 임대 계약 갱신, 해지 조건, 위약금 조항 등을 명확하게 규정하여 계약 종료 시 발생할 수 있는 문제를 사전에 예방합니다.

임대료 관리
시장 조사와 임대료 설정

시장 임대료 분석: 인근 지역의 유사한 부동산의 임대료를 분석하여, 경쟁력 있는 임대료를 설정합니다.

임대료 인상 계획: 시장 상황에 맞춰 임대료 인상 계획을 수립합니다. 계약 갱신 시 임차인에게 충분히 설명하고 협의를 통해 인상을 진행합니다.

임대료 수집

자동 결제 시스템 도입: 임대료를 제때 수집하기 위해 자동 이체 시스템을 활용합니다. 이는 임대료 연체를 줄이는 데 효과적입니다.

연체 관리: 임대료 연체가 발생할 경우, 신속히 연락하여 연체 이유를 파악하고, 합리적인 해결 방안을 모색합니다. 필요시 연체료 부과와 법적 조치를 고려합니다.

공실 관리
공실 예방
임차인 만족도 관리: 임차인과의 지속적인 소통을 통해 불만 사항을 조기에 해결하고, 임차인의 만족도를 높여 공실 발생을 예방합니다.

정기 점검: 정기적인 점검을 통해 부동산 상태를 유지하고, 임차인이 장기적으로 거주할 수 있는 환경을 제공합니다.

공실 시 대처
적극적인 마케팅: 공실이 발생하면 다양한 마케팅 채널을 통해 신규 임차인을 유치합니다. 온라인 광고, 부동산 중개업체 활용, 지역 광고 등을 병행합니다.

임대 조건 조정: 공실이 길어질 경우, 임대료를 일시적으로 낮추거나, 초기 계약 조건을 조정하여 신규 임차인을 유인합니다.

유지 보수 전략
정기 유지 보수 계획

유지 보수 일정 수립
정기 점검: 건물의 주요 시스템(전기, 수도, 난방, 냉방 등)과 구조적 요소(지붕, 외벽, 창문 등)을 정기적으로 점검하여 문제를 조기에 발견하고 해결합니다.

계절별 유지 보수: 겨울철 난방 시스템 점검, 여름철 에어컨 점검 등 계절별 유지 보수 계획을 수립하여 시즌에 맞는 예방 조치를 시행합니다.

예방적 유지 보수
예방적 조치: 문제가 발생하기 전에 예방적 수리를 실시하여, 큰 비용이 드는 수리나 긴급 상황을 방지합니다. 예를 들어, 지붕 누수를 방지하기 위한 정기적인 방수 작업이 이에 해당합니다.

소모품 교체: 필터, 배터리, 전구 등 소모품을 정기적으로 교체하여, 장비와 시스템의 효율성을 유지하고, 장기적인 고장을 예방합니다.

긴급 수리 대응

긴급 상황 대비

긴급 연락망 구축: 임차인과 관리인, 유지 보수 업체 간의 긴급 연락망을 구축하여, 긴급 상황 발생 시 신속히 대응할 수 있도록 합니다.

응급 키트 준비: 각종 응급 상황(화재, 누수, 전력 차단 등)에 대비하여 응급 키트를 준비하고, 임차인에게 응급 대응 절차를 안내합니다.

수리 절차

즉각적인 대응: 긴급 수리 필요시 신속히 유지 보수 업체를 호출하여, 문제를 최소화합니다. 신속한 대응은 추가적인 손상을 방지하고, 임차인의 불편을 줄일 수 있습니다.

사후 점검: 긴급 수리 후, 추가적인 문제가 없는지 확인하고, 필요한 경우 후속 조치를 취합니다.

장기적인 자산 가치 유지

리노베이션 및 업그레이드

주기적 리노베이션: 건물의 노후화에 따라 주기적으로 리노베이션을 실시하여, 자산 가치를 유지하거나 상승시킵니다. 예를 들어, 주방이나 욕실 리모델링, 바닥 교체 등이 포함됩니다.

에너지 효율 개선: 에너지 절약형 시스템(LED 조명, 고효율 난방/냉방 시스템 등)으로 업그레이드하여, 운영 비용을 절감하고, 친환경적 가치를 높입니다.

기록 관리

유지 보수 기록: 모든 유지 보수 작업을 기록하여, 이후 부동산 매매나 관리 시 활용할 수 있도록 합니다. 이는 자산의 신뢰도를 높이고, 잠재적 구매자나 임차인에게 긍정적인 영향을 미칩니다.

재산세 절감: 적절한 유지 보수를 통해 부동산의 상태를 유지함으로써, 부동산 감정가를 관리하고, 재산세를 최적화할 수 있습니다.

임대 관리와 유지 보수 전략은 부동산 자산의 가치를 극대화하고, 안정적인 수익을 확보하는 데 필수적입니다. 임차인의 만족도를 높이고 공실을 줄이기 위한 체계적인 임대 관리와, 자산을 장기적으로 보호하고 가치를 유지하기 위한 유지 보수 계획은 성공적인 부동산 운영의 핵심 요소입니다. 이를 통해 임대 수익을 극대화하고, 부동산 자산의 장기적인 가치를 보존하며, 투자 수익률을 최적화할 수 있습니다.

● 교통의 발전으로 입지와 편리성과 주택의 프라이드가 이제는 같은 급이라고? 입지보다는 편리성이라고?

　교통의 발전으로 입지와 편리성, 그리고 주택의 프라이드가 이제는 같은 수준으로 중요해졌으며, 입지보다는 편리성이 더 중요하다는 주제에 대해 설명하면서, 인류학자 피에르 부르디외(Pierre Bourdieu)의 이론을 활용하여 쉽게 풀어 보겠습니다. 부르디외는 사회적 자본과 문화적 자본이 개인의 사회적 위치와 성공에 중요한 영향을 미친다고 주장한 인류학자입니다. 그의 이론을 바탕으로, 교통의 발전이 주택 선택에 미치는 영향을 이해하기 쉽게 설명하겠습니다.

입지와 편리성의 전통적 개념

　입지(Location)는 주택을 선택할 때 전통적으로 가장 중요한 요소 중 하나로 여겨졌습니다. 좋은 입지는 학교, 직장, 상업 시설 등 중요한 장소와의 접근성을 의미하며, 주택의 가치를 결정하는 핵심 요소였습니다.

　편리성(Convenience)은 주택에서 생활하는 데 필요한 모든 것들을 쉽게 이용할 수 있는지를 의미합니다. 이는 교통, 쇼핑, 여가 시설 등 일상 생활에서의 편리함을 포함합니다. 과거에는 입지가 좋으면 편리성도 자동적으로 높아지는 경우가 많았지만, 교통이 발전하면서 이 둘의 관계가 변화하기 시작했습니다.

교통의 발전과 변화하는 우선순위

　교통의 발전으로 인해 사람들이 더 먼 거리에서 직장이나 중요한 시설에 접근하는 것이 가능해지면서, 입지와 편리성의 중요성이 재조명되고 있습니다. 과거에는 직장이나 중요한 시설과 가까운 입지가 매우 중요했다면, 이제는 교통의 발전으로 더 멀리 떨어진 곳에서도 편리하게 생활할 수 있는 가능성이 열렸습니다.

　교통의 발전과 편리성의 중요성 증가: 고속도로, 지하철, 버스 등 교통 인프라가 발전하면서, 이제는 좋은 입지에 있는 주택만이 아니라, 교통이 편리한 지역도 매력적인 선택지가 되었습니다. 교통의 발전은 주택의 위치에 대한 제약을 줄여 주었고, 사람들이 더 넓은 지역에서 주거지를 선택할 수 있게 되었습니다.

입지와 편리성의 균형

교통의 발전으로 인해 입지와 편리성은 이제 거의 같은 수준의 중요성을 가지게 되었습니다. 특정 입지가 좋지 않더라도, 교통이 편리하다면 그 주택의 가치는 여전히 높게 평가될 수 있습니다.

주택의 프라이드와 부르디외의 이론

주택의 프라이드(Pride of Residence)는 주택의 품질, 위치, 디자인, 그리고 그 주택이 위치한 지역 사회가 제공하는 사회적 지위와 자부심을 의미합니다. 이는 단순한 물리적 자산을 넘어서, 사회적 자본과 문화적 자본의 일부로 작용합니다.

피에르 부르디외의 이론에 따르면, 사회적 자본과 문화적 자본은 개인의 사회적 위치와 성공을 결정 짓는 중요한 요소입니다. 주택의 프라이드도 이러한 자본의 일부로 볼 수 있으며, 이는 주택의 입지와 편리성에 의해 결정됩니다. 교통의 발전으로 편리성이 높아지면서, 주택의 프라이드도 더 이상 특정 입지에만 의존하지 않고, 교통 편리성과 같은 요소에 의해 결정될 수 있습니다.

입지보다 편리성이 더 중요한가?

입지와 편리성 중 어느 것이 더 중요한지는 개인의 생활 방식과 필요에 따라 다를 수 있습니다. 그러나 교통의 발전으로 인해 편리성이 더욱 중요한 요소로 부상하고 있는 것은 분명합니다.

실제 생활의 편리성: 입지가 좋더라도 교통이 불편하면 일상 생활에서 많은 불편을 겪게 됩니다. 반면, 교통이 편리하면, 조금 더 먼 곳에 살더라도 직장이나 중요한 시설에 쉽게 접근할 수 있습니다. 이는 현대 사회에서 편리성이 입지보다 더 중요한 요소로 작용할 수 있음을 시

사합니다.

 장기적인 가치와 만족도: 편리성은 주택의 장기적인 가치와 생활 만족도에 큰 영향을 미칩니다. 편리한 교통과 생활 편의시설은 주택의 가치를 유지하거나 상승시키는 중요한 요소입니다. 부르디외의 이론에 따르면, 주택의 프라이드는 이러한 요소들에 의해 강화될 수 있습니다.

 교통의 발전으로 인해 입지와 편리성은 이제 거의 같은 수준의 중요성을 가지게 되었으며, 현대 사회에서는 편리성이 더욱 중요한 요소로 부상하고 있습니다. 피에르 부르디외의 이론을 바탕으로, 우리는 주택의 프라이드가 단순히 입지에 의존하지 않고, 교통 편리성과 같은 현대적 요소들에 의해 결정될 수 있음을 이해할 수 있습니다. 따라서, 교통의 발전은 주택 선택에서 편리성을 입지만큼이나 중요한 고려 사항으로 만들고 있으며, 이는 주택의 가치와 사회적 지위를 결정하는 중요한 요소로 작용하고 있습니다.

● 부동산(주택) 이제 '가성비'보다 '가심비'가 더 중요한 시대가 되어서 '가투비'의 입장에서 재테크 해야 한다고?

부동산(주택)에서 이제 '가성비'보다 '가심비'가 더 중요한 시대가 되었다는 주제는 현대의 소비 트렌드 변화를 반영한 것입니다. 이와 관련해, 재테크를 할 때 '가투비'의 입장에서 접근해야 한다는 내용은 주택 구매와 투자에 대한 새로운 접근 방식을 설명합니다. 이 주제를 인류학자 마빈 해리스(Marvin Harris)의 문화 물질주의 이론을 활용하여 쉽게 설명해 보겠습니다. 해리스는 물질적 조건과 자원이 사람들의 문화와 행동에 어떻게 영향을 미치는지를 연구한 인류학자입니다.

가성비, 가심비, 가투비란?

가성비(가격 대비 성능비)는 주택이나 상품을 구매할 때, 지불한 가격에 비해 얼마나 성능이나 가치를 얻을 수 있는지를 의미합니다. 전통적으로 부동산에서 가성비는 중요한 요소로 작용해 왔습니다. 예를 들어, 같은 가격으로 더 넓은 평수의 집을 구매하는 것이 가성비가 높은 선택으로 여겨졌습니다.

가심비(가격 대비 심리적 만족도):

주택을 구매할 때, 단순한 가격 이상의 심리적 만족도를 중요하게 여기는 개념입니다. 즉, 가격이 조금 더 비싸더라도, 개인의 취향이나 심리적 만족감을 충족시키는 주택을 선택하는 것입니다. 이는 사람들이 점점 더 자신의 라이프스타일과 가치에 맞는 주거 환경을 중요시하게 되면서 부각된 개념입니다.

가투비(가격 대비 투자 가치):

주택 구매나 투자 시, 미래의 투자 가치를 중심으로 고려하는 개념입니다. 주택을 구매할 때, 그 집이 미래에 얼마나 가치가 상승할지, 혹은 투자 대비 어떤 수익을 얻을 수 있을지를 중점적으로 평가하는 방식입니다.

가성비에서 가심비로의 변화

가심비가 중요한 시대가 되었다는 것은, 사람들이 이제 단순히 가격 대비 효율성을 넘어서, 자신이 느끼는 만족감과 감정적 가치를 더 중시하게 되었음을 의미합니다. 예전에는 동일한 가격으로 더 많은 공간이나 기능을 제공하는 집이 선호되었지만, 이제는 자신만의 라이프스타일을 반영할 수 있는 주택이 더 중요하게 여겨지고 있습니다.

마빈 해리스의 문화 물질주의 이론을 적용해보면, 사람들의 행동은 그들이 가진 물질적 조건뿐만 아니라, 그들이 속한 문화적 맥락에 의해 형성됩니다. 현대 사회에서 주택을 선택할 때, 단순히 경제적 이득만을 고려하는 것이 아니라, 개인의 취향, 삶의 질, 심리적 만족도 등이 중요한 요소로 자리 잡게 된 것은 이러한 문화적 변화의 결과입니다.

왜 가투비가 중요한가?

가투비의 관점에서 재테크를 해야 한다는 것은, 주택을 구매하거나 투자할 때 단순히 현재의 가격과 심리적 만족도만을 고려하는 것이 아니라, 미래의 투자 가치를 중점적으로 고려해야 한다는 의미입니다.

장기적인 투자 가치: 가투비는 미래의 부동산 가치를 예상하고, 그 집이 시간이 지나면서 어떻게 가치가 상승할지를 고려합니다. 예를 들어, 현재는 가격이 비싸지만, 앞으로 개발 계획이 있거나 인프라가 확충될 지역의 주택은 가투비가 높은 선택이 될 수 있습니다.

미래의 생활 환경 변화

가투비를 고려한 선택은 주택이 위치한 지역의 장기적인 발전 가능성을 평가하는 것을 포함합니다. 이는 주택이 단순한 거주지를 넘어, 중요한 자산이 될 수 있음을 인식하고 투자하는 것입니다.

재정적 안정과 수익

가투비가 높은 부동산은 미래에 더 큰 수익을 가져다 줄 가능성이 크므로, 재정적 안정성을 높이고, 장기적인 재테크 전략에서 중요한 역할을 합니다.

마빈 해리스의 이론 적용

마빈 해리스의 이론에 따르면, 인간의 경제적 활동은 사회적, 문화적 배경과 밀접하게 연결되어 있습니다. 가성비에서 가심비로, 그리고 가투비로의 변화는 단순한 소비 패턴의 변화가 아니라, 현대 사회에서 개인의 가치와 경제적 선택이 어떻게 변모하고 있는지를 보여 줍니다. 해리스의 이론을 통해, 우리는 재테크가 단순히 경제적 이득을 넘어, 사회적, 문화적 변화와도 깊이 연관되어 있음을 이해할 수 있습니다.

부동산에서 이제 '가성비'보다 '가심비'가 더 중요한 시대가 되었고, 재테크를 할 때는 '가투비'의 입장에서 접근해야 한다는 것은, 현대 사회에서 주택 구매와 투자에 대한 새로운 접근 방식을 반영한 것입니다. 마빈 해리스의 이론을 바탕으로, 우리는 가성비, 가심비, 가투비가 각각 어떻게 주택 선택에 영향을 미치며, 왜 미래의 투자 가치를 고려하는 가투비가 중요한지를 이해할 수 있습니다. 이는 단순히 현재의 비용을 넘어서, 장기적인 가치와 만족도를 고려한 현명한 재테크 전략을 의미합니다.

PART 다섯 번째

자산과 자본이 무엇인데?
"What are assets and capital?"

1

자산과 자본의 정의에 대하여?
"On the Definition of Assets and Capital."

1) 자산의 종류와 특성에 대하여?

자산의 종류와 특성에 대해 설명하겠습니다. 인류학자 마빈 해리스(Marvin Harris)의 문화 물질주의 이론을 예로 들어 이해하기 쉽게 설명하겠습니다. 마빈 해리스는 문화와 사회의 구조를 이해하는 데 있어서 자원의 배분과 경제적 요인이 중요한 역할을 한다고 주장한 인류학자입니다. 이 이론을 통해 자산의 종류와 특성을 이해하는 데 도움을 받을 수 있습니다.

자산의 종류

자산은 크게 세 가지로 나눌 수 있습니다: 물적 자산, 금융 자산, 무형 자산.

물적 자산(Tangible Assets): 물리적 실체가 있는 자산으로, 건물, 토지, 기계, 차량 등이 여기에 포함됩니다. 물적 자산은 경제 활동의 기초가 되는 자산으로, 생산 과정에서 중요한 역할을 합니다. 마빈 해리스는 이런 자산들이 사회적 구조와 문화를 형성하는 데 중요한 역할을 한다고 봤습니다. 예를 들어, 농업 사회에서 토지와 같은 물적 자산이 사회 계층을 형성하는 중요한 요소로 작용합니다.

금융 자산(Financial Assets): 현금, 예금, 채권, 주식과 같이 금전적 가치를 가진 자산입니다. 금융 자산은 쉽게 거래되거나 현금으로 전환될 수 있는 자산으로, 자본의 흐름을 원활하게 합니다. 해리스의 관점에서 보면, 금융 자산은 사회 내 자원의 흐름을 조절하는 중요한 도구이며, 자본주의 사회에서 이러한 자산의 집중이 사회적 불평등을 초래할 수 있습니다.

무형 자산(Intangible Assets): 물리적으로 존재하지 않지만 경제적 가치를 지니는 자산으로, 예를 들어 특허권, 상표권, 저작권, 브랜드 가치 등이 있습니다. 마빈 해리스는 문화적 자본도 이와 유사한 방식으로 이해할 수 있다고 주장할 수 있습니다. 예를 들어, 특정 문화적 지식이나 기술이 사회적 지위를 결정 짓는 중요한 요소로 작용할 수 있습니다.

자산의 특성

자산은 여러 가지 특성을 지니며, 이러한 특성은 자산이 어떻게 사용되고 평가되는지에 영향을 미칩니다.

유동성(Liquidity): 자산이 얼마나 빨리 현금으로 전환될 수 있는지를 나타내는 특성입니다. 예를 들어, 금융 자산은 대부분 유동성이 높지만, 부동산과 같은 물적 자산은 유동성이 낮습니다. 해리스는 유동성이 높은 자산을 소유한 사람들이 사회적으로 더 큰 힘을 가질 수 있다고 봤습니다.

내구성(Durability): 자산이 얼마나 오랜 기간 동안 가치를 유지할 수 있는지를 나타냅니다. 물적 자산 중에서도 건물이나 토지는 내구성이 높은 자산으로 오랫동안 가치를 유지할 수 있습니다. 내구성이 높은 자산은 사회적 안정과 지속 가능성을 높이는 데 중요한 역할을 합니다.

수익성(Profitability): 자산이 얼마나 많은 이익을 창출할 수 있는지를 나타냅니다. 예를 들어, 금융 자산이나 지적 재산권은 높은 수익성을 기대할 수 있습니다. 해리스는 이러한 자산들이 문화적 및 경제적 힘을 증대시키는 데 중요한 역할을 한다고 보았습니다.

위험성(Risk): 자산이 경제적 가치를 잃을 가능성입니다. 금융 자산은 시장의 변동에 따라 가치가 급격히 변할 수 있어 위험성이 높을 수 있습니다. 해리스의 이론을 적용하면, 자산의 위험성을 관리하는 능력이 사회적 권력과 밀접하게 연결되어 있다고 해석할 수 있습니다.

마빈 해리스의 이론을 바탕으로 자산의 종류와 특성을 이해하는 것은 단순히 경제적 관점에서뿐만 아니라, 사회적, 문화적 맥락에서도 중요한 의미를 가집니다. 자산은 단지 물리적 혹은 금융적 자산에 국한되지 않고, 무형의 자산까지 포함하여 사회 구조와 문화를 형성하는 데 중요한 역할을 합니다.

2) 자본의 개념과 역할에 대하여?

자본의 개념과 역할에 대해 설명하면서, 인류학자 칼 폴라니(Karl Polanyi)의 이론을 활용하여 이해하기 쉽게 풀어 보겠습니다. 칼 폴라니는 시장 경제와 사회적 관계 사이의 상호작용을 연구한 인류학자이며, 그의 이론은 자본의 개념과 역할을 이해하는 데 중요한 통찰을 제공합니다.

자본의 개념

자본은 경제 활동에서 핵심적인 요소로, 생산을 가능하게 하는 모든 자원을 의미합니다. 자본은 물적 자본, 인적 자본, 사회적 자본으로 나눌 수 있습니다.

물적 자본(Physical Capital): 물적 자본은 공장, 기계, 도구, 건물 등 생산 활동에 직접적으로 사용되는 물리적 자산을 의미합니다. 예를 들어, 농업에서는 트랙터나 농지를 물적 자본으로 볼 수 있습니다. 칼 폴라니는 이러한 물적 자본이 시장 경제의 발달과 함께 어떻게 사회적 관계를 변화시켰는지에 대해 연구했습니다.

인적 자본(Human Capital): 인적 자본은 교육, 기술, 경험 등 사람들이 지니고 있는 능력과 지식을 의미합니다. 사람들의 교육 수준이나 전문 기술은 생산성을 높이고, 이는 결국 경제적 가치를 창출합니다. 폴라니의 이론에 따르면, 시장 경제는 사람들의 인적 자본을 상품화하는 경향이 있으며, 이는 사회적 관계에 중요한 영향을 미칩니다.

사회적 자본(Social Capital): 사회적 자본은 신뢰, 네트워크, 규범과 같은 사회적 관계와 연결된 자원을 의미합니다. 예를 들어, 한 사회의 구성원들 간의 신뢰와 협력은 그 사회의 경제적 성공을 가능하게 합니다. 폴라니는 시장 경제가 이러한 사회적 자본을 약화시키고, 개인주의를 강조하는 방향으로 나아간다고 주장했습니다.

자본의 역할

자본은 경제 활동에서 다양한 역할을 하며, 이러한 역할은 사회 구조와 경제 시스템에 중요한 영향을 미칩니다.

생산 촉진(Facilitation of Production): 자본은 재화와 서비스를 생산하는 데 필요한 모든 자원을 제공함으로써 생산 활동을 촉진합니다. 예를 들어, 공장에서는 기계와 설비가 필요하고, 농업에서는 토지와 농기구가 필요합니다. 폴라니는 자본의 축적이 사회 내에서 불평등을 심화시키는 요소로 작용할 수 있다고 봤습니다.

자원의 효율적 배분(Efficient Allocation of Resources): 자본은 경제 시스템 내에서 자원을 효율적으로 배분하는 데 중요한 역할을 합니다. 자본이 풍부한 기업이나 개인은 더 많은 생산을 통해 경제적 이익을 창출할 수 있습니다. 그러나 폴라니는 이러한 자본주의적 경제 모델이 사회적 규범과 전통을 약화시키고, 경제적 불평등을 초래할 수 있다고 비판했습니다.

혁신과 성장(Innovation and Growth): 자본은 기술 혁신과 경제 성장을 가능하게 합니다. 새로운 기술에 투자하고, 연구 개발에 자본을 투입함으로써 더 나은 제품과 서비스가 탄생할 수 있습니다. 폴라니는 자본이 혁신을 가능하게 하지만, 동시에 시장 중심의 경제가 인간의 사회적 삶을 왜곡할 위험이 있다고 경고했습니다.

사회적 안정과 변화(Social Stability and Change): 자본은 사회적 안정에 기여할 수 있지만, 자본의 집중과 불균등한 배분은 사회적 갈등을 초래할 수도 있습니다. 폴라니의 관점에서, 자본의 역할은 경제적 측면뿐만 아니라, 사회적 관계와 규범을 형성하고 변화시키는 중요한 요소로 이해할 수 있습니다.

자본은 경제 활동의 핵심 요소로, 물적 자본, 인적 자본, 사회적 자본으로 구성되어 있으며, 생산 촉진, 자원의 효율적 배분, 혁신과 성장, 사회적 안정과 변화에 중요한 역할을 합니다. 칼 폴라니의 이론을 통해, 우리는 자본의 개념과 역할을 더 깊이 이해할 수 있으며, 자본이 단지 경제적 가치뿐만 아니라 사회적 관계에도 중요한 영향을 미친다는 것을 알 수 있습니다.

3) 자산과 자본의 상호 관계에 대하여?

자산과 자본의 상호 관계를 이해하기 쉽게 설명하겠습니다. 인류학자 피에르 부르디외(Pierre Bourdieu)의 자본 개념을 활용하여 이 주제를 풀어 보겠습니다. 부르디외는 자본을 경제적 자본뿐만 아니라 문화적, 사회적 자본으로 확장시켜 이해한 인류학자로, 그의 이론은 자산과 자본의 상호 관계를 깊이 있게 탐구하는 데 큰 도움을 줍니다.

자산과 자본의 기본 개념

자산(Assets): 자산은 개인이나 기업이 소유하고 있는 경제적 가치가 있는 모든 것을 의미합니다. 여기에는 현금, 부동산, 기계, 주식, 채권 등 다양한 형태의 자산이 포함됩니다. 자산은 재산으로 간주되며, 이를 통해 수익을 창출하거나 경제적 안정성을 유지할 수 있습니다.

자본(Capital): 자본은 자산을 활용하여 경제적 가치를 창출하는 데 사용되는 자원입니다.

자본은 물적 자본, 인적 자본, 사회적 자본 등 다양한 형태로 존재할 수 있습니다. 부르디외는 자본을 경제적 자본 외에도 사회적 관계나 문화적 배경에서 오는 자본으로 확장하여 이해했습니다.

자산과 자본의 상호 관계

자산과 자본은 서로 밀접하게 연관되어 있으며, 자산이 자본으로 전환되는 과정에서 다양한 상호 관계가 발생합니다. 부르디외의 이론을 적용해 이 관계를 쉽게 이해해 보겠습니다.

자산의 자본화(Asset Capitalization): 자산은 자본으로 전환될 수 있습니다. 예를 들어, 부동산(자산)을 소유하고 있는 사람이 그 부동산을 임대하여 수익(자본)을 창출할 수 있습니다. 이 과정에서 자산은 단순한 소유의 개념을 넘어, 경제적 가치를 창출하는 자본으로 기능하게 됩니다. 부르디외의 관점에서 이는 경제적 자본이 사회적 지위를 강화하는 데 사용될 수 있는 예로 볼 수 있습니다.

자본의 축적과 자산의 증대(Accumulation of Capital and Increase of Assets): 자본이 축적되면 새로운 자산을 획득할 수 있는 능력이 증가합니다. 예를 들어, 기업이 높은 수익을 올려 자본을 축적하면, 이를 통해 새로운 설비나 기술을 도입하여 더 많은 자산을 확보할 수 있습니다. 부르디외는 자본의 축적이 사회적 지위와 권력을 강화하는 수단으로 작용한다고 보았으며, 이를 통해 자산이 증대될수록 그 사회적 영향력도 커진다고 설명할 수 있습니다.

자산의 다양성(Diversity of Assets)과 자본의 형태 변화(Transformation of Capital Forms): 자산은 경제적 자산뿐만 아니라 문화적, 사회적 자산으로도 존재할 수 있습니다. 예를 들어, 예술 작품이나 문화적 유산도 중요한 자산으로 간주될 수 있으며, 이는 부르디외가 말한 문화적 자본과 연결됩니다. 이러한 자산들은 사회적 자본으로 전환될 수 있으며, 사회적 네트워크와 명성을 통해 더 큰 경제적 가치를 창출할 수 있습니다.

자본의 영향력(Influence of Capital)과 자산의 가치 결정(Determination of Asset Value): 자

본은 자산의 가치를 결정하는 데 중요한 역할을 합니다. 예를 들어, 한 사회에서 교육(인적 자본)과 신뢰(사회적 자본)는 특정 자산의 가치에 큰 영향을 미칠 수 있습니다. 부르디외의 관점에서, 자본의 형태가 다를지라도 그것이 자산의 가치에 영향을 미치며, 이는 사회적 구조와 권력 관계를 형성하는 데 중요한 역할을 합니다.

자산과 자본은 서로 깊이 연결되어 있으며, 자산은 자본으로 전환되어 경제적 가치를 창출할 수 있고, 자본은 다시 새로운 자산을 확보하는 데 사용될 수 있습니다. 피에르 부르디외의 이론을 통해, 우리는 자산과 자본의 상호 관계가 단순한 경제적 측면을 넘어, 사회적 지위와 권력 구조를 형성하는 중요한 요소라는 것을 이해할 수 있습니다.

자산 관리의 중요성에 대하여?
"On the Importance of Asset Management."

1) 자산 보호와 성장에 대하여?

자산 관리의 중요성에 대해 설명하면서, 인류학자 마셜 살린스(Marshall Sahlins)의 이론을 활용하여 이해하기 쉽게 풀어 보겠습니다. 마셜 살린스는 경제적 관점에서 사회와 문화를 연구한 인류학자로, 특히 자원의 분배와 소비를 통해 사회 구조를 설명하는 데 중점을 두었습니다. 그의 이론을 바탕으로 자산 관리의 중요성과 자산 보호, 성장의 필요성에 대해 이야기하겠습니다.

자산 관리의 중요성

자산 관리는 개인이나 조직이 소유하고 있는 자산을 효율적으로 운영하고, 이를 통해 경제적 가치를 극대화하는 과정입니다. 자산 관리는 재정적 안정성을 유지하고, 장기적인 성장과 보호를 위해 필수적인 요소입니다.

마셜 살린스는 "경제적 인간(Economic Man)"이라는 개념을 넘어, 사람들은 단순히 경제적 이익만을 추구하는 것이 아니라 사회적, 문화적 동기에서 자원을 분배하고 관리한다고 주장했습니다. 이 관점에서 자산 관리의 중요성은 단순히 재정적 이익뿐만 아니라, 사회적 안정과 지속 가능성에도 큰 영향을 미친다고 할 수 있습니다.

자산 보호와 성장

자산 보호

위험 관리(Risk Management): 자산 보호는 다양한 위험으로부터 자산을 지키는 것을 의미합니다. 예를 들어, 재해나 경제 불황, 법적 분쟁 등으로 인한 자산 손실을 방지하기 위해 보험을 들거나, 리스크를 분산하는 것이 중요합니다. 살린스의 이론에 따르면, 자산 보호는 단순한 경제적 활동이 아니라, 사회적 관계와 문화적 맥락 속에서 이루어집니다. 특정 사회에서는 공동체의 자산을 보호하기 위해 협력과 신뢰를 기반으로 한 전통적인 관습이 중요한 역할을 할 수 있습니다.

유산과 전승(Inheritance and Transmission): 자산 보호는 또한 자산을 다음 세대에 전승하는 데 중요한 역할을 합니다. 마셜 살린스는 자원의 분배와 축적이 어떻게 사회 구조와 계층을 형성하는지 설명했습니다. 가족이나 공동체가 자산을 보호하고 이를 다음 세대에 물려주는 것은 그 사회의 안정성과 지속 가능성을 유지하는 중요한 요소입니다.

자산 성장

투자와 재투자(Investment and Reinvestment): 자산 성장은 자산을 더 큰 경제적 가치로 발전시키는 과정을 의미합니다. 이를 위해 자산을 효율적으로 투자하고, 그 수익을 다시 투자하여 자산을 증대시키는 것이 중요합니다. 살린스의 관점에서 보면, 자산의 성장은 단순히 개인의 부를 축적하는 것이 아니라, 공동체의 경제적 번영과 사회적 연대를 강화하는 과정으로 이해할 수 있습니다.

교육과 기술 개발(Education and Skill Development): 자산 성장은 또한 인적 자본의 성장을 통해 이루어질 수 있습니다. 예를 들어, 교육과 기술 개발에 투자함으로써 사람들은 자신의 능력과 지식을 향상시킬 수 있으며, 이는 장기적으로 더 높은 수익을 창출할 수 있는 자산으로 이어집니다. 살린스는 이러한 투자 활동이 개인뿐만 아니라 공동체 전체의 발전에 기여한다고 보았습니다.

자산 관리의 중요성은 자산을 보호하고 성장시키는 데 있습니다. 자산 보호는 다양한 위험으로부터 자산을 지키고, 다음 세대에 안전하게 전승하는 것을 포함합니다. 자산 성장은 투자와 교육을 통해 자산의 가치를 증대시키는 과정입니다. 마셜 살린스의 이론을 통해, 자산 관리가 단순한 경제적 활동이 아니라, 사회적 안정과 지속 가능성, 그리고 공동체의 발전에 중요한 역할을 한다는 것을 이해할 수 있습니다.

2) 리스크 관리와 보험에 대하여?

리스크 관리와 보험에 대해 설명하면서, 인류학자 에드워드 이반스-프리처드(Edward Evans-Pritchard)의 연구를 활용하여 이해하기 쉽게 풀어 보겠습니다. 이반스-프리처드는 아프리카 아잔데(Zande) 부족의 믿음과 관습을 연구하면서, 그들이 위험을 관리하는 방식을 탐구한 인류학자입니다. 그의 연구를 바탕으로 리스크 관리와 보험의 개념을 설명해 보겠습니다.

리스크 관리의 개념(Risk Management): 미래에 발생할 수 있는 불확실한 상황, 즉 위험을 예측하고, 그로 인한 피해를 최소화하기 위해 계획을 세우고 실행하는 과정입니다. 리스크 관리는 개인과 조직이 재정적, 물리적, 그리고 사회적 손실을 피하기 위해 필요한 중요한 활동입니다.

에드워드 이반스-프리처드의 연구에 따르면, 아잔데 부족은 불확실한 상황에서 위험을 관리하기 위해 주술적 방법과 예언을 사용했습니다. 이반스-프리처드는 이러한 관습이 단순한 미신이 아니라, 그들이 위험을 예측하고 통제하려는 시도라는 점을 강조했습니다. 현대 사회에서 리스크 관리는 과학적이고 체계적인 방법으로 이루어지지만, 근본적인 목표는 위험을 이해하고 이를 관리하려는 점에서 아잔데 부족의 접근법과 유사한 면이 있습니다.

리스크 관리의 단계는 다음과 같은 단계로 이루어집니다:

리스크 식별(Risk Identification): 첫 번째 단계는 조직이나 개인이 직면할 수 있는 다양한 위험 요소를 식별하는 것입니다. 예를 들어, 기업은 경제 불황, 자연재해, 법적 문제 등 다양한 리스크를 식별할 수 있습니다.

리스크 평가(Risk Assessment): 식별된 리스크가 얼마나 심각한지, 발생할 가능성이 얼마나 되는지를 평가합니다. 이를 통해 각 리스크에 대한 우선순위를 정하고, 어떤 리스크를 관리할지 결정합니다.

리스크 대응(Risk Response): 리스크를 피하거나, 줄이거나, 수용하거나, 전가하는 전략을 세웁니다. 이 단계에서 보험은 중요한 리스크 대응 수단으로 사용될 수 있습니다.

리스크 모니터링(Risk Monitoring): 리스크 관리 계획이 효과적으로 작동하는지 지속적으로 모니터링하고, 필요에 따라 계획을 조정합니다.

보험의 역할

보험(Insurance): 리스크 관리의 중요한 도구 중 하나입니다. 보험은 미래에 발생할 수 있는 손실을 대비하여, 일정한 보험료를 지불하고, 실제로 손실이 발생했을 때 그 손실을 보상받을 수 있는 제도입니다.

보험의 원리는 여러 사람이 자금을 모아, 예상치 못한 사건으로 손해를 입은 소수를 돕는 것입니다. 이는 공동체가 협력하여 불확실한 위험을 분담하는 아잔데 부족의 관습과도 연결될 수 있습니다. 이반스-프리처드는 아잔데 부족이 공동체 내에서 위험을 분산하고 서로 돕는 방식을 설명하면서, 이러한 협력이 그들의 사회적 안정에 중요한 역할을 한다고 지적했습니다.

보험의 종류

다양한 형태로 제공되며, 각기 다른 위험에 대비할 수 있습니다:

생명 보험(Life Insurance): 사망 시 가족이나 지명된 수혜자에게 보험금이 지급됩니다. 이는 가족의 경제적 안정을 도모하는 중요한 수단입니다.

건강 보험(Health Insurance): 질병이나 부상으로 인한 의료비를 보상합니다. 이를 통해 갑작스러운 의료비 부담을 줄일 수 있습니다.

재산 보험(Property Insurance): 화재, 도난, 자연재해 등으로 인한 재산 손실을 보상합니다. 예를 들어, 집이 화재로 소실되었을 때 재건축 비용을 지원받을 수 있습니다.

책임 보험(Liability Insurance): 타인에게 손해를 입혀 법적 배상을 해야 하는 경우, 그 비용을 보상합니다. 이는 기업이 법적 분쟁에서 보호받는 데 중요한 역할을 합니다.

리스크 관리와 보험은 미래에 발생할 수 있는 불확실성을 대비하는 중요한 수단입니다. 리스크 관리는 위험을 식별하고 평가하며, 적절한 대응 전략을 세우는 과정을 포함합니다. 보험은 이러한 리스크 관리의 일환으로, 공동체가 위험을 분담하여 손실을 최소화하는 방법입니다. 에드워드 이반스-프리처드의 연구를 통해, 우리는 위험 관리와 보험의 개념이 단지 현대적 발명품이 아니라, 인간 사회에서 오랫동안 존재해 온 중요한 관행임을 이해할 수 있습니다.

3) 자산 할당과 재조정 전략에 대하여?

자산 할당과 재조정 전략에 대해 설명하면서, 인류학자 마빈 해리스(Marvin Harris)의 이론을 활용하여 쉽게 풀어보겠습니다. 마빈 해리스는 문화 물질주의(Cultural Materialism)라는 접근법을 통해 경제적 자원과 사회 구조가 어떻게 상호작용하는지를 연구한 인류학자입니다. 그의 이론을 바탕으로 자산 할당과 재조정 전략의 개념을 이해하기 쉽게 설명하겠습니다.

자산 할당의 개념

자산 할당(Asset Allocation)은 투자 포트폴리오를 구성할 때, 자산을 다양한 투자 대상에 분산하는 전략을 말합니다. 이 전략은 투자자가 가지고 있는 자산을 주식, 채권, 부동산, 현금 등 다양한 자산군에 나누어 배치함으로써 위험을 분산하고, 수익을 극대화하려는 목적을 가지고 있습니다.

마빈 해리스는 물질적 조건이 사회 구조와 문화에 큰 영향을 미친다고 주장했습니다. 이 관점에서 보면, 자산 할당은 단순히 재무적인 결정이 아니라, 개인이나 조직의 장기적인 경제적 안정과 성장에 중요한 영향을 미치는 전략이라고 할 수 있습니다. 자산 할당을 통해 다양한 자산군에 투자하면, 특정 자산이 하락하더라도 다른 자산에서 발생하는 수익이 그 손실을 상쇄할 수 있습니다. 이는 경제적 위험을 최소화하고 안정성을 높이는 중요한 방법입니다.

자산 할당의 원칙

자산 할당을 할 때 고려해야 할 몇 가지 중요한 원칙이 있습니다.

목표 설정(Goal Setting): 자산 할당을 시작하기 전에, 투자 목표를 명확히 설정하는 것이 중요합니다. 예를 들어, 은퇴 자금을 마련하거나, 단기적으로 큰 수익을 내기 위한 목표가 있을 수 있습니다. 해리스의 관점에서 이는 사회적 목표와도 연결될 수 있습니다. 예를 들어, 특정 공동체의 경제적 안정이나 지속 가능한 발전을 위해 자산 할당이 이루어질 수 있습니다.

위험 허용도(Risk Tolerance): 각 개인이나 조직은 감당할 수 있는 위험의 정도가 다릅니다. 위험을 더 많이 감수할 수 있는 사람은 주식과 같은 고위험 자산에 더 많은 비중을 두는 반면, 위험을 회피하고자 하는 사람은 채권이나 현금과 같은 안전한 자산에 더 많은 비중을 둘 수 있습니다.

시간적 기회(Time Horizon): 투자 기간이 길수록, 보다 공격적인 자산 할당이 가능해집니다. 장기 투자자는 단기 변동성에 대한 걱정 없이, 더 높은 수익을 기대할 수 있는 자산에 투자할 수 있습니다. 반면, 단기 투자자는 안정적인 자산을 선호하게 됩니다.

자산 재조정 전략

자산 재조정(Rebalancing)은 시간이 지남에 따라 변동된 포트폴리오를 원래의 목표에 맞게 조정하는 과정입니다. 예를 들어, 주식 시장이 급등하여 포트폴리오 내에서 주식의 비중이 너무 높아졌다면, 일부 주식을 팔고 채권이나 현금에 투자하여 원래의 비중으로 돌려놓는 것입니다.

마빈 해리스의 이론을 적용해 보면, 자산 재조정은 변화하는 환경에 맞춰 자원을 효율적으로 배분하는 사회적 메커니즘과 유사하다고 할 수 있습니다. 사회나 조직이 변화하는 조건에 따라 자원을 재배치하듯, 투자자도 시장 상황에 따라 자산을 재조정함으로써 포트폴리오의 위험을 관리하고 목표 수익률을 유지할 수 있습니다.

자산 재조정의 중요성

위험 관리(Risk Management): 자산 재조정은 포트폴리오의 위험을 일정 수준으로 유지하는 데 중요한 역할을 합니다. 시간이 지나면서 특정 자산의 비중이 과도하게 커지면, 포트폴리오 전체의 위험이 높아질 수 있습니다. 이를 재조정하여 위험을 관리할 수 있습니다.

목표 일관성 유지(Maintaining Consistency with Goals): 자산 재조정을 통해 투자 목표와의 일관성을 유지할 수 있습니다. 투자 환경이 변화하더라도, 재조정을 통해 초기 목표에 맞게 포트폴리오를 조정할 수 있습니다.

수익 극대화(Maximizing Returns): 시장 변동에 따라 자산을 재조정함으로써, 장기적으로 더 높은 수익을 기대할 수 있습니다. 이는 해리스가 설명한 자원의 효율적 배분과 유사한 개념으로, 변화하는 조건에 맞춰 자산을 재배치함으로써 자원을 최대한 활용하는 방법입니다.

자산 할당과 재조정 전략은 투자자가 장기적인 재정적 안정성과 수익을 추구하는 데 중요한 역할을 합니다. 마빈 해리스의 이론을 통해, 우리는 자산 관리가 단순한 재정적 활동이 아니라, 변화하는 환경에 맞춰 자원을 효율적으로 배분하고 조정하는 과정이라는 것을 이해할 수 있습니다. 이러한 전략은 위험을 관리하고 목표를 달성하는 데 중요한 도구로 작용합니다.

자본의 활용과 증식에 대하여?

"On the Utilization and Growth of Capital."

1) 자본의 레버리지와 부채 관리에 대하여?

자본의 활용과 증식, 특히 자본의 레버리지와 부채 관리에 대해 설명하면서, 인류학자 카를 폴라니(Karl Polanyi)의 이론을 활용하여 쉽게 풀어 보겠습니다. 폴라니는 경제적 행위가 사회적 관계와 긴밀하게 연결되어 있으며, 경제 시스템이 사회 구조에 미치는 영향을 깊이 연구한 인류학자입니다. 그의 이론을 바탕으로 자본의 레버리지와 부채 관리의 개념을 이해하기 쉽게 설명하겠습니다.

자본의 레버리지 개념

자본의 레버리지(Leverage)는 적은 자본으로 더 큰 투자 수익을 얻기 위해 부채를 활용하는 전략을 말합니다. 간단히 말해, 레버리지는 '지렛대'와 같은 역할을 합니다. 작은 힘(자본)으로 큰 무게(투자)를 움직이는 것처럼, 레버리지는 적은 자본으로도 큰 투자를 가능하게 만듭니다.

카를 폴라니의 이론에서 볼 수 있듯이, 경제적 행동은 단순히 개인의 이익 추구에 국한되지 않고, 사회적 맥락과 규범에 의해 형성됩니다. 레버리지도 마찬가지로, 단순히 자본 증식을 위한 도구가 아니라, 사회적 구조와 경제 시스템 속에서 큰 역할을 합니다. 레버리지를 통해 투자자는 자신의 자본을 극대화할 수 있지만, 동시에 더 큰 위험을 감수하게 됩니다. 이는 폴라니가 강조한, 시장 경제의 확장이 사회적 안정과 불안정에 미치는 영향을 잘 보여 줍니다.

레버리지의 장점과 위험

레버리지를 활용하면 다음과 같은 장점과 위험이 있습니다.

장점

투자 수익 극대화(Maximizing Investment Returns): 레버리지를 활용하면 적은 자본으로 더 큰 투자를 할 수 있기 때문에, 자산 가치가 상승할 때 더 높은 수익을 기대할 수 있습니다.

자본 효율성 증가(Increased Capital Efficiency): 동일한 자본으로 더 많은 투자를 할 수 있으므로, 자본의 효율성을 극대화할 수 있습니다.

위험

높은 부채 부담(High Debt Burden): 레버리지를 통해 얻은 수익이 기대에 못 미치거나 자산 가치가 하락하면, 투자자는 큰 부채를 감당해야 할 수 있습니다.

파산 위험 증가(Increased Risk of Bankruptcy): 레버리지의 과도한 사용은 기업이나 개인의 재정 상태를 악화시켜 파산의 위험을 증가시킬 수 있습니다. 폴라니의 관점에서 이는 시장 경제의 불안정성과 밀접하게 연결됩니다.

부채 관리의 중요성

부채 관리(Debt Management)는 레버리지를 활용할 때 발생하는 부채를 효율적으로 관리하여 재정적 안정성을 유지하는 것을 의미합니다. 부채 관리가 적절히 이루어지지 않으면, 레버리지를 통한 투자 전략이 오히려 큰 손실로 이어질 수 있습니다.

카를 폴라니는 경제적 관계가 사회적 관계에 미치는 영향을 강조했습니다. 부채 관리도 단순히 금융적 관점에서만 볼 것이 아니라, 개인이나 기업의 사회적 신뢰와 안정에 큰 영향을 미친다고 볼 수 있습니다. 부채를 관리하는 능력은 기업이나 개인이 경제적으로뿐만 아니라, 사회적으로도 신뢰를 유지하고 지속 가능한 성장을 이루는 데 필수적입니다.

부채 관리 전략

부채를 효과적으로 관리하기 위해서는 몇 가지 중요한 전략이 필요합니다

부채 비율 관리(Managing Debt Ratios): 부채 비율은 전체 자산에서 부채가 차지하는 비율을 말합니다. 이 비율이 높아질수록 부채 상환 부담이 커지고, 재정적 위험이 증가합니다. 따라서 적절한 부채 비율을 유지하는 것이 중요합니다.

상환 계획 수립(Establishing a Repayment Plan): 부채를 상환하기 위한 구체적인 계획을 세우는 것이 중요합니다. 일정한 소득을 확보하고, 부채 상환을 우선순위로 삼아 계획적으로 부채를 줄여 나가야 합니다.

이자율 관리(Interest Rate Management): 부채의 이자율을 주기적으로 검토하고, 가능하다면 더 낮은 이자율로 전환하는 것이 중요합니다. 이는 부채 상환 부담을 줄이고, 재정적 안정성을 높이는 데 도움이 됩니다.

긴급 자금 마련(Emergency Funds Preparation): 예상치 못한 상황에 대비하기 위해 긴급 자금을 마련해 두는 것이 중요합니다. 이는 부채 상환이 어려운 상황에서도 재정적 안정을 유지하는 데 필수적입니다.

자본의 레버리지와 부채 관리는 자본 증식과 활용의 중요한 도구입니다. 레버리지는 적은 자본으로 더 큰 투자를 가능하게 하지만, 부채를 감당할 수 있는 능력이 뒷받침되어야 합니

다. 카를 폴라니의 이론을 통해, 우리는 레버리지와 부채 관리가 단순히 재정적 활동이 아니라, 사회적 관계와 구조에 깊이 뿌리박혀 있다는 것을 이해할 수 있습니다. 부채를 잘 관리하면 경제적 안정성을 유지할 수 있으며, 이는 장기적인 성장과 사회적 신뢰를 유지하는 데 중요한 역할을 합니다.

2) 사업 자본과 창업에 대하여?

사업 자본과 창업에 대해 설명하면서, 인류학자 피에르 부르디외(Pierre Bourdieu)의 이론을 활용하여 쉽게 풀어 보겠습니다. 부르디외는 사회적 자본과 문화적 자본의 개념을 발전시켜, 자본이 단순한 경제적 자원뿐만 아니라 사회적 관계와 문화적 맥락에서 중요한 역할을 한다고 주장한 인류학자입니다. 그의 이론을 바탕으로 사업 자본과 창업의 개념을 이해하기 쉽게 설명하겠습니다.

사업 자본의 개념

사업 자본(Business Capital)

새로운 사업을 시작하거나 기존 사업을 확장하는 데 필요한 자원을 말합니다. 사업 자본은 크게 두 가지로 나눌 수 있습니다

금융 자본(Financial Capital): 금융 자본은 창업자가 사업을 시작하기 위해 필요한 자금입니다. 이는 주로 은행 대출, 투자, 개인 저축 등을 통해 조달됩니다. 금융 자본은 창업 초기의 운영 비용, 장비 구매, 직원 급여, 마케팅 비용 등에 사용됩니다.

인적 자본(Human Capital): 인적 자본은 사업을 운영하는 데 필요한 기술, 지식, 경험을 포함합니다. 창업자의 능력과 경험, 그리고 그 팀의 역량이 중요한 요소입니다. 피에르 부르디외는 인적 자본이 사회적 성공과 깊이 연관되어 있다고 보았으며, 이는 창업자의 교육 수준,

네트워크, 문화적 배경이 사업 성공에 큰 영향을 미친다는 것을 의미합니다.

창업의 과정

창업(Entrepreneurship)은 새로운 사업을 시작하는 과정입니다. 창업자는 아이디어를 현실화하여 제품이나 서비스를 개발하고, 이를 시장에 내놓아 수익을 창출하려는 목표를 가지고 있습니다. 창업의 과정은 다음과 같이 요약할 수 있습니다

아이디어 개발(Idea Development): 창업의 첫 단계는 시장의 필요를 충족시킬 수 있는 독창적인 아이디어를 개발하는 것입니다. 이 단계에서 창업자는 자신의 경험, 기술, 시장 조사를 통해 사업 아이디어를 구체화합니다.

사업 계획 수립(Business Planning): 아이디어가 정해지면, 이를 실현하기 위한 사업 계획을 수립해야 합니다. 사업 계획에는 시장 분석, 마케팅 전략, 운영 계획, 자금 조달 계획 등이 포함됩니다. 부르디외의 이론에 따르면, 사업 계획은 창업자의 문화적 자본과 사회적 자본에 의해 크게 영향을 받을 수 있습니다. 예를 들어, 창업자가 가진 네트워크나 사회적 신뢰는 사업 계획의 성공 여부에 중요한 역할을 할 수 있습니다.

자본 조달(Capital Raising): 사업을 시작하기 위해 필요한 자본을 조달하는 단계입니다. 창업자는 은행 대출을 받거나 투자자를 찾는 등 다양한 방법으로 자본을 마련할 수 있습니다. 여기서 부르디외의 사회적 자본 개념이 중요한 역할을 합니다. 창업자가 가지고 있는 사회적 네트워크는 자본 조달 과정에서 큰 도움을 줄 수 있습니다.

사업 실행(Business Execution): 자본이 마련되면, 실제로 사업을 시작하고 운영하는 단계입니다. 제품을 생산하고, 마케팅을 진행하며, 고객과의 관계를 형성해 나갑니다. 이 단계에서는 창업자의 인적 자본과 문화적 자본이 사업의 성패를 좌우하게 됩니다. 창업자가 가진 전문 지식과 경험, 그리고 문화적 이해는 사업 운영에서 중요한 자산이 됩니다.

사업 성장과 확장(Growth and Expansion): 사업이 어느 정도 안정되면, 성장과 확장에 집중하게 됩니다. 이 단계에서는 추가 자본을 조달하거나, 새로운 시장에 진출하는 등 다양한 전략이 필요합니다. 부르디외의 관점에서, 사회적 자본이 사업 확장에 중요한 역할을 할 수 있습니다. 강력한 네트워크와 사회적 관계는 새로운 시장 진출이나 파트너십 형성에 필수적입니다.

사업 자본과 창업에서의 부르디외 이론의 적용

피에르 부르디외의 이론에 따르면, 자본은 단순히 경제적 자원에 국한되지 않고, 사회적 자본과 문화적 자본도 포함됩니다. 창업에서 금융 자본만큼이나 중요한 것은 창업자의 사회적 네트워크와 문화적 이해입니다. 부르디외는 이러한 사회적 자본과 문화적 자본이 개인의 성공과 사회적 지위를 결정 짓는 중요한 요소라고 보았습니다.

창업자가 자신의 네트워크를 활용하여 자본을 조달하고, 문화적 이해를 바탕으로 사업을 운영하면, 성공 가능성이 크게 높아집니다. 이는 사업이 단순한 경제 활동이 아니라, 사회적 관계와 문화적 맥락 속에서 이루어지는 복합적인 과정임을 보여 줍니다.

사업 자본과 창업은 새로운 아이디어를 현실로 만드는 과정에서 중요한 역할을 합니다. 금융 자본뿐만 아니라, 인적 자본, 사회적 자본, 그리고 문화적 자본도 창업의 성공을 결정 짓는 중요한 요소입니다. 피에르 부르디외의 이론을 통해, 우리는 창업이 단순한 경제적 활동이 아니라, 사회적 관계와 문화적 이해에 깊이 뿌리박혀 있다는 것을 이해할 수 있습니다.

3) 자본 증식을 위한 투자 전략에 대하여?

자본 증식을 위한 투자 전략에 대해 설명하면서, 인류학자 클리퍼드 기어츠(Clifford Geertz)의 이론을 활용하여 쉽게 풀어보겠습니다. 클리퍼드 기어츠는 문화와 경제의 상호작용을 연구한 인류학자로, 특히 시장과 경제 활동이 어떻게 문화적 맥락 속에서 이루어지는지를 강조

한 인물입니다. 그의 이론을 바탕으로 자본 증식을 위한 투자 전략을 이해하기 쉽게 설명하겠습니다.

자본 증식(Capital Accumulation)의 개념

기존의 자본을 활용하여 추가적인 수익을 창출하고, 이를 통해 자본을 늘려 가는 과정을 말합니다. 자본 증식은 단순히 돈을 모으는 것이 아니라, 전략적인 투자를 통해 지속적으로 자산을 확대하는 것을 의미합니다.

클리퍼드 기어츠의 이론: 경제적 활동은 문화적 배경과 깊이 연관되어 있습니다. 즉, 자본 증식도 단순한 경제적 행위가 아니라, 사회적, 문화적 맥락에서 이루어지는 복합적인 활동이라고 할 수 있습니다. 투자 전략은 경제적 목표뿐만 아니라, 투자자가 속한 문화적 환경과 사회적 가치에 영향을 받습니다.

자본 증식을 위한 주요 투자 전략

자본 증식을 위해 사용할 수 있는 다양한 투자 전략이 있습니다. 이를 기어츠의 관점을 반영하여 설명해 보겠습니다.

다각화 투자(Diversification)

다각화 투자는 자산을 여러 종류의 투자 상품에 분산시켜 위험을 줄이는 전략입니다. 예를 들어, 주식, 채권, 부동산, 해외 투자 등 다양한 자산에 자본을 나누어 투자하는 것입니다.

기어츠의 관점: 기어츠는 시장 활동이 문화적 맥락 속에서 이루어진다고 강조했습니다. 다각화 투자도 한 사회의 다양한 경제적 기회와 위험을 이해하고, 이를 바탕으로 자산을 분산하는 것이 중요합니다. 문화적 이해가 다각화 투자의 성공에 기여할 수 있습니다.

장기 투자(Long-Term Investment)

장기 투자는 단기적인 변동성에 신경 쓰지 않고, 장기적으로 자산의 가치가 상승할 가능성이 높은 곳에 자본을 투자하는 전략입니다. 이는 주로 주식 시장에서 이루어지며, 시간이 지남에 따라 기업의 성장이 투자 수익으로 이어지기를 기대하는 것입니다.

기어츠의 관점: 장기 투자는 사회적 안정과 문화적 신뢰가 중요합니다. 기어츠는 경제적 행위가 문화적 신뢰를 기반으로 이루어진다고 보았으며, 장기적인 시각에서 투자하는 것은 이러한 신뢰가 있는 사회에서 더 효과적입니다. 투자자는 해당 시장의 문화적 요소를 이해하고, 장기적으로 신뢰할 수 있는 자산에 투자하는 것이 중요합니다.

가치 투자(Value Investing)

가치 투자는 시장에서 저평가된 자산을 찾아 투자하는 전략입니다. 이 전략은 자산의 내재 가치를 분석하고, 그 가치가 시장에서 제대로 평가받지 못한 경우 이를 구매하여 장기적으로 수익을 얻는 방법입니다.

기어츠의 관점: 가치 투자는 문화적 통찰력과 깊은 분석이 필요합니다. 기어츠의 연구처럼, 특정 자산이 저평가된 이유를 문화적, 사회적 맥락에서 이해하면, 보다 성공적인 투자가 가능해집니다. 예를 들어, 특정 기업이 문화적 이유로 저평가되었다면, 그 배경을 이해하고 투자하는 것이 중요합니다.

소득 투자(Income Investing)

소득 투자는 주식 배당금이나 채권 이자와 같은 정기적인 소득을 목적으로 자본을 투자하는 전략입니다. 안정적인 소득을 추구하는 투자자에게 적합한 전략입니다.

기어츠의 관점: 소득 투자 역시 사회적, 문화적 안정성과 연관됩니다. 기어츠는 경제적 행위가 사회적 관계와 밀접하게 연결되어 있다고 주장했으며, 소득 투자는 이러한 안정된 사회적 환경에서 더 큰 효과를 발휘할 수 있습니다.

투자 전략에서의 기어츠 이론의 적용

클리퍼드 기어츠의 이론에 따르면, 자본 증식을 위한 투자 전략은 경제적 맥락뿐만 아니라, 문화적 맥락을 이해하는 것이 중요합니다. 기어츠는 시장이 단순히 경제적 공간이 아니라, 사회적, 문화적 의미가 담긴 장소라고 보았습니다. 따라서 투자자는 단순히 수익을 추구하는 것뿐만 아니라, 그 투자 대상이 속한 문화적, 사회적 맥락을 이해하고, 이를 바탕으로 전략을 세우는 것이 중요합니다.

예를 들어, 특정 산업이나 지역에 대한 투자 결정을 내릴 때, 그 지역의 문화적 특성과 경제적 행태를 이해하는 것은 장기적인 성공에 중요한 요소가 될 수 있습니다. 기어츠의 이론을 통해, 투자 전략이 단순한 수익 추구가 아니라, 사회적 관계와 문화적 이해를 바탕으로 한 복합적인 활동이라는 점을 인식할 수 있습니다.

자본 증식을 위한 투자 전략은 단순히 자산을 늘리는 것 이상으로, 문화적, 사회적 맥락을 이해하는 것이 중요합니다. 클리퍼드 기어츠의 이론을 바탕으로, 우리는 투자 전략이 단순한 경제적 행위가 아니라, 사회적 관계와 문화적 배경 속에서 이루어지는 복합적인 과정임을 알 수 있습니다. 성공적인 투자를 위해서는 이러한 문화적 이해와 사회적 통찰력이 필수적입니다.

장기적인 자산 및 자본 계획에 대하여?
"On Long-Term Asset and Capital Planning."

1) 재정적 목표 설정과 계획에 대하여?

　장기적인 자산 및 자본 계획에서 재정적 목표 설정과 계획의 중요성을 설명하면서, 인류학자 마거릿 미드(Margaret Mead)의 이론을 활용하여 쉽게 풀어 보겠습니다. 마거릿 미드는 사회와 문화의 발전 과정에서 개인의 역할과 그 영향에 대해 깊이 연구한 인류학자입니다. 그녀의 이론을 바탕으로 재정적 목표 설정과 계획의 개념을 쉽게 이해할 수 있도록 설명하겠습니다.

재정적 목표 설정의 중요성

　재정적 목표(Financial Goals) 설정은 개인이나 조직이 미래에 이루고자 하는 재정적 성과를 명확히 정의하는 과정입니다. 재정적 목표를 설정하는 것은 자산과 자본을 효과적으로 관리하고, 장기적인 재정적 안정을 이루기 위한 첫 번째 단계입니다.

　마거릿 미드의 연구에 따르면, 개인의 삶과 선택은 사회적 맥락에서 중요한 역할을 합니다. 이는 재정적 목표 설정에서도 마찬가지입니다. 개인의 목표는 그가 속한 사회적, 문화적 환경과 깊이 연결되어 있으며, 장기적인 목표 설정은 개인이 자신의 사회적 역할을 인식하고, 그에 맞게 계획을 수립하는 과정에서 중요하게 작용합니다.

재정적 목표 설정의 과정

재정적 목표를 설정하는 과정은 다음과 같은 단계를 포함합니다.

목표 명확화(Clarification of Goals): 우선, 무엇을 이루고 싶은지 명확히 해야 합니다. 예를 들어, 은퇴 후 안정적인 생활을 위해 자금을 마련하거나, 자녀 교육을 위한 자금을 준비하는 것 등이 있을 수 있습니다. 미드의 이론에서 이는 개인의 사회적 역할과 기대와 밀접하게 연결됩니다. 사회적 환경에서 기대되는 역할을 인식하고, 그에 맞는 목표를 설정하는 것이 중요합니다.

시간적 기회 설정(Setting a Time Horizon): 목표를 언제까지 달성할 것인지에 대한 시간을 설정해야 합니다. 단기 목표(5년), 중기 목표(10년), 장기 목표(10년 이상)로 나누어 계획할 수 있습니다. 미드의 관점에서 이는 개인이 사회적 변화와 발전 속에서 어떻게 자신을 위치시키는지와 관련이 있습니다. 시간을 설정함으로써, 장기적으로 어떻게 발전할지에 대한 계획을 세울 수 있습니다.

현실적 계획 수립(Creating Realistic Plans): 목표를 달성하기 위해 현실적이고 구체적인 계획을 세우는 것이 중요합니다. 예를 들어, 월별 저축액을 설정하거나, 투자 계획을 세우는 것이 포함될 수 있습니다. 미드는 개인의 행동과 선택이 사회적 기대와 어떻게 맞물리는지를 강조했습니다. 따라서 현실적인 계획을 세우기 위해서는 자신의 경제적 능력과 사회적 역할을 고려하는 것이 필수적입니다.

우선순위 설정(Setting Priorities): 모든 목표를 한꺼번에 달성할 수 없기 때문에, 가장 중요한 목표를 우선적으로 설정해야 합니다. 예를 들어, 먼저 비상 자금을 마련한 후, 장기적인 투자에 집중하는 방식이 될 수 있습니다. 미드의 이론에서 우선순위 설정은 개인이 자신의 삶에서 어떤 역할이 중요한지 인식하는 것과 관련이 있습니다.

장기적인 자산 및 자본 계획

장기적인 자산 및 자본 계획(Long-Term Asset and Capital Planning)은 설정된 재정적 목표를 달성하기 위해 자산과 자본을 효과적으로 관리하는 전략입니다. 이 계획은 지속적인 재정적 성장과 안정성을 확보하기 위해 필수적입니다.

마거릿 미드는 사회와 문화가 개인의 발전에 미치는 영향을 강조했으며, 장기적인 재정 계획 역시 이러한 사회적 맥락 속에서 중요하게 다뤄질 수 있습니다. 개인이 사회에서 자신의 위치를 이해하고, 장기적인 목표를 설정하는 과정은 사회적 역할과 책임감을 반영합니다.

재정적 목표 설정과 계획의 구체적 전략

다양한 투자 포트폴리오 구축(Building a Diversified Portfolio): 장기적인 자산 증식을 위해 다양한 투자 포트폴리오를 구축하는 것이 중요합니다. 주식, 채권, 부동산 등 다양한 자산에 분산 투자하여 위험을 줄이고, 장기적인 수익을 극대화할 수 있습니다. 미드의 관점에서는, 다양한 투자는 사회적 변화와 불확실성에 대비하는 방법으로 볼 수 있습니다.

정기적인 계획 검토 및 조정(Regular Review and Adjustment of Plans): 경제 상황이나 개인의 상황이 변화할 수 있기 때문에, 정기적으로 재정적 목표와 계획을 검토하고 필요한 경우 조정하는 것이 중요합니다. 미드는 개인의 삶이 계속해서 변하고 발전한다고 강조했으며, 재정 계획 역시 이러한 변화에 맞춰 유연하게 대응할 필요가 있습니다.

비상 자금 마련(Emergency Fund Preparation): 예상치 못한 상황에 대비하여 비상 자금을 마련해 두는 것이 중요합니다. 이는 갑작스러운 경제적 어려움에 직면했을 때 재정적 안정성을 유지하는 데 필수적입니다. 미드의 관점에서는, 이는 사회적 불확실성에 대비하는 중요한 전략입니다.

재정적 목표 설정과 장기적인 자산 및 자본 계획은 개인이 자신의 삶에서 중요한 목표를 달성하고, 재정적 안정성을 유지하는 데 필수적입니다. 마거릿 미드의 이론을 통해, 우리는 재정적 계획이 단순한 경제적 목표 설정이 아니라, 사회적 역할과 책임을 반영한 복합적인 과정임을 이해할 수 있습니다. 장기적인 재정 계획을 세우고 이를 실천하는 과정은 개인의 발전과 사회적 역할을 동시에 고려하는 중요한 활동입니다.

2) 은퇴 계획과 연금 전략에 대하여?

은퇴 계획과 연금 전략에 대해 설명하면서, 인류학자 브로니스와프 말리노프스키(Bronisław Malinowski)의 이론을 활용하여 쉽게 풀어 보겠습니다. 말리노프스키는 사회적 관계와 경제적 활동이 어떻게 상호작용하는지를 연구한 인류학자로, 특히 공동체 내에서 자원 분배와 의무를 강조했습니다. 그의 이론을 바탕으로 은퇴 계획과 연금 전략의 개념을 쉽게 이해할 수 있도록 설명하겠습니다.

은퇴 계획의 중요성

은퇴 계획(Retirement Planning)은 개인이 노동 시장에서 은퇴한 이후에도 경제적 안정을 유지하기 위해 필요한 자원을 마련하는 과정입니다. 은퇴 후에는 소득이 줄어들 가능성이 크기 때문에, 미리 준비된 자산과 소득원이 필요합니다.

말리노프스키의 이론에 따르면, 개인의 경제적 활동과 사회적 관계는 밀접하게 연결되어 있습니다. 즉, 은퇴 계획도 단순히 개인의 경제적 활동이 아니라, 가족과 사회 공동체 내에서의 역할 변화와 관련이 있습니다. 은퇴 후에도 안정적인 삶을 유지하기 위해서는 경제적 준비가 필수적입니다.

은퇴 계획의 단계

은퇴 계획은 다음과 같은 단계를 통해 이루어집니다.

목표 설정(Setting Goals): 은퇴 후 필요한 생활비와 자금을 계산하고, 이에 맞춰 목표를 설정합니다. 예를 들어, 매달 필요한 생활비, 여행이나 취미 생활에 필요한 자금 등을 고려해야 합니다. 말리노프스키의 관점에서 이는 개인이 은퇴 후에도 공동체에서 어떤 역할을 할지, 어떤 활동을 할지에 대한 사회적 목표와 연결됩니다.

자산 평가(Assessing Assets): 현재 소유하고 있는 자산을 평가하여, 은퇴 후에 활용할 수 있는 자원이 무엇인지 파악합니다. 여기에는 저축, 투자, 부동산, 연금 등이 포함됩니다.

저축 및 투자 전략 수립(Saving and Investment Strategy): 은퇴 후 필요한 자금을 마련하기 위해 저축 계획을 세우고, 투자 전략을 수립합니다. 말리노프스키의 이론을 적용하면, 이는 현재의 경제적 활동을 통해 미래의 사회적 안정성을 보장하는 과정으로 볼 수 있습니다.

리스크 관리(Risk Management): 예상치 못한 상황에 대비하기 위해 리스크 관리 전략을 수립합니다. 예를 들어, 건강 보험, 장기 요양 보험 등을 고려해야 합니다.

연금 전략의 중요성

연금 전략(Pension Strategy)은 은퇴 후 지속적인 소득을 보장받기 위해 연금을 어떻게 활용할 것인지 계획하는 과정입니다. 연금은 은퇴 후 소득의 중요한 원천으로, 안정적인 생활을 위해 필수적입니다.

말리노프스키의 이론에 따르면, 공동체 내에서의 자원 분배와 상호 의무가 중요합니다. 연금도 사회적 계약의 일환으로, 노동의 대가로 얻은 자원을 은퇴 후에도 지속적으로 제공받는 중요한 수단입니다.

연금 전략의 구성 요소

연금 전략을 구성하는 몇 가지 주요 요소는 다음과 같습니다.

공적 연금 활용(Utilizing Public Pensions): 국가에서 제공하는 공적 연금 제도를 최대한 활용하는 것이 중요합니다. 국민연금이나 사회 보장 제도는 은퇴 후 기본적인 생활비를 지원하는 중요한 역할을 합니다.

개인 연금 가입(Enrolling in Private Pensions): 공적 연금 외에도 개인적으로 연금 상품에 가입하여 추가적인 소득을 확보할 수 있습니다. 이는 말리노프스키가 설명한, 개인의 미래를 위한 자원 축적과도 연결됩니다.

퇴직 연금 관리(Managing Employer-Sponsored Pensions): 기업에서 제공하는 퇴직 연금도 중요한 연금 자원입니다. 이 연금의 운용 방식을 이해하고, 필요에 따라 추가적인 납입을 고려해야 합니다.

연금 수령 시기 계획(Planning Pension Withdrawal Timing): 연금을 언제부터 수령할지에 대한 계획을 세우는 것이 중요합니다. 연금 수령 시기에 따라 수령 금액이 달라질 수 있기 때문에, 개인의 상황에 맞춰 신중하게 결정해야 합니다.

말리노프스키의 이론 적용

브로니스와프 말리노프스키의 이론을 통해, 우리는 은퇴 계획과 연금 전략이 단순히 개인의 경제적 준비가 아니라, 사회적 관계와 공동체 내에서의 역할 변화와 깊이 연결되어 있음을 이해할 수 있습니다. 은퇴 후에도 사회적 안정과 존중을 유지하기 위해서는 충분한 자원과 연금 전략이 필요합니다. 이는 개인의 삶을 안정적으로 유지하는 동시에, 공동체 내에서 계속해서 중요한 역할을 할 수 있는 기반이 됩니다.

은퇴 계획과 연금 전략은 은퇴 후 안정적인 생활을 위해 필수적인 과정입니다. 마거릿 미드의 이론을 바탕으로, 재정적 목표 설정과 장기적인 자산 및 자본 계획이 사회적 역할과 책임을 반영한 복합적인 과정임을 이해할 수 있습니다. 장기적인 재정 계획을 세우고 이를 실천하는 과정은 개인의 발전과 사회적 역할을 동시에 고려하는 중요한 활동입니다.

3) 유산 계획과 자산 승계에 대하여?

계획과 자산 관리에 대해 설명하면서, 인류학자 클로드 레비스트로스(Claude Lévi-Strauss)의 구조주의 이론을 활용하여 쉽게 풀어 보겠습니다. 레비스트로스는 인간 사회의 구조가 어떻게 형성되고 유지되는지를 탐구한 인류학자로, 특히 가족과 친족 관계가 사회 구조에 미치는 영향을 연구했습니다. 그의 이론을 바탕으로 유산 계획과 자산 관리의 개념을 쉽게 이해할 수 있도록 설명하겠습니다.

유산 계획의 중요성

유산 계획(Estate Planning)은 개인이 사망한 후 남겨진 자산을 어떻게 분배할 것인지 미리 계획하는 과정을 말합니다. 이 과정은 상속인 간의 갈등을 최소화하고, 법적 절차를 간소화하며, 자산이 올바르게 분배되도록 보장하는 데 중요한 역할을 합니다.

레비스트로스의 구조주의 이론에 따르면, 사회는 다양한 구조적 관계를 통해 유지됩니다. 유산 계획도 이러한 사회적 구조의 일환으로, 가족과 친족 간의 관계를 안정적으로 유지하고, 자산의 분배가 사회적 규범과 기대에 부합하도록 하는 중요한 도구입니다. 가족 간의 유대와 사회적 역할이 유산 계획을 통해 다음 세대로 전해질 수 있습니다.

유산 계획의 주요 요소

유산 계획은 다양한 요소로 구성되며, 이들은 모두 가족과 사회적 관계를 반영합니다

유언장 작성(Writing a Will): 유언장은 개인이 자신의 자산을 어떻게 분배할지 명시하는 법적 문서입니다. 유언장을 작성함으로써, 개인의 의사를 명확히 전달하고, 가족 간의 분쟁을 예방할 수 있습니다. 레비스트로스의 관점에서 이는 가족 구조와 사회적 역할을 명확히 정의하고 유지하는 방법입니다.

상속세 관리(Managing Inheritance Tax): 유산을 상속받을 때 발생하는 세금을 관리하는 것도 중요한 부분입니다. 유산 계획을 통해 상속세를 최소화할 수 있는 전략을 세우는 것이 필

요합니다. 이는 자산이 가족에게 효과적으로 전달되도록 하는 데 도움을 줍니다.

신탁 설립(Establishing Trusts): 신탁은 자산을 특정 목적이나 수혜자에게 전달하기 위해 설립되는 법적 장치입니다. 예를 들어, 미성년 자녀를 위한 교육 자금을 마련하거나, 특정 가족 구성원을 보호하기 위해 신탁을 설립할 수 있습니다. 이는 레비스트로스가 강조한 구조적 관계를 유지하는 데 중요한 역할을 할 수 있습니다.

의료 지시서와 후견인 지정(Healthcare Directives and Guardianship Designation): 개인이 건강 문제로 의사 결정을 할 수 없을 때, 대신 결정을 내릴 사람을 미리 지정하는 것도 유산 계획의 일부입니다. 이는 가족 간의 신뢰와 보호를 반영한 사회적 구조를 유지하는 방법입니다.

자산 관리의 중요성

자산 관리(Asset Management)는 개인이 소유한 자산을 효과적으로 운영하고, 그 가치를 최대화하기 위한 전략을 세우는 과정을 말합니다. 자산 관리에는 재산, 금융 자산, 투자 등이 포함됩니다.

레비스트로스의 구조주의 이론에 따르면, 자산은 단순한 물리적 재화가 아니라, 사회적 관계와 구조의 일부로 이해할 수 있습니다. 자산 관리 역시 개인의 사회적 역할과 가족 구조를 반영한 중요한 활동입니다. 자산을 어떻게 관리하느냐에 따라 가족의 경제적 안정과 사회적 위치가 결정될 수 있습니다.

유산 계획과 자산 관리의 연관성

유산 계획과 자산 관리는 밀접하게 연관되어 있으며, 이 둘은 함께 고려해야 효과적입니다:

장기적 자산 증식(Long-Term Asset Growth): 유산 계획은 자산 관리의 일환으로, 자산을 장기적으로 어떻게 증식시킬 것인지에 대한 계획을 포함합니다. 이는 레비스트로스가 강조한, 가족 간의 지속적인 관계와 자산의 전승을 의미합니다.

가족 보호(Family Protection): 자산 관리와 유산 계획을 통해 가족 구성원을 경제적으로 보호할 수 있습니다. 예를 들어, 자녀의 교육비나 배우자의 생활비를 마련하는 계획을 세울 수 있습니다. 이는 가족 내에서의 보호와 지원을 통해 사회적 구조를 유지하는 방법입니다.

사회적 책임과 기여(Social Responsibility and Contribution): 유산 계획을 통해 개인의 자산을 사회에 기부하거나, 공익을 위한 신탁을 설립할 수도 있습니다. 이는 개인의 사회적 책임과 기여를 반영한 자산 관리의 한 형태로, 레비스트로스의 구조주의적 관점에서 중요한 의미를 가집니다.

클로드 레비스트로스의 이론 적용

클로드 레비스트로스의 구조주의 이론을 통해, 유산 계획과 자산 관리가 단순히 개인의 재정적 활동이 아니라, 사회적 관계와 가족 구조를 유지하는 중요한 요소임을 이해할 수 있습니다. 유산 계획은 자산의 분배를 통해 가족 간의 유대를 강화하고, 사회적 역할과 책임을 다음 세대에 전승하는 방법입니다. 자산 관리는 이러한 과정을 지원하는 중요한 도구로, 가족과 사회 전체의 안정과 발전에 기여할 수 있습니다.

유산 계획과 자산 관리는 개인의 자산을 효과적으로 운영하고, 다음 세대에 올바르게 전승하는 데 중요한 역할을 합니다. 클로드 레비스트로스의 이론을 바탕으로, 우리는 유산 계획과 자산 관리가 가족 구조와 사회적 관계를 유지하고 발전시키는 중요한 과정임을 이해할 수 있습니다. 이는 단순히 자산을 관리하는 것이 아니라, 가족과 사회 내에서의 역할과 책임을 반영한 복합적인 활동입니다.

● '자산과 자본'이 성장하면 '금융'이 발전한다고 하는데 금융의 금리가 부동산 가격을 움직인다고?

금융에서 금리가 부동산 가격에 어떤 영향을 미치는지 설명하면서, 인류학자 칼 폴라니 (Karl Polanyi)의 이론을 활용하여 쉽게 풀어 보겠습니다. 폴라니는 시장 경제와 사회 구조가 어떻게 상호작용하는지를 연구한 인류학자로, 특히 경제적 변화가 사회적 관계와 규범에 미치는 영향을 강조했습니다. 그의 이론을 바탕으로 금리와 부동산 가격의 관계를 이해하기 쉽게 설명하겠습니다.

금융, 자산, 자본의 성장과 발전

자산(Assets)과 자본(Capital)이 성장하면, 이는 자연스럽게 금융(Finance)의 발전을 촉진합니다. 금융은 자산과 자본을 관리하고, 이를 통해 경제 활동을 원활하게 하는 중요한 도구입니다. 금융이 발전하면서, 자산과 자본의 가치는 더 크게 증대될 수 있으며, 이 과정에서 금리는 매우 중요한 역할을 합니다.

칼 폴라니는 시장 경제가 사회 구조와 긴밀하게 연결되어 있으며, 경제적 변화가 사회적 관계에 큰 영향을 미친다고 주장했습니다. 금융과 금리는 경제 활동뿐만 아니라, 사회 전체에 중요한 영향을 미치는 요소로 볼 수 있습니다.

금리의 역할

금리(Interest Rate)는 돈을 빌리거나 빌려줄 때 발생하는 비용을 의미합니다. 금리는 경제에서 중요한 조절 장치로, 자산 가격과 경제 활동 전반에 큰 영향을 미칩니다. 특히, 금리는 부동산 시장에서 중요한 변수로 작용합니다.

금리가 높아지면, 돈을 빌리는 비용이 증가합니다. 이는 기업이나 개인이 대출을 통해 자산을 구매하거나 투자하는 것을 더 어렵게 만듭니다. 반대로, 금리가 낮아지면 대출 비용이 줄어들어 자산 구매나 투자가 더 활발해질 수 있습니다.

금리와 부동산 가격의 관계

금리가 부동산 가격에 미치는 영향을 쉽게 이해하기 위해 몇 가지 예를 들어보겠습니다:

금리가 낮을 때(Low Interest Rates):

대출 비용 감소(Lower Borrowing Costs):

금리가 낮아지면, 사람들이 대출을 받아 부동산을 구매하는 것이 더 쉬워집니다. 대출 비용이 낮아지면 더 많은 사람들이 집을 사거나, 투자 목적으로 부동산을 구매하려 할 것입니다. 이는 부동산 수요를 증가시켜 가격을 상승시키는 요인이 됩니다.

투자 유인 증가(Increased Investment Incentives):

낮은 금리는 주식, 채권 같은 다른 투자처의 수익률도 낮아지게 만듭니다. 이로 인해 투자자들은 상대적으로 안정적이고 수익성이 높은 부동산 시장으로 눈을 돌릴 수 있습니다. 이는 부동산 가격을 더욱 상승시킬 수 있습니다.

금리가 높을 때(High Interest Rates):

대출 비용 증가(Higher Borrowing Costs):

금리가 높아지면 대출 이자가 증가하여, 사람들이 돈을 빌려 부동산을 구매하는 것이 어려워집니다. 이로 인해 부동산 구매 수요가 줄어들 수 있습니다.

투자 유인 감소(Decreased Investment Incentives):

금리가 높아지면, 예금이나 채권과 같은 안전한 금융 상품의 수익률이 높아져 투자자들이 굳이 위험을 감수하며 부동산에 투자할 필요성이 줄어듭니다. 이 역시 부동산 시장의 수요를 감소시키고, 결과적으로 부동산 가격이 하락할 가능성이 있습니다.

폴라니의 이론 적용

칼 폴라니의 이론에 따르면, 금리와 부동산 가격 간의 관계는 단순히 경제적 원리가 아니라, 사회적 관계와 구조에도 영향을 미칩니다. 예를 들어, 금리가 낮아져 부동산 가격이 급등하면, 이는 주택을 소유할 수 없는 계층과 소유할 수 있는 계층 간의 경제적 격차를 벌리는 결과를 초래할 수 있습니다. 폴라니는 이러한 경제적 변화가 사회적 안정성을 위협할 수 있다고 경고했습니다.

또한, 부동산 가격이 급등하면 주거비 상승으로 인해 가계의 재정 부담이 커질 수 있으며, 이는 소비 감소로 이어져 경제 전반에 부정적인 영향을 미칠 수 있습니다. 따라서 금리와 부동산 가격의 관계는 단순한 경제적 변수의 변화가 아니라, 사회적, 경제적 구조에 대한 심층적인 이해를 필요로 합니다.

금리가 부동산 가격에 미치는 영향은 매우 크며, 금리는 금융 시스템에서 자산 가격을 조정하는 중요한 역할을 합니다. 칼 폴라니의 이론을 통해, 우리는 금리 변화가 경제뿐만 아니라, 사회적 관계와 구조에도 큰 영향을 미친다는 것을 이해할 수 있습니다. 금리가 낮아지면 부동산 수요와 가격이 상승할 수 있으며, 반대로 금리가 높아지면 부동산 시장의 수요와 가격이 하락할 가능성이 있습니다. 이러한 변화는 사회 전체에 걸쳐 다양한 영향을 미치며, 이를 통해 사회적 불평등이나 경제적 안정성이 변화할 수 있습니다.

● 돈은 저축해야 하지만 자산도 저축해야 한다고? 10년 전 은행에 5만원 넣어(현금) 둔 것보다 5만원으로 금(자산) 샀다면 지금 금값이 얼마라고? (화분에서 화초도 자라지만 금이 더 잘 자란다.)

돈을 저축해서 모아서 부자가 될 것인가? 자산을 저축해서 부자가 될 것인가?

차이를 이해하기 위해, 10년 전 5만 원을 은행에 저축한 경우와 5만 원으로 금을 산 경우를 비교해 보겠습니다. 이를 설명하면서, 인류학자 마빈 해리스(Marvin Harris)의 문화 물질주의 이론을 활용해 쉽게 풀어 보겠습니다. 해리스는 물질적 조건이 사회와 문화에 어떻게 영향을 미치는지를 연구한 인류학자입니다.

돈의 저축과 자산의 저축

돈을 저축한다는 것은 우리가 흔히 생각하는 방식입니다. 예를 들어, 10년 전에 5만 원을 은행에 예금했을 때, 이 돈은 은행에 그대로 남아 있습니다. 은행은 예금에 대해 이자를 지급하지만, 현재의 저금리 시대에는 이자가 매우 낮아, 돈의 가치는 거의 변하지 않았을 가능성이 큽니다. 예금의 이자가 물가 상승률보다 낮으면, 실질적으로 돈의 구매력은 줄어들 수 있습니다.

자산을 저축한다는 것은 돈을 활용해 금과 같은 물리적 자산에 투자하는 것을 의미합니다. 금은 시간이 지남에 따라 그 가치가 변동할 수 있지만, 역사적으로 볼 때 인플레이션이나 경제 불확실성 속에서도 가치가 비교적 안정적으로 유지되는 자산입니다.

10년 전의 예를 들어 보자

10년 전, 5만 원을 은행에 저축했다면, 현재 그 돈은 여전히 5만 원으로 남아 있을 것입니다. 은행에서 제공한 이자가 있다 하더라도, 매우 적은 금액일 것입니다. 만약 물가가 지난 10년 간 꾸준히 올랐다면, 5만 원의 구매력은 줄어들어 같은 금액으로 살 수 있는 상품이나 서비스가 줄어들었을 것입니다.

반면, 10년 전에 5만 원으로 금을 샀다면 어떻게 되었을까요? 금은 시간에 따라 가치가 변동하지만, 지난 10년 간 금 가격은 전반적으로 상승하는 추세를 보였습니다. 예를 들어, 2013년에 금의 가격은 대략 1그램당 약 5만 원이었으며, 2023년 현재 금 가격은 1그램당 약 8만 원에서 10만 원 사이로 상승했습니다. 즉, 5만 원으로 샀던 금의 가치는 현재 약 8만 원에서 10만 원 사이의 가치로 증가했을 수 있습니다.

해리스의 문화 물질주의 관점

마빈 해리스의 이론을 적용해 보면, 돈과 자산의 저축은 단순한 경제적 활동을 넘어서 사회적, 문화적 관점에서도 중요한 의미를 가집니다. 해리스는 사람들이 어떻게 자원을 배분하고 사용하는지가 그 사회의 구조와 문화에 깊이 영향을 미친다고 보았습니다. 금과 같은 자산에 대한 투자는 단지 돈의 보존을 넘어서, 경제적 안정성과 사회적 지위를 유지하는 데 중요한 역할을 합니다.

금과 같은 자산은 문화적, 사회적 상징으로도 작용할 수 있습니다. 역사적으로 금은 권력, 부, 안정성을 상징해 왔으며, 이는 지금도 크게 다르지 않습니다. 금을 소유하는 것은 단지 자산을 보존하는 것이 아니라, 그 자산이 속한 사회에서의 경제적 지위와 신뢰를 반영하는 행동이 될 수 있습니다.

돈과 자산의 저축의 차이

돈을 은행에 저축하는 것은 단기적인 안전을 보장하지만, 시간이 지나면서 인플레이션 등의 요인으로 인해 그 가치가 줄어들 수 있습니다. 반면, 자산을 저축하는 것은 장기적으로 그 가치를 보존하거나 증대시키는 데 유리할 수 있습니다. 특히, 금과 같은 자산은 경제적 불확실성 속에서도 안정적으로 가치가 유지되거나 상승할 가능성이 높습니다.

마빈 해리스의 이론을 통해, 돈과 자산의 저축이 단순한 경제적 선택을 넘어, 사회적, 문화적 맥락에서 중요한 의미를 가진다는 것을 이해할 수 있습니다. 돈을 어떻게 사용하고 저장할 것인지는 개인의 경제적 안정뿐만 아니라, 그 사회에서의 역할과 위치를 반영하는 중요한 결정입니다.

경제적 자유를 향한 길에 대하여?
"On the Path to Financial Freedom."

1

통합적 재정 관리에 대하여?
"On Integrated Financial Management."

경제적 자유와 통합적 재정 관리에 대해 설명하면서, 인류학자 마셜 살린스(Marshall Sahlins)의 이론을 활용하여 쉽게 풀어 보겠습니다. 마셜 살린스는 경제적 행동이 단순히 물질적인 필요를 충족하는 것이 아니라, 사회적 관계와 문화적 가치에 의해 형성된다고 주장한 인류학자입니다. 그의 이론을 바탕으로 경제적 자유와 통합적 재정 관리의 개념을 이해하기 쉽게 설명하겠습니다.

경제적 자유란 무엇인가?

경제적 자유(Economic Freedom)는 개인이나 가정이 재정적으로 독립적이고 자율적으로 선택할 수 있는 상태를 의미합니다. 이는 기본적으로 생활에 필요한 재정적 자원을 충분히 확보하고, 경제적 의사 결정을 할 때 외부의 간섭 없이 자신의 선택에 따라 행동할 수 있는 능력을 포함합니다. 경제적 자유를 이루려면, 충분한 자산과 안정적인 소득이 필요하며, 재정적인 불안에서 벗어나는 것이 중요합니다.

마셜 살린스의 관점에서 경제적 자유는 단순히 돈을 많이 버는 것만을 의미하지 않습니다. 경제적 자유는 개인이 자신의 삶을 스스로 통제하고, 사회적 관계 속에서 자신이 원하는 대로 행동할 수 있는 능력과 직결됩니다. 이는 단순한 물질적 풍요를 넘어, 사회적 안정과 개인의 자율성을 포함하는 개념입니다.

통합적 재정 관리란 무엇인가?

통합적 재정 관리(Integrated Financial Management): 개인이나 가정의 모든 재정적 요소를 통합적으로 관리하는 전략입니다. 여기에는 소득, 지출, 저축, 투자, 부채 관리 등이 포함됩니다. 통합적 재정 관리는 각 재정 요소가 서로 어떻게 연관되어 있는지를 이해하고, 이들을 조화롭게 운영하여 재정적 안정성을 높이는 데 중점을 둡니다.

살린스의 이론에 따르면, 인간의 경제적 활동은 사회적 관계와 문화적 맥락 속에서 이루어집니다. 따라서 재정 관리는 단순히 숫자를 맞추는 활동이 아니라, 개인의 삶과 가족, 사회적 관계에 대한 깊은 이해를 바탕으로 이루어져야 합니다. 통합적 재정 관리는 이러한 관점에서 개인의 전반적인 재정 상황을 고려하여, 장기적인 목표를 설정하고 이를 달성하기 위한 전략을 수립하는 과정입니다.

경제적 자유를 위한 통합적 재정 관리의 중요성

목표 설정과 계획 수립(Setting Goals and Planning): 경제적 자유를 달성하기 위해서는 먼저 명확한 재정 목표를 설정하고, 이를 위한 계획을 수립해야 합니다. 이 과정에서 통합적 재정 관리가 중요한 역할을 합니다. 예를 들어, 은퇴 자금 마련, 주택 구입, 자녀 교육비 준비 등 다양한 목표를 설정하고, 이를 달성하기 위해 소득과 지출, 저축, 투자를 어떻게 조정할지 계획합니다.

소득과 지출의 균형 유지(Balancing Income and Expenditure)

소득과 지출을 효과적으로 관리하는 것은 경제적 자유를 이루기 위한 필수적인 요소입니다. 지출이 소득을 초과하지 않도록 주의하고, 가능한 저축과 투자를 통해 자산을 증대시켜야 합니다. 살린스는 경제적 활동이 사회적 관계와 깊이 연관되어 있다고 보았는데, 이는 소득과 지출의 균형이 개인의 사회적 안정과 직결된다는 의미로 해석될 수 있습니다.

부채 관리(Debt Management): 부채는 잘 관리하면 재정적 목표를 달성하는 데 도움이 될 수 있지만, 잘못 관리하면 경제적 자유를 위협할 수 있습니다. 부채를 효과적으로 관리하는 것은 통합적 재정 관리의 중요한 부분입니다. 예를 들어, 고금리 부채를 먼저 상환하거나, 부채를 줄이기 위한 전략을 세우는 것이 필요합니다.

저축과 투자(Saving and Investing): 저축과 투자는 경제적 자유를 이루기 위한 핵심 요소입니다. 저축을 통해 비상 자금을 마련하고, 투자를 통해 자산을 증대시켜야 합니다. 살린스의 관점에서, 저축과 투자는 단순히 개인의 경제적 안정을 위한 것이 아니라, 가족과 사회 내에서의 안정된 위치를 유지하기 위한 중요한 수단입니다.

리스크 관리(Risk Management): 통합적 재정 관리에서는 예상치 못한 재정적 위기에 대비하기 위해 리스크 관리도 중요합니다. 예를 들어, 보험에 가입하거나 비상 자금을 확보하여 갑작스러운 재정적 문제에 대응할 수 있도록 준비해야 합니다.

살린스의 이론 적용

마셜 살린스의 이론을 통해 경제적 자유와 통합적 재정 관리가 단순히 개인의 재정적 안정성만을 목표로 하지 않음을 알 수 있습니다. 이는 사회적 관계와 문화적 맥락 속에서 개인이 자율적으로 생활할 수 있는 능력을 의미합니다. 경제적 자유를 이루기 위해서는 통합적 재정 관리가 필수적이며, 이를 통해 개인의 삶과 가족, 사회 속에서의 안정성을 유지할 수 있습니다.

경제적 자유는 재정적으로 독립적이고 자율적인 선택을 할 수 있는 상태를 의미하며, 이를 달성하기 위해서는 통합적 재정 관리가 필요합니다. 마셜 살린스의 이론을 바탕으로, 우리는 경제적 자유가 단순한 물질적 풍요를 넘어, 개인의 사회적 안정과 자율성을 유지하는 데 중요한 역할을 한다는 것을 이해할 수 있습니다. 통합적 재정 관리를 통해 소득과 지출, 저축과 투자를 조화롭게 운영함으로써 경제적 자유를 이룰 수 있습니다.

2

경제적 목표 달성을 위한 로드맵에 대하여?

"On the Roadmap to Achieving Financial Goals."

경제적 목표(Financial Goals)는 개인이나 가정이 달성하고자 하는 재정적 성과나 상태를 의미합니다. 예를 들어, 주택 구입, 자녀 교육비 마련, 은퇴 자금 확보, 또는 특정 금액의 저축 달성 등이 경제적 목표가 될 수 있습니다. 이러한 목표를 설정하고 달성하는 과정은 경제적 자유를 이루는 데 필수적인 단계입니다.

부르디외의 관점에서 경제적 목표는 단순히 금전적 성과를 넘어서, 개인의 사회적 위치와 관계된 중요한 요소입니다. 예를 들어, 교육을 통한 문화적 자본의 축적은 개인의 경제적 목표 달성에 중요한 역할을 할 수 있으며, 이를 통해 사회적 자본도 확대될 수 있습니다.

경제적 목표 달성을 위한 로드맵(Roadmap to Achieve Financial Goals)

개인이 설정한 경제적 목표를 달성하기 위해 필요한 계획과 단계를 구체화한 것입니다. 이 로드맵은 장기적인 계획과 단기적인 실행 계획을 포함하며, 성공적인 목표 달성을 위해 필수적입니다.

로드맵을 세우는 과정은 다음과 같습니다:

목표 설정(Setting Goals)

첫 번째 단계는 구체적이고 현실적인 목표를 설정하는 것입니다. 예를 들어, 5년 안에 주택 구입을 위한 자금을 마련하거나, 10년 안에 은퇴 자금을 1억 원 이상 모으는 것 등이 있을 수 있습니다. 부르디외의 관점에서 목표 설정은 경제적 자본뿐만 아니라, 사회적, 문화적 자본과의 상호 작용을 통해 더욱 효과적으로 이루어질 수 있습니다.

현재 상황 평가(Assessing the Current Situation)

두 번째 단계는 현재의 재정적 상황을 평가하는 것입니다. 여기에는 현재 소득, 지출, 부채, 자산 등이 포함됩니다. 자신의 출발점을 명확히 이해하면, 목표를 달성하기 위한 전략을 더 정확하게 세울 수 있습니다.

계획 수립(Creating a Plan)

목표를 달성하기 위한 구체적인 계획을 세우는 단계입니다. 예를 들어, 저축 비율을 높이거나, 투자 전략을 세우거나, 부채를 줄이기 위한 계획을 세우는 것이 포함됩니다. 이 과정에서 사회적 자본(예: 전문가의 조언)과 문화적 자본(예: 금융 지식)이 중요한 역할을 할 수 있습니다.

실행과 모니터링(Execution and Monitoring)

세운 계획을 실행하고, 정기적으로 목표 달성 여부를 모니터링하는 것이 중요합니다. 부르디외의 이론에 따르면, 경제적 목표를 달성하는 과정에서 사회적 네트워크를 통해 얻는 피드백이나 문화적 자본의 축적이 중요한 지원이 될 수 있습니다.

조정과 최적화(Adjustment and Optimization)

계획 실행 중 예상치 못한 상황이 발생할 수 있으며, 이때는 로드맵을 조정하고 최적화하는 것이 필요합니다. 예를 들어, 경제 상황의 변화나 개인의 상황 변동에 따라 계획을 수정하는 것이 필요할 수 있습니다.

부르디외의 이론 적용

피에르 부르디외의 이론에 따르면, 경제적 목표 달성은 경제적 자본 외에도 사회적 자본과 문화적 자본의 영향을 받습니다. 경제적 자유를 이루기 위해서는 자산의 축적뿐만 아니라, 지식의 습득과 사회적 네트워크의 구축이 중요합니다. 이는 개인이 경제적 목표를 달성하고 사회에서 안정된 위치를 유지하는 데 중요한 역할을 합니다.

부르디외는 개인이 사회적 위치를 강화하는 데 자본의 다양한 형태가 어떻게 작용하는지를 강조했습니다. 경제적 목표 달성 로드맵을 세우는 과정에서도 경제적 자본 외에 사회적, 문화적 자본을 활용하는 것이 목표 달성에 큰 도움이 될 수 있습니다.

경제적 자유는 재정적 독립을 통해 자신의 삶에서 원하는 선택을 자유롭게 할 수 있는 상태를 의미하며, 이를 이루기 위해서는 구체적인 경제적 목표와 이를 달성하기 위한 로드맵이 필요합니다. 피에르 부르디외의 이론을 바탕으로, 우리는 경제적 목표 달성이 단순한 자산 축적을 넘어, 사회적, 문화적 자본과의 상호 작용을 통해 이루어져야 한다는 것을 이해할 수 있습니다. 이를 통해 개인은 경제적 자유를 이루고, 사회에서 안정된 위치를 유지할 수 있습니다.

3

지속 가능한 부와 자유로운 삶에 대하여?

"On Sustainable Wealth and the Pursuit of a Free Life."

지속 가능한 부와 자유로운 삶을 향한 여정을 설명하면서, 인류학자 마셜 살린스(Marshall Sahlins)의 이론을 활용하여 쉽게 풀어 보겠습니다. 마셜 살린스는 경제적 행동이 단순히 생존을 위한 것이 아니라, 사회적 관계와 문화적 가치에 의해 형성된다고 주장한 인류학자입니다. 그의 이론을 바탕으로 지속 가능한 부와 자유로운 삶의 개념을 쉽게 설명하겠습니다.

지속 가능한 부란 무엇인가?

지속 가능한 부(Sustainable Wealth)는 일시적인 재정적 성과에 그치지 않고, 장기적으로 안정적이고 지속 가능한 경제적 상태를 의미합니다. 이는 자산의 지속적인 성장, 현명한 투자, 그리고 자원의 효율적 관리 등을 통해 이루어집니다. 지속 가능한 부는 세대를 넘어 가치를 유지하며, 환경적, 사회적 책임을 포함한 폭넓은 의미의 부를 포함합니다.

마셜 살린스의 이론

인간의 경제적 활동은 사회적 관계와 문화적 가치에 깊이 뿌리박혀 있습니다. 즉, 부를 축적하는 과정은 단순히 물질적 자산을 모으는 것이 아니라, 그 부를 어떻게 관리하고, 사회적 맥락 속에서 어떻게 활용할 것인지에 대한 책임을 수반합니다. 지속 가능한 부는 경제적, 사회적, 문화적 요소가 조화를 이루며, 공동체의 지속 가능성에도 기여하는 부를 의미합니다.

자유로운 삶이란 무엇인가?

자유로운 삶(Freedom in Life)은 경제적, 사회적, 문화적 제약에서 벗어나 자신의 삶을 스스로 결정하고, 원하는 방식으로 살아가는 상태를 의미합니다. 이는 재정적 독립, 시간적 여유, 그리고 자신이 중요하게 여기는 가치를 추구할 수 있는 능력을 포함합니다.

살린스의 관점에서 자유로운 삶은 단순히 물질적 자유를 넘어서, 사회적 관계와 문화적 맥락에서 진정한 자율성을 추구하는 것을 의미합니다. 이는 경제적 안정성뿐만 아니라, 자신이 속한 사회에서의 역할과 책임을 인식하고, 이를 바탕으로 자신의 삶을 자율적으로 설계할 수 있는 능력을 포함합니다.

지속 가능한 부와 자유로운 삶을 위한 전략

지속 가능한 부를 축적하고 자유로운 삶을 살기 위해서는 다음과 같은 전략이 필요합니다

장기적 재정 계획 수립(Long-Term Financial Planning)

지속 가능한 부를 이루기 위해서는 장기적인 재정 계획이 필수적입니다. 이는 투자, 저축, 자산 관리 등을 포함하며, 시간이 지남에 따라 부를 증대시키고, 이를 통해 자유로운 삶을 위한 기반을 마련합니다. 살린스의 이론에 따르면, 이러한 계획은 개인의 경제적 활동이 사회적 관계와 어떻게 상호작용하는지를 이해하는 과정과도 연결됩니다.

지속 가능한 투자(Sustainable Investing)

지속 가능한 부는 단순히 경제적 수익을 추구하는 것뿐만 아니라, 환경적, 사회적 책임을 고려한 투자를 통해 이루어질 수 있습니다. 예를 들어, 사회적 책임 투자(SRI)나 환경, 사회, 지배 구조(ESG) 투자와 같은 방식은 지속 가능한 부를 축적하는 동시에 사회적 책임을 다하는 방법입니다.

재정적 자율성 유지(Maintaining Financial Independence)

자유로운 삶을 위해서는 재정적 자율성이 중요합니다. 이는 부채를 적절히 관리하고, 불필요한 경제적 의존성을 줄이며, 자신이 원하는 방식으로 자산을 활용할 수 있는 능력을 의미합니다. 살린스는 인간의 경제적 행동이 사회적 관계에 의해 형성된다고 보았으며, 재정적 자율성은 이러한 관계 속에서 개인이 자신의 역할을 스스로 결정할 수 있는 자유를 의미합니다.

가치 중심의 삶 추구(Pursuing a Value-Based Life)

자유로운 삶은 단순히 물질적 풍요를 넘어서, 개인이 중요하게 여기는 가치를 추구하는 삶을 의미합니다. 이는 개인의 삶에서 진정으로 중요한 것이 무엇인지 인식하고, 그 가치를 중심으로 삶을 설계하는 것을 포함합니다. 살린스의 관점에서, 이러한 삶의 방식은 경제적 행동이 사회적, 문화적 가치와 깊이 연결되어 있음을 보여 줍니다.

살린스의 이론 적용

마셜 살린스의 이론을 통해, 우리는 지속 가능한 부와 자유로운 삶이 단순히 물질적 목표를 달성하는 것이 아니라, 사회적 관계와 문화적 맥락 속에서 개인의 삶을 풍요롭게 만드는 과정임을 이해할 수 있습니다. 살린스는 인간의 경제적 활동이 사회적 관계와 문화적 가치에 의해 형성된다고 주장했으며, 이는 지속 가능한 부를 축적하고 자유로운 삶을 살기 위해 중요한 통찰을 제공합니다.

지속 가능한 부와 자유로운 삶을 향한 여정은 단순한 경제적 목표 달성을 넘어서, 사회적 관계와 문화적 가치 속에서 자신의 삶을 자율적으로 설계하고 추구하는 과정입니다. 마셜 살린스의 이론을 바탕으로, 우리는 지속 가능한 부가 경제적, 사회적, 환경적 책임을 포함한 폭넓은 개념임을 이해할 수 있습니다. 또한, 자유로운 삶은 재정적 자율성뿐만 아니라, 개인의 가치와 사회적 역할을 반영한 삶의 방식임을 알 수 있습니다.

● 경제의 중심에 심리가 작동하는데 그 비중이 높다고 한다. 부동산 심리에 대하여 알고 있냐고?

마빈 해리스(Marvin Harris)의 인류학자의 정의 및 개념:

경제에 미치는 영향 중 재테크의 대중적 관심이며 투자 가치와 사용 가치가 접목 되어 있는 부동산 심리를 알기 위해서 우선 인간이 사회에서 행동으로 실행하고자 할 때 물질적인 요소를 바라보는 입장에서 물질적(부동산) 조건과 사회적인 행동이 어떤 방식과 어떤 심리적인 형태로 상호 작용하는지를 연구하는 데 있어서 사회 문화적인 측면이 개입이 되는 것을 알 수 있었다.

한국에서 부동산은 불로소득

특히 한국에서는 부동산을 불로소득으로 보는 경향이 있으며 한편으로는 부동산으로 돈을 번 사람을 나쁘게 평가도 하면서 부러워하는 경향이 있기도 하는 이중적인 것을 입증하는 것이 관심과 투자의 열풍으로 5천1백만의 인구 중 청약 저축이 3천만에 육박한다는 것이다.

그의 이론적 개념을 바탕으로 부동산 심리의 개념을 풀이한다면 사회 문화적인 배경과 물질적인 인간 본원의 심리를 파악하는 것이 우선인 듯하다. 물론 이론적 배경으로 시작합니다.

재테크와 심리의 관계에서 행동의 결정적인 판단:

아주 계산적이고 이성적인 판단력으로 행동을 우선하지만 개입이 되는 감정적인 요인으로 기대감에 못 미치는 실망감(가격이 더 떨어져야 하는데 다시 상승하네), 또는 가격이 상승할 거라는 믿음감(투자 가치 있다), 사화적인 주거지의 입지 우월감(강남에 거주한다) 등 여러 가지 심리적인 요소들이 특히 다른 재화보다 많이 작동한다는 것이다.

'마빈 해리스'의 이론

인간의 행동은 현물과 재화의 조건과 사회 문화적인 요인에 의해서 심리적인 것까지 형성 된다고 말하고 있으며 현실에서도 나타나고 있다. 결국 사람은 어떤 환경과 배경에서 이성적 인 판단과 감성적 판단으로 부동산에서, 경제적인 측면에서, 경영적인 측면에서, 리더의 측면 에서 재화와 감정으로 나타나면서 행동으로 이어진다고 말할 수 있을 것이다. 부동산 심리 역 시 이러한 맥락에서 이해가 될 것이다.

부동산 심리(Real Estate Sentiment) - 기대와 믿음 언론과 대중성

사람들이 부동산 시장에 대해 가지는 기대와 감정, 그리고 이성적인 판단으로 이어질 때 행 동 패턴이 나타난다.

그래서 단순하게 부동산 시장에서는 정책적인 요소인 부동산 수요 규제, 공급 규제와 반대 로 완화가 된다고 하여도 부동산 가격이 반대로 움직이기도 한다는 것이다.

예를 들어서 정부에서 공급 완화 정책의 발표로 몇십만 채의 주택을 건설한다고 할 때 진짜 공급이 부족하구나 부족하니 당장 매입해야겠다는 것 또한 사회적인 요소의 심리와 개인의 심리가 작동한다고 볼 수 있다 심지어 정부의 정책과 무조건 반대로 규제가 강화되면 매입하 고 규제가 완화되면 매도해야 된다는 심리적 행동까지 이야기하는 사람들도 있다 또 상승과 하락 시기에 포모(유행에 뒤떨어진다는 공포심) 현상이 발생하기도 한다.

부동산은 집단적인 행동으로 이 역시 하나의 심리 속에서 이어지기도 하는데 이때 자신의 사회적인 위치와 개별적인 투자적 요소와 자산에 대한 안정감인 심리가 첨부되어 있다고 볼 수 있다.

부동산 심리에서 주로 적용되는 심리적인 요소들이 있으면 형성되기도 한다.

미래에 대한 기대(Expectations for the Future):

"무조건 상승한다"라는 긍정적인 믿음감이 있다면 현재의 가격이 높다고 느껴져도 매입을 할려고 하는 것이 작동되어서 만약 주변으로 확산이 된다면 수요가 증가되고 가치보다는 가격에 치중을 두어 실질 가격이 상승하고 버블까지 발생하기도 한다. 반대로 무조건 하락한다는 기대감의 심리가 작동하여 저렴한 가격과 가치인데도 불구하고 매입을 꺼리고 전세 또는 월세로 가격이 더 하락하기를 기다리고 있다가 저렴할 때 놓치는 경향이 있다.

집단적 행동의 패턴으로 사회적 증거(Social Proof):

부동산의 심리가 작용할 때가 있다. 많은 사람들이 부동산을 사기 시작하거나 매도할 때 집단적인 행동에 동참하는 심리적으로 작용이 되기도 한다.

부동산과 경제는 사촌지간:

아니다 부부 관계이고 실과 바늘이다. 떨어져서 판단할 수가 없다. 즉 경제가 안 좋으면 부동산 매입을 꺼리는 사람들이 있는가 하면 경제가 안 좋을 때 매입을 하여 경제가 좋아질 거라는 기대감의 심리가 작동하여 일부 매입의 현상으로 불안정한 시장의 경제를 안정시키는 데 도움이 되기도 한다.

대중 매체와 부동산의 심리적 영향:

미디어 또는 유튜브, 뉴스,미디어와 정보의 영향(Media and Information Influence) 통하여 가격이 상승하고 있다는 정보가 있다는 것은 많은 사람이 알 수 있는 정보라서 정보에 대한 믿음감으로 매수의 심리에 작용하여 수요가 늘어나는 경향이 있고 전문가라는 사람에 대한 믿음감에 전문가의 말에 동조하여 매입을 하는 심리도 있다. 반대로 부정적인 언론이 있다면 불안하여 진짜로 매입하지 못하여 손해 볼 때가 있어서 그때 '살 걸' 하고 후회하는 경향이 있기도 하다.

문화와 물질주의 이론을 연구한 '마빈 해리스'를 통해서 부동산 심리를 인용한다면 부동산의 심리적 요인으로 개인의 감정뿐만 아니라 주변의 배경인 사회적인 구조와 통계적인 조건 속에서 형성된 집단적인 행동이 있다는 것을 알 수 있다.

많은 사람들이 부동산 산업의 시장에서 어떤 식의 패턴으로 행동하는가에 따라서 정보와

본인의 욕구에서 발생하기 때문에 재테크에서 부동산 산업의 변화되는 시장의 자료와 더불어 사람들의 심리도 파악이 되어야 하기 때문에 부동산 심리에 대하여 더욱 관심을 두어야 하고 투자하는 지역의 지역적 특성과 통계, 그 지역의 그 단지 사람들의 심리도 인지해야 시장의 변화도 예측 가능하며 대응 역시 할 수 있다.

또한 부동산 투자에서 가격 변동을 일으키는 요소들의 심리도 알아야 할 것이다.

과연 국회의원과 정부의 선거철 공약에 대하여 믿을 수 있을까?

부동산 투자 관련 (추천)
읽어야 할 목록 39가지

1

돈과 부동산?

돈과 부동산의 상호 작용

부동산 구매와 자금 조달

현금과 대출: 부동산 구매는 대개 현금 또는 대출을 통해 이루어집니다. 돈은 부동산 거래에서 가장 기본적인 교환 수단으로 사용되며, 많은 경우 대출이 이를 보완합니다.

주택 담보 대출: 대출을 통해 주택을 구매할 때, 돈은 부동산의 담보로 사용됩니다. 대출 상환은 월별 현금 흐름으로 이루어지며, 이는 부동산 투자에서 중요한 자금 조달 방법입니다.

부동산의 자산화

가치 저장: 부동산은 돈의 가치를 저장하는 수단으로 사용될 수 있습니다. 부동산을 구매하는 것은 자산을 안전하게 보관하고, 인플레이션 등의 경제적 변동에 대비하는 방법 중 하나입니다.

수익 창출: 부동산은 임대 수익이나 매각을 통해 돈을 창출할 수 있는 자산입니다. 돈이 부동산에 투자되면, 이는 자산 가치를 증대시키고, 장기적으로 수익을 창출할 수 있습니다.

경제와 부동산 시장의 상호 작용

금리와 부동산: 금리는 부동산 시장에 큰 영향을 미칩니다. 금리가 낮으면 대출 비용이 줄어들어 부동산 수요가 증가하고, 가격이 상승할 수 있습니다. 반대로 금리가 오르면 대출 비용이 증가하여 부동산 수요가 줄어들고, 가격이 하락할 수 있습니다.

유동성: 경제 전반의 유동성(즉, 시장에서 돈의 흐름)은 부동산 시장에 직접적인 영향을 미칩니다. 유동성이 증가하면 부동산 거래가 활성화되고, 가격이 상승할 가능성이 높습니다.

부동산 투자 전략

자산 배분과 포트폴리오 다각화

포트폴리오의 일부로서의 부동산: 부동산은 자산 포트폴리오의 중요한 구성 요소로, 주식, 채권과 함께 자산을 분산시키는 역할을 합니다. 부동산은 일반적으로 안정적인 수익을 제공하며, 변동성이 낮아 장기적인 투자로 적합합니다.

자산 배분: 부동산을 포함한 포트폴리오는 리스크와 수익률을 균형 있게 조정할 수 있는 방법입니다. 자산 배분을 통해 투자자는 시장 변동성에 대한 대응력을 높일 수 있습니다.

임대 수익을 통한 현금 흐름 관리

임대 수익: 부동산 투자는 임대 수익을 통해 지속적인 현금 흐름을 창출할 수 있습니다. 임대 수익은 투자자의 주요 수입원이 될 수 있으며, 장기적인 안정성을 제공합니다.

현금 흐름 관리: 부동산 투자는 대출 상환, 유지 관리비, 세금 등을 고려한 현금 흐름 관리가 필요합니다. 긍정적인 현금 흐름을 유지하는 것이 성공적인 부동산 투자 전략의 핵심입니다.

부동산 가치 상승을 통한 자본 이득

자본 이득: 부동산 시장에서 자산 가치를 증대시켜 매각하는 것은 중요한 투자 전략입니다.

자산 가치가 상승할 때 매각하여 차익을 실현하는 방법은 부동산 투자의 큰 수익원이 될 수 있습니다.

시장 타이밍: 부동산 시장의 변동성을 예측하고, 적절한 타이밍에 매수 및 매도하는 것이 자본 이득을 극대화하는 데 중요합니다.

리스크 관리와 장기적 관점

리스크 관리: 부동산 투자는 장기적인 관점에서 이루어져야 하며, 시장 변동성, 경제적 위기, 금리 변화 등의 리스크를 관리하는 전략이 필요합니다. 이를 위해 포트폴리오의 다각화, 현금 흐름 분석, 시장 모니터링 등이 중요합니다.

장기적 관점: 부동산은 시간이 지남에 따라 가치가 상승할 가능성이 크므로, 장기적인 관점을 유지하는 것이 중요합니다. 장기 투자자는 시장의 단기 변동성에 휘둘리지 않고, 지속적인 수익을 추구할 수 있습니다.

돈과 부동산은 경제 활동의 핵심 요소로 상호 작용하며, 부동산은 돈의 가치를 저장하고 증식할 수 있는 강력한 자산입니다. 부동산 투자는 자산 배분, 현금 흐름 관리, 자본 이득 실현, 리스크 관리 등을 포함한 종합적인 전략이 필요합니다. 돈과 부동산의 관계를 이해하고, 시장 상황과 개인의 재정 상태에 맞춘 투자 전략을 수립하는 것이 성공적인 부동산 투자의 핵심입니다.

2

부동산에서 심리가 중요한 이유?

부동산 시장에서 심리가 중요한 이유를 더욱 깊이 이해하려면, 다양한 심리적 요인이 어떻게 시장 참여자들의 행동과 결정에 영향을 미치는지, 그리고 이로 인해 시장이 어떻게 반응하는지를 구체적으로 살펴봐야 합니다. 이를 위해 시장 참여자들의 심리적 기제를 분석하고, 심리가 부동산 가격, 거래 활동, 시장 주기, 정책 반응 등에 어떻게 작용하는지 세부적으로 설명하겠습니다.

시장 참여자의 심리와 부동산 가격 결정

기대 심리와 가격 상승 메커니즘

미래 기대의 형성: 부동산 시장에서 가격 상승에 대한 기대는 여러 요인에 의해 형성됩니다. 예를 들어, 경제 성장, 인구 증가, 새로운 인프라 개발 등의 긍정적인 경제 전망은 사람들이 부동산 가격이 상승할 것이라고 기대하게 만듭니다. 이러한 기대는 개별 투자자와 주택 구매자에게 직접적인 영향을 미칩니다.

기대의 강화와 자산 가격: 가격 상승 기대는 사람들로 하여금 더 빨리 부동산을 매입하게 하며, 이는 실제로 수요를 증가시키고 가격을 상승시킵니다. 이 과정에서 초기 기대가 현실로 나타나면서, 더 많은 사람들이 부동산 시장에 참여하게 됩니다. 이러한 반복적인 기대와 현실의 상호 작용은 가격을 더 빠르게 상승시키는 피드백 루프를 형성합니다.

군중 심리와 집단 행동: 부동산 시장에서 가격이 오르기 시작하면, 사람들은 군중 심리에 따라 행동하게 됩니다. 다른 사람들이 주택을 사들이는 것을 보고 자신도 뒤처지지 않기 위해 부동산을 구매하는 경향이 강해집니다. 이 군중 심리는 특히 가격 상승기에 강하게 나타나며, 시장에 과열을 불러일으킬 수 있습니다.

공포 심리와 가격 하락 메커니즘

부정적인 전망과 심리적 반응: 경제 불황, 실업률 증가, 금리 인상 등 부정적인 경제 지표가 나타나면, 투자자들은 부동산 가격이 하락할 것이라는 공포를 느끼기 시작합니다. 이러한 공포심은 자산을 빨리 매도하려는 심리를 자극하며, 시장에 매물이 급증하게 됩니다.

매도 심리의 확산: 가격 하락이 예상되면 투자자들은 손실을 최소화하기 위해 자산을 신속히 매각하려고 합니다. 이 과정에서 매도 물량이 급증하게 되고, 이는 실제로 가격 하락을 가속화하는 결과를 낳습니다. 특히 패닉 셀링(공포 매도)이 발생하면, 가격은 급격히 하락할 수 있습니다.

심리적 패닉과 시장 붕괴: 극단적인 경우, 시장 참여자들이 모두 자산을 팔려고 하게 되면, 시장이 붕괴될 수 있습니다. 이는 2008년 금융 위기 당시 서브 프라임 모기지 사태에서 볼 수 있었듯이, 심리적 공포가 어떻게 시장 전체를 무너뜨릴 수 있는지를 잘 보여 줍니다.

심리적 요인과 시장 주기

심리가 시장 주기에 미치는 영향

확장기에서의 심리적 낙관: 부동산 시장이 확장기에 접어들 때, 낙관적인 심리가 지배적입니다. 사람들은 부동산 가격이 지속적으로 상승할 것이라는 기대를 가지고 있으며, 이는 투자자들을 더 공격적으로 만들고, 더 많은 자산을 구매하게 만듭니다. 낙관적인 심리가 강할수록 시장의 확장 속도는 빨라지며, 이는 시장 과열을 초래할 수 있습니다.

과잉 낙관의 위험: 그러나 과도한 낙관주의는 시장에 심각한 왜곡을 초래할 수 있습니다. 투자자들이 너무 긍정적인 전망에만 의존하여 높은 가격에 자산을 매입하게 되면, 시장에 거품이 형성될 가능성이 큽니다. 이 거품이 지속되다가 어느 순간 기대와 현실 사이의 괴리가 커지면, 거품은 붕괴되고 시장은 급락할 수 있습니다.

하락기에서의 심리적 비관: 시장이 하락기에 접어들면, 심리는 급격히 비관적으로 변합니다. 투자자들은 가격 하락을 예상하고, 자산을 매도하려는 경향이 강해집니다. 이러한 비관적인 심리가 확산되면, 시장 회복이 더욱 어려워지며, 가격 하락이 가속화될 수 있습니다.

심리적 장벽과 가격 저항선

심리적 장벽의 형성: 부동산 가격이 특정 수준에 도달하면, 시장 참여자들은 이를 심리적 장벽으로 인식하게 됩니다. 예를 들어, 한 지역의 평균 주택 가격이 10억 원을 넘어서면, 이를 심리적 장벽으로 여겨 더 이상 가격 상승이 어려울 것이라는 생각이 확산될 수 있습니다. 이러한 심리적 장벽은 가격 상승을 저지하는 역할을 할 수 있습니다.

저항선의 역할: 반대로, 가격이 하락할 때는 특정 수준이 저항선으로 작용할 수 있습니다. 예를 들어, 시장이 하락하더라도 사람들이 생각하는 '최저 가격'이 존재하면, 그 가격대에서 매수세가 유입되어 하락을 멈추게 할 수 있습니다. 이 저항선은 시장에서 가격 안정화에 중요한 역할을 합니다.

투자자 심리와 수익성의 관계
심리적 편향과 투자 의사 결정

확증 편향: 투자자들은 자신이 믿고 있는 정보나 견해를 확인해 주는 정보에만 주목하는 경

향이 있습니다. 예를 들어, 부동산 가격이 계속 오를 것이라고 믿는 투자자는 상승세를 뒷받침하는 정보만을 받아들이고, 하락 가능성을 경시하는 경향이 있습니다. 이러한 확증 편향은 잘못된 투자 결정을 초래할 수 있습니다.

손실 회피: 투자자들은 손실을 경험하는 것을 피하고자 하는 경향이 있습니다. 이는 손실을 현실화하기보다는, 손실 자산을 보유하며 가격 회복을 기다리는 행동으로 나타날 수 있습니다. 그러나 시장이 계속 하락하는 상황에서는 이러한 행동이 더 큰 손실로 이어질 수 있습니다.

과도한 자신감: 일부 투자자들은 자신의 능력이나 시장에 대한 판단에 대해 과도한 자신감을 가질 수 있습니다. 이는 지나치게 공격적인 투자로 이어져, 예상치 못한 리스크에 노출될 수 있으며, 시장 변동성에 대한 대비가 부족한 상태에서 큰 손실을 입을 수 있습니다.

군집 행동과 거품 형성

군집 행동의 메커니즘: 군집 행동은 사람들이 다른 사람들의 행동을 모방하는 경향에서 비롯됩니다. 부동산 시장에서는 다른 투자자들이 주택을 매입하는 것을 보고, 자신도 같은 결정을 내리는 경우가 많습니다. 이러한 군집 행동은 시장에서 가격 급등을 초래할 수 있으며, 특히 정보의 비대칭성이 클수록 강하게 나타납니다.

거품 형성: 군집 행동이 과도하게 나타날 경우, 부동산 시장에서 거품이 형성될 수 있습니다. 투자자들이 과도하게 자산을 매입하고, 실제 가치보다 훨씬 높은 가격에 거래가 이루어지면서 거품이 발생합니다. 이러한 거품은 경제적 실체와 무관하게 유지되다가, 결국에는 붕괴하게 됩니다.

거품 붕괴의 영향: 거품이 붕괴되면, 투자자들은 큰 손실을 입게 됩니다. 거품이 형성되는 동안 매입한 자산의 가치는 급격히 하락하고, 많은 사람들이 자산을 처분하려고 하면서 시장은 급격한 조정을 겪게 됩니다. 이는 개인의 재정적 파탄뿐만 아니라, 금융 시스템 전반에 걸

처 큰 혼란을 초래할 수 있습니다.

정부 정책과 심리의 상호 작용

정책 발표의 심리적 효과

정책의 신호 효과: 정부가 부동산 관련 정책을 발표하면, 시장 참여자들은 이를 중요한 신호로 받아들입니다. 예를 들어, 대출 규제 강화, 세금 인상 등은 시장에서 부정적인 신호로 해석되어 투자자들의 매도 심리를 자극할 수 있습니다. 반대로, 규제 완화나 세금 감면 등의 정책은 긍정적인 신호로 해석되어 매수 심리를 강화할 수 있습니다.

정책의 심리적 안정 효과: 정부 정책은 시장 심리를 안정시키는 데 중요한 역할을 합니다. 경제적 불확실성이 높은 상황에서 정부가 시장에 대해 명확하고 일관된 정책을 제시하면, 투자자들은 심리적 안정을 찾고, 시장 변동성이 줄어들게 됩니다. 이는 시장의 회복과 안정에 기여할 수 있습니다.

정책의 일관성과 시장 신뢰

정책 일관성의 중요성: 부동산 시장에서 정부의 정책이 일관되게 유지되면, 시장 참여자들은 장기적인 신뢰를 가질 수 있습니다. 예를 들어, 지속적인 주택 공급 정책이나 일관된 대출 규제는 시장의 예측 가능성을 높여 투자자들이 안정적으로 계획을 세울 수 있게 합니다.

정책 변화와 심리적 불안: 반대로, 정책이 자주 변경되거나 예측 불가능할 경우, 시장 참여자들은 심리적 불안을 느끼게 됩니다. 예측하기 어려운 정책 변화는 투자자들이 보수적으로 변하게 만들고, 시장 거래를 위축시키며, 가격 하락을 초래할 수 있습니다.

시장 신뢰 회복: 부동산 시장이 위기를 맞았을 때, 정부의 신속하고 일관된 대응은 시장 신뢰를 회복하는 데 중요한 역할을 합니다. 예를 들어, 금융 위기 시기의 구제 금융 정책이나 주택 시장 지원 정책은 투자자들에게 긍정적인 신호를 보내며, 시장 회복을 촉진할 수 있습니다.

구매자와 판매자의 심리적 동기

구매자의 심리적 요인

첫 주택 구매자의 불안: 첫 주택 구매자들은 주택 구매 과정에서 많은 불안을 느낄 수 있습니다. 높은 가격, 대출 부담, 미래 가격 변동에 대한 걱정 등은 첫 구매자들에게 심리적 부담으로 작용합니다. 이들은 시장 정보에 의존하며, 종종 주위의 경험이나 전문가의 조언에 따라 결정을 내립니다.

심리적 안전망: 첫 주택 구매자들은 주로 심리적 안전망을 찾으려는 경향이 있습니다. 예를 들어, 안정적인 지역, 선호도가 높은 학교 구역, 편리한 교통 시설 등이 주택 선택에 중요한 요소로 작용할 수 있습니다. 이러한 심리적 안전망은 첫 주택 구매자들이 장기적인 안정성을 추구하는 경향을 반영합니다.

경험 있는 구매자의 계산된 결정: 경험 있는 구매자들은 보다 전략적인 결정을 내리는 경향이 있습니다. 이들은 시장 사이클, 경제 전망, 투자 수익률 등을 고려하여 구매 결정을 내립니다. 이들은 첫 구매자보다 시장 정보에 더 익숙하며, 일반적으로 장기적인 수익성을 중시합니다.

판매자의 심리적 요인

높은 가격에 대한 집착: 판매자들은 종종 자신이 소유한 부동산의 가치에 대해 감정적 애착을 가지며, 이는 과도하게 높은 가격을 고집하게 만들 수 있습니다. 특히 과거 가격 상승 경험이 있는 경우, 현재 시장 상황과는 무관하게 높은 가격을 기대할 수 있습니다. 이는 거래를 지연시키고, 매물의 장기화를 초래할 수 있습니다.

가격 하락에 대한 불안: 반대로, 시장이 하락할 것으로 예상되면, 판매자들은 불안감을 느끼고 자산을 신속히 처분하려고 할 수 있습니다. 이는 매물을 급격히 증가시키며, 실제로 가격 하락을 촉진하는 결과를 초래할 수 있습니다. 특히 급매물 증가 시, 시장의 가격 수준이 빠르게 하락할 수 있습니다.

정서적 애착과 결정 지연: 판매자들은 종종 부동산에 대한 정서적 애착으로 인해 결정을 지연하는 경우가 많습니다. 이는 특히 오랜 기간 거주한 주택이나, 가족과의 추억이 담긴 부동산에서 흔히 나타납니다. 이러한 정서적 애착은 합리적인 가격 설정을 방해하고, 시장에서의 매도 타이밍을 놓치는 결과를 초래할 수 있습니다.

심리와 부동산 투자 전략

심리적 편향에 대응하는 전략

확증 편향 관리: 투자자들은 확증 편향을 인식하고, 이를 극복하기 위해 다양한 시각을 고려해야 합니다. 이를 위해 반대 의견을 적극적으로 검토하거나, 자신의 예상과 반대되는 시장 데이터를 분석하는 것이 도움이 됩니다. 확증 편향을 줄이기 위해 전문가의 조언을 활용하거나, 시장 분석 보고서를 참고하는 것도 좋은 방법입니다.

손실 회피 경향 관리: 손실 회피 경향을 관리하기 위해, 투자자들은 감정적인 결정을 피하고, 장기적인 투자 계획에 따라 의사 결정을 내려야 합니다. 손실이 발생할 가능성을 미리 예상하고, 적절한 손절매 전략을 설정하는 것이 중요합니다. 또한, 손실을 두려워하기보다는 리스크와 수익의 균형을 맞추는 것이 필요합니다.

리스크 관리와 자산 배분: 심리적 요인에 대응하기 위해, 투자자들은 포트폴리오 다각화와 리스크 관리 전략을 세워야 합니다. 예를 들어, 부동산뿐만 아니라 주식, 채권, 현금 등을 포함한 포트폴리오를 구성하여 시장 변동성에 대비할 수 있습니다. 또한, 시장의 단기 변동에 휘둘리지 않고, 장기적인 목표에 초점을 맞추는 것이 중요합니다.

군집 행동에 대응하는 전략

군중 심리 파악: 투자자들은 군중 심리가 시장에 미치는 영향을 인식하고, 이에 휩쓸리지 않도록 주의해야 합니다. 군중 심리가 작용할 때는 시장이 비정상적으로 과열되거나 과도하게 하락할 수 있으므로, 이를 인식하고 독립적인 결정을 내리는 것이 중요합니다.

장기적 관점 유지: 군중 심리에 휩쓸리지 않기 위해, 장기적인 관점을 유지하는 것이 필요합니다. 단기적인 시장 변동에 집착하기보다는, 장기적인 시장 전망과 자신의 투자 목표를 바탕으로 결정을 내려야 합니다. 이는 특히 시장이 과열되거나 급락할 때 중요한 전략입니다.

리스크 분산: 군집 행동이 강하게 나타날 때는 리스크 분산 전략이 효과적일 수 있습니다. 여러 지역에 분산 투자하거나, 다양한 부동산 유형에 투자하여 리스크를 줄이는 것이 좋습니다. 이는 시장의 특정 섹터나 지역이 과열되거나 침체될 때, 전체 포트폴리오의 손실을 최소화하는 데 도움이 됩니다.

부동산 시장에서 심리는 가격 결정, 시장 주기, 투자 결정, 정부 정책의 효과 등에 깊숙이 영향을 미칩니다. 심리적 요인을 잘 이해하고 이를 분석하는 것은 성공적인 부동산 투자와 시장 예측의 필수 요소입니다. 투자자와 시장 참여자들은 자신의 심리적 편향을 인식하고, 장기적인 관점에서 합리적인 결정을 내리는 것이 중요합니다. 또한, 정부와 미디어의 역할도 심리적 안정을 제공하여 시장의 과도한 변동성을 줄이는 데 기여할 수 있습니다. 심리를 잘 이해하고 관리하는 것은 부동산 시장에서의 성공과 안정적인 투자 성과를 위한 중요한 요인입니다.

3

부동산 심리가 재테크에 미치는 영향

부동산 심리는 개인이나 집단이 부동산 시장에서 가격 변화와 거래에 대해 느끼는 감정이나 인식입니다. 이러한 심리는 재테크(재산 관리와 투자) 결정에 큰 영향을 미치며, 다음과 같은 방식으로 나타날 수 있습니다.

시장 분위기와 투자 의사 결정

긍정적 심리: 사람들이 부동산 시장에 대해 긍정적으로 생각할 때, 더 많은 사람들이 부동산을 투자 대상으로 보고 자산을 늘리려 합니다. 특히 가격 상승에 대한 기대가 높으면 투자가 활발해지고, 매수자가 많아지며 가격이 더 오를 수 있습니다.

부정적 심리: 반대로 경제 불황이나 부동산 규제 정책이 강화되면 사람들은 부동산 가격 하락을 예상하고 투자를 꺼리게 됩니다. 매수 수요가 줄어들면 가격이 하락하거나 거래가 줄어드는 경향이 나타납니다.

부동산거래의 속도와 유동성

부동산 심리가 긍정적일 때는 빠르게 거래가 이루어지며, 부동산이 자산으로서의 유동성이 높아집니다. 이때 투자자들은 단기 차익을 노리고 빠르게 매매를 결정할 가능성이 커집니다.

부동산 시장에 대한 불안이 커지면 거래가 위축되고, 매수자가 줄어들어 유동성이 떨어집니다. 이는 투자자들이 자산을 현금화하기 어렵게 만들어 재테크에 부담을 줄 수 있습니다.

부동산의 버블 현상과 심리적 요인

시장 심리가 과열되면 가격이 비정상적으로 상승하여 부동산 버블이 형성될 수 있습니다. 버블이 형성되면 많은 투자자들이 무리한 대출을 통해 부동산에 투자하고, 이는 결국 시장의 불안정성을 초래합니다.

버블이 꺼지면 부동산 가치가 급락하며, 부동산을 투자 자산으로 삼은 사람들은 큰 손실을 볼 수 있습니다.

부동산 정부 정책과 심리의 상호 작용

정부의 규제 정책(예: 부동산 세제 강화, 대출 제한)이 나오면 시장 심리가 위축될 수 있으며, 이는 투자의 감소로 이어집니다.

반대로, 정부가 부동산 시장을 지원하는 정책(예: 대출 완화, 세금 혜택)을 시행하면 심리가 회복되어 투자가 활성화될 수 있습니다.

부동산 투자 포트폴리오 다변화와 심리

부동산 시장에 대한 부정적 심리가 지속될 경우, 투자자들은 다른 재테크 방법으로 눈을 돌리기도 합니다. 주식, 채권, 해외 투자 등 다양한 자산에 투자함으로써 위험을 분산하고자 합니다.

부동산 심리는 재테크에 있어 중요한 역할을 하며, 시장의 감정적 흐름에 따라 개인과 기관의 투자 전략이 크게 변동될 수 있습니다. 긍정적이거나 부정적인 심리는 결국 부동산 시장의 가격 움직임과 직결되며, 이는 장기적으로 투자자들에게 기회 또는 리스크로 작용하게 됩니다.

부동산 성공적인 투자를 위한 팁

성공적인 부동산 투자를 위한 팁

부동산 투자는 장기적이고 복합적인 과정이기 때문에 다양한 요인을 고려해야 합니다. 성공적인 투자를 위해서는 시장의 흐름을 파악하고, 감정적 요소를 잘 관리하며, 투자 목표를 명확히 설정한 후 꾸준히 점검하고 조정해야 합니다. 또한, 세금을 효율적으로 관리하는 전략을 통해 투자 수익을 극대화할 필요가 있습니다. 아래에서는 이러한 각 요소를 더욱 깊이 있게 다뤄보겠습니다.

시장 타이밍과 감정 관리
시장 타이밍의 중요성
시장 주기 이해하기

확장기: 시장이 확장기에 있을 때는 부동산 가격이 상승하는 경향이 있습니다. 이 시기에는 매수자와 투자자가 시장에 적극적으로 참여하며, 자산 가치가 급등할 가능성이 높습니다. 확장기에는 시장의 낙관론이 팽배하지만, 과열된 상태가 되기 쉽습니다.

안정기: 시장이 안정기에 접어들면, 가격 상승이 멈추고, 일정한 수준에서 유지됩니다. 이

시기는 부동산 가격이 합리적인 범위에서 안정적으로 유지되며, 시장 참여자들이 신중해지는 시기입니다. 이때는 리스크가 비교적 낮아, 안정적인 수익을 추구하기에 좋은 시기입니다.

하락기: 시장이 하락기에 들어서면 부동산 가격이 떨어지기 시작합니다. 이 시기에는 매도자가 증가하고, 매수자는 줄어들며, 가격이 급격히 하락할 수 있습니다. 이때는 신중하게 접근해야 하며, 기회가 될 수도 있지만, 리스크가 크다는 점을 인지해야 합니다.

타이밍의 리스크와 기회

저점 매수: 저점에서 매수하는 것은 이론적으로 가장 높은 수익을 낼 수 있는 방법이지만, 실제로 저점을 정확히 예측하기는 매우 어렵습니다. 많은 투자자들이 저점을 노리다가 더 큰 하락을 경험하거나, 반등 시점을 놓치는 경우가 많습니다.

시장 과열기의 매수: 시장이 과열된 시점에 매수하면, 고점에서 자산을 매입하는 리스크가 커집니다. 이때는 가격이 계속 상승할 것이라는 과도한 낙관론에 휘말리지 않도록 주의해야 합니다. 과열기에는 시장의 본질적 가치보다 심리에 의해 가격이 상승하는 경우가 많기 때문에, 냉정한 판단이 필요합니다.

감정 관리의 중요성

심리적 안정 유지

장기적 관점 유지: 부동산 투자는 단기적인 수익을 기대하기보다, 장기적인 성장을 목표로 해야 합니다. 시장의 단기 변동성에 너무 집중하면, 감정적으로 대응하게 되고 잘못된 결정을 내릴 수 있습니다. 장기적 관점에서 부동산의 내재 가치를 평가하고, 시간을 두고 투자 성과를 기다리는 것이 중요합니다.

감정적 의사 결정 피하기: 시장의 하락기에 공포심으로 인해 패닉 셀링을 하거나, 상승기에 탐욕으로 인해 무리하게 자산을 매입하는 것은 위험합니다. 이러한 감정적 의사 결정은 단기적으로는 안도감을 줄 수 있지만, 장기적으로는 손실을 초래할 수 있습니다. 감정이 아닌 데이터와 분석을 기반으로 한 결정을 내리는 것이 중요합니다.

공포와 탐욕 관리

공포 극복: 하락기에 시장이 바닥을 치고 반등할 수 있는 기회를 고려하여, 공포에 의해 매도하지 않도록 주의해야 합니다. 하락기에는 오히려 좋은 매수 기회가 될 수 있습니다. 그러나 지나친 낙관도 피해야 하며, 현실적인 시장 분석이 필요합니다.

탐욕 극복: 상승기에는 가격이 계속 오를 것이라는 기대가 형성되지만, 시장은 언제든지 조정될 수 있습니다. 탐욕은 자산 과잉 구매와 무리한 대출을 부추길 수 있으며, 이는 시장 조정 시 큰 손실로 이어질 수 있습니다. 탐욕을 억제하고, 목표 수익률에 도달했을 때는 과감하게 이익을 실현하는 것도 중요합니다.

투자 목표 설정과 리밸런싱

명확한 투자 목표 설정

단기 vs 장기 목표

단기 목표: 단기적으로는 자산 가치 상승이나 단기 임대 수익을 목표로 할 수 있습니다. 예를 들어, 개발이 예정된 지역의 부동산을 매입하여, 개발 완료 후 매각을 통해 단기적인 자본 이득을 추구할 수 있습니다.

장기 목표: 장기적으로는 임대 수익을 통한 지속적인 현금 흐름을 확보하거나, 자산의 가치 상승을 통한 부의 축적을 목표로 할 수 있습니다. 예를 들어, 인프라가 잘 갖춰진 지역의 주거용 부동산을 매입하여 장기 임대 수익을 추구할 수 있습니다.

구체적이고 측정 가능한 목표 설정

수익률 목표: 목표 수익률을 설정하고, 이를 달성하기 위해 필요한 투자 전략을 수립합니

다. 예를 들어, 연 5%의 순이익을 목표로 하거나, 10년 내 자산 가치 50% 상승을 목표로 설정할 수 있습니다.

리스크 관리: 목표 설정 시 리스크 허용 범위를 명확히 해야 합니다. 예를 들어, 자산 가치 하락 시 어느 정도까지 손실을 감수할 수 있는지, 또는 시장 변동성이 클 때 어떻게 대응할 것인지 미리 계획하는 것이 중요합니다.

포트폴리오 리밸런싱

리밸런싱의 필요성

시장 변동에 대한 대응: 시간이 지남에 따라 부동산 포트폴리오의 가치는 변동하며, 초기 목표와 실제 포트폴리오 구성 사이에 차이가 발생할 수 있습니다. 예를 들어, 특정 지역의 부동산 가치가 크게 상승한 경우, 전체 포트폴리오에서 해당 자산의 비중이 너무 커질 수 있습니다. 이 경우 리밸런싱을 통해 자산 배분을 조정해야 합니다.

수익률 극대화: 리밸런싱을 통해 현재의 시장 상황에 맞는 최적의 자산 배분을 유지함으로써, 수익률을 극대화할 수 있습니다. 예를 들어, 주거용 부동산에서 상업용 부동산으로 포트폴리오를 조정하여 수익률을 높이는 전략을 고려할 수 있습니다.

리밸런싱 전략

주기적 리밸런싱: 일정한 주기(예: 매년, 분기별)로 포트폴리오를 점검하고, 자산의 가치 변동에 따라 포트폴리오를 조정하는 방법입니다. 이를 통해 초기 설정한 자산 배분 비율을 유지하고, 불균형한 자산 배분을 수정할 수 있습니다.

전략적 리밸런싱: 시장 변화나 경제적 사건(예: 금리 변동, 경기 사이클 변화)에 따라 포트폴리오를 조정하는 방법입니다. 예를 들어, 경기 하락이 예상될 때는 리스크를 줄이기 위해 자산을 매도하거나, 현금 보유를 늘리는 전략을 취할 수 있습니다.

자산 다각화: 포트폴리오 리밸런싱 시 다양한 유형의 부동산(주거용, 상업용, 토지 등)과 다른 자산(주식, 채권, 현금 등)을 포함하여 리스크를 분산시킬 수 있습니다. 이는 특정 시장의 변동성에 대비하여 전체 포트폴리오의 안정성을 유지하는 데 도움이 됩니다.

세금 효율적인 투자 전략

세금 계획의 중요성

세금이 투자 수익에 미치는 영향

세금의 부담: 부동산 투자에서 발생하는 수익에는 양도 소득세, 재산세, 취득세, 임대 소득세 등 다양한 세금이 부과됩니다. 이러한 세금은 전체 투자 수익률에 큰 영향을 미칠 수 있습니다. 따라서 세금을 효과적으로 관리하는 것이 투자 성과를 극대화하는 데 필수적입니다.

세금 예측과 계획: 부동산 투자 시 발생할 수 있는 세금을 미리 예측하고, 이를 줄일 수 있는 전략을 수립하는 것이 중요합니다. 예를 들어, 자산 보유 기간을 조정하거나, 세제 혜택을 활용할 수 있는 방법을 모색해야 합니다.

세금 효율적인 투자 방법

임대 수익에 대한 세금 절감

공제 항목 활용: 임대 수익에 대해 세금을 줄이기 위해서는 다양한 공제 항목을 최대한 활용해야 합니다. 예를 들어, 부동산 유지 보수 비용, 이자 비용, 감가상각비 등을 공제하여 과세 소득을 줄일 수 있습니다. 이를 통해 임대 수익에 대한 세금 부담을 크게 줄일 수 있습니다.

법인 설립을 통한 세금 절감: 다수의 부동산을 보유하거나, 임대 수익이 높은 경우 법인을 설립하여 운영하는 것이 세금 효율적일 수 있습니다. 법인을 통해 부동산을 보유하면, 법인세율이 개인 소득세율보다 낮을 수 있으며, 법인에서 발생한 비용을 공제할 수 있어 세금 절감 효과를 누릴 수 있습니다.

양도 소득세 절감 전략

장기 보유 시 세율 인하: 장기적으로 부동산을 보유하면 양도 소득세의 세율이 낮아질 수 있습니다. 예를 들어, 일정 기간 이상 보유한 부동산에 대해 양도 소득세를 감면받을 수 있는 혜택을 누릴 수 있습니다.

비과세 혜택 활용: 정부가 제공하는 비과세 혜택을 활용할 수 있습니다. 예를 들어, 일정 금액 이하의 양도 소득에 대해 비과세 혜택이 주어질 수 있으며, 첫 주택 매매 또는 특정 조건을 충족하는 경우 세금 혜택을 받을 수 있습니다.

상속 및 증여세 계획

사전 계획의 중요성: 부동산 자산을 상속하거나 증여할 때는 상속세 및 증여세가 발생할 수 있습니다. 이를 줄이기 위해 사전에 계획을 세우는 것이 중요합니다. 예를 들어, 증여세가 낮은 시기에 미리 증여를 진행하거나, 증여 공제를 활용할 수 있습니다.

세대 간 자산 이전 전략: 가족 구성원 간의 자산 이전을 통해 세금 부담을 줄이는 전략을 고려할 수 있습니다. 예를 들어, 자녀에게 미리 부동산을 증여하여 향후 상속세 부담을 줄이는 방법이 있습니다.

세금 계획에 따른 리밸런싱: 세금 절감을 위한 자산 매도: 세금 절감 효과를 극대화하기 위해 특정 시점에서 자산을 매도하는 전략을 사용할 수 있습니다. 예를 들어, 자산 가격이 최고조에 달했을 때 매도하여 양도 소득세를 최소화하는 방법이 있습니다.

세금 효율적인 자산 편입: 리밸런싱 과정에서 세금 혜택이 있는 자산을 포트폴리오에 편입할 수 있습니다. 예를 들어, 세금 공제 혜택이 있는 지역의 부동산을 추가로 매입하거나, 세금 부담이 적은 유형의 자산(예: 특정 정부 지원 주택)에 투자할 수 있습니다.

부동산 투자는 복합적인 전략과 장기적인 안목이 필요한 과정입니다. 성공적인 투자를 위해서는 시장 타이밍을 잘 파악하고, 감정을 관리하며, 명확한 투자 목표를 설정하고 이를 꾸준히 조정해야 합니다. 또한, 세금 효율적인 투자 전략을 통해 세금 부담을 최소화하고, 투자 수익을 극대화하는 것이 중요합니다. 이러한 요소들을 잘 이해하고 실천한다면, 부동산 투자에서 안정적인 성과를 달성할 수 있을 것입니다.

5

주식과 부동산의 투자는 다르다

주식과 부동산 투자는 각각의 고유한 특성과 전략을 요구하며, 투자자의 목표, 리스크 선호도, 투자 기간에 따라 적합한 선택이 달라집니다. 이 두 자산군의 차이점을 더욱 깊이 이해하기 위해, 각 요소를 더 세부적으로 분석하고 설명하겠습니다.

투자 접근 방식

투자 대상의 특성

주식의 특성

기업 소유권: 주식 투자는 기업의 소유권 일부를 구매하는 행위입니다. 투자자는 해당 기업의 경영성과에 따라 배당금과 주가 상승을 통해 수익을 얻습니다.

유동성: 주식은 비교적 쉽게 사고팔 수 있는 자산입니다. 전 세계의 주요 주식 시장은 하루 24시간 중 일정 시간 동안 열려 있으며, 이 시간 동안 투자자는 주식을 매도하거나 매수할 수 있습니다.

가격 변동성: 주식 가격은 경제 지표, 금리, 정치적 사건, 기업 실적, 시장 심리 등 다양한 요

인에 의해 변동합니다. 이러한 변동성은 주식의 매력 중 하나지만, 동시에 큰 리스크로 작용할 수 있습니다.

부동산의 특성

물리적 자산: 부동산은 물리적인 토지나 건물과 같은 자산에 투자하는 것입니다. 부동산의 가치는 위치, 건물 상태, 지역 개발 계획 등 다양한 요인에 의해 결정됩니다.

유동성 부족: 부동산은 유동성이 낮은 자산입니다. 부동산을 사고파는 과정은 주식 거래에 비해 훨씬 복잡하고 시간이 많이 걸립니다. 거래에는 법적 절차, 평가, 중개 수수료 등이 수반되며, 이를 완료하는 데 수개월이 걸릴 수 있습니다.

가격 안정성: 부동산은 일반적으로 안정적인 자산으로 여겨지며, 장기적으로 가치를 유지하거나 상승하는 경향이 있습니다. 다만, 경제 위기, 금리 인상, 인구 변화 등의 영향으로 가격이 변동할 수 있습니다.

투자 기간과 목표

주식 투자

단기적 목표: 주식 시장의 변동성을 이용해 단기적인 수익을 추구하는 투자자들은 일간, 주간 또는 월간의 주가 변동을 통해 수익을 실현하려고 합니다. 이는 주로 기술적 분석과 시장 심리에 기반한 전략을 사용합니다.

중장기적 목표: 주식을 장기적으로 보유하여 기업의 성장을 기대하는 전략입니다. 장기적 투자자들은 배당금 수익과 함께 기업의 가치를 반영한 주가 상승을 통해 수익을 얻으려고 합니다. 이는 기본적 분석에 기반하며, 기업의 재무제표, 산업 전망, 경제 상황 등을 고려합니다.

부동산 투자

장기적 목표: 부동산 투자는 일반적으로 장기적인 자산 가치 상승을 기대하는 투자입니다. 투자자들은 시간이 지남에 따라 자산 가치가 상승할 것이라는 기대와 함께, 임대 수익을 통한 현금 흐름을 추구합니다.

중기적 목표: 일부 부동산 투자자들은 몇 년 동안 자산을 보유한 후 매각하여 자본 이득을 실현하는 것을 목표로 합니다. 이들은 보통 경제 호황기나 특정 지역의 개발 계획 등 시장 상황을 고려하여 투자 시기를 선택합니다.

리스크와 수익률

리스크 프로필

주식의 리스크

시장 리스크: 주식 시장은 매우 변동성이 큽니다. 경제 전반의 경기 변화, 금리 변동, 정치적 불안정성, 기업의 실적 변화 등 다양한 요인에 따라 주식 가격이 급등하거나 급락할 수 있습니다.

개별 기업 리스크: 특정 기업에 대한 투자 리스크도 존재합니다. 기업의 경영 부실, 경쟁 환경의 변화, 법적 문제 등은 해당 기업의 주가에 직접적인 영향을 미칩니다. 이러한 리스크는 다각화를 통해 어느 정도 줄일 수 있지만, 완전히 제거할 수는 없습니다.

부동산의 리스크

경제적 리스크: 부동산 시장은 경제 전반의 상황에 영향을 받습니다. 경기 침체, 금리 인상, 고용 시장의 악화 등은 부동산 가격 하락을 초래할 수 있습니다. 특히, 부동산은 유동성이 낮기 때문에 경기 하락기에 자산을 신속하게 매도하기 어렵다는 리스크가 존재합니다.

지역적 리스크: 부동산은 위치에 따라 가치가 크게 다릅니다. 특정 지역의 경제적, 사회적

변화(예: 인구 감소, 상업 지역 쇠퇴, 범죄율 증가 등)는 해당 지역 부동산의 가치를 하락시킬 수 있습니다. 반대로, 개발 계획, 인프라 확충 등은 지역적 가치를 급격히 상승시킬 수도 있습니다.

수익률

주식의 수익률

배당 수익: 많은 기업들은 주주들에게 배당금을 지급합니다. 이는 기업의 이익 일부를 주주들에게 분배하는 형태로, 안정적인 현금 흐름을 제공합니다. 배당 수익률은 기업의 실적과 경제 상황에 따라 변동될 수 있습니다.

자본 이득: 주식 투자에서 가장 큰 수익원은 자본 이득입니다. 이는 주식을 낮은 가격에 매수하여 높은 가격에 매도함으로써 실현됩니다. 주식의 자본 이득은 주식 시장의 변동성에 크게 좌우되며, 시세 차익을 통해 단기적으로 높은 수익을 얻을 수 있지만, 리스크도 큽니다.

부동산의 수익률

임대 수익: 부동산 투자에서 주요 수익원은 임대 수익입니다. 투자자는 부동산을 임대하여 지속적인 현금 흐름을 창출할 수 있습니다. 임대 수익률은 부동산의 위치, 유형, 관리 상태 등에 따라 달라지며, 장기적인 현금 흐름을 제공하는 안정적인 수익원으로 간주됩니다.

자산 가치 상승: 부동산은 시간이 지남에 따라 자산 가치가 상승할 가능성이 있습니다. 특히, 지역 개발, 인프라 확충, 경제 성장 등의 요인이 부동산 가치 상승을 이끌 수 있습니다. 장기적으로 부동산의 자산 가치 상승은 투자자에게 큰 자본 이득을 제공합니다.

유동성과 거래

유동성

주식의 유동성

즉시 거래 가능성: 주식은 유동성이 매우 높으며, 투자자는 시장이 열려 있는 동안 언제든지 주식을 매도하거나 매수할 수 있습니다. 거래가 실시간으로 이루어지며, 필요시 자산을 즉시 현금화할 수 있습니다.

시장 깊이: 주요 주식 시장에서는 대부분의 주식이 충분한 거래량을 가지고 있어, 큰 금액을 매도하거나 매수하더라도 시장 가격에 큰 영향을 미치지 않습니다. 이는 주식의 유동성을 높이는 요인 중 하나입니다.

부동산의 유동성
거래의 복잡성: 부동산은 매매 과정이 복잡하고 시간이 많이 걸리기 때문에 유동성이 낮습니다. 부동산 거래는 법적 절차, 감정, 금융 조달, 협상 등이 필요하며, 이는 주식 거래에 비해 훨씬 더 많은 시간과 비용을 요구합니다.

시장 조건에 따른 유동성 변화: 부동산 시장의 유동성은 경제 상황에 따라 크게 변동할 수 있습니다. 경제 호황기에는 부동산 거래가 활발하지만, 경기 침체기에는 매수자가 줄어들어 매도하기가 어려워질 수 있습니다.

거래 비용

주식의 거래 비용
거래 수수료: 주식 거래에는 거래 수수료가 발생합니다. 온라인 브로커를 통해 거래할 경우 수수료가 매우 낮지만, 전통적인 방식의 브로커를 사용할 경우 수수료가 다소 높아질 수 있습니다.

세금: 주식 거래에서 발생하는 수익에는 세금이 부과됩니다. 대부분의 국가에서는 자본 이득에 대해 세금을 부과하며, 배당 소득에도 소득세가 적용됩니다. 그러나 주식 거래의 총비용은 부동산 거래에 비해 비교적 낮습니다.

부동산의 거래 비용

거래 관련 비용: 부동산 거래에는 중개 수수료, 법적 비용, 취득세, 양도 소득세, 감정 비용 등 다양한 비용이 발생합니다. 이러한 비용은 거래 금액의 상당 부분을 차지할 수 있으며, 특히 양도 소득세는 부동산 가치 상승에 따라 상당한 금액이 될 수 있습니다.

기회 비용: 부동산은 거래 과정이 오래 걸리기 때문에, 투자자가 자산을 매각하고 다른 투자 기회를 포착하는 데 시간이 걸릴 수 있습니다. 이로 인해 발생하는 기회 비용도 고려해야 합니다.

관리와 유지 보수

관리 필요성

주식의 관리

간접적 관리: 주식 투자는 기본적으로 기업 경영진이 기업을 운영하는 방식에 대한 신뢰에 기반합니다. 투자자는 주식 보유 후 별도의 관리가 거의 필요하지 않으며, 주기적으로 기업의 실적 보고서를 검토하고, 시장 동향을 파악하는 정도로 관리가 이루어집니다.

투자 포트폴리오 관리: 투자자들은 다양한 주식을 보유하여 포트폴리오를 구성할 수 있으며, 주식 배분을 주기적으로 점검하고 리밸런싱하는 것이 필요할 수 있습니다. 이는 비교적 간단한 작업이며, 온라인 플랫폼을 통해 쉽게 관리할 수 있습니다.

부동산의 관리

직접적 관리: 부동산은 물리적인 자산이기 때문에 지속적인 관리가 필요합니다. 건물의 유지 보수, 시설 관리, 임차인 관리 등 다양한 관리 업무가 발생합니다. 특히 임대 부동산의 경우, 임차인과의 계약 관리, 임대료 징수, 주기적인 수리가 필요합니다.

관리 비용: 부동산 관리는 시간과 비용이 많이 소요될 수 있으며, 투자 수익에 영향을 미칩니다. 투자자는 직접 관리를 할 수도 있지만, 전문 관리 회사를 고용하여 관리를 대행할 수 있

습니다. 관리 회사의 서비스는 비용이 발생하지만, 투자자의 부담을 줄여 줄 수 있습니다.

추가 비용

주식의 추가 비용

거래 외 비용: 주식 보유 자체에는 별다른 유지 비용이 들지 않습니다. 다만, 포트폴리오 관리 서비스나 주식 리서치 서비스를 이용하는 경우 일부 비용이 발생할 수 있습니다. 배당 소득에 대한 세금 외에는 추가 비용이 거의 없습니다.

부동산의 추가 비용

유지 보수 비용: 부동산은 지속적인 유지 보수 비용이 발생합니다. 예를 들어, 건물의 수리, 리모델링, 정기적인 점검 등이 필요하며, 이는 부동산 수익에 영향을 줄 수 있습니다.

보험과 세금: 부동산 소유자는 재산세와 함께, 건물 보험에 가입해야 할 수도 있습니다. 이는 부동산 투자에 있어 필수적인 비용 항목이며, 장기적으로 재정적 부담을 초래할 수 있습니다.

투자 전략과 목표

주식 투자 전략

성장주 투자

고성장 기업: 성장주 투자는 빠르게 성장하는 기업에 투자하여 자본 이득을 실현하는 전략입니다. 이러한 기업들은 대체로 기술 혁신, 시장 점유율 확장 등의 요소로 인해 높은 성장률을 기록합니다.

높은 리스크, 높은 수익: 성장주 투자는 높은 리스크를 동반하지만, 성공 시 큰 수익을 얻을 수 있습니다. 이 전략은 시장 분석과 기업 연구에 기반을 두며, 투자자는 시장 변동성에 대비해야 합니다.

배당주 투자

안정적인 수익: 배당주는 정기적인 배당금을 지급하는 기업의 주식을 보유함으로써, 안정적인 현금 흐름을 얻는 전략입니다. 배당주는 일반적으로 대형 기업이나 안정적인 산업에 속하는 기업들이며, 경제 상황에 따라 배당금이 일정하게 유지됩니다.

장기 투자에 적합: 배당주는 장기적인 안정성을 추구하는 투자자에게 적합합니다. 배당 수익 외에도, 장기적으로 주가 상승에 따른 자본 이득도 기대할 수 있습니다.

가치주 투자

저평가된 기업 발굴: 가치주 투자는 현재 저평가된 주식을 발굴하여, 시간이 지남에 따라 시장이 그 가치를 인식했을 때 수익을 실현하는 전략입니다. 가치주 투자자는 기업의 내재 가치를 분석하여, 현재 시장 가격이 기업의 실제 가치보다 낮다고 판단될 때 투자합니다.

안정적인 수익: 가치주 투자는 일반적으로 리스크가 낮으며, 장기적인 관점에서 안정적인 수익을 추구합니다. 이 전략은 철저한 분석과 기업 연구가 필요하며, 장기적인 안목이 요구됩니다.

부동산 투자 전략

임대 수익

지속적인 현금 흐름: 부동산을 임대하여 월세나 임대료 수익을 얻는 전략입니다. 임대 수익은 부동산 투자에서 가장 일반적인 수익원 중 하나이며, 지속적인 현금 흐름을 제공합니다.

수익률 관리: 임대 수익률은 부동산의 위치, 관리 상태, 임대 시장의 수요 등에 따라 달라집니다. 투자자는 임대료를 시장 가격에 맞게 설정하고, 공실률을 관리하여 수익률을 최적화해야 합니다.

플립 투자

단기 이익 실현: 플립 투자 전략은 저평가된 부동산을 매입한 후 리모델링하거나 수리하여,

단기간 내에 높은 가격에 재판매하는 것입니다. 이 전략은 단기적으로 큰 수익을 올릴 수 있지만, 리스크가 크며 시장 상황에 따라 성공 여부가 결정됩니다.

시장의 타이밍 중요성: 플립 투자에서는 시장의 타이밍이 매우 중요합니다. 경제 호황기에는 플립 전략이 성공할 가능성이 높지만, 경기 침체기에는 자산을 매각하는 데 어려움을 겪을 수 있습니다.

장기 보유

자산 가치 상승: 부동산을 장기적으로 보유하여 자산 가치 상승을 기대하는 전략입니다. 이 전략은 시장 변동에 덜 민감하며, 시간이 지남에 따라 자산의 가치가 증가할 가능성이 큽니다.

안정적인 수익: 장기 보유 전략은 부동산의 안정적인 수익을 추구하며, 인플레이션에 대한 헤지(hedge) 역할도 할 수 있습니다. 특히, 경제 성장 지역이나 개발 계획이 있는 지역에 투자하는 것이 유리할 수 있습니다.

주식과 부동산 투자는 각각 다른 특성과 장단점을 가지고 있습니다. 주식은 유동성이 높고, 변동성이 크지만, 단기적인 수익을 올릴 수 있는 기회가 많습니다. 반면, 부동산은 안정적인 수익과 장기적인 자산 가치를 중시하며, 물리적 자산으로서의 안정성을 제공합니다. 투자자는 자신의 재정 상황, 투자 목표, 리스크 허용 범위에 맞춰 주식과 부동산 중 적합한 자산을 선택하거나, 두 자산군을 결합하여 포트폴리오를 다각화하는 전략을 취할 수 있습니다. 두 자산군의 특성을 잘 이해하고, 각자의 장점을 극대화하는 전략을 수립하는 것이 성공적인 투자의 열쇠입니다.

6

투자에서 주식과 채권과 부동산이 다른 점?

투자자들은 자산을 다양하게 분산하여 투자 리스크를 줄이고, 수익을 극대화하기 위해 주식, 채권, 부동산 등 여러 자산에 투자합니다. 이들 각각의 자산군은 고유한 특성과 장단점을 가지고 있으며, 투자 전략에 따라 선택이 달라질 수 있습니다. 주식, 채권, 부동산의 차이점을 더욱 자세히 이해하기 위해, 각 자산의 특성, 리스크, 수익률, 유동성, 투자 전략 등을 살펴보겠습니다.

자산의 본질과 특성

주식(Stocks)

소유권: 주식은 기업의 소유권을 나타내는 증권입니다. 주식을 보유한 투자자는 해당 기업의 일부를 소유하게 되며, 주주로서 배당을 받을 권리와 의결권을 행사할 수 있습니다.

수익원: 주식 투자로 인한 수익은 두 가지 주요한 방법으로 발생합니다. 첫째, 기업이 이익을 내면 주주들에게 배당금을 지급할 수 있습니다. 둘째, 주식 가격이 상승하면, 투자자는 주식을 매도하여 자본 이득(capital gain)을 실현할 수 있습니다.

가격 변동성: 주식 시장은 경제 상황, 기업 실적, 금리 변화, 정치적 요인 등에 따라 변동성이 큽니다. 이는 주식이 높은 수익을 제공할 가능성이 있지만, 동시에 큰 손실을 입을 위험도 있다는 것을 의미합니다.

채권(Bonds)

부채 증서: 채권은 정부, 기업, 지방 자치 단체 등이 자금을 조달하기 위해 발행하는 부채 증서입니다. 채권을 구매하는 투자자는 발행자에게 돈을 빌려주는 것이며, 발행자는 일정 기간 동안 이자를 지급하고, 만기 시 원금을 상환합니다.

수익원: 채권 투자로 인한 수익은 주로 이자 수익(쿠폰)에서 발생합니다. 채권의 금리는 채권의 종류, 발행자의 신용도, 시장 금리 등에 따라 달라집니다. 일부 채권은 만기 전에 매도하여 자본 이득을 실현할 수도 있습니다.

안정성: 채권은 주식에 비해 변동성이 낮고, 상대적으로 안정적인 수익을 제공합니다. 특히, 정부나 신용도가 높은 기업이 발행한 채권은 리스크가 낮은 투자로 간주됩니다. 그러나 금리 상승기에는 채권 가격이 하락할 수 있는 리스크가 존재합니다.

부동산(Real Estate)

물리적 자산: 부동산은 토지, 건물 등 물리적 자산에 투자하는 것입니다. 부동산 투자자는 특정 지역의 부동산을 소유함으로써 임대 수익을 창출하거나, 자산 가치 상승을 기대할 수 있습니다.

수익원: 부동산 투자로 인한 수익은 임대 수익과 자산 가치 상승으로 나뉩니다. 임대 수익은 부동산을 임대하여 지속적인 현금 흐름을 창출하는 것이며, 자산 가치 상승은 부동산 가격이 오를 때 매도하여 얻는 자본 이득입니다.

가격 안정성: 부동산은 주식이나 채권에 비해 변동성이 낮고, 장기적으로 안정적인 자산으로 간주됩니다. 그러나 경제 상황, 금리 변화, 지역적 요인에 따라 부동산 가격이 변동할 수 있습니다. 부동산은 유동성이 낮기 때문에, 매도 시점에서 신속하게 현금화하기 어려울 수 있습니다.

리스크와 수익률

리스크 프로필

주식의 리스크

시장 리스크: 주식은 경제 전반의 상황에 크게 영향을 받으며, 기업 실적, 금리, 인플레이션, 정치적 불안정성 등 다양한 요인으로 인해 변동성이 큽니다. 주식 시장의 하락은 투자자에게 큰 손실을 초래할 수 있습니다.

기업 리스크: 개별 기업의 경영 실패, 경쟁력 상실, 법적 문제 등으로 인해 주식 가격이 급락할 수 있습니다. 이는 개별 주식에 대한 투자가 위험한 이유 중 하나입니다.

채권의 리스크

신용 리스크: 채권 발행자가 파산하거나 지급 불능 상태에 빠질 경우, 투자자는 원금과 이자를 회수하지 못할 위험이 있습니다. 발행자의 신용 등급이 낮을수록 이 리스크는 커집니다.

금리 리스크: 금리가 상승하면 기존 채권의 가격이 하락할 수 있습니다. 이는 채권 시장에서 금리 변동에 민감한 장기 채권에서 특히 두드러집니다.

인플레이션 리스크: 채권의 고정 수익률은 인플레이션으로 인해 실질 가치가 감소할 수 있습니다. 인플레이션이 높아지면 채권의 실질 수익률이 낮아지기 때문에, 투자자는 인플레이션율을 고려해야 합니다.

부동산의 리스크

시장 리스크: 부동산 시장도 경제 상황에 따라 가격이 변동합니다. 특히 경기 침체, 금리 인상, 인구 감소 등은 부동산 가격 하락을 초래할 수 있습니다.

유동성 리스크: 부동산은 유동성이 낮아 긴급히 자산을 현금화하기 어려울 수 있습니다. 매도 시 적절한 매수자를 찾기까지 시간이 오래 걸릴 수 있으며, 그동안 시장 상황이 악화될 위험이 있습니다.

지역적 리스크: 부동산의 가치는 지역적 요인에 크게 영향을 받습니다. 지역 경제, 개발 계획, 인프라 확충 등이 긍정적인 영향을 줄 수 있지만, 반대로 범죄율 증가, 자연재해, 산업의 쇠퇴 등은 부정적인 영향을 미칠 수 있습니다.

수익률 비교

주식 수익률

고수익 가능성: 주식은 높은 수익률을 제공할 가능성이 큽니다. 주식 시장이 호황일 때, 투자자는 단기간 내에 큰 자본 이득을 얻을 수 있습니다. 배당주에 투자할 경우, 안정적인 배당 수익을 기대할 수도 있습니다.

리스크 대비 수익률: 주식의 높은 수익률은 높은 리스크를 동반합니다. 시장의 변동성에 따라 수익률이 크게 변할 수 있으며, 최악의 경우 원금 손실도 발생할 수 있습니다.

채권 수익률

안정적 수익: 채권은 주식에 비해 낮은 수익률을 제공하지만, 안정적인 이자 수익을 기대할 수 있습니다. 특히 정부 채권이나 신용 등급이 높은 기업 채권은 상대적으로 안전한 투자로 간주됩니다.

금리 환경의 영향: 채권 수익률은 금리 환경에 크게 영향을 받습니다. 금리가 상승하면 채권 가격이 하락할 수 있으며, 반대로 금리가 하락하면 채권 가격이 상승할 수 있습니다.

부동산 수익률

장기적 안정성: 부동산은 장기적으로 안정적인 수익을 제공할 가능성이 높습니다. 임대 수익을 통한 지속적인 현금 흐름과 자산 가치 상승에 따른 자본 이득을 기대할 수 있습니다.

지역과 관리에 따른 수익률: 부동산의 수익률은 위치, 관리 상태, 시장 수요 등에 따라 달라집니다. 잘 관리된 부동산은 높은 수익률을 제공할 수 있지만, 관리 소홀이나 시장 침체는 수익률을 낮출 수 있습니다.

유동성과 거래

유동성

주식의 유동성

높은 유동성: 주식은 유동성이 매우 높습니다. 투자자는 주식 시장이 열려 있는 동안 언제든지 주식을 사고팔 수 있으며, 거래가 즉시 체결됩니다. 이로 인해 투자자는 필요할 때 자산을 신속히 현금화할 수 있습니다.

채권의 유동성

중간 유동성: 채권도 비교적 유동성이 높은 자산으로 간주됩니다. 국채나 회사채는 거래소에서 거래될 수 있으며, 필요한 경우 중간에 매도하여 현금화할 수 있습니다. 다만, 일부 채권은 유동성이 낮아 매도에 시간이 걸릴 수 있습니다.

부동산의 유동성

낮은 유동성: 부동산은 유동성이 매우 낮은 자산입니다. 부동산을 매도하는 과정에는 상당한 시간이 걸리며, 법적 절차, 중개 수수료, 감정 비용 등이 수반됩니다. 또한, 시장 상황에 따라 매수자를 찾는 것이 어려울 수 있습니다.

거래 비용

주식 거래 비용

낮은 거래 비용: 주식 거래는 비교적 낮은 비용으로 이루어집니다. 대부분의 온라인 브로커는 저렴한 수수료를 제공하며, 주식 거래에 대한 세금도 상대적으로 낮습니다. 다만, 자본 이득에 대해 세금이 부과될 수 있습니다.

채권 거래 비용

중간 거래 비용: 채권 거래에는 매수·매도 시 브로커 수수료가 부과되며, 이 비용은 거래 규모와 채권의 종류에 따라 달라집니다. 특히 비상장 채권이나 유동성이 낮은 채권은 거래 비용이 높을 수 있습니다. 또한, 채권 이자 소득에 대해 세금이 부과됩니다.

부동산 거래 비용

높은 거래 비용: 부동산 거래에는 중개 수수료, 법적 비용, 취득세, 양도 소득세, 감정 비용 등 다양한 비용이 발생합니다. 이러한 비용은 거래 금액의 상당 부분을 차지할 수 있으며, 부동산 투자 수익률에 큰 영향을 미칩니다. 또한, 부동산을 보유하는 동안에도 재산세와 관리비가 지속적으로 발생합니다.

관리와 유지 보수

관리 필요성

주식의 관리

간접적 관리: 주식 투자는 기본적으로 기업 경영진의 능력에 의존합니다. 투자자는 주기적으로 기업의 실적 보고서, 시장 동향 등을 검토하고, 필요시 포트폴리오를 조정하는 정도의 관리가 필요합니다. 기본적으로는 투자자가 직접적인 관리 부담이 적습니다.

채권의 관리

수동적 관리: 채권은 만기까지 보유하는 경우 별도의 관리가 거의 필요하지 않습니다. 발행

자가 정기적으로 이자를 지급하며, 만기 시 원금을 상환합니다. 투자자는 채권의 신용 등급이나 금리 변동에 따라 포트폴리오를 조정할 수 있습니다.

부동산의 관리

직접적 관리: 부동산은 물리적 자산이기 때문에 지속적인 관리가 필요합니다. 임대 부동산의 경우, 세입자 관리, 유지 보수, 세금 납부 등 다양한 관리 업무가 발생하며, 이는 시간과 비용을 요구합니다. 투자자는 직접 관리하거나, 부동산 관리 회사를 통해 관리를 대행할 수 있습니다.

추가 비용

주식의 추가 비용

거래 외 추가 비용: 주식 보유 자체에는 유지 비용이 거의 발생하지 않습니다. 다만, 포트폴리오 관리 서비스나 주식 리서치 서비스를 이용하는 경우 일부 비용이 발생할 수 있습니다.

채권의 추가 비용

낮은 추가 비용: 채권도 보유하는 동안 별다른 유지 비용이 발생하지 않습니다. 다만, 채권 포트폴리오 관리 서비스나 채권 분석 서비스를 이용하는 경우 소액의 비용이 발생할 수 있습니다.

부동산의 추가 비용

유지 보수 비용: 부동산은 지속적인 유지 보수 비용이 발생합니다. 건물의 수리, 리모델링, 정기적인 점검 등이 필요하며, 이러한 비용은 부동산 수익률에 영향을 미칩니다. 또한, 재산세와 보험료도 추가 비용으로 고려해야 합니다.

투자 전략과 목표

주식 투자 전략

성장주 투자

고성장 기업에 투자: 빠르게 성장하는 기업의 주식을 매수하여 자본 이득을 추구하는 전략입니다. 기술 혁신, 시장 점유율 확대 등이 성장주의 주요 특징입니다. 이 전략은 높은 리스크를 동반하지만, 성공 시 높은 수익을 기대할 수 있습니다.

배당주 투자

안정적 수익 추구: 배당금을 정기적으로 지급하는 기업의 주식을 매수하여, 안정적인 현금 흐름을 얻는 전략입니다. 배당주는 대체로 리스크가 낮고, 장기적으로 안정적인 수익을 제공합니다.

가치주 투자

저평가된 주식 발굴: 현재 저평가된 주식을 매수하여, 기업 가치가 제대로 반영되었을 때 수익을 실현하는 전략입니다. 이 전략은 주식의 내재 가치를 분석하고, 장기적인 관점에서 투자합니다.

채권 투자 전략

단기 채권 투자

단기 안정성: 만기가 짧은 채권에 투자하여, 금리 변동의 영향을 적게 받고, 비교적 안정적인 이자 수익을 추구하는 전략입니다. 단기 채권은 시장 금리가 변동하더라도 빠르게 만기되어 새로운 금리에 맞춰 재투자할 수 있는 장점이 있습니다.

고정 수익 확보: 만기가 긴 채권에 투자하여, 고정된 이자 수익을 장기간 확보하는 전략입니다. 이 전략은 금리가 낮을 때 채권을 매수하여, 장기적으로 안정적인 수익을 추구합니다. 그러나 금리 상승기에는 채권 가격이 하락할 수 있는 리스크가 있습니다.

신용 리스크 프리미엄 활용: 신용 등급이 낮은 기업이나 지방 자치 단체의 채권에 투자하여, 높은 이자 수익을 추구하는 전략입니다. 이는 리스크가 높지만, 신용 리스크를 감수하는 대가로 높은 수익률을 제공합니다.

부동산 투자 전략

임대 수익 투자

현금 흐름 창출: 부동산을 임대하여 지속적인 현금 흐름을 창출하는 전략입니다. 이 전략은 장기적인 관점에서 안정적인 수익을 제공하며, 경제 상황이 크게 변하지 않는 한, 비교적 예측 가능한 수익을 기대할 수 있습니다.

플립 투자

단기 이익 실현: 저평가된 부동산을 매입한 후 리모델링이나 개조를 통해 가치 상승을 이끌어내고, 단기간 내에 매도하여 자본 이득을 실현하는 전략입니다. 이는 부동산 시장의 타이밍이 중요하며, 리스크가 크지만 고수익을 기대할 수 있는 전략입니다.

장기 보유 전략

자산 가치 상승 추구: 부동산을 장기적으로 보유하여 자산 가치 상승을 기대하는 전략입니다. 특히 인구 증가, 경제 성장, 지역 개발 등의 요인에 의해 부동산 가치가 상승할 가능성이 있는 지역에 투자하는 것이 중요합니다. 이 전략은 안정적인 수익과 자산 증식을 동시에 목표로 합니다.

주식, 채권, 부동산은 각각 고유한 특성과 리스크, 수익률을 가진 자산군입니다. 주식은 높은 변동성과 함께 높은 수익률을 기대할 수 있는 반면, 채권은 안정적인 이자 수익을 제공하며, 부동산은 장기적인 안정성과 자산 가치 상승을 추구합니다. 투자자는 자신의 재정 상황, 목표, 리스크 허용 범위에 맞춰 이들 자산을 적절히 배분하고, 포트폴리오를 다각화하는 전략을 취할 수 있습니다. 각 자산군의 특성을 잘 이해하고, 투자 전략을 세우는 것이 성공적인 자산 관리의 핵심입니다.

7

부동산 알려면 정책과 경제와 법 알아야 한다?

부동산 투자에서 정책, 경제, 법의 중요성

부동산 투자는 단순히 자산을 매입하고 매도하는 것 이상의 복잡한 과정입니다. 성공적인 부동산 투자를 위해서는 정책, 경제, 법의 세 가지 축을 잘 이해하고, 이들 간의 상호 작용을 명확히 파악해야 합니다. 이러한 요소들은 부동산 시장의 전반적인 흐름과 개별 투자 결정에 중대한 영향을 미칩니다. 아래에서는 각 요소를 더욱 자세히 설명하고, 부동산 투자에서 왜 이들 요소를 이해하는 것이 중요한지 살펴보겠습니다.

정책의 중요성

정부와 중앙은행의 정책은 부동산 시장에 직접적인 영향을 미칩니다. 부동산 정책은 시장의 수요와 공급을 조절하고, 투자 환경을 형성하며, 금융 접근성을 결정 짓는 중요한 역할을 합니다.

정부의 부동산 정책

대출 규제와 금융 정책

LTV(Loan to Value)와 DTI(Debt to Income) 규제: 정부는 대출 규제를 통해 부동산 시장의

과열을 방지하거나, 반대로 시장 활성화를 촉진할 수 있습니다. 예를 들어, 주택 담보 대출 비율(LTV)을 낮추면, 주택 구매자가 대출을 통해 자금을 조달할 수 있는 한도가 줄어들어, 주택 구매 수요가 감소하게 됩니다. 반면, 부채 상환 비율(DTI)을 완화하면, 대출을 통해 더 많은 자금을 확보할 수 있어 수요가 증가할 수 있습니다.

금융 접근성과 대출 금리: 정부는 금융 정책을 통해 대출 금리를 조정함으로써 부동산 시장에 영향을 미칩니다. 대출 금리가 낮아지면 자금 조달이 쉬워지고, 주택 구매 수요가 증가하게 됩니다. 반대로 금리가 높아지면 대출 비용이 증가하여 부동산 구매를 억제하는 효과가 있습니다.

세금 정책

양도 소득세: 부동산을 매도할 때 발생하는 양도 소득에 대한 세금입니다. 양도 소득세가 높아지면 투자자들이 매도 시기를 조정하거나, 매물을 줄일 수 있습니다. 이는 시장의 매물 공급에 영향을 미치며, 가격 안정성에 중요한 역할을 합니다.

재산세: 부동산 소유자가 매년 납부해야 하는 세금입니다. 재산세가 높아지면 보유 비용이 증가하여, 투자자들이 자산 보유에 대해 다시 고려하게 됩니다. 이는 장기 보유자와 단기 매도자 모두에게 영향을 미칩니다.

취득세: 부동산을 취득할 때 부과되는 세금으로, 취득세 인상은 거래 비용을 증가시켜 거래를 위축시킬 수 있습니다. 이는 시장에서 거래량 감소로 이어질 수 있습니다.

주택 공급 정책

신도시 개발과 재개발 정책: 정부는 인구 증가나 도시 확장에 대응하기 위해 신도시 개발, 재개발 프로젝트를 추진할 수 있습니다. 이러한 개발 프로젝트는 해당 지역의 부동산 가치를 급격히 상승시키거나, 주변 지역의 공급 증가로 인해 가격 안정화에 기여할 수 있습니다.

주택 공급 조절: 정부는 주택 공급을 조절하여 시장을 안정시키려 합니다. 주택 공급이 과잉되면 가격 하락 압력이 생기고, 공급이 부족하면 가격이 상승할 수 있습니다. 정부의 주택 공급 정책은 주택 시장의 장기적 안정성에 중요한 영향을 미칩니다.

중앙은행의 통화 정책

금리 정책

기준 금리 변화: 중앙은행은 기준 금리를 조정하여 경제 전반의 금리 수준을 관리합니다. 기준 금리가 낮아지면 주택 담보 대출 금리도 낮아져, 대출 수요가 증가하고, 이는 부동산 가격 상승으로 이어질 수 있습니다. 반대로 기준 금리가 인상되면 대출 비용이 증가하여 부동산 구매력이 감소하고, 시장이 냉각될 수 있습니다.

금리의 부동산 투자 영향: 금리가 낮을 때는 부동산 투자가 더 매력적일 수 있습니다. 대출을 통한 레버리지 효과를 극대화할 수 있기 때문입니다. 그러나 금리 인상기에는 대출 부담이 커져 투자 수익률이 감소할 수 있으며, 이는 부동산 시장의 침체로 이어질 수 있습니다.

양적 완화와 유동성 공급

양적 완화: 중앙은행이 국채 매입을 통해 시장에 유동성을 공급하면, 금융 시장에 자금이 풍부해지고, 이 자금 중 일부가 부동산 시장으로 유입될 수 있습니다. 이는 부동산 가격 상승을 촉진할 수 있습니다.

유동성 감소: 반대로 중앙은행이 긴축 정책을 통해 유동성을 줄이면, 자금 공급이 감소하고, 부동산 시장에서 투자 수요가 줄어들어 가격이 하락할 수 있습니다.

경제의 중요성

경제 상황은 부동산 시장의 전반적인 흐름을 결정하는 핵심 요인 중 하나입니다. 경제 성장, 고용률, 인플레이션, 금융 시장의 상황은 부동산 수요와 공급에 중대한 영향을 미칩니다.

경제 성장과 부동산 시장

경제 성장률

경제 성장의 영향: 경제가 성장하면 소득이 증가하고, 사람들은 더 많은 자산을 구매하려는 경향이 있습니다. 이는 주택 구매 수요를 증가시키고, 부동산 가격 상승으로 이어질 수 있습니다. 반대로, 경제가 침체되면 실업률이 증가하고, 소득이 줄어들어 부동산 수요가 감소할 수 있습니다.

지역 경제 성장: 특정 지역이 경제적으로 성장하면, 해당 지역의 부동산 수요가 증가할 수 있습니다. 이는 지역 내 인프라 발전, 기업 유치, 인구 증가 등의 요인과 밀접하게 관련되어 있습니다.

고용 시장

고용 안정성: 고용 시장이 안정적일 때, 사람들은 주택 구매나 투자에 더 적극적으로 나설 수 있습니다. 고용 안정성은 부동산 수요를 증가시키며, 이는 시장 활성화에 기여합니다.

임금 상승: 임금 상승은 개인의 주택 구매력 증가로 이어집니다. 임금이 오르면 더 많은 사람들이 대출을 받아 주택을 구매할 수 있게 되어, 부동산 가격 상승을 촉진할 수 있습니다.

인플레이션

부동산과 인플레이션: 인플레이션이 발생하면 화폐 가치가 하락하고, 실물 자산인 부동산의 상대적 가치는 상승할 수 있습니다. 따라서 인플레이션 시기에는 부동산이 인플레이션 헤지 수단으로 주목받을 수 있습니다.

이자율 상승과 부동산: 그러나 인플레이션은 이자율 상승을 유발할 수 있으며, 이는 부동산 대출 비용을 증가시켜 구매력을 감소시킬 수 있습니다. 따라서 인플레이션 시기에는 부동산 시장에 상반된 영향이 발생할 수 있습니다.

금융 시장과 부동산

주식 시장과 자본 흐름

주식 시장과 부동산 투자: 주식 시장이 불안정할 때, 투자자들은 상대적으로 안전한 자산으로 간주되는 부동산으로 자금을 이동시킬 수 있습니다. 이는 부동산 가격 상승으로 이어질 수 있습니다.

대체 투자 수단: 주식 시장이 강세일 때, 일부 투자자들은 주식에 더 많은 자금을 투자할 수 있으며, 이는 부동산 시장에서 자본 유출을 초래할 수 있습니다. 반대로, 주식 시장이 약세일 때는 부동산으로의 자금 유입이 증가할 수 있습니다.

대출 접근성과 신용 시장

대출 기준과 신용 공급: 금융 기관이 대출 기준을 완화하면 더 많은 사람들이 부동산을 구매할 수 있게 되어, 수요가 증가하고, 가격이 상승할 수 있습니다. 반대로, 대출 기준이 강화되면 신용 공급이 줄어들어 부동산 시장이 위축될 수 있습니다.

저금리와 신용 팽창: 저금리 환경에서는 대출 이자가 저렴해져 부동산 구매를 촉진할 수 있습니다. 이는 특히 주택 담보 대출을 통해 자금을 조달하는 구매자들에게 큰 영향을 미칩니다. 그러나 신용 팽창은 시장 과열과 버블 형성의 위험을 동반할 수 있습니다.

법의 중요성

부동산 투자에서 법률은 자산의 소유권 보호, 거래의 공정성 유지, 세금 문제 등을 규정합니다. 법적 이해 없이는 부동산 거래에서 예상치 못한 문제가 발생할 수 있으며, 이는 투자 실패로 이어질 수 있습니다.

부동산 소유권과 계약법

소유권 보호

토지와 건물 소유권: 부동산 투자자는 소유권을 명확하게 확인하고 보호받아야 합니다. 소

유권 등기와 관련된 법률적 절차를 이해하고, 이를 통해 법적으로 보호받는 것이 중요합니다. 소유권 분쟁이 발생하면 투자 가치를 상실할 위험이 있습니다.

공유지와 사유지: 특정 부동산이 공유지인지 사유지인지, 또는 소유권 분쟁 가능성이 있는지 확인하는 것이 중요합니다. 이는 부동산의 법적 안전성을 보장하는 기본 요소입니다.

계약법

부동산 계약서: 부동산 거래는 계약서를 통해 법적으로 구속됩니다. 계약서에는 매매 조건, 가격, 지불 방식, 소유권 이전 절차 등이 명확히 명시되어야 하며, 이를 통해 거래의 공정성을 보장받을 수 있습니다.

임대차 계약법: 임대 부동산의 경우, 임대차 계약은 임차인과 임대인 간의 권리와 의무를 규정합니다. 임대차 보호법에 따라 임차인의 권리가 보호되며, 임대인은 이를 준수해야 합니다. 계약 조건을 명확히 이해하지 못하면 법적 분쟁이 발생할 수 있습니다.

세법과 부동산 세금

양도 소득세

양도 소득세의 계산: 부동산을 매도할 때 발생하는 양도 소득에 대해 세금이 부과됩니다. 양도 소득세는 매도 가격과 매입 가격의 차액에 세율을 적용하여 계산되며, 부동산 투자 수익률에 직접적인 영향을 미칩니다.

양도 소득세의 절세 전략: 장기 보유 시 세율 인하 혜택을 받거나, 특정 세금 공제 혜택을 통해 양도 소득세를 절감할 수 있습니다. 이를 통해 투자자는 세후 수익을 극대화할 수 있습니다.

재산세

재산세 부담: 부동산 보유 기간 동안 매년 부과되는 재산세는 소유자의 중요한 부담 요소 중 하나입니다. 재산세는 자산 가치에 따라 결정되며, 지역별로 세율이 다를 수 있습니다. 재

산세 부담이 큰 경우, 부동산 보유 전략을 재검토할 필요가 있습니다.

재산세 공제와 감면: 일부 지역에서는 특정 조건을 충족하는 부동산에 대해 재산세 감면 혜택을 제공할 수 있습니다. 예를 들어, 저소득층이나 고령자를 위한 재산세 공제 프로그램 등이 이에 해당합니다.

임대소득세

임대 수익 과세: 임대 부동산에서 발생하는 임대 소득은 세금 부과 대상입니다. 임대소득세는 임대료 수익에서 일정 비용을 공제한 후 과세되며, 세금 신고 시 정확한 계산이 필요합니다.

세금 공제 항목: 임대 부동산과 관련된 유지 보수 비용, 이자 비용, 감가상각비 등은 임대 소득세 신고 시 공제될 수 있습니다. 이를 통해 과세 소득을 줄이고, 세금 부담을 경감할 수 있습니다.

도시 계획법과 재개발 법

도시 계획법

용도 지역 지정: 도시 계획법은 도시 내 용도 지역을 지정하며, 각 지역의 개발 가능성을 규정합니다. 예를 들어, 주거용, 상업용, 공업용 지역으로 나누어 개발이 제한되거나 허용됩니다. 투자자는 해당 부동산의 용도 지역을 이해하고, 장기적인 개발 가능성을 평가해야 합니다.

인프라 개발과 도시 계획: 정부는 도시 계획에 따라 인프라를 개발하거나, 특정 지역을 재개발할 수 있습니다. 이는 해당 지역의 부동산 가치에 큰 영향을 미치며, 장기적인 투자 관점에서 중요한 요소입니다.

재개발 및 재건축 법

재개발 지역 투자: 재개발 및 재건축 법률은 특정 지역의 재개발 절차와 주민 동의, 보상 문제 등을 규정합니다. 재개발 지역에 투자할 경우, 법적 절차와 보상 체계, 그리고 재개발의 진

행 가능성을 면밀히 분석해야 합니다.

재건축 투자 리스크: 재건축 프로젝트는 법적 절차와 주민 간 갈등으로 인해 지연될 수 있으며, 이는 투자 리스크를 증가시킵니다. 투자자는 재건축 법규를 이해하고, 프로젝트의 법적 안정성을 평가하는 것이 중요합니다.

부동산 투자는 단순히 물리적 자산을 매입하는 것이 아니라, 정책, 경제, 법이라는 세 가지 중요한 요소를 종합적으로 이해하고 분석하는 과정입니다. 정부와 중앙은행의 정책은 부동산 시장의 방향성을 결정하고, 경제 상황은 시장의 전반적인 흐름을 좌우하며, 법률은 부동산 소유와 거래의 공정성을 보장합니다. 이들 요소를 깊이 이해함으로써 투자자는 부동산 시장에서 더 나은 결정을 내릴 수 있으며, 리스크를 줄이고 수익을 극대화할 수 있습니다. 성공적인 부동산 투자는 이들 요소 간의 상호작용을 명확히 파악하고, 이를 전략적으로 활용하는 데 달려 있습니다.

부동산 데이터의 함정

부동산 데이터는 투자자들이 시장을 분석하고, 결정을 내리는 데 중요한 역할을 합니다. 하지만 모든 데이터가 정확하거나 완전하지 않으며, 이를 잘못 해석하거나 의존하게 되면 큰 손실로 이어질 수 있습니다. 부동산 데이터에는 다양한 함정이 존재하며, 이러한 함정들을 잘 이해하고 피하는 것이 성공적인 투자로 이어지는 중요한 요소입니다. 아래에서는 부동산 데이터의 함정을 더욱 깊이 있게 분석하고, 이를 어떻게 극복할 수 있는지에 대해 상세히 설명하겠습니다.

부정확하거나 불완전한 데이터

부동산 시장은 여러 요인에 의해 영향을 받으며, 모든 데이터를 정확하게 수집하기가 어렵습니다. 데이터의 불완전성은 투자자가 잘못된 결정을 내리게 만들 수 있습니다.

샘플링 오류와 대표성 부족

샘플링 오류: 부동산 데이터는 종종 전체 시장을 대표하지 않는 샘플을 기반으로 수집됩니다. 예를 들어, 특정 지역의 평균 집값을 계산할 때, 최근에 거래된 일부 고가 주택만을 포함하면 평균값이 실제 시장을 왜곡할 수 있습니다. 이는 투자자가 시장의 전반적인 상황을 오해

하게 만들 수 있습니다.

대표성 부족: 특정 시기나 지역에서 수집된 데이터가 전체 시장을 대표하지 않을 수 있습니다. 예를 들어, 경기 침체기 동안 수집된 데이터는 경제 회복기에는 적용되지 않을 수 있습니다. 이는 투자자가 미래 시장을 예측하는 데 어려움을 겪게 만듭니다.

샘플 크기의 한계: 데이터 샘플이 너무 작으면, 통계적 오류가 발생할 가능성이 높아집니다. 작은 샘플 크기는 변동성을 과대평가하거나, 무시할 수 있는 요인을 크게 부각시키는 경향이 있습니다. 이는 시장의 실제 상황을 잘못 해석하게 만들 수 있습니다.

최신 데이터 반영의 지연

시장 반응의 지연: 부동산 시장은 실시간으로 데이터를 반영하기 어렵습니다. 예를 들어, 경기 침체나 경제 회복기에 부동산 가격이 천천히 반응할 수 있으며, 이는 투자자들이 시점에 따라 부정확한 결정을 내리게 만들 수 있습니다.

지연된 데이터 업데이트: 부동산 데이터는 종종 월별, 분기별 또는 연간 단위로 업데이트됩니다. 이러한 지연된 데이터는 최근의 시장 변동성을 반영하지 못할 수 있습니다. 예를 들어, 최근에 발표된 정부 정책이 시장에 미치는 영향을 즉시 반영하지 못할 수 있습니다.

예측의 어려움: 최신 데이터의 부족은 미래 시장을 예측하는 데 어려움을 초래합니다. 특히, 경제적 충격이나 정책 변화와 같은 외부 요인이 시장에 영향을 미치는 경우, 투자자는 최신 정보를 바탕으로 신속하게 대응하기 어려울 수 있습니다.

데이터의 해석 오류

데이터를 올바르게 해석하는 것은 투자 성공의 열쇠입니다. 그러나 잘못된 해석은 심각한 결과를 초래할 수 있습니다.

평균값의 함정

평균값의 왜곡: 평균값은 시장의 일반적인 상태를 나타내기 위해 자주 사용되지만, 극단적인 값들에 의해 쉽게 왜곡될 수 있습니다. 예를 들어, 한 지역에서 몇 개의 고가 주택 거래가 발생하면, 평균 가격이 실제보다 높게 나타날 수 있으며, 이는 시장이 과열된 것처럼 보이게 만들 수 있습니다.

중앙값과 분산의 필요성: 평균값 대신 중앙값을 사용하는 것이 더 정확한 시장 상태를 반영할 수 있습니다. 중앙값은 극단적인 값에 덜 영향을 받기 때문에, 시장의 일반적인 상태를 보다 정확하게 반영할 수 있습니다. 또한, 분산을 통해 가격의 변동성이나 시장의 균질성을 평가할 수 있습니다.

평균값에 대한 과도한 의존: 평균값만을 의존하여 투자 결정을 내리는 것은 위험할 수 있습니다. 시장의 다른 지표, 예를 들어 분산, 중앙값, 분위수 등을 함께 고려하여 종합적인 분석을 해야 합니다.

단기 데이터에 의존

단기적 추세의 오해: 단기적으로 나타나는 가격 상승이나 하락을 지나치게 강조하면, 시장의 장기적 흐름을 잘못 판단할 수 있습니다. 예를 들어, 몇 개월 동안의 가격 상승을 지속적인 추세로 잘못 해석하여 과도한 투자를 하게 될 위험이 있습니다.

장기적 데이터 분석의 필요성: 장기적 데이터를 분석하여 시장의 주기적 패턴을 이해하는 것이 중요합니다. 이는 과거의 데이터를 통해 미래 시장을 예측하고, 올바른 투자 결정을 내리는 데 도움을 줄 수 있습니다.

경기 주기와 시장 이해: 부동산 시장은 경제 주기와 밀접하게 연관되어 있습니다. 따라서 단기적인 경기 변화에만 주목하기보다, 전체 경제 주기를 고려한 장기적인 시장 분석이 필요합니다.

지역적 특성을 무시한 데이터 해석

부동산 시장은 매우 지역적이며, 각 지역의 특성이 다릅니다. 이를 무시하면 큰 실수를 할 수 있습니다.

시장의 이질성

국지적 시장 특성 무시: 부동산 시장은 매우 지역적이며, 동일한 국가 내에서도 지역에 따라 큰 차이가 있습니다. 예를 들어, 대도시와 지방 도시의 부동산 시장은 서로 다른 동인에 의해 움직이며, 이를 동일하게 해석하는 것은 큰 오류를 초래할 수 있습니다.

지역적 분석의 필요성: 부동산 데이터를 해석할 때는 지역별로 세분화하여 분석해야 합니다. 각 지역의 경제적 여건, 인구 변화, 인프라 개발 상황 등을 고려하여 데이터를 해석해야 합니다. 예를 들어, 특정 지역의 인구가 증가하거나 새로운 교통 인프라가 도입될 때, 해당 지역의 부동산 가치는 상승할 가능성이 큽니다.

지역별 비교의 중요성: 투자할 때는 다양한 지역의 데이터를 비교하여 특정 지역에 대한 의존을 줄이는 것이 중요합니다. 이를 통해 지역 시장의 과열을 피하고, 투자 리스크를 분산할 수 있습니다.

특정 지역에 대한 과도한 의존

지역 시장 과열의 위험: 특정 지역이 급격히 성장할 때, 투자자들은 이 지역에 과도하게 의존할 수 있습니다. 그러나 지역 시장이 과열되면, 가격 거품이 형성될 위험이 있으며, 이후 급격한 가격 하락을 초래할 수 있습니다. 예를 들어, 과거 몇몇 도시에서 발생한 부동산 버블은 이러한 과도한 의존이 가져온 부작용의 사례입니다.

다양한 지역 데이터 비교: 투자할 때는 특정 지역에 대한 과도한 의존을 피하고, 다양한 지역의 데이터를 비교 분석하는 것이 중요합니다. 이는 투자 포트폴리오를 다각화하고, 리스크를 줄이는 데 도움이 됩니다.

의도적 데이터 조작

부동산 시장에서 제공되는 데이터는 종종 이해관계에 따라 조작될 수 있습니다. 투자자는 이러한 함정을 인식하고 주의해야 합니다.

마케팅 데이터의 함정

과장된 수치: 부동산 개발업자나 중개업자는 마케팅 목적으로 데이터를 과장할 수 있습니다. 예를 들어, 특정 지역의 부동산 가격 상승 전망을 부풀리거나, 투자 수익률을 과대평가하는 등의 방법으로 투자자들을 유인하려 할 수 있습니다. 이러한 데이터를 그대로 믿고 투자 결정을 내리면, 실제 시장 상황과 다른 결과를 맞닥뜨릴 수 있습니다.

객관적 검증의 필요성: 마케팅 자료에 대한 맹신을 피하고, 객관적 출처에서 제공하는 데이터를 검증하는 것이 필요합니다. 또한, 여러 출처에서 수집한 데이터를 교차 검증하여 신뢰성을 높이는 것이 중요합니다.

독립적인 데이터 분석: 투자자는 부동산 개발업자나 중개업자가 제공하는 데이터 외에도, 독립적인 데이터 분석을 통해 시장을 평가해야 합니다. 이는 투자 결정을 내릴 때 신뢰할 수 있는 근거를 제공할 수 있습니다.

선택적 데이터 제시

선택적 정보 공개: 부동산 보고서나 자료에서 특정 데이터를 선택적으로 공개하거나, 불리한 정보를 누락하는 경우가 있습니다. 이는 투자자에게 유리한 부분만을 강조하고, 불리한 정보는 숨기려는 의도일 수 있습니다. 예를 들어, 특정 지역의 가격 상승률만 강조하고, 거래량 감소나 공실률 증가 등의 부정적인 지표는 제외할 수 있습니다.

전체 데이터 파악의 중요성: 전체 데이터를 파악하고, 누락된 정보가 없는지 확인하는 것이 중요합니다. 선택적 데이터 제시에 속지 않도록 주의하며, 가능한 모든 정보를 확보한 후 결정을 내리는 것이 필요합니다.

전문가 조언과 데이터 활용: 투자자는 데이터 분석 전문가의 조언을 활용하여 데이터를 해석할 수 있습니다. 이는 선택적 정보 공개로 인한 함정을 피하는 데 도움이 됩니다.

통계적 오류와 모델링 한계

부동산 시장 분석에서 통계와 모델링은 중요한 도구이지만, 이들 역시 함정을 가지고 있습니다.

통계적 편향

표본 편향: 부동산 데이터는 종종 특정 표본에 편향되어 수집될 수 있습니다. 예를 들어, 고가 주택만을 대상으로 한 통계는 전체 시장의 평균 가격을 왜곡할 수 있습니다. 표본이 시장을 대표하지 못하면, 그로 인한 분석 결과 역시 신뢰할 수 없게 됩니다.

무작위 표본의 중요성: 데이터를 수집할 때는 시장을 잘 대표할 수 있는 무작위 표본을 사용하는 것이 중요합니다. 이를 통해 시장의 전체적인 특성을 반영한 분석 결과를 얻을 수 있습니다.

표본 크기와 대표성: 데이터 샘플 크기가 충분히 크지 않으면, 표본이 전체 시장을 대표하지 못할 수 있습니다. 따라서 대표성이 높은 데이터를 기반으로 분석을 수행해야 합니다.

예측 모델의 한계

모델의 과도한 신뢰: 부동산 시장 예측 모델은 복잡한 수학적 계산을 기반으로 하지만, 모든 변수를 완벽하게 반영할 수는 없습니다. 모델은 과거 데이터를 바탕으로 미래를 예측하지만, 예기치 않은 변수나 시장 변화에 대한 예측력이 제한적일 수 있습니다. 예를 들어, 경제적

충격이나 정치적 불안정성은 모델의 예측을 벗어난 결과를 초래할 수 있습니다.

모델 검증과 보완: 예측 모델을 사용할 때는 그 한계를 인식하고, 다양한 시나리오를 고려하여 결과를 보완하는 것이 중요합니다. 또한, 모델의 예측 결과를 현실적인 판단과 결합하여 의사 결정을 내리는 것이 필요합니다.

다양한 모델 활용: 단일 모델에 의존하기보다, 다양한 예측 모델을 활용하여 결과를 비교하고, 그에 따른 시나리오 분석을 통해 보다 신뢰할 수 있는 결정을 내리는 것이 중요합니다.

부동산 데이터는 투자 의사 결정에서 매우 중요한 역할을 하지만, 그 자체로도 여러 가지 함정을 가지고 있습니다. 부정확하거나 불완전한 데이터, 잘못된 해석, 지역적 특성을 무시한 분석, 의도적인 데이터 조작, 통계적 오류 등은 모두 투자 실패를 초래할 수 있는 요소들입니다. 이러한 함정을 피하기 위해서는 데이터를 종합적으로 분석하고, 다양한 출처에서 정보를 검토하며, 데이터를 해석할 때 항상 비판적인 시각을 유지하는 것이 필요합니다. 또한, 통계적 분석과 예측 모델의 한계를 인식하고, 이를 보완하는 전략을 통해 부동산 시장에서 더 나은 결정을 내리고 성공적인 투자를 실현할 수 있습니다.

9

지역적으로 가격이 다른데 정책이 같은 경우?

지역적 부동산 주택 가격 편차와 일률적 정책의 문제점

부동산 시장은 지역마다 다양한 특성과 조건에 따라 움직입니다. 지역적 부동산 주택 가격의 편차는 경제적 여건, 인구 변화, 인프라 개발 등 여러 요인에 의해 발생합니다. 이러한 상황에서 정부가 일률적인 부동산 정책을 시행할 경우, 각 지역의 특성을 충분히 고려하지 못해 다양한 문제점이 발생할 수 있습니다. 아래에서는 일률적인 부동산 정책이 지역적 부동산 가격 편차에 미치는 부정적인 영향을 상세히 분석하겠습니다.

지역 간 불균형 심화

시장 과열 지역과 비활성화 지역 간의 격차 확대

과열 지역의 부담 증가: 일률적인 정책은 주로 과열된 시장을 겨냥하여 시행되기 때문에, 상대적으로 활발한 대도시나 인기 있는 지역에서는 규제 강화로 인해 주택 가격 상승세가 억제되거나, 대출 규제, 세금 인상 등으로 주택 구매자의 부담이 증가할 수 있습니다. 이는 이미 높은 가격의 지역에서 추가적인 가격 상승을 억제할 수는 있지만, 주택 구매자들에게는 더 큰 부담을 안겨 줄 수 있습니다.

비활성화 지역의 침체: 반면, 부동산 시장이 활성화되지 않은 지방 도시나 침체된 지역에서는 동일한 규제나 세금이 과도한 부담으로 작용할 수 있습니다. 이들 지역에서는 주택 가격이 낮고, 거래량도 적은 경우가 많기 때문에, 일률적인 규제가 추가적인 투자를 막고 시장을 더 위축시킬 수 있습니다. 이는 지역 경제 침체를 가속화하고, 부동산 시장의 불균형을 심화시킬 수 있습니다.

지역 경제 발전의 저해

지역별 경제 성장과 부동산 정책의 부조화: 일률적인 정책은 지역별 경제 성장 속도나 부동산 시장의 성숙도를 반영하지 못할 수 있습니다. 예를 들어, 대도시의 빠른 경제 성장과 함께 부동산 가격이 급격히 상승하는 경우, 규제가 필요할 수 있지만, 동일한 규제를 적용하면 경제 발전 초기 단계에 있는 지역에서는 오히려 성장을 저해할 수 있습니다.

인프라 개발의 차질: 특정 지역에서 진행 중인 인프라 개발이나 신도시 건설 계획이 일률적인 규제 때문에 어려움을 겪을 수 있습니다. 예를 들어, 대출 규제가 강화되면 해당 지역에 필요한 자금 조달이 어려워져 개발 프로젝트가 지연되거나 취소될 수 있습니다. 이는 해당 지역의 경제 활성화를 방해하고, 장기적으로 지역 발전에 부정적인 영향을 미칠 수 있습니다.

특정 지역의 부작용 발생

투기적 수요의 이동

투기 수요의 왜곡: 일률적인 정책이 특정 지역에 집중되면, 투기적 수요가 상대적으로 규제가 덜한 지역으로 이동할 수 있습니다. 예를 들어, 대도시에서 강력한 규제가 시행될 경우, 투기자들은 규제가 덜한 중소 도시나 인근 지역으로 이동하여 부동산을 매입하려 할 수 있습니다. 이는 해당 지역의 주택 가격을 인위적으로 상승시키고, 결국 새로운 지역에서 부동산 버블을 형성할 위험이 있습니다.

투자자의 자본 이동: 규제가 강화된 지역에서는 투자자들이 자본을 다른 지역으로 이동시

킬 수 있습니다. 이는 규제가 덜한 지역의 부동산 시장을 과열시키고, 장기적으로는 해당 지역의 주택 가격 안정성에 부정적인 영향을 미칠 수 있습니다.

지역적 불균형 심화에 따른 사회적 갈등

주택 접근성 악화: 일률적인 정책은 주택 접근성에 대한 불균형을 심화시킬 수 있습니다. 특정 지역에서 규제가 강화되면, 저소득층이나 젊은 층은 주택을 구매하기 어려워지고, 이들이 더 저렴한 주택을 찾기 위해 다른 지역으로 이동하게 될 수 있습니다. 이는 해당 지역의 사회적 불균형을 초래하고, 지역 사회 내 갈등을 유발할 수 있습니다.

이주와 지역 경제 악화: 규제가 강화된 지역에서 주택 구매가 어려워지면, 이주 현상이 발생할 수 있습니다. 이로 인해 해당 지역의 인구가 감소하고, 지역 경제가 침체될 위험이 있습니다. 특히, 청년층과 같은 경제 활동 인구의 이주는 지역 경제의 장기적 발전 가능성을 저해할 수 있습니다.

정책 목표 달성의 어려움

정책 효과의 저하

정책 효과의 불균형: 일률적인 정책은 모든 지역에서 동일한 효과를 발휘하지 않습니다. 예를 들어, 대출 규제나 세금 인상은 과열된 시장에서는 일정 부분 효과를 발휘할 수 있지만, 침체된 시장에서는 오히려 시장을 더 위축시킬 수 있습니다. 이는 정부가 의도한 정책 목표, 예를 들어 주택 가격 안정화나 시장 과열 방지 등이 전반적으로 달성되기 어려워지는 결과를 초래할 수 있습니다.

정책의 부작용 확대: 특정 지역에서의 규제 강화로 인해 발생하는 부작용, 예를 들어 투자자들의 자본 이동, 주택 시장의 왜곡, 지역 간 불균형 심화 등이 오히려 정부 정책의 성공을 저해할 수 있습니다. 이러한 부작용이 쌓이면, 정부는 추가적인 정책을 시행해야 하는 상황에 직면할 수 있으며, 이는 정책의 일관성을 해칠 수 있습니다.

정책 실행의 복잡성 증가

지역별 상황 반영의 어려움: 일률적인 정책은 모든 지역의 특성을 반영하기 어렵기 때문에, 실제 정책 실행 과정에서 지역별로 다양한 문제에 직면할 수 있습니다. 이는 정책 집행의 복잡성을 증가시키고, 지역 공무원과 정책 결정자 간의 갈등을 초래할 수 있습니다.

정책의 적시성 문제: 일률적인 정책은 모든 지역에서 동시에 시행되기 때문에, 각 지역의 경제 상황에 맞는 적시성을 갖추기 어렵습니다. 이는 일부 지역에서는 정책이 너무 늦게 시행되거나, 반대로 너무 일찍 시행되어 효과를 발휘하지 못할 수 있습니다.

지역적 부동산 주택 가격의 편차가 큰 상황에서 일률적인 부동산 정책을 시행하는 것은 여러 문제점을 초래할 수 있습니다. 이러한 정책은 지역 간 불균형을 심화시키고, 특정 지역에서는 오히려 부작용을 발생시킬 수 있으며, 정책 목표를 달성하는 데에도 어려움을 겪을 수 있습니다. 따라서 정부는 부동산 정책을 수립할 때, 각 지역의 특성과 시장 상황을 면밀히 분석하고, 지역별 맞춤형 정책을 시행하는 것이 중요합니다. 이를 통해 지역적 불균형을 해소하고, 전체적인 부동산 시장의 안정성을 확보할 수 있을 것입니다.

10

분양 가격과 물가 상승이 주택 가격에 미치는 영향

주택 가격은 다양한 요인들에 의해 영향을 받는데, 그중에서도 분양 가격과 물가 상승은 주택 가격에 중대한 영향을 미치는 두 가지 중요한 요소입니다. 이 장에서는 분양 가격과 물가 상승이 주택 가격에 어떤 방식으로 영향을 미치는지 구체적으로 살펴보겠습니다.

분양 가격의 정의와 중요성

분양 가격의 의미

분양 가격이란? 건설업체나 개발자가 새로 지어진 주택을 구매자에게 공급할 때 제시하는 초기 판매 가격을 의미합니다.

분양 가격은 주택의 위치, 규모, 자재, 설계, 인근 인프라, 그리고 시장 수요와 공급 등 여러 요소에 의해 결정됩니다.

분양 가격이 주택 시장에 미치는 영향

시장 기준 설정: 신규 분양 주택의 가격은 해당 지역의 주택 가격 기준을 설정하게 됩니다. 새로 분양된 주택의 가격이 높게 책정되면, 인근 기존 주택들의 가격도 상승 압력을 받게 됩니다.

심리적 영향: 분양 가격이 높게 책정될 경우, 시장에서는 주택 가격이 계속 상승할 것이라는 심리가 형성되며, 이는 주택 구매를 서두르게 하거나 투자 수요를 촉진할 수 있습니다.

주택 공급과 수요: 분양 가격이 높을수록 주택 구매를 고려하는 사람들의 진입 장벽이 높아질 수 있으며, 이는 수요를 억제하여 공급 과잉 시 가격 조정을 유발할 수 있습니다.

분양가 상한제와 주택 가격

분양가 상한제는 정부가 주택 분양 가격을 일정 수준 이하로 제한하는 정책입니다. 이 제도는 주택 가격의 급격한 상승을 억제하고, 서민층의 주택 접근성을 높이기 위한 목적으로 시행됩니다.

상한제 시행으로 분양가가 인위적으로 낮아지면, 분양 주택에 대한 수요가 급증할 수 있으며, 이는 과열된 청약 경쟁과 주택 가격의 상승으로 이어질 수 있습니다.

물가 상승(인플레이션)과 주택 가격의 관계

물가 상승의 정의와 측정

물가 상승이란? 일반적인 상품과 서비스의 가격 수준이 지속적으로 상승하는 경제적 현상을 의미합니다. 주로 소비자 물가 지수(CPI)로 측정됩니다.

인플레이션은 돈의 가치가 하락하는 현상으로, 동일한 금액으로 구매할 수 있는 재화와 서비스의 양이 줄어들게 됩니다.

물가 상승이 주택 가격에 미치는 영향

건축비 상승: 인플레이션으로 인해 건축 자재, 인건비, 기타 관련 비용이 상승하게 됩니다. 이는 신규 주택의 분양가를 높이는 요인이 되며, 전체 주택 시장의 가격 상승을 초래할 수 있습니다.

대체 투자 수단: 물가 상승기에는 주택이 상대적으로 안전한 자산으로 간주되기 때문에, 많은 투자자들이 주택 시장에 몰리게 됩니다. 이는 주택 가격을 더욱 상승시키는 요인으로 작용할 수 있습니다.

금리와의 관계: 인플레이션이 발생하면 중앙은행은 이를 억제하기 위해 금리를 인상하는 경향이 있습니다. 금리 상승은 대출 이자율의 상승을 의미하며, 이는 주택 구매자들의 대출 상환 부담을 증가시켜 주택 수요를 억제할 수 있습니다. 그러나 인플레이션이 주택 가격 상승을 동반할 경우, 자산 가치 보존을 위해 주택을 구입하려는 수요가 여전히 높을 수 있습니다.

물가 상승과 주택의 실질 가치

실질 가치 보존: 인플레이션 상황에서 주택은 실질 가치를 보존하는 자산으로 여겨집니다. 물가가 상승할수록 주택의 명목 가격도 상승하게 되며, 이는 자산 가치의 하락을 방지할 수 있는 역할을 합니다.

임대료와 수익률: 인플레이션은 임대료에도 영향을 미칩니다. 물가가 상승하면 임대료도 상승하는 경향이 있으며, 이는 주택 소유자의 투자 수익률을 높이는 요인이 됩니다.

분양 가격과 물가 상승의 상호 작용

동반 상승 효과

분양 가격과 물가 상승의 상호 상승: 물가 상승이 분양 가격을 높이고, 이로 인해 주택 가격 전반이 상승하는 악순환이 발생할 수 있습니다. 이 경우, 주택 구매자들은 인플레이션을 우려하여 서둘러 주택을 구매하려는 경향이 강해지며, 이는 다시 주택 가격 상승을 부추기게 됩니다.

시장 안정화 노력

정책적 대응: 정부와 중앙은행은 물가 상승과 주택 가격 상승을 억제하기 위해 다양한 정책적 대응을 시도합니다. 이는 금리 인상, 분양가 규제, 주택 공급 확대 등으로 나타나며, 주택

시장의 안정을 도모하려는 노력입니다.

주택 시장의 예측 불가능성: 물가 상승과 분양 가격의 동반 상승은 주택 시장의 예측을 어렵게 만들며, 이는 주택 구매자와 투자자에게 불확실성을 높이는 요인으로 작용합니다.

분양 가격과 물가 상승은 주택 가격에 직간접적으로 큰 영향을 미치는 요소입니다. 이 두 가지 요인은 각각의 영향뿐만 아니라 상호 작용을 통해 주택 시장의 변동성을 증대시킬 수 있습니다. 따라서 주택 시장에 참여하는 구매자나 투자자는 이러한 요소들을 종합적으로 고려하여 신중한 결정을 내려야 할 것입니다. 안정적인 주거 및 투자를 위해서는 정부 정책의 방향성, 물가상승률, 분양가 동향 등을 지속적으로 관찰하고 이해하는 것이 중요합니다.

분양 가격과 물가 상승은?

서로 밀접하게 연결되어 있으며, 한쪽의 변화가 다른 쪽에 영향을 미칠 수 있습니다. 다음은 이 두 가지 요소 간의 관계를 설명하는 있어서 중요한 요인들입니다.

물가 상승이 분양 가격에 미치는 영향

건설 비용 상승: 물가 상승, 특히 원자재 가격의 상승은 건설 비용을 증가시킵니다. 건설업체는 증가한 비용을 반영해 분양 가격을 높일 수밖에 없습니다. 예를 들어, 철강, 시멘트, 노동 비용 등이 상승하면 주택을 건설하는 데 더 많은 비용이 들고, 이는 최종적으로 분양 가격에 반영됩니다.

대출 이자율 상승: 물가가 상승하면 중앙은행은 인플레이션을 억제하기 위해 금리를 인상할 가능성이 높습니다. 금리 인상은 주택 담보 대출의 이자율을 높이고, 이는 주택 구매자들에게 더 큰 부담으로 작용하게 됩니다. 분양 가격이 높아지는 동시에 대출 부담이 커지면 주택 구매 수요가 줄어들 수 있습니다.

분양 가격 상승이 물가에 미치는 영향

소비자 물가 지수(CPI) 영향: 분양 가격이 상승하면 주택을 구매하려는 사람들의 생활비 부담이 증가하게 됩니다. 주거 비용이 CPI에 포함되기 때문에, 분양 가격 상승은 물가 상승에 직접적인 영향을 미칠 수 있습니다.

심리적 요인: 분양 가격이 지속적으로 상승하면, 물가 상승에 대한 심리적 기대가 강화될 수 있습니다. 사람들은 주택 가격 상승을 예상하고 서둘러 구매를 결정할 수 있으며, 이는 시장에서 가격 상승을 더욱 가속화하는 요인이 될 수 있습니다.

정부 정책의 영향

공급 제한과 규제: 정부가 분양가 상한제와 같은 규제를 통해 분양 가격을 억제하려는 경우, 건설업체는 새로운 주택 공급을 줄일 수 있습니다. 이는 장기적으로 주택 부족을 초래하고, 오히려 가격 상승 압력을 가중시킬 수 있습니다.

물가 상승과 부동산 가격 변동은 일반적으로 긴밀하게 연결되어 있으며, 두 현상 간의 시차가 발생할 수 있습니다. 이 시차는 경제 상황, 정책 반응, 시장 심리 등에 따라 다릅니다. 물가 상승이 부동산 가격에 영향을 미치고, 그 영향이 실제로 가격에 반영되기까지는 일정한 기간이 소요될 수 있습니다.

물가 상승의 초기 단계

금리 변화: 물가가 상승하면 중앙은행은 이를 억제하기 위해 금리를 인상할 가능성이 큽니다. 금리 인상은 대출 이자율을 상승시켜 주택 구매 비용을 높이고, 이로 인해 부동산 수요가 감소할 수 있습니다. 그러나 이 효과가 부동산 시장에 반영되기까지는 몇 개월에서 1년 또는 1년이상 정도의 시간이 걸릴 수 있습니다.

비용 증가: 물가 상승은 건축 자재비, 인건비 등 건설 비용의 상승을 초래합니다. 이러한 비

용 상승은 분양가에 반영되어 신규 주택 가격이 높아지게 됩니다. 그러나 이러한 비용 증가가 부동산 가격에 영향을 미치기까지도 일정한 기간이 필요로 하는데 있어서 통상 입주 후 6개월 정도 소유가 되는 경우가 있습니다.

부동산 가격 변동의 시점

수요 변화 반영: 금리 인상과 대출 규제로 인해 부동산 수요가 감소하면, 부동산 가격이 하락할 가능성이 있습니다. 그러나 부동산 시장은 비교적 비탄력적이기 때문에, 수요 감소가 즉각적으로 가격 하락으로 이어지지 않을 수도 있습니다. 일반적으로 몇 개월에서 1년 이상의 시간이 걸려 가격 변동이 본격적으로 나타날 수 있습니다.

투자 심리 변화: 물가 상승이 지속되면 투자자들의 심리가 위축되어 부동산 투자가 줄어들 수 있습니다. 이는 결국 부동산 가격 하락으로 이어질 수 있지만, 투자 심리 변화가 가격에 반영되기까지는 골디락스의 기간으로 시간이 필요합니다.

정부 정책의 개입

정책 시행 시점: 정부가 물가 상승을 억제하거나 부동산 시장을 안정시키기 위해 대출 규제, 세금 정책 등 다양한 정책을 도입할 수 있습니다. 이러한 정책은 시행 후 실제로 시장에 영향을 미치기까지 몇 달에서 1년 이상의 시간이 걸릴 수 있습니다.

정책 효과 시차: 예를 들어, 대출 규제가 강화되면 주택 구매 수요가 감소하여 부동산 가격이 하락할 수 있지만, 이는 정책 시행 후 몇 개월이 지난 시점에서 나타날 가능성이 큽니다.

시장 적응

시장 적응 기간: 부동산 시장은 비교적 큰 자산 시장이기 때문에, 가격 변동에 대한 반응이 다른 시장보다 느리게 나타날 수 있습니다. 물가 상승에 따른 금리 인상이나 대출 규제 강화와 같은 정책 변화가 있더라도, 시장이 이에 적응하고 가격이 변동하는 데는 시간이 걸립니다.

물가 상승과 부동산 가격 변동 사이에는 일정한 시차가 존재할 수 있으며, 이 시차는 경제적 조건, 정책 반응, 시장의 구조적 특성에 따라 달라집니다. 물가가 상승하면 금리 인상, 대출 규제 등의 정책이 뒤따르며, 이러한 변화가 부동산 가격에 영향을 미치기까지는 몇 개월에서 1년 이상의 시간이 필요할 수 있습니다. 따라서, 물가 상승 초기에는 부동산 가격이 즉각적으로 반응하지 않을 수 있으며, 시간이 지나면서 점차적으로 변동이 나타나게 됩니다.

11

투자로 보는 전세와 자가

전세와 자가는 주거 형태와 관련된 개념으로, 볼 때 두 가지의 주요 차이점은 소유권과 재정적 의무에 있습니다.

전세

사용권: 전세는 임차인이 집을 소유하지 않고 일정 기간 동안 거주할 수 있는 권리를 갖는 임대 형태입니다. 주택의 소유자는 따로 있습니다.

보증금: 전세 계약 시, 임차인은 집주인에게 상당히 큰 금액의 보증금을 지불합니다. 이 보증금은 주로 주택의 전체 가치의 50%에서 80% 정도에 달합니다.

월세: 전세의 경우, 월세를 따로 지불하지 않고, 거주 기간 동안 전세 보증금을 대신 지불한 형태입니다.

계약 종료 시: 계약 기간이 종료되면, 임차인은 보증금을 전액 돌려받게 됩니다. 다만, 집주인의 재정 상태나 기타 사정에 따라 반환이 지연될 수 있습니다.

장점: 월세를 내지 않아 매월 지출 부담이 적고, 거주 비용을 줄일 수 있습니다.

단점: 한 번에 큰 금액을 보증금으로 지불해야 하며, 보증금이 집주인의 사정에 따라 위험

에 처할 수 있습니다.

자가

소유권: 자가는 주택의 소유권을 개인이 가지는 형태입니다. 즉, 주택이 본인 소유로, 자산으로 인식됩니다.

구입 비용: 자가를 구매하기 위해서는 주택 전체 금액을 지불해야 하며, 이를 위해 대출을 받는 경우가 많습니다.

대출 상환: 대출을 받은 경우, 대출금을 상환하기 위해 매월 원리금을 지불해야 합니다. 이는 일종의 월세와 유사하지만, 결국 주택의 소유권을 얻게 된다는 차이가 있습니다.

유지 비용: 자가의 경우 주택 유지 보수 비용, 세금 등 추가 비용이 발생할 수 있습니다.

장점: 주택 가격 상승 시 자산 가치가 올라가고, 소유권을 가지고 있어 안정된 주거 환경을 유지할 수 있습니다.

단점: 주택 구매에 따른 대출 상환 부담, 유지 보수 비용 등으로 재정적 부담이 있을 수 있습니다.

결론적으로, 전세는 초기 큰 보증금이 필요하지만 월세 부담이 없는 임차 형태이며, 자가는 주택을 소유하는 대신 대출 상환 등의 재정적 부담이 따르는 형태입니다. 각자의 재정 상황과 장기적인 계획에 따라 전세와 자가 중 선택할 수 있습니다.

전세와 자가의 선택은 개인의 재정 상황, 미래 계획, 주택 시장의 변동성 등 여러 요소에 따라 달라질 수 있습니다. 여기에는 전세와 자가 각각의 추가적인 고려 사항과 장단점을 더 알아보겠습니다.

전세의 고려 사항

전세금 인상: 전세 계약 갱신 시, 집주인은 전세금을 인상할 수 있습니다. 이 경우 추가적인 자금이 필요하게 되며, 전세금을 감당하기 어려운 경우 이사를 고려해야 할 수 있습니다.

이사와 계약 갱신: 전세 계약이 종료될 때, 집주인과 임차인이 모두 계약 연장을 원할 경우, 같은 조건으로 연장할 수 있지만, 임차인이 원치 않으면 이사를 해야 합니다. 이는 불안정한 주거 상황을 초래할 수 있습니다.

전세 대출: 많은 사람들이 전세 보증금을 마련하기 위해 전세 대출을 이용합니다. 이는 금융 기관에서 제공하는 대출로, 일정 조건하에 비교적 낮은 이자로 이용할 수 있습니다.

주거 환경의 변화: 전세는 상대적으로 자주 이사해야 할 가능성이 있어 주거 환경이 자주 변할 수 있습니다. 특히 아이가 있는 가정의 경우, 학교와의 거리 등을 고려해 전세를 선택할 때 신중할 필요가 있습니다.

자가의 고려 사항

부동산 시장 변동: 자가는 부동산 시장의 변동에 민감합니다. 집값이 상승하면 자산 가치가 상승하지만, 하락하면 경제적 손실을 볼 수 있습니다.

세금과 비용: 자가를 소유하면 재산세, 종합 부동산세 등의 세금이 발생하며, 또한 유지 보수 비용, 보험료 등 추가적인 비용이 들어갑니다. 이를 미리 고려하여 재정 계획을 세워야 합니다.

장기 거주 안정성: 자가는 소유권을 가지므로 장기적인 주거 안정성이 보장됩니다. 이는 특히 정착할 지역이 확실한 경우, 자가를 선택하는 주요 이유 중 하나입니다.

대출 이자 부담: 자가 구매 시 대출을 이용하는 경우, 이자 부담이 큽니다. 이자를 줄이기 위해서는 대출 상환 계획을 잘 세워야 하며, 고정 금리와 변동 금리 중 어떤 것을 선택할지도 중요한 고려 사항입니다.

자산 증식: 자가는 부동산 자산으로, 시간이 지나면서 자산이 증가할 가능성이 있습니다. 그러나 이를 위해서는 주택 시장에 대한 이해와 적절한 시점에 매매하는 것이 중요합니다.

전세와 자가의 선택 시 고려 사항

재정적 여유: 현재 가지고 있는 자금과 대출 상환 능력을 따져 보아야 합니다. 전세의 경우 큰 보증금이 필요하며, 자가는 대출 상환 부담이 있습니다.

거주 기간: 특정 지역에 오랫동안 거주할 계획이라면 자가를 고려할 수 있습니다. 반면, 단기 거주 계획이 있거나 주거 지역의 유연성을 원한다면 전세가 더 적합할 수 있습니다.

주택 시장 전망: 부동산 시장이 상승세에 있다면 자가가 유리할 수 있지만, 시장이 불안정하거나 하락세라면 전세가 더 안전할 수 있습니다.

미래 계획: 가족 계획, 직장 이동, 자녀 교육 등의 미래 계획도 고려해야 합니다. 이러한 요소들이 주거 형태에 큰 영향을 미칠 수 있습니다.

전세와 자가 중 어떤 것을 선택할지는 개인의 상황에 따라 달라질 수 있으며, 양쪽 모두 장단점이 있기 때문에 충분한 고민과 재정적 계획이 필요합니다.

12

전세는 현재의 실질 가격, 매매는 미래 가격

　전세와 자가(매매)에 대한 가격 측면에서 "전세는 현재의 실질 가격, 매매는 미래 가격"이라는 표현은 전세와 자가의 경제적 속성에 대한 중요한 통찰이 있습니다.

　주택 시장에서 전세와 매매는 각각의 경제적 특성과 기능을 가지고 있습니다. 전세는 현재 시점에서의 실질적인 비용을 반영하는 반면, 매매는 미래의 가치와 기대를 반영하는 경향이 있습니다. 이 차이는 주택을 선택할 때 재정적 결정과 투자 전략에 중요한 영향을 미칩니다. 아래에서 전세와 매매가 각각 현재와 미래의 가격을 어떻게 반영하는지 구체적으로 살펴보겠습니다.

전세: 현재의 실질 가격

전세의 개념

　전세는 주택을 임대할 때, 월세 대신 일정 금액을 예치하고 일정 기간 동안 주거할 수 있는 권리를 얻는 주거 형태입니다. 전세금은 계약 기간이 끝나면 돌려받을 수 있습니다.

전세가 현재 실질 가격을 반영하는 이유

실질적 거주 비용: 전세금은 현재 시점에서 주거 공간을 이용하기 위해 필요한 실질적 비용

을 반영합니다. 이 금액은 시장의 수요와 공급, 현재의 경제 상황, 금리 등 다양한 요인에 의해 결정됩니다.

물가 변동의 직접적 반영: 전세가는 현재 경제 상황과 물가 수준을 반영합니다. 예를 들어, 물가가 상승하면 전세가도 이를 반영하여 상승하는 경향이 있으며, 이는 전세가가 현재의 실질적인 주거 비용을 나타낸다는 것을 의미합니다.

유동성 확보: 전세는 자산이 묶이는 매매와 달리, 계약 종료 시 전세금을 돌려받아 재투자하거나 다른 주거 선택을 할 수 있는 유동성을 제공합니다. 이는 전세가 현재의 실질적인 경제 상황에 기반한 선택임을 보여줍니다.

전세와 매매의 관계

전세가율: 전세가와 매매가의 비율인 전세가율은 전세가가 매매가에 비해 얼마나 현실적인지, 그리고 현재 주택 시장에서의 수요와 공급이 어떻게 균형을 이루고 있는지를 나타냅니다. 전세가율이 높다면 전세가 현재의 실질적 가치를 더 크게 반영하고 있음을 의미합니다.

매매: 미래 가격의 반영

매매의 개념

주택 매매는 주택을 구매하여 소유권을 획득하는 것으로, 이는 장기적인 주거 안정과 자산 축적의 수단으로 간주됩니다.

매매가 미래 가격을 반영하는 이유

미래 가치의 반영: 매매가는 현재의 주택 가격에 더해 미래에 예상되는 주택 가격 상승률, 인플레이션, 경제 성장, 그리고 지역 개발 가능성 등 다양한 미래 요인을 반영합니다. 따라서 매매가는 단순히 현재의 가격이 아니라, 구매자가 기대하는 미래의 가치 상승을 포함한 가격입니다.

투자적 관점: 주택을 매매할 때, 구매자는 단순히 거주를 위한 비용이 아니라, 시간이 지남에 따라 주택의 가치가 상승할 것이라는 기대를 가지고 있습니다. 이 기대는 주택 매매가를 높이는 주요 요인입니다.

미래 불확실성에 대한 고려: 매매가는 또한 경제 불확실성, 금리 변동, 정책 변화 등에 대한 리스크 프리미엄을 포함하기 때문에, 이러한 불확실성에 대한 보상으로 매매가가 상승할 수 있습니다.

매매와 전세의 상호 작용

매매가와 전세가의 상관관계: 매매가가 상승할 경우, 전세가도 동반 상승하는 경향이 있습니다. 그러나 매매가는 미래의 기대를 반영하는 반면, 전세가는 현재의 실질적 거주 비용을 반영하기 때문에, 두 가격 간의 상승 속도와 폭에는 차이가 있을 수 있습니다.

전세와 매매 선택 시 고려할 사항

재정적 상황과 목표

현재의 자금 상황: 전세는 초기 자본이 많이 필요하지만, 매매는 대출을 통해 자금을 마련할 수 있습니다. 현재의 재정적 상황에 따라 어떤 선택이 더 유리할지 결정해야 합니다.

장기적 거주 계획: 매매는 장기적인 거주 계획을 가진 사람들에게 유리하며, 주택 가격 상승으로 인한 자산 증식을 기대할 수 있습니다. 반면, 전세는 유동성을 유지하면서 다양한 선택을 고려할 수 있는 장점이 있습니다.

시장 상황과 전망

부동산 시장 전망: 매매가가 미래에 더 큰 상승을 기대할 수 있는 지역에서는 매매가 유리할 수 있지만, 단기적으로는 전세가 더 경제적일 수 있습니다. 시장 상황을 분석하여 최적의 선택을 해야 합니다.

금리와 경제 정책: 금리 인상은 주택 대출 부담을 증가시키기 때문에, 매매를 고려하는 사람들은 금리 동향과 경제 정책을 면밀히 살펴봐야 합니다. 반면, 전세는 이러한 금리 변동에 상대적으로 덜 민감할 수 있습니다.

전세는 현재의 실질적인 거주 비용을 반영하는 주거 형태로, 현재의 경제 상황과 유동성 확보에 유리합니다. 반면, 매매는 미래의 주택 가격 상승과 자산 증식을 기대하는 선택으로, 장기적인 관점에서 미래 가치를 반영합니다. 따라서 전세와 매매를 선택할 때는 개인의 재정적 상황, 시장 전망, 그리고 장기적인 목표를 종합적으로 고려해야 합니다. 이를 통해 보다 현명한 주거 및 투자 결정을 내릴 수 있을 것입니다.

전세는 현재의 실질 가격

의미: 전세는 현재의 시장 상황에 따라 정해지는 실제 보증금을 의미합니다. 즉, 전세 계약 시 임차인이 집주인에게 지불하는 보증금은 현 시점에서의 주택 시장 가치를 반영합니다.

시장 상황 반영: 전세금은 주로 주택의 현재 가치, 해당 지역의 수요와 공급, 금리 등 다양한 요인에 의해 결정이 되는데, 이는 임차인이 현 시점에서 실제로 부담해야 하는 금액을 의미하며, 전세 기간 동안 월세 부담이 없다는 점에서 명확한 금전적 가치로 인식됩니다.

경제적 리스크: 전세는 계약 기간 동안 주택 가격 변동에 큰 영향을 받지 않습니다. 즉, 임차인은 전세 계약 기간 동안 일정 금액을 지불하고 주거 안정성을 확보하며, 이후 보증금을 돌려받게 됩니다. 그러나 매매 가격이 하락 시에 돌려받기가 어려운 경우가 발생하기도 합니다.

매매는 미래 가격

의미: 매매의 경우, 주택을 구매하는 것은 단순히 현재의 집값을 지불하는 것이 아니라, 미래에 그 주택이 어떻게 될지를 예상하고 지불하는 것입니다. 즉, 구매자는 미래의 주택 가치 상승 또는 하락을 고려하여 현재 가격을 지불합니다.

미래 가치에 대한 기대: 주택 매매 시, 구매자는 주택 가격이 시간이 지남에 따라 상승할 것으로 기대하고 투자합니다. 이는 자산 가치 상승에 대한 기대와 밀접한 관련이 있습니다. 그러나 이는 주택 시장의 변동성과 불확실성을 감수하는 것이기도 합니다.

경제적 리스크: 주택 매매는 장기적인 투자로서, 미래의 시장 상황에 따라 구매자의 자산 가치가 크게 변동할 수 있습니다. 주택 가격이 상승하면 큰 이익을 얻을 수 있지만, 반대로 하락할 경우 손실을 볼 수도 있습니다. 이 때문에 매매는 일종의 투자 결정이며, 미래의 시장 전망을 고려한 가격입니다.

전세와 매매의 선택 시 고려 사항

미래 시장 예측: 만약 주택 시장이 상승할 것으로 예측된다면, 매매를 통해 자산 증식의 기회를 잡을 수 있습니다. 반대로, 주택 시장이 불안정하거나 하락할 것으로 보인다면 전세를 선택하여 위험을 피할 수 있습니다.

재정적 준비: 전세는 현재 가진 자금으로 부담할 수 있는지 여부가 중요하며, 매매는 대출 상환 능력과 장기적인 자금 계획이 중요합니다.

거주 계획: 단기적으로 거주할 계획이라면 전세가 적합할 수 있지만, 장기적으로 거주할 지역을 확정한 경우 매매를 통해 자산을 확보하는 것이 더 유리할 수 있습니다.

결론적으로, 전세는 현재 주택 시장 상황을 반영한 "실 가격"에 중점을 두고 있으며, 매매는 미래 주택 가치에 대한 기대를 반영한 "미래 가격"에 중점을 둔 결정입니다. 이 둘의 차이를 이해하고 선택하는 것이 중요합니다.

전세와 매매의 선택은 개인의 재정 상황, 미래 계획, 그리고 주택 시장의 전망을 종합적으로 고려해야 하는 중요한 결정입니다. 앞서 설명한 전세의 "실 가격"과 매매의 "미래 가격" 개

넘에 더해, 두 가지 선택이 장기적으로 어떤 영향을 미칠 수 있는지 더 깊이 이해하는 것이 중요합니다.

장기적 관점에서 전세와 매매의 비교

전세의 장기적 관점

재정 유연성: 전세는 초기 큰 보증금만 지불하면 월세 부담이 없어, 다른 재정적 계획에 유연하게 대응할 수 있습니다. 예를 들어, 월세인 경우에 전세 보증금을 투자하여 추가 수익을 올릴 수 있는 기회가 생길 수 있습니다.

리스크 관리: 전세는 주택 시장의 급격한 변동에서 비교적 안전합니다. 주택 가격이 하락할 경우, 전세 임차인은 손해를 보지 않고 보증금을 돌려받을 수 있습니다. 또한, 계약이 종료되면 다른 주거지로 이동할 수 있는 유연성이 있습니다.

단점: 장기적으로 주택 가격이 상승할 경우, 전세를 계속 이용하는 사람은 자산 증가의 기회를 놓칠 수 있습니다. 또한, 전세금을 계속해서 마련해야 하므로 시간이 지남에 따라 재정적 부담이 증가할 수 있습니다.

매매의 장기적 관점

자산 증식: 매매를 통해 주택을 소유하면, 시간이 지나면서 자산 가치가 상승할 가능성이 큽니다. 이는 은퇴 후 자산의 중요한 부분을 차지할 수 있으며, 자녀에게 물려줄 자산으로도 활용될 수 있습니다.

재정 안정성: 주택을 소유하면 주거 안정성을 확보할 수 있으며, 대출을 모두 상환한 이후에는 더 이상 주거 비용에 대한 부담이 없어집니다. 이는 재정적인 안정감을 제공하고, 생활비를 절약할 수 있는 장점이 있습니다.

단점: 주택 가격이 하락할 경우, 큰 손실을 볼 수 있습니다. 또한, 유지 보수 비용, 재산세 등 추가 비용이 발생하며, 대출 상환에 따른 재정적 부담이 장기적으로 지속될 수 있습니다.

심리적 요소

전세의 심리적 요소: 전세는 보증금을 지불하고 주거 공간을 임차하는 형태로, 일정 기간 동안 안정적인 거주가 가능하지만, 계약 만료 시 주거지 변경의 불안감이 있을 수 있습니다. 또한, 보증금을 돌려받는 과정에서의 리스크도 존재합니다.

매매의 심리적 요소: 주택을 소유한다는 것은 심리적으로 안정감을 주며, 특히 자신의 주거 공간을 꾸미고 장기적인 거주 계획을 세울 수 있는 장점이 있습니다. 하지만 주택 시장의 변동에 따른 재정적 부담과 대출 상환의 압박은 스트레스로 작용할 수 있습니다.

주택 시장의 특성과 개인의 선택

지역별 시장 특성: 전세와 매매의 선택은 지역에 따라 크게 다를 수 있습니다. 예를 들어, 일부 지역에서는 전세 비율이 높고 전세 보증금이 비교적 낮은 반면, 다른 지역에서는 매매가 더 유리할 수 있습니다.

경제 상황: 금리, 인플레이션, 정부의 부동산 정책 등 외부 경제 요인도 전세와 매매 선택에 영향을 미칩니다. 금리가 낮다면 대출을 통한 매매가 유리할 수 있고, 반대로 금리가 높으면 전세가 더 합리적일 수 있습니다.

개인 생활 계획: 결혼, 출산, 이직, 은퇴 등 개인의 생애 주기와 관련된 계획도 중요한 요소입니다. 예를 들어, 자녀 교육을 위해 특정 지역에 장기 거주를 계획하고 있다면 매매가 적합할 수 있습니다.

전세와 매매의 선택은 단기적, 장기적 관점에서 다양한 요소를 고려해야 합니다. 전세는 재

정적 유연성과 리스크 관리 측면에서 유리하지만, 장기적인 자산 증식 기회를 놓칠 수 있습니다. 반면, 매매는 장기적인 자산 가치 상승 가능성과 주거 안정성을 제공하지만, 주택 시장 변동성에 따른 리스크와 재정적 부담이 동반됩니다.

따라서, 자신의 재정 상황, 주거 기간, 시장 전망, 그리고 개인적인 생활 계획을 종합적으로 고려하여 전세와 매매 중 자신에게 가장 적합한 선택을 하는 것이 중요합니다.

13

소비자 물가 상승과 주택 가격 변동

소비자 물가 상승과 주택 가격 변동은 경제에서 밀접하게 연결된 두 가지 중요한 요소입니다. 이들은 각각의 요인에 의해 영향을 받으며, 동시에 서로에게도 영향을 미칠 수 있습니다. 이를 이해하기 위해 두 요소가 어떻게 상호 작용하는지, 그리고 경제 전반에 미치는 영향을 살펴보겠습니다.

소비자 물가 상승, 즉 인플레이션은 경제 전반에 걸쳐 다양한 영향을 미치며, 특히 주택 가격에 중요한 변동 요인으로 작용합니다. 소비자 물가 상승이 주택 가격에 미치는 영향을 이해하는 것은 주택 시장을 분석하고, 효과적인 투자 결정을 내리는 데 필수적입니다. 아래에서는 소비자 물가 상승과 주택 가격 변동 간의 관계를 자세히 살펴보겠습니다.

소비자 물가 상승(인플레이션)의 정의

인플레이션의 의미

인플레이션이란? 경제 전반에서 상품과 서비스의 가격이 지속적으로 상승하는 현상을 의미합니다. 이는 화폐 가치의 하락을 동반하며, 동일한 금액으로 구매할 수 있는 재화와 서비스의 양이 줄어드는 결과를 초래합니다.

인플레이션은 주로 소비자 물가 지수(CPI)로 측정되며, 이는 소비자들이 일상적으로 구입하는 상품과 서비스의 평균적인 가격 변화를 반영합니다.

인플레이션의 원인

수요 견인 인플레이션: 소비자의 수요가 증가하여 상품과 서비스의 가격이 상승하는 경우.

비용 상승 인플레이션: 생산 비용이 증가함에 따라 기업들이 가격을 인상하게 되는 경우.

통화량 증가: 중앙은행의 통화 정책에 의해 시중에 유통되는 화폐량이 증가하면, 전반적인 물가가 상승하게 됩니다.

소비자 물가 상승이 주택 가격에 미치는 영향

건설 비용의 상승

원자재 및 인건비 상승: 인플레이션으로 인해 건축 자재 비용과 인건비가 상승하게 되며, 이는 신규 주택 건설 비용을 증가시킵니다. 건설 비용의 상승은 주택의 분양가와 매매가를 높이는 직접적인 요인이 됩니다.

주택 공급 감소: 건설 비용 상승으로 인해 일부 건설사들이 주택 공급을 줄이거나 연기할 수 있으며, 이는 주택 공급 부족을 초래해 기존 주택 가격의 상승을 유발할 수 있습니다.

주택 수요와 인플레이션

주택의 인플레이션 헤지 기능: 주택은 일반적으로 인플레이션에 대한 헤지(hedge) 수단으로 여겨집니다. 인플레이션 상황에서는 화폐의 가치가 하락하는 반면, 실물 자산인 주택의 가치는 상대적으로 안정적으로 유지되거나 상승하는 경향이 있습니다. 이는 주택에 대한 수요를 증가시켜 가격을 올리는 요인이 됩니다.

금리와 대출 비용의 상승: 인플레이션이 상승할 경우, 중앙은행은 이를 억제하기 위해 금리를 인상할 수 있습니다. 금리 인상은 주택 담보 대출 비용을 증가시켜 주택 구매 수요를 억제할 수 있습니다. 그러나 이는 또한 주택 가격 상승의 속도를 둔화시키는 역할을 할 수 있습니다.

임대료 상승과 주택 가격

임대료와 물가 상승: 인플레이션이 임대료 상승으로 이어질 수 있습니다. 임대료가 상승하면, 주택을 소유하는 것이 더 경제적인 선택이 될 수 있으며, 이는 주택 구매 수요를 증가시켜 주택 가격을 상승시키는 요인으로 작용합니다.

임대 수익률과 투자: 임대료 상승은 주택 소유자들에게 더 높은 수익률을 제공하여, 투자자들의 주택 구매를 촉진할 수 있습니다. 이는 주택 시장에 대한 투자 수요를 증가시키며, 가격 상승을 부추깁니다.

소비자 물가 상승과 주택 가격 변동의 상호 작용

주택 시장의 순환적 특성

주택 시장의 경기 사이클: 주택 시장은 경기 사이클에 따라 변동하며, 인플레이션은 이 사이클에 중요한 영향을 미칩니다. 인플레이션이 상승하는 시기에는 주택 가격이 상승하는 경향이 있지만, 이로 인해 경기 과열이나 버블이 발생할 위험도 있습니다.

정책적 대응: 정부와 중앙은행은 인플레이션과 주택 가격 상승을 관리하기 위해 다양한 정책을 시행할 수 있습니다. 예를 들어, 금리 인상, 대출 규제 강화, 주택 공급 확대 등이 주택 시장 안정화에 기여할 수 있습니다.

지역별 차이와 특성

지역적 불균형: 인플레이션이 전국적으로 발생하더라도, 주택 가격 변동은 지역별로 차이

가 클 수 있습니다. 인구 유입이 많고 경제 활동이 활발한 지역에서는 주택 가격이 더 크게 상승할 수 있습니다.

지방과 도심 간 차이: 도심 지역은 주택 수요가 상대적으로 높아 인플레이션 시 주택 가격이 더 빠르게 상승할 수 있으며, 반면 지방의 경우 상대적으로 느린 가격 상승이 나타날 수 있습니다.

소비자 물가 상승에 따른 주택 가격 변화 대응 전략

개인의 주택 구매 및 투자 전략

장기적 관점의 중요성: 인플레이션이 주택 가격에 미치는 영향을 고려할 때, 단기적인 변동보다는 장기적인 가격 상승 추세에 주목할 필요가 있습니다. 이를 통해 주택 구매 시 적절한 진입 시점을 찾고, 장기적인 자산 가치를 보호할 수 있습니다.

금리와 대출 전략: 금리 인상이 예상될 경우, 고정 금리 대출을 선택하거나, 대출 금액을 줄여 금리 상승의 영향을 최소화하는 전략이 필요합니다.

임대 수익 고려: 인플레이션이 지속될 경우, 임대 수익률이 높은 지역의 주택을 투자 대상으로 삼아, 안정적인 현금 흐름을 확보할 수 있습니다.

정책적 대응 및 시장 분석

정부 정책의 이해: 주택 시장에 영향을 미치는 정부의 재정 및 통화 정책을 이해하고, 정책 변화에 따른 시장 반응을 예측하는 것이 중요합니다.

시장 모니터링: 인플레이션에 따른 주택 가격 변동성을 주기적으로 모니터링하고, 필요시 포트폴리오 조정이나 주거 계획 변경을 고려해야 합니다.

소비자 물가 상승은 주택 가격에 직접적이고 복합적인 영향을 미칩니다. 인플레이션은 건설 비용과 임대료를 상승시키고, 주택을 인플레이션에 대한 헤지 수단으로 만들어 주택 수요와 가격을 자극합니다. 그러나 금리 인상 등 인플레이션 억제 정책은 주택 시장에 또 다른 변수로 작용할 수 있습니다. 따라서 주택 구매자와 투자자는 인플레이션의 영향을 주의 깊게 관찰하고, 장기적인 전략을 세워 대응해야 할 것입니다. 이러한 전략적 접근은 주택 시장에서의 성공적인 재정 관리를 가능하게 할 것입니다.

14

자산과 부동산 가격의 변동에 대하여

경제 전반에 걸쳐 중요한 영향을 미치며, 개인의 재정 상태와 국가 경제에도 큰 영향을 미친다고 볼 수 있습니다. 더불어 그 나라와 그 지역의 자산과 부동산 가격 변동에 대한 관계를 알기 위해서 우선 투자, 재정 계획, 정책 결정 등이 변동되면서 매우 중요 요소가 된다고 볼 수 있습니다.

부동산은 전통적으로 개인과 기업의 가장 중요한 자산 중 하나로 여겨져 왔습니다. 부동산 가격의 변동은 경제 전반에 걸쳐 중요한 영향을 미치며, 이는 자산 가치의 변동과도 깊이 연관되어 있습니다. 이 장에서는 부동산 가격과 자산 가치의 변동이 어떻게 상호 작용하는지, 그리고 이러한 변동이 경제 및 개인 재정에 어떤 영향을 미치는지를 살펴보겠습니다.

자산의 개념과 부동산의 위치

자산의 정의

자산이란 개인, 기업 또는 국가가 소유한 경제적 가치가 있는 모든 자원을 의미합니다. 자산에는 현금, 주식, 채권, 부동산, 귀금속 등 다양한 형태가 포함됩니다.

자산은 소유자가 미래에 경제적 이익을 얻을 수 있는 잠재적인 가치를 가지고 있습니다.

부동산의 자산적 위치

부동산은 대표적인 실물 자산으로, 다른 자산에 비해 상대적으로 안정적이며, 장기적으로 가치 상승이 기대되는 자산으로 평가됩니다.

부동산은 주거용, 상업용, 산업용 등 다양한 용도로 활용될 수 있으며, 그 용도에 따라 자산 가치가 달라집니다.

부동산은 대규모 자본이 투입되며, 그 가치 변동이 개인의 재정 상태뿐만 아니라 국가 경제에도 큰 영향을 미칩니다.

부동산 가격의 변동 요인

경제적 요인

경제 성장률: 경제 성장률이 높아질수록 부동산 수요가 증가하며, 이는 가격 상승으로 이어질 수 있습니다. 반대로 경기 침체 시에는 부동산 수요가 줄어들어 가격이 하락할 수 있습니다.

금리: 금리가 낮을수록 주택 담보 대출 비용이 줄어들어 부동산 수요가 증가하고, 가격이 상승하는 경향이 있습니다. 반면, 금리가 높아지면 대출 비용이 증가해 수요가 줄고, 부동산 가격이 하락할 수 있습니다.

인플레이션: 인플레이션은 부동산 가격 상승의 주요 요인 중 하나입니다. 물가가 상승하면 부동산의 명목 가치도 상승하는 경향이 있으며, 이는 부동산을 인플레이션 헤지 수단으로 여기는 투자자들의 수요를 증가시킵니다.

공급과 수요: 공급은 눈에 보이는 함수라면 수요는 예측 불능으로 변화가 많다.

주택 공급: 새로운 주택의 공급이 증가하면 기존 주택의 가격이 하락할 수 있습니다. 반면, 공급이 제한적일 경우, 수요가 증가하여 가격이 상승할 가능성이 높습니다.

인구 증가 및 도시화: 인구 증가와 도시화는 부동산 수요를 증가시키는 주요 요인입니다.

특히 대도시 지역의 주택 수요는 부동산 가격 상승을 유발할 수 있습니다.

정부 정책: 정부의 부동산 관련 규제 및 정책(예: 세금, 대출 규제, 주택 공급 확대 등)은 시장에 큰 영향을 미칩니다. 이러한 정책 변화는 부동산 가격에 직접적인 영향을 미칠 수 있습니다.

심리적 요인

시장 심리: 부동산 시장에서의 투자자와 소비자의 심리적 요인은 가격 변동에 큰 영향을 미칩니다. 시장이 과열되면 부동산 가격이 급격히 상승할 수 있으며, 반대로 불안감이 조성되면 가격이 급락할 수 있습니다.

미래 기대: 경제 상황이나 정부 정책에 대한 기대감은 부동산 가격을 선제적으로 움직일 수 있습니다. 예를 들어, 특정 지역의 개발 계획이 발표되면, 그 지역의 부동산 가격이 미래 가치를 반영하여 상승할 수 있습니다.

자산 가치와 부동산 가격 변동의 상호 작용

부동산 가격 변동이 자산에 미치는 영향

자산 포트폴리오의 가치 변화: 부동산 가격이 상승하면, 부동산을 포함한 자산 포트폴리오의 전체 가치가 증가하게 됩니다. 이는 자산 소유자의 재정 상태를 강화시키며, 추가적인 투자를 가능하게 합니다.

부채 상환 능력: 부동산 가격 상승은 대출 담보 가치의 상승을 의미하며, 이는 대출 상환 부담을 줄여 줍니다. 반대로 부동산 가격이 하락하면 담보 가치가 떨어져 부채 상환 부담이 커질 수 있습니다.

소득과 소비에 미치는 영향: 부동산 가격 상승은 자산가치 증가로 이어져, 소비자의 소비

여력을 확대시킬 수 있습니다. 이는 경제 전반의 소비 증가로 이어질 수 있습니다.

자산 가격 변동이 부동산에 미치는 영향

자산 시장의 성과: 주식이나 채권과 같은 금융 자산의 가격 변동은 투자자들이 부동산에 대한 투자 결정을 변경하게 할 수 있습니다. 예를 들어, 주식 시장이 불안정하면, 투자자들은 더 안전하다고 여겨지는 부동산에 투자하는 경향이 있습니다.

자산의 대체 투자 매력: 부동산 외 다른 자산(예: 주식, 채권)의 수익률이 높아지면, 부동산에 대한 투자 매력이 감소할 수 있으며, 이는 부동산 가격의 하락 압력으로 작용할 수 있습니다.

포트폴리오 다각화 전략: 투자자들은 자산 포트폴리오의 리스크를 분산하기 위해 부동산과 다른 자산 간의 균형을 조정할 수 있습니다. 부동산의 변동성이 커질 경우, 투자자들은 더 안정적인 자산으로 포트폴리오를 재구성할 수 있습니다.

부동산 가격 변동의 경제적 영향

경제 성장에 대한 영향

소비와 투자 확대: 부동산 가격 상승은 자산 효과를 통해 소비와 투자를 촉진시킬 수 있으며, 이는 경제 성장에 긍정적인 영향을 미칩니다.

부동산 버블: 과도한 부동산 가격 상승은 시장 과열을 초래할 수 있으며, 이는 부동산 버블로 이어질 수 있습니다. 버블이 터지면 경제 전반에 걸친 심각한 금융 위기가 발생할 수 있습니다.

사회적 영향

주거 비용 상승: 부동산 가격 상승은 주거 비용 상승으로 이어져, 저소득층의 주거 불안을 가중시킬 수 있습니다. 이는 사회적 불평등을 심화시킬 수 있습니다.

지역 간 격차: 부동산 가격의 급격한 상승은 지역 간 경제적 격차를 확대시킬 수 있습니다. 특히, 수도권과 지방 간의 가격 차이는 지역 간 소득 불균형을 심화시킬 수 있습니다.

자산 및 부동산 가격 변동에 대응하는 전략

개인의 자산 관리 전략

포트폴리오 다각화: 자산 포트폴리오를 다각화하여 부동산 가격 변동에 대한 리스크를 분산할 수 있습니다. 부동산 외에 주식, 채권, 금 등의 자산에 투자하여 안정성을 확보하는 것이 중요합니다.

장기적 관점의 부동산 투자: 부동산은 장기적인 자산 가치 상승을 기대할 수 있는 투자 수단입니다. 단기적인 가격 변동에 휘둘리지 않고, 장기적인 투자 전략을 유지하는 것이 중요합니다.

유동성 확보: 부동산 가격 하락에 대비해 유동성 자산을 충분히 확보해 두는 것이 필요합니다. 이를 통해 갑작스러운 자산 가치 하락 시 대응할 수 있는 재정적 여유를 가질 수 있습니다.

정부와 정책 대응

시장 안정화 정책: 정부는 부동산 시장의 과열을 방지하고, 가격 안정화를 위해 적절한 정책을 시행할 필요가 있습니다. 세제 개편, 대출 규제, 주택 공급 확대 등이 그 예입니다

사회적 안전망 강화: 부동산 가격 상승으로 인한 주거 불안을 완화하기 위해, 정부는 저소득층을 위한 공공 주택 공급과 같은 사회적 안전망을 강화할 필요가 있습니다.

지역 균형 발전: 지역 간 부동산 가격 격차를 줄이기 위해, 정부는 지방의 경제 발전과 인프라 구축을 통해 지역 균형 발전을 도모해야 합니다.

부동산은 중요한 자산으로, 그 가격 변동은 개인 재정 및 경제 전반에 걸쳐 중대한 영향을

미칩니다. 부동산 가격 변동은 다양한 경제적, 심리적 요인에 의해 결정되며, 이는 자산 가치에도 큰 변화를 초래할 수 있습니다. 개인과 정부는 이러한 변동에 효과적으로 대응하기 위해 전략적인 접근이 필요하며, 이는 장기적인 경제적 안정과 사회적 균형을 유지하는 데 필수적입니다.

15

자산 가격 변동

정의: 자산 가격 변동은 주식, 채권, 부동산, 금, 예금 등 다양한 형태의 자산 가치가 시간에 따라 변화하는 것을 의미하며, 무엇보다 기본적인 변동의 작용은 시장의 수요와 공급가 기본이며 공급의 가격에 영향을 끼친다고 볼 수 있습니다. 그리고 더불어 금리, 경제 성장률, 정부 정책 등 다양한 요인에 의해 영향을 받으며 상호 보완적 대체적 역할로 평형성을 찾고자 합니다.

경제 성장률: 경제가 성장하면 기업의 이익이 증가하고, 주식 시장 등 자산 가격이 상승할 수 있습니다. 반면, 경제 침체 시 자산 가격이 하락할 수 있습니다.

금리: 금리가 낮아지면 대출 비용이 줄어들어 자산 투자 수요가 증가하고, 자산 가격이 상승할 수 있습니다. 반대로 금리가 상승하면 자산 가격이 하락할 수 있습니다.

인플레이션: 인플레이션이 발생하면 실물 자산(부동산, 금 등)의 가격이 상승할 가능성이 큽니다. 이는 통화 가치 하락에 대한 헤지 수단으로 실물 자산이 선호되기 때문입니다.

정책 변화: 정부의 금융 및 경제 정책(예: 세금 정책, 규제 완화, 금융 완화 정책 등)은 자산 가격에 직접적인 영향을 미칠 수 있습니다.

16

부동산 가격 변동

    정의: 부동산 가격 변동은 주거용, 상업용, 산업용 등 다양한 유형의 부동산 가격이 시간에 따라 변화하는 것을 의미합니다. 부동산 가격은 지역 경제, 인구 변화, 공급과 수요, 정부 정책, 금리 등 여러 요인에 의해 영향을 받습니다.

    수요와 공급: 주택 수요가 높고 공급이 제한적일 경우, 부동산 가격은 상승합니다. 반대로 공급이 수요를 초과하면 가격이 하락할 수 있습니다.

    금리: 금리가 낮아지면 대출 비용이 줄어들어 주택 구매가 쉬워지고, 부동산 가격이 상승할 수 있습니다. 금리 상승은 반대로 부동산 가격을 하락시킬 수 있습니다.

    경제 상황: 지역 및 국가의 경제 상황이 부동산 가격에 영향을 미칩니다. 경제 성장이 활발한 지역에서는 부동산 가격이 상승하는 경향이 있습니다.

    인구 이동 및 변화: 특정 지역으로 인구가 유입되면 해당 지역의 주택 수요가 증가하여 부동산 가격이 상승할 수 있습니다. 반대로 인구가 유출되면 가격이 하락할 수 있습니다.

    정부 정책: 정부의 부동산 관련 정책(예: 재건축 규제, 세금 정책, 주택 공급 정책 등)은 부동산 가격 변동에 중요한 영향을 미칩니다.

17

자산과 부동산 가격의 관계

상호 연관성: 자산과 부동산 가격은 서로 영향을 미칩니다. 예를 들어, 주식 시장이 강세를 보이면 투자자들이 부동산에도 더 많은 자금을 투자할 수 있어 부동산 가격이 상승할 수 있습니다. 반대로, 주식 시장이 약세를 보이면 자산의 가치가 하락하고 부동산으로의 투자 수요가 증가할 수 있습니다.

포트폴리오 다각화: 투자자들은 자산과 부동산을 포함한 다양한 투자 포트폴리오를 구성해 리스크를 분산시킵니다. 주식, 채권과 같은 금융 자산과 부동산은 일반적으로 상이한 시장 요인에 의해 움직이기 때문에, 이들 간의 균형을 통해 투자 위험을 줄일 수 있습니다.

금리의 영향: 금리는 자산과 부동산 가격 모두에 영향을 미칩니다. 금리 인상 시 자산 시장에서는 주식 가격이 하락하고, 부동산 시장에서는 대출 이자 부담 증가로 인해 수요가 감소하여 부동산 가격이 하락할 수 있습니다.

18

부동산의 경제적 영향

소득 효과: 자산과 부동산 가격이 상승하면 자산 소유자의 부가 증가하여 소비를 촉진할 수 있습니다. 이를 통해 경제 성장이 촉진될 수 있습니다.

재정 안정성: 자산 및 부동산 시장의 변동은 가계와 기업의 재정 안정성에 직접적인 영향을 미칩니다. 예를 들어, 부동산 가격이 급락하면 가계 자산 가치가 감소하여 소비가 줄어들고, 이는 경제 침체로 이어질 수 있습니다.

거품 형성: 자산과 부동산 가격이 지나치게 상승하면 거품이 형성될 수 있습니다. 거품이 터지면 가격이 급락하여 금융 위기나 경제적 불안정을 초래할 수 있습니다.

정책적 대응

금융 정책: 중앙은행은 금리를 조정하여 자산 및 부동산 시장을 조절할 수 있습니다. 예를 들어, 금리 인상으로 과열된 부동산 시장을 진정시키거나, 금리 인하로 침체된 시장을 활성화할 수 있습니다.

부동산 규제: 정부는 부동산 시장의 안정성을 위해 다양한 규제를 도입할 수 있습니다. 예를 들어, 주택 담보 대출 규제, 임대료 상한제, 재건축 허가 규제 등을 통해 부동산 가격 변동을 억제할 수 있습니다.

자산과 부동산 가격 변동은 경제 전반에 큰 영향을 미치며, 개인 및 기업의 재정 계획, 투자 결정에 중요한 요소로 작용합니다. 자산 가격과 부동산 가격은 여러 요인에 의해 변동하며, 이들 간의 상호 작용을 이해하는 것은 리스크 관리와 투자 전략 수립에 필수적입니다. 정부와 중앙은행은 금융 및 부동산 정책을 통해 시장 변동성을 조절하려 노력하며, 이는 경제 안정성을 유지하는 데 중요한 역할을 합니다.

19

소득으로 부동산과 자산으로 부동산의 변화

　주택을 매입할 때, 소득과 자산은 모두 중요한 역할을 하지만, 어느 쪽을 더 많이 활용하는
지는 개인의 재정 상황, 목표, 시장 환경 등에 따라 다를 수 있습니다. 소득과 자산을 활용한
주택 매입의 차이점과 고려해야 할 사항을 살펴보겠습니다.

소득을 기반으로 한 주택 매입

　정의: 소득을 기반으로 한 주택 매입은 주로 현재의 소득을 활용하여 대출을 받고, 그 대출
을 상환하는 방식으로 주택을 구매하는 것입니다. 이 경우 소득이 대출 상환 능력의 주요 지
표가 됩니다.

　현금 흐름 관리: 월 소득을 통해 대출 상환액을 감당할 수 있기 때문에, 자산을 매각하지 않
고도 주택을 구매할 수 있습니다.

　레버리지 효과: 대출을 활용함으로써 비교적 적은 자본으로도 주택을 소유할 수 있습니다.
주택 가치가 상승하면 소득 대비 높은 투자 수익을 얻을 수 있습니다.

세제 혜택: 대출 이자에 대한 세금 공제 등의 혜택을 받을 수 있는 경우도 있어, 소득을 통해 대출을 상환하는 것이 유리할 수 있습니다.

금리 리스크: 변동 금리 대출을 받을 경우 금리 상승으로 인해 월 상환액이 증가할 수 있습니다.

채무 부담: 소득 대비 대출 상환액이 높다면 재정적 압박이 클 수 있으며, 소득이 불안정할 경우 상환에 어려움을 겪을 수 있습니다.

장기적 부담: 대출 기간이 길어지면 이자 부담이 크게 증가할 수 있습니다.

안정적인 소득: 직장이 안정적이고, 꾸준한 소득이 예상되는 경우 소득을 기반으로 한 대출을 통해 주택을 구매하는 것이 합리적입니다.

적정한 대출 비율: 소득 대비 대출 상환액이 부담되지 않는 수준이라면, 소득을 기반으로 주택을 구매하는 것이 가능합니다.

자산을 기반으로 한 주택 매입

정의: 자산을 기반으로 한 주택 매입은 이미 보유하고 있는 자산(현금, 주식, 기타 금융 자산 등)을 활용하여 주택을 구매하는 것입니다. 대출 없이 자산을 활용해 주택을 일시불로 구입하거나, 대출을 적게 받는 방식입니다.

부채 부담 없음: 자산을 활용해 대출 없이 주택을 구매하면 채무 부담이 없으며, 금리 리스크로부터 자유로울 수 있습니다.

재정적 안정성: 대출 상환 압박이 없기 때문에, 소득의 변화에 따른 재정적 리스크가 적습니다.

즉각적 소유: 자산으로 주택을 매입하면 주택에 대한 완전한 소유권을 즉시 얻을 수 있습니다.

자산 유동성 감소: 현금이나 유동성이 높은 자산을 주택 구매에 사용하면, 필요시 사용할 수 있는 유동 자산이 줄어들 수 있습니다.

기회 비용: 주식, 채권 등 다른 투자에 자금을 활용할 수 없게 되어, 다른 자산에서 얻을 수 있는 수익 기회를 잃을 수 있습니다.

포트폴리오 집중: 자산의 대부분을 부동산에 묶어 두면, 포트폴리오가 다각화되지 않아 위험이 증가할 수 있습니다.

적합한 상황: 자산이 충분한 경우: 이미 자산을 충분히 보유하고 있고, 그 자산이 유동성보다 안정적인 투자처에 묶여 있는 것이 더 유리한 경우.

대출을 꺼리는 경우: 부채를 지는 것을 선호하지 않거나, 금리 변동에 대한 리스크를 피하고 싶은 경우.
비상 자금이 충분한 경우: 자산을 활용하더라도 비상시를 대비한 충분한 자금이 남아 있는 경우.

소득 vs 자산

소득을 기반으로 한 매입은 주로 현재의 재정 상태에서 발생하는 현금 흐름을 활용하여 대출을 받고, 그 대출을 통해 주택을 구매하는 방식입니다. 이는 비교적 적은 초기 자본으로 주택을 소유할 수 있지만, 장기적인 상환 부담과 금리 리스크를 고려해야 합니다.

자산을 기반으로 한 매입은 이미 보유한 자산을 활용하여 주택을 구입하는 방식으로, 대출 없이 주택을 소유함으로써 부채 부담을 줄이고 재정적 안정성을 높일 수 있습니다. 그러나 자산 유동성이 감소하고, 다른 투자 기회를 잃을 수 있는 단점이 있습니다.

따라서, 어떤 방식을 선택할지는 개인의 재정 상황, 리스크 선호도, 장기적인 재정 목표에 따라 다릅니다. 소득이 안정적이고 대출 상환에 부담이 없다면 소득을 기반으로, 반대로 충분한 자산을 보유하고 대출을 피하고 싶다면 자산을 기반으로 주택을 매입하는 것이 적합할 수 있습니다.

경제와 금융이 발전함에 따라 부동산을 매입하는 방식이 변화하는 것은 사실입니다. 특히 금융 시장이 고도화되고 다양한 금융 상품이 등장하면서, 주택이나 부동산을 매입하는 데 있어 소득보다는 자산을 활용하는 경향이 강해질 수 있습니다. 이는 다음과 같은 이유에서 비롯됩니다.

20

금융 시장의 발전과 부동산 자산 활용

금융 시장의 발전은 부동산 자산의 활용 방식에 큰 변화를 가져왔습니다. 과거에는 단순히 거주 공간으로서의 기능에 머물렀던 부동산이, 금융 시장의 발전과 더불어 자산 증식 및 투자 수단으로서의 역할을 강화하게 되었습니다. 이 장에서는 금융 시장의 발전이 부동산 자산 활용에 어떤 영향을 미쳤는지, 그리고 이를 통해 부동산이 어떻게 새로운 금융 자산으로 자리 잡게 되었는지 살펴보겠습니다.

금융 시장의 발전 개요
금융 시장의 정의와 기능

금융 시장이란 자금의 수요자와 공급자가 만나는 시장으로, 자금을 효율적으로 배분하고 경제 성장에 기여하는 중요한 역할을 합니다. 여기에는 주식 시장, 채권 시장, 외환 시장, 파생 상품 시장 등이 포함됩니다.

금융 시장은 자산 거래의 유동성을 제공하고, 자산 가격을 발견하며, 리스크 관리와 자본 조달의 기능을 수행합니다.

금융 시장의 발전 단계

전통 금융 시장: 초기의 금융 시장은 단순히 자본을 조달하고, 돈을 거래하는 시장으로 출발했습니다. 은행이 중심이 되어 대출과 예금 업무를 통해 경제 활동을 지원했습니다.

현대 금융 시장: 정보 기술의 발전과 금융 혁신으로 인해, 금융 시장은 고도로 발전하였습니다. 주식, 채권, 파생 상품 등의 다양한 금융 상품이 개발되었으며, 글로벌 자본 이동이 활발해졌습니다.

디지털 금융 혁명: 최근에는 디지털 기술과 핀테크의 발전으로 온라인 플랫폼을 통한 금융 거래와 블록체인 기술을 이용한 자산 거래가 활성화되고 있습니다. 이로 인해 금융 시장의 접근성과 효율성이 크게 향상되었습니다.

금융 시장 발전이 부동산 자산에 미친 영향

부동산 금융화

부동산의 금융 자산화: 금융 시장의 발전은 부동산을 단순한 실물 자산에서 금융 자산으로 변모시켰습니다. 이제 부동산은 주택 담보 대출(Mortgage)이나 부동산 투자 신탁(REITs) 등의 금융 상품으로 활용되며, 투자 포트폴리오의 중요한 부분을 차지하게 되었습니다.

부동산 담보 대출 시장: 주택 담보 대출은 금융 시장에서 부동산을 담보로 자금을 조달하는 중요한 수단이 되었습니다. 금융 기관은 대출을 통해 부동산 시장에 유동성을 공급하며, 이는 부동산 시장의 활성화를 촉진시켰습니다.

부동산 투자 신탁(REITs): REITs는 다수의 투자자가 모은 자금을 이용해 부동산에 투자하고, 그 수익을 배당하는 금융 상품입니다. 이는 일반 투자자들이 대규모 자본 없이도 부동산에 투자할 수 있는 기회를 제공합니다.

자산 증식 도구로서의 부동산

부동산을 통한 자산 증식: 금융 시장의 발전으로 인해, 부동산은 단순한 주거 용도가 아니라 자산 증식의 중요한 도구로 자리 잡았습니다. 투자자들은 부동산 가격 상승과 임대 수익을 통해 자산을 불릴 수 있으며, 이를 통해 경제적 자유를 추구할 수 있습니다.

레버리지 활용: 금융 시장의 발전은 부동산 투자에서 레버리지(차입 자본)의 활용을 용이하게 했습니다. 투자자들은 주택 담보 대출을 이용해 소액의 자본으로도 대규모 부동산을 매입할 수 있으며, 부동산 가치 상승에 따른 수익을 극대화할 수 있습니다.

부동산 관련 금융 상품의 다양화

파생 상품: 금융 시장의 발전은 부동산을 기초 자산으로 하는 다양한 파생 상품을 개발하게 했습니다. 부동산 가격이나 임대료에 연동된 선물, 옵션, 스왑 등의 파생 상품은 투자자들에게 다양한 투자 기회를 제공합니다.

부동산 펀드: 부동산 펀드는 다수의 투자자로부터 자금을 모아 부동산에 투자하고, 그 수익을 배당하는 구조를 가집니다. 이는 리스크 분산과 함께 부동산 시장에 간접적으로 투자할 수 있는 방법을 제공합니다.

부동산 자산 활용의 전략 변화

포트폴리오 다각화

다양한 자산군 간의 균형: 금융 시장의 발전은 부동산을 포함한 다양한 자산군 간의 균형 잡힌 포트폴리오 구성을 가능하게 했습니다. 부동산은 주식, 채권 등과 함께 포트폴리오의 안정성을 강화하는 역할을 합니다.

리스크 관리: 금융 시장에서 제공하는 다양한 금융 상품을 활용하여, 부동산 투자 리스크를 효과적으로 관리할 수 있습니다. 예를 들어, 부동산 파생 상품을 이용해 시장 변동에 따른 리

스크를 헤지할 수 있습니다.

유동성 증대

REITs와 부동산 펀드를 통한 유동성 확보: 전통적으로 유동성이 낮은 자산으로 여겨졌던 부동산은 REITs와 부동산 펀드를 통해 유동성을 확보할 수 있게 되었습니다. 이는 투자자들이 언제든지 자산을 매도하여 현금화할 수 있는 유연성을 제공합니다.

디지털 플랫폼과 블록체인: 디지털 금융 플랫폼과 블록체인 기술의 발전은 부동산 거래의 투명성과 유동성을 크게 증가시켰습니다. 부동산 자산의 일부를 토큰화하여 거래할 수 있는 새로운 방식이 등장하며, 소액 투자자도 부동산 시장에 참여할 수 있게 되었습니다.

글로벌 부동산 투자

국경을 초월한 부동산 투자: 금융 시장의 글로벌화는 투자자들이 자국뿐만 아니라 해외 부동산 시장에도 쉽게 접근할 수 있도록 했습니다. 이는 부동산 투자에서 지역적 리스크를 분산하고, 다양한 경제 환경에서 수익을 창출할 수 있는 기회를 제공합니다.

환율과 정치적 리스크: 글로벌 부동산 투자는 환율 변동과 정치적 리스크를 동반합니다. 금융 시장의 발전은 이러한 리스크를 관리하기 위한 다양한 금융 상품과 헤지 전략을 제공하여, 투자자의 안전성을 높여줍니다.

금융 시장 발전이 부동산 시장에 미친 영향

부동산 가격의 상승과 변동성

가격 상승: 금융 시장의 발전으로 부동산에 대한 접근성이 높아지면서, 부동산 수요가 증가하고, 이는 부동산 가격 상승을 초래했습니다. 특히 대출을 통한 레버리지 효과는 자산 가격의 상승을 가속화하는 역할을 했습니다.

가격 변동성 증가: 반면, 금융 상품의 복잡화와 글로벌 자본의 이동은 부동산 가격의 변동성을 증가시키는 요인이 되기도 합니다. 경제 상황이나 금리 변동에 따른 부동산 시장의 민감성이 높아졌습니다.

금융 위기와 부동산 시장

2008년 글로벌 금융 위기: 금융 시장의 복잡화와 부동산 관련 파생 상품의 과도한 거래는 2008년 글로벌 금융 위기의 주요 원인이 되었습니다. 이 위기는 부동산 가격의 급락과 금융 시스템의 불안정성을 초래했습니다.

위기 이후의 교훈: 금융 시장의 발전이 부동산 시장에 미친 긍정적 영향에도 불구하고, 위기 상황에서는 리스크 관리의 중요성이 강조됩니다. 부동산 시장은 금융 시장과 밀접하게 연관되어 있으며, 시스템적 리스크를 줄이기 위한 정책적 노력과 규제가 필요합니다.

금융 시장의 발전은 부동산 자산의 활용 방식을 근본적으로 변화시켰습니다. 부동산은 단순한 주거 자산을 넘어, 금융 자산으로서 다양한 투자 기회를 제공하게 되었으며, 이를 통해 자산 증식과 리스크 관리가 가능해졌습니다. 그러나 금융 시장과 부동산 시장의 연계성이 높아진 만큼, 이에 따른 변동성과 리스크도 함께 증가했습니다. 따라서 부동산 자산을 활용하는 전략에서는 금융 시장의 동향을 면밀히 분석하고, 장기적인 투자 목표와 리스크 관리 전략을 적절히 조율하는 것이 중요합니다.

자산 관리의 고도화: 금융 시장이 발전하면서, 고액 자산가나 투자자들은 부동산을 포함한 자산을 보다 효율적으로 관리하고 증식할 수 있는 다양한 방법을 사용하게 됩니다. 예를 들어, 주식, 채권, 펀드, 부동산 리츠(REITs) 등 다양한 자산에 분산 투자하여 자산을 증식하고, 이를 통해 부동산을 직접 매입하는 방식이 선호될 수 있습니다.

대출 의존도 감소

자산을 많이 보유한 사람들은 금융 시장의 발전으로 인해 굳이 대출에 의존하지 않고도 부동산을 매입할 수 있습니다. 즉, 대출 없이 보유 자산을 유동화하거나 일부 매각하여 부동산을 매입하는 것이 가능해집니다.

다양한 금융 상품: 금융 시장에서 다양한 금융 상품들이 등장하면서 자산을 쉽게 유동화하거나 관리할 수 있게 되었고, 이를 통해 부동산 매입 자금을 마련하는 방식이 일반화될 수 있습니다.

자산 기반한 부동산 매입

부동산은 개인이나 기업의 자산 포트폴리오에서 중요한 역할을 하는 실물 자산입니다. 부동산 매입은 장기적인 자산 증식과 안정적인 현금 흐름을 제공할 수 있는 방법이지만, 효과적인 매입 전략을 세우기 위해서는 자신의 자산 상황을 철저히 분석하고, 이를 기반으로 신중한 계획을 수립해야 합니다. 이 장에서는 자산을 기반으로 한 부동산 매입 전략에 대해 살펴보겠습니다.

자산 평가와 재정 상태 분석

자산 평가의 중요성

자산 평가는 부동산 매입을 계획하기 전에 필수적인 단계입니다. 자신의 자산 규모와 구성, 유동성을 평가하는 것은 매입 가능한 부동산의 규모와 종류를 결정하는 데 중요한 역할을 합니다.

자산 평가를 통해 투자 가능 자금을 파악하고, 자산 포트폴리오 내에서 부동산이 차지할 적절한 비중을 결정할 수 있습니다.

재정 상태 분석

현금 흐름 분석: 매달 들어오는 수입과 지출을 분석하여, 부동산 매입 후 지속적으로 감당

할 수 있는 대출 상환 능력을 평가해야 합니다.

부채 상황 점검: 현재 가지고 있는 부채의 종류와 금액을 파악하고, 추가적인 부채(주택 담보 대출 등)를 감당할 수 있는 여력을 평가합니다. 이는 부채 비율을 관리하여 재정적 리스크를 줄이는 데 중요합니다.

유동성 분석: 자산 중 유동성이 높은 현금 및 예금, 금융 자산을 파악하여, 부동산 매입에 필요한 초기 자본으로 활용할 수 있는지 검토합니다. 부동산은 일반적으로 유동성이 낮기 때문에, 매입 후에도 충분한 유동성을 유지하는 것이 중요합니다.

부동산 매입 목적 설정

거주용 vs 투자용 부동산

거주용 부동산: 자신의 주거를 위한 부동산을 매입할 경우, 위치와 편의성, 생활 환경을 고려한 선택이 중요합니다. 거주용 부동산은 장기적인 안정성과 생활의 질을 높이는 데 중점을 둬야 합니다.

투자용 부동산: 수익 창출을 목적으로 하는 투자용 부동산은 임대 수익률, 자산 가치 상승 가능성, 지역 경제 전망 등을 고려하여 선택해야 합니다. 투자용 부동산의 경우, 리스크와 수익을 모두 신중하게 평가해야 합니다.

장기적 자산 증식 vs 단기적 수익 창출

장기적 자산 증식: 부동산을 장기적으로 보유하여 자산 가치를 증가시키는 전략은 지역의 발전 가능성, 인프라 확충 계획 등을 분석하여 미래 가치를 판단하는 데 중점을 둡니다.

단기적 수익 창출: 단기적으로 부동산을 매입하여 수익을 창출하려는 경우, 부동산 시장의 사이클을 분석하고, 시세 차익을 노리기 위해 빠르게 매도할 수 있는 계획을 세워야 합니다.

자산 기반의 부동산 매입 전략

자산 포트폴리오 다각화

부동산 비중 설정: 자산 포트폴리오 내에서 부동산이 차지하는 비중을 적절히 설정하여 리스크를 분산합니다. 부동산은 안정적인 자산이지만, 유동성이 낮기 때문에 다른 금융 자산과의 균형을 맞추는 것이 중요합니다.

다양한 부동산 유형 고려: 거주용, 상업용, 산업용 등 다양한 부동산 유형을 고려하여 포트폴리오를 구성합니다. 이를 통해 특정 부동산 시장의 변동성에 대한 리스크를 분산할 수 있습니다.

레버리지 활용

주택 담보 대출(모기지) 활용: 자산 규모에 따라 적절한 비율로 대출을 활용하여 레버리지를 통해 더 큰 규모의 부동산을 매입할 수 있습니다. 다만, 대출 상환 능력을 고려하여 과도한 레버리지 사용은 지양해야 합니다.

대출 상환 계획 수립: 대출을 활용할 경우, 금리 변동 가능성을 고려한 상환 계획을 수립합니다. 고정 금리와 변동 금리 중 자신의 재정 상태에 적합한 대출 조건을 선택하는 것이 중요합니다.

지역 분석과 시장 조사

지역 분석: 매입하려는 부동산의 위치가 속한 지역의 경제적 전망, 인구 증가율, 개발 계획 등을 분석합니다. 지역 경제가 활발하고 개발 가능성이 높은 곳은 장기적으로 부동산 가치 상승을 기대할 수 있습니다.

시장 조사: 해당 지역의 부동산 시장 동향을 조사하여, 적절한 매입 시기를 판단합니다. 부동산 시장은 사이클을 가지므로, 시장의 정점이나 하락 국면에서 매입하는 전략을 고려해야 합니다.

리스크 관리와 자산 보호 전략

리스크 관리 전략

시장 변동성 관리: 부동산 시장의 변동성에 대비하기 위해 자산을 분산 투자하고, 금융 자산을 함께 보유하여 리스크를 줄입니다.

부동산 보험: 재난이나 예기치 않은 사고에 대비하여 부동산 보험을 가입하여 자산을 보호합니다. 이는 화재, 홍수, 지진 등의 위험에 대비한 필수적인 안전 장치입니다.

세금 및 법적 고려 사항

부동산 관련 세금: 부동산 매입 시 취득세, 보유세, 양도 소득세 등의 세금 부담을 미리 계산하고, 세금 효율적인 투자 전략을 세웁니다. 특히, 양도 소득세는 매도 시점에 큰 영향을 미치므로 매입 전부터 이를 고려한 계획을 세워야 합니다.

법적 요건 확인: 부동산 매입과 관련된 법적 요건을 철저히 검토하여, 계약상 문제나 소송 등의 리스크를 예방합니다. 매입 과정에서 법률 전문가의 조언을 받는 것이 좋습니다.

부동산 매입 후 관리 및 추가 전략

부동산 관리

임대 관리: 투자용 부동산의 경우, 임대 관리를 통해 안정적인 수익을 창출할 수 있습니다. 임대료 설정, 임차인 관리, 유지 보수 등의 관리를 철저히 하여 부동산의 가치를 유지하고 향상시킬 수 있습니다.

자산 재평가: 주기적으로 부동산 자산을 재평가하여, 시장 상황에 따라 포트폴리오를 조정합니다. 이는 자산의 가치를 극대화하고, 필요시 매도나 추가 매입을 결정하는 데 도움이 됩니다.

추가 투자 전략

재투자 전략: 부동산 매입 후 발생하는 임대 수익이나 매도 차익을 재투자하여 자산을 지속적으로 증식하는 전략을 고려합니다. 이는 추가 부동산 매입이나 다른 자산군에 대한 투자로 이어질 수 있습니다.

장기적 목표 설정: 장기적인 부동산 투자 목표를 설정하고, 목표에 따라 전략을 수정하거나 자산 배분을 재조정합니다. 목표 달성 후에는 자산을 유동화하여 새로운 투자 기회를 모색할 수도 있습니다.

자산을 기반으로 한 부동산 매입은 장기적인 재정 목표를 달성하는 데 중요한 역할을 할 수 있습니다. 자산 평가와 재정 상태 분석을 통해 자신의 재정적 여력을 정확히 파악하고, 목표에 맞는 부동산 매입 전략을 수립하는 것이 핵심입니다. 또한, 리스크 관리와 세금 효율성을 고려하여 자산 보호 전략을 마련하는 것이 중요합니다. 부동산 매입 후에도 지속적인 관리와 재평가를 통해 자산 가치를 극대화하고, 새로운 투자 기회를 모색하여 재정적 안정성과 성장을 이룰 수 있습니다.

자산 증식을 통한 매입: 자산가들은 금융 시장에서 다양한 자산을 운영하여 증식한 자산을 이용해 부동산을 매입하는 경향이 있습니다. 이 경우, 소득은 부동산 매입을 위한 자금 확보보다는 대출 상환이나 생활비 등의 용도로 활용되고, 주요 자금은 이미 축적된 자산에서 나옵니다.

소득 대신 자산에 기반한 구매력: 경제와 금융이 발전할수록, 고액 자산가들의 구매력은 소득이 아닌 자산 규모에 의해 결정됩니다. 이는 특히 고가의 부동산이나 상업용 부동산의 경우 더욱 두드러지며, 자산이 많은 사람들은 자신의 자산을 활용해 대규모 부동산을 구매하게 됩니다.

부동산 시장의 변화

고가 부동산 시장: 경제가 발전하고 금융이 고도화될수록, 고가의 부동산 시장에서는 자산을 활용한 매입이 일반화됩니다. 이는 특히 고급 주택, 상업용 부동산, 투자 목적의 부동산 시장에서 두드러집니다. 이러한 시장에서는 소득보다 자산이 주요 구매 결정 요인으로 작용합니다.

소득 대비 자산 격차: 부동산 가격이 지속적으로 상승하면서 소득만으로는 부동산을 매입하기 어려운 상황이 발생할 수 있습니다. 이 경우, 부동산 매입이 자산을 보유한 사람들의 영역으로 한정될 수 있으며, 일반적인 소득 수준으로는 접근하기 어려워질 수 있습니다.

경제와 금융이 발전함에 따라, 부동산 매입은 점점 더 자산에 기반한 활동으로 변해가고 있습니다. 이는 금융 상품의 다양화와 자산 관리 기술의 발전, 그리고 부동산 가격 상승에 따른 현상으로, 고가의 부동산 시장에서 특히 두드러집니다. 자산을 통한 부동산 매입은 자산가들에게는 대출 부담 없이 안전하게 부동산을 소유할 수 있는 방법을 제공하며, 경제와 금융의 고도화는 이와 같은 추세를 더욱 강화시키고 있습니다.

결론적으로, 경제와 금융이 발전할수록 부동산은 소득이 아니라 현재의 자산으로 매입하는 경향이 강해지며, 이는 특히 고액 자산가나 고가 부동산 시장에서 더욱 명확하게 나타납니다.

21

소득을 기반으로 한 부동산 매입 시

부동산 매입은 대부분의 사람들에게 인생에서 가장 큰 재정적 결정 중 하나입니다. 이를 위해 소득을 기반으로 한 현실적인 계획이 필수적입니다. 이 장에서는 소득을 기반으로 한 부동산 매입 전략을 살펴보고, 이를 통해 재정적으로 안정적인 결정을 내릴 수 있도록 돕고자 합니다.

소득 평가와 재정 상태 분석

소득 평가의 중요성

소득 평가는 부동산 매입 가능성을 결정하는 가장 중요한 요소입니다. 소득은 대출 상환 능력과 월간 현금 흐름을 평가하는 데 필수적입니다.

안정적인 소득: 안정적인 소득은 장기적으로 대출 상환을 감당할 수 있는 능력을 의미합니다. 정기적인 급여 소득이나 사업 소득은 부동산 매입 시 은행이 대출 심사에서 중점적으로 보는 요소입니다.

재정 상태 분석

현금 흐름 관리: 매달 수입과 지출을 분석하여 부동산 매입 후에도 대출 상환과 생활비를 충분히 감당할 수 있는지 확인해야 합니다.

부채 비율 점검: 현재 가지고 있는 부채와 신규 대출을 비교하여 총 부채 비율(Debt-to-Income Ratio)을 관리하는 것이 중요합니다. 일반적으로 부채 비율이 30% 이하일 때 재정적으로 안전하다고 여겨집니다.

예비 자금 확보: 부동산 매입과 관련된 예상치 못한 지출(예: 유지 보수 비용, 세금 등)에 대비해 일정한 예비 자금을 마련해 두어야 합니다.

적절한 예산 설정
부동산 구매 예산 수립

예산 설정: 소득에 기반하여 적절한 예산을 설정하는 것이 중요합니다. 일반적으로 연 소득의 3배에서 5배 사이의 가격대의 부동산을 목표로 삼는 것이 안전합니다.

다운페이먼트(Initial Payment): 부동산 매입 시, 다운페이먼트로 필요한 금액을 미리 계산해야 합니다. 통상적으로 부동산 가격의 20% 정도를 다운페이먼트로 준비하는 것이 권장됩니다.

월 상환 가능 금액: 대출 상환 가능 금액은 월 소득의 25~30% 이내로 설정하는 것이 좋습니다. 이 범위를 넘어설 경우, 생활비와 기타 지출에 압박을 받을 수 있습니다.

추가 비용 고려

취득 비용: 취득세, 등록세, 중개 수수료 등 부동산 매입과 관련된 초기 비용을 예산에 포함해야 합니다.

유지 보수 비용: 부동산은 구입 후에도 유지 보수 비용이 발생합니다. 연간 유지 보수 비용을 소득의 일정 비율로 계산하여 예산에 반영해야 합니다.

재산세 및 기타 비용: 부동산 소유에 따른 재산세와 각종 관리비 등을 고려하여, 부동산 유지에 필요한 총 비용을 산정해야 합니다.

소득 기반 대출 전략

대출 유형 선택

고정 금리 대출: 고정 금리 대출은 대출 기간 동안 이자율이 변하지 않기 때문에, 매달 상환 금액을 일정하게 유지할 수 있습니다. 안정적인 소득을 가진 경우, 고정 금리 대출이 안전한 선택이 될 수 있습니다.

변동 금리 대출: 변동 금리 대출은 초기에는 이자율이 낮지만, 이후 시장 금리에 따라 변동될 수 있습니다. 변동 금리 대출은 금리 하락 시 유리할 수 있지만, 금리 상승 리스크를 감당할 수 있는지 고려해야 합니다.

대출 상환 계획 수립

상환 기간 설정: 대출 상환 기간을 설정할 때, 소득 수준과 앞으로의 재정 계획을 고려해야 합니다. 일반적으로 15년에서 30년 상환 계획이 일반적입니다.

추가 상환 가능성: 추가 소득이 발생할 경우, 대출 상환 기간을 단축하거나 원금을 추가 상환하여 이자 부담을 줄이는 것이 좋습니다.

비상 대책 마련: 예기치 않은 상황(예: 실직, 소득 감소 등)에 대비해 상환 계획에 비상 대책을 포함시켜야 합니다.

부동산 매입 전 지역 및 시장 조사

지역 선택 기준

거주 목적: 거주 목적의 부동산이라면, 직장과의 거리, 학교, 교통 편의성, 주변 환경 등을 고려하여 지역을 선택해야 합니다.

투자 목적: 투자 목적의 부동산이라면, 임대 수익률, 미래 개발 가능성, 지역 인프라 투자 계획 등을 분석하여 선택합니다.

시장 동향 분석

시장 가격 동향: 선택한 지역의 최근 부동산 가격 동향을 조사하여 적절한 매입 시점을 판단합니다. 과열된 시장에서는 신중하게 접근해야 합니다.

공급과 수요: 지역의 주택 공급과 수요의 균형을 파악하여, 장기적으로 가격 상승 가능성이 있는지 평가합니다.

장기적 재정 계획과 부동산 매입

장기적 목표 설정

자산 증식: 부동산 매입을 통해 장기적인 자산 증식을 목표로 할 경우, 장기적으로 안정적인 가격 상승이 기대되는 지역에 투자하는 것이 중요합니다.

거주 안정성: 거주용 부동산 매입 시, 장기적인 거주 안정성과 생활의 질을 높일 수 있는 지역을 선택해야 합니다.

자산 포트폴리오와의 조화

부동산 비중 관리: 전체 자산 포트폴리오에서 부동산이 차지하는 비중을 관리하여, 다른 자산(주식, 채권, 현금 등)과의 균형을 유지하는 것이 중요합니다.

유동성 관리: 부동산은 유동성이 낮기 때문에, 현금 및 금융 자산을 충분히 보유하여 비상 시에 대비할 수 있도록 해야 합니다.

리스크 관리

보험 가입: 화재, 자연재해, 기타 사고에 대비한 주택 보험을 가입하여 재산을 보호해야 합니다.

경제 상황 변화 대비: 경제 상황 변화에 따른 금리 인상, 소득 감소 등의 리스크에 대비한 재정적 대비책을 마련하는 것이 중요합니다.

소득을 기반으로 한 부동산 매입은 재정적 안정성을 확보하면서도 자산을 증식할 수 있는 중요한 방법입니다. 소득 평가와 재정 상태 분석을 통해 현실적인 예산을 설정하고, 대출 상환 계획을 철저히 수립하는 것이 성공적인 부동산 매입의 핵심입니다. 또한, 지역과 시장 조사를 통해 최적의 부동산을 선택하고, 장기적인 재정 계획과 부동산 매입 전략을 조화롭게 실행함으로써, 안정적이고 성공적인 부동산 투자를 실현할 수 있습니다.

대출 상환 부담: 한국에서는 많은 사람들이 주택을 구입할 때 주택 담보 대출을 이용합니다. 이 경우 소득이 대출 상환 능력을 평가하는 중요한 기준이 됩니다. 은행은 소득을 기준으로 대출 한도를 설정하며, 대출자는 소득을 통해 매달 상환금을 납부하게 됩니다.

소득 대비 주택 가격 상승: 최근 몇 년간 한국의 주택 가격이 급격히 상승하면서, 일반적인 소득 수준으로는 주택 구매가 어려워졌습니다. 이에 따라 소득만으로는 대출 상환에 필요한 자금을 마련하기 어려워졌고, 더 많은 자본이 필요하게 되었습니다.

22

자산을 기반으로 한 부동산 매입 시

고가 부동산 시장: 서울 및 수도권의 고가 주택 시장에서는 자산을 활용한 매입이 일반적입니다. 특히 강남구, 서초구, 송파구와 같은 고가 주택 밀집 지역에서는 자산가들이 현금 자산을 이용해 부동산을 매입하는 경우가 많습니다. 이러한 고가 부동산은 소득만으로는 접근하기 어려운 경우가 많아 자산을 활용한 매입이 주를 이룹니다.

상속 및 증여: 한국에서는 상속이나 증여를 통해 부동산을 취득하는 경우도 많습니다. 이는 기존에 자산을 보유한 가족이나 개인이 자산을 물려받거나 이를 기반으로 부동산을 구입하는 방식입니다.

투자 목적: 부동산 투자자들은 주로 보유 자산을 활용하여 부동산을 매입합니다. 이들은 부동산의 자본 이득을 기대하며, 대출을 최대한 활용하기보다는 자산을 유동화하여 구매 자금을 마련합니다.

23

소득과 자산으로 비교하는 부동산

부동산 매입을 고려할 때, 개인의 소득과 자산은 중요한 결정 요소입니다. 이 두 가지는 각각 부동산 구매 가능성과 재정적 안정성을 평가하는 데 큰 역할을 합니다. 소득과 자산을 기반으로 부동산을 비교하고, 각기 다른 상황에서 어떻게 접근할 수 있는지 살펴보겠습니다.

소득 기반 부동산 매입

소득의 역할

대출 상환 능력: 소득은 매달 발생하는 대출 상환액을 감당할 수 있는 능력을 결정합니다. 금융기관은 대출을 제공할 때 소득을 기반으로 상환 가능성을 평가합니다.

현금 흐름 관리: 안정적인 소득이 있으면, 부동산을 매입한 후에도 월 상환액과 기타 생활비를 균형 있게 관리할 수 있습니다.

소득을 기반으로 한 부동산 매입 전략

매입 가능 부동산: 일반적으로 연 소득의 3배에서 5배 범위 내에서 부동산을 매입하는 것이 권장됩니다. 이 비율을 초과하면 대출 상환에 부담이 될 수 있습니다.

대출 상환 계획: 소득이 일정한 경우, 고정 금리 대출을 통해 안정적인 월 상환액을 유지하는 것이 좋습니다. 소득이 변동성이 크다면, 변동 금리 대출도 고려할 수 있습니다.

임대 수익형 부동산: 소득 기반으로 대출 상환이 가능하면서, 추가 소득 창출이 가능한 임대 수익형 부동산을 매입하는 것도 좋은 전략입니다. 이를 통해 추가적인 현금 흐름을 확보할 수 있습니다.

소득 기반 부동산의 장단점

장점: 안정적인 대출 상환, 현금 흐름 관리가 용이, 대출 이자 비용 절감.

단점: 소득이 감소할 경우 상환 부담이 커질 수 있음, 자산 축적 속도가 느릴 수 있음.

자산 기반 부동산 매입

자산의 역할

초기 자본 확보: 자산은 부동산 매입 시 필요한 다운페이먼트 및 초기 비용을 충당하는 데 사용됩니다. 자산이 많을수록 대출 규모를 줄일 수 있습니다.

재정적 안정성: 충분한 자산을 보유한 경우, 예상치 못한 경제적 충격에 대비할 수 있는 재정적 여유를 가질 수 있습니다.

자산을 기반으로 한 부동산 매입 전략

대출 최소화: 자산이 충분할 경우, 대출 규모를 최소화하여 이자 비용을 줄이고, 부동산 매입 후의 재정적 부담을 줄이는 것이 중요합니다.

포트폴리오 다각화: 부동산 외에도 주식, 채권 등 다양한 자산에 분산 투자하여 리스크를 줄이고, 자산 가치를 안정적으로 유지하는 것이 중요합니다.

개발 가능성 높은 부동산: 자산을 활용해 개발 가능성이 높은 지역에 투자하여, 장기적인 자산 가치 상승을 노릴 수 있습니다.

자산 기반 부동산의 장단점

장점: 대출 부담이 적고, 재정적 안정성 확보, 자산 가치 상승 가능성이 높음.

단점: 초기 자본이 많이 필요, 자산이 부동산에 묶일 경우 유동성 부족 문제 발생 가능.

소득과 자산을 비교한 부동산 매입 전략

소득과 자산의 균형

균형 잡힌 접근: 소득과 자산이 모두 안정적인 경우, 두 요소를 균형 있게 활용하여 부동산 매입 전략을 세우는 것이 중요합니다. 소득을 통해 대출 상환을 감당하고, 자산을 통해 초기 자본을 마련하여 부동산 매입 후에도 재정적 유연성을 유지할 수 있습니다.

소득-자산 비율: 소득이 높은 경우에는 대출을 적절히 활용하여 자산을 유지하거나 다른 투자에 사용할 수 있습니다. 반대로 자산이 많은 경우에는 대출 규모를 줄이고, 이자 비용을 최소화하는 것이 좋습니다.

소득 중심 vs 자산 중심 매입 결정

소득 중심 매입: 소득이 상대적으로 많고, 자산이 적은 경우에는, 매달 상환할 수 있는 수준의 대출을 받아 부동산을 매입하는 것이 적절합니다. 이 경우, 소득의 안정성에 따라 매입 가능한 부동산의 규모가 결정됩니다.

자산 중심 매입: 자산이 충분하고, 소득이 상대적으로 적은 경우에는, 대출을 최소화하거나 아예 대출 없이 부동산을 매입하는 것이 바람직합니다. 이를 통해 부동산을 구입한 후에도 여유 자금을 확보할 수 있습니다.

리스크 관리와 장기적 계획

리스크 관리 전략

비상 자금 확보: 소득이나 자산의 변동성을 대비해 비상 자금을 확보하여, 예기치 않은 상

황에 대응할 수 있어야 합니다. 이는 소득이 줄거나 자산 가치가 하락할 경우에도 재정적 안정성을 유지하는 데 도움이 됩니다.

보험과 세금 계획: 부동산 매입 시, 보험을 통해 자산을 보호하고, 세금 계획을 미리 세워 예상치 못한 세금 부담을 줄이는 것이 중요합니다.

장기적 자산 증식 계획

자산 증식 전략: 부동산 매입 후에도 지속적으로 자산을 증식하기 위해, 임대 수익을 재투자하거나, 부동산 가치를 높이는 방법을 고려해야 합니다.

장기적 목표 설정: 장기적인 재정 목표를 설정하고, 이에 맞춘 부동산 매입과 자산 관리 전략을 실행하는 것이 중요합니다. 예를 들어, 은퇴 자금을 마련하기 위해 안정적인 소득을 창출할 수 있는 임대 부동산에 투자하는 전략을 사용할 수 있습니다.

소득과 자산은 부동산 매입의 중요한 결정 요소입니다. 소득은 대출 상환 능력과 현금 흐름 관리를 가능하게 하고, 자산은 초기 자본 마련과 재정적 안정성을 제공합니다. 소득과 자산을 비교하여 각각의 상황에 맞는 부동산 매입 전략을 세우는 것이 중요합니다. 이 두 요소를 균형 있게 활용하면, 장기적인 자산 증식과 재정적 안정성을 동시에 달성할 수 있을 것입니다.

소득 기반 대출 이용 비중: 일반적으로 소득을 기반으로 대출을 이용해 주택을 구입하는 사람들은 중산층 가구나 주택 가격이 비교적 낮은 지역에서 많이 발생합니다. 이 경우 소득 대비 주택 가격 비율(Price to Income Ratio, PIR)이 중요한 지표로 사용됩니다.

자산 기반 매입 비중: 고가의 주택이나 상업용 부동산, 투자용 부동산 매입의 경우 자산을 이용한 매입이 훨씬 더 높은 비중을 차지합니다. 이러한 부동산은 대개 소득만으로는 접근이 불가능하며, 자산가들이 시장을 주도하는 경향이 있습니다.

24

금융 환경과 정책의 영향으로 보는 부동산

부동산 시장은 금융 환경과 정부 정책의 변화에 크게 영향을 받습니다. 금리, 대출 규제, 세제 혜택 등 다양한 요인들이 부동산 가격과 거래량에 직접적인 영향을 미칩니다. 이 장에서는 금융 환경과 정부 정책이 부동산 시장에 미치는 영향을 분석하고, 이에 대한 대응 전략을 살펴보겠습니다.

금융 환경이 부동산 시장에 미치는 영향

금리의 영향

금리와 대출 비용: 금리는 부동산 시장에 가장 큰 영향을 미치는 요소 중 하나입니다. 금리가 낮아지면 대출 이자율도 낮아져, 부동산 구매자가 더 많은 금액을 빌릴 수 있게 됩니다. 이는 주택 구매 수요를 증가시키고, 부동산 가격 상승을 초래할 수 있습니다.

금리 상승과 대출 부담: 반대로 금리가 상승하면 대출 이자율이 높아져, 대출 상환 부담이 증가합니다. 이는 주택 구매를 주저하게 만들고, 부동산 시장의 수요를 줄여 가격 하락 압력을 가할 수 있습니다.

대출 규제와 금융 접근성

대출 규제 강화: 정부가 부동산 시장 과열을 막기 위해 대출 규제를 강화하면, 주택 구매자들이 자금을 마련하는 데 어려움을 겪게 됩니다. 이는 특히 소득 대비 부채 비율이 높은 가구에 영향을 미쳐, 부동산 구매를 어렵게 하고 시장의 냉각을 초래할 수 있습니다.

대출 규제 완화: 반대로 대출 규제가 완화되면, 더 많은 사람들이 부동산 시장에 진입할 수 있게 되어, 주택 수요가 증가하고 부동산 가격이 상승할 가능성이 큽니다.

통화 정책과 유동성 공급

유동성 공급 증가: 중앙은행의 통화 완화 정책(예: 양적 완화)을 통해 시중에 유동성이 증가하면, 투자자들은 부동산을 안전한 투자처로 인식하고 자금을 부동산에 투입하게 됩니다. 이는 부동산 시장의 활기를 띠게 하고 가격 상승을 유발할 수 있습니다.

유동성 축소: 반면, 유동성이 축소되면 부동산 시장에 유입되는 자금이 줄어들어, 부동산 거래가 감소하고 가격이 하락할 수 있습니다.

정부 정책이 부동산 시장에 미치는 영향

부동산 세제 정책

취득세와 보유세: 정부가 부동산 취득세나 보유세를 인상하면, 부동산 구매에 따른 초기 비용이 증가하여 수요를 억제하는 효과가 있습니다. 이는 부동산 거래를 감소시키고, 시장을 안정시키는 데 기여할 수 있습니다.

양도 소득세: 부동산 매도 시 발생하는 차익에 대해 부과되는 양도 소득세가 인상되면, 투자자들이 매도를 주저하게 되어 매물 감소와 시장 과열을 초래할 수 있습니다. 반대로, 양도 소득세를 낮추면 매물이 증가하여 시장이 안정될 수 있습니다.

주택 공급 정책

신규 주택 공급 확대: 정부가 주택 공급을 늘리기 위해 재개발, 재건축, 공공 주택 공급 등을 장려하면, 시장의 주택 공급이 증가하여 가격 안정화에 기여할 수 있습니다. 이는 특히 공급 부족으로 인한 가격 급등을 억제하는 데 효과적입니다.

주택 공급 제한: 반대로, 환경 보호나 도시 계획 등의 이유로 주택 공급이 제한되면, 수요 대비 공급이 부족해져 부동산 가격이 상승할 가능성이 높습니다.

부동산 규제 정책

임대료 상한제: 정부가 임대료 상한제를 도입하면, 임대료 상승을 억제할 수 있지만, 임대 시장의 위축이나 임대 주택의 품질 저하를 초래할 수도 있습니다. 이는 임대 수익을 기대하는 투자자들에게 부정적인 영향을 미칠 수 있습니다.

투기 억제 정책: 특정 지역에서 부동산 투기 과열을 막기 위해 정부가 규제를 강화하면, 해당 지역의 부동산 가격 상승을 억제하고, 시장을 안정화시킬 수 있습니다. 이는 예를 들어 다주택자에 대한 세제 강화, 투기 지역 지정 등을 포함할 수 있습니다.

금융 환경과 정책 변화에 대한 대응 전략

금리 변동에 대한 대응

고정 금리 대출 활용: 금리가 상승할 것으로 예상되면, 고정 금리 대출을 선택하여 이자 비용을 고정시키고, 재정적 부담을 줄이는 것이 좋습니다.

변동 금리 대출 활용: 반대로, 금리가 하락할 것으로 예상되면 변동 금리 대출을 활용하여 낮아진 금리 혜택을 볼 수 있습니다.

대출 규제와 유동성 변화에 대한 대응

대출 상환 능력 강화: 대출 규제가 강화될 경우, 소득 증가나 부채 비율 감소를 통해 대출 상환 능력을 강화하는 것이 중요합니다. 이는 대출 승인을 받는 데 유리하게 작용할 수 있습니다.

유동성 확보: 금융 환경의 변동에 대비해, 자산 중 일부를 유동성 높은 자산(현금, 단기 금융 상품 등)으로 유지하여 비상 시에 대비하는 것이 필요합니다.

정부 정책 변화에 대한 대응

세제 혜택 활용: 정부의 세제 혜택(예: 주택 청약 저축, 신혼부부 특공 등)을 잘 활용하여 부동산 매입 시 비용을 절감할 수 있는 방법을 찾아야 합니다.

투자 지역 다각화: 특정 지역에 규제가 강화될 경우, 규제가 비교적 덜한 지역으로 투자 지역을 다각화하여 리스크를 분산하는 전략이 필요합니다.

장기적 관점 유지: 단기적인 정책 변화에 흔들리기보다는, 장기적인 시장 트렌드와 자신의 재정 목표에 맞는 투자를 지속하는 것이 중요합니다.

금융 환경 및 정책 변화에 따른 사례 분석

저금리 시대의 부동산 시장

사례 분석: 글로벌 금융 위기 이후, 중앙은행들이 저금리 정책을 유지하면서, 대출 비용이 낮아져 부동산 시장에 자금이 유입되었습니다. 이는 주택 가격 상승을 초래했으며, 특히 대도시의 부동산 가격이 급등하는 현상이 나타났습니다.

대응 전략: 이 시기에는 고정 금리 대출을 활용하여 저금리 혜택을 최대한 누리고, 가격이 상승할 가능성이 높은 지역에 장기적인 투자를 하는 것이 효과적이었습니다.

대출 규제 강화 시기의 부동산 시장

사례 분석: 정부가 대출 규제를 강화한 시기에는, 대출 접근성이 제한되면서 부동산 시장이 위축되었고, 가격이 안정되거나 하락하는 경향이 나타났습니다.

대응 전략: 대출 규제 강화에 대비하여 대출 상환 능력을 사전에 강화하고, 자산을 유동성 있게 관리하여 대출 부담을 줄이는 것이 중요했습니다. 또한, 규제가 덜한 지역으로의 투자 다각화 전략이 효과적이었습니다.

금융 환경과 정부 정책은 부동산 시장에 중대한 영향을 미치며, 이를 이해하고 적절히 대응하는 것이 성공적인 부동산 투자의 핵심입니다. 금리, 대출 규제, 세제 정책 등 다양한 요소들이 부동산 가격과 거래에 미치는 영향을 분석하고, 이에 따라 맞춤형 전략을 세우는 것이 중요합니다. 또한, 단기적인 정책 변화에 휘둘리지 않고, 장기적인 재정 목표와 시장 트렌드에 기반한 투자 결정을 내리는 것이 성공적인 부동산 투자를 위한 바람직한 접근입니다.

25

M2 유동 자금(통화량)과 부동산 가격 변동

M2 통화량은 경제에서 유통되는 돈의 양을 측정하는 중요한 지표로, 현금과 예금, 단기 금융 상품 등을 포함합니다. M2 통화량이 증가하면, 시중에 유동성이 늘어나고, 이는 다양한 자산의 가격에 영향을 미칠 수 있습니다. 이 장에서는 M2 통화량과 부동산 가격 변동 간의 관계를 분석하고, 이를 기반으로 한 부동산 시장의 동향을 살펴보겠습니다.

M2 통화량의 개념과 중요성

M2 통화량이란?

M2 통화량은 경제에서 유통되는 화폐 공급량을 나타내는 지표로, 현금, 요구불 예금, 단기 예금, 저축성 예금, 단기 금융 상품 등을 포함합니다.

유동성의 척도로, M2 통화량이 증가하면 경제 전반에 자금이 풍부해져, 투자 및 소비 활동이 활발해집니다.

M2 통화량의 중요성

경제 활동 촉진: M2 통화량이 증가하면, 기업과 개인이 자금을 쉽게 조달할 수 있어 경제 활동이 촉진됩니다.

자산 가격 상승 유도: 통화량의 증가로 인해 시중에 돈이 많이 돌게 되면, 자산(주식, 부동산 등)으로의 자금 유입이 증가하여 가격 상승을 유도할 수 있습니다.

M2 통화량과 부동산 가격의 관계

유동성 공급과 부동산 가격 상승

유동성 증가와 자산 가격: M2 통화량이 증가하면, 시중에 유동성이 풍부해지면서 투자자들이 부동산을 포함한 다양한 자산에 자금을 투입하게 됩니다. 이로 인해 부동산 가격이 상승할 가능성이 큽니다.

투자 수요 증가: 통화량 증가로 인해 투자 수요가 늘어나면, 부동산이 안전한 투자처로 인식되면서 매입 수요가 증가하고, 이는 부동산 가격을 상승시키는 요인이 됩니다.

통화량 증가의 부작용

인플레이션 위험: 통화량이 지나치게 증가하면 인플레이션이 발생할 수 있습니다. 인플레이션이 발생하면 부동산 가격도 명목상으로 상승할 수 있지만, 실질 구매력은 감소할 수 있습니다.

자산 버블 형성: 유동성 과잉으로 인해 부동산 가격이 비정상적으로 급등할 경우, 자산 버블이 형성될 수 있습니다. 이는 장기적으로 시장 불안정을 초래할 수 있습니다.

통화량 감소와 부동산 시장 조정

유동성 축소와 가격 하락: 중앙은행이 통화 긴축 정책을 시행해 M2 통화량이 감소하면, 시중에 자금이 줄어들어 부동산 매입 여력이 감소합니다. 이는 부동산 시장의 조정을 가져오고, 가격이 하락할 수 있습니다.

금리 상승의 영향: 통화량이 줄어들면 금리가 상승하는 경향이 있습니다. 금리 상승은 대출 비용을 증가시켜 부동산 수요를 줄이고, 가격 하락 압력을 가할 수 있습니다.

M2 통화량과 부동산 가격의 사례 분석

글로벌 금융 위기 이후의 M2 통화량 증가와 부동산 시장

사례 분석: 2008년 글로벌 금융 위기 이후, 주요 중앙은행들은 양적 완화 정책을 통해 M2 통화량을 급격히 증가시켰습니다. 이로 인해 시중에 유동성이 넘쳐났고, 많은 자금이 부동산 시장으로 유입되었습니다.

부동산 가격 상승: 특히 미국, 유럽, 아시아의 주요 도시에서는 부동산 가격이 급등하는 현상이 나타났습니다. 이는 투자자들이 주식보다 안정적인 부동산을 선호했기 때문입니다.

부작용: 이 시기에는 일부 지역에서 부동산 버블이 형성되었고, 이후 통화 긴축 정책이 도입되면서 부동산 가격이 조정되는 상황이 발생했습니다.

국내 시장의 M2 통화량과 부동산 가격 변동

사례 분석: 한국의 경우, 저금리와 함께 M2 통화량이 증가하면서 부동산 시장에 자금이 대거 유입되었습니다. 특히 서울 및 수도권 지역의 아파트 가격이 급등하는 현상이 나타났습니다.

정책 대응: 정부는 부동산 가격 안정을 위해 대출 규제와 세제 강화를 도입했지만, 풍부한 유동성으로 인해 시장의 열기는 쉽게 식지 않았습니다. 이후 금리가 상승하고 통화량 증가가 둔화되면서, 부동산 가격 상승세가 다소 완화되었습니다.

M2 통화량 변화에 대한 부동산 투자 전략

통화량 증가 시기의 투자 전략

적극적 투자: M2 통화량이 증가하고 금리가 낮은 시기에는 유동성이 풍부해져 부동산 시장이 활성화될 가능성이 큽니다. 이 시기에는 부동산 매입을 통해 자산 가치를 증대시킬 수 있습니다.

리스크 관리: 그러나 통화량 증가가 지나치면 버블 위험이 존재하므로, 시장 과열 징후를 주의 깊게 살펴보고, 적절한 시점에 수익 실현을 고려하는 것이 중요합니다.

통화량 감소 시기의 대응 전략

보수적 접근: 통화량이 줄어들고 금리가 상승하는 시기에는 부동산 시장의 조정 가능성이 높아지므로, 보수적인 접근이 필요합니다. 추가 매입보다는 보유 자산의 관리에 중점을 두는 것이 바람직합니다.

유동성 확보: 통화량 감소 시기에는 자산 유동성을 높여, 필요할 경우 부동산을 매각하거나 리스크를 최소화할 수 있는 준비를 해야 합니다.

장기적 관점의 투자 전략

포트폴리오 다각화: 통화량 변동에 따른 리스크를 분산하기 위해, 부동산 외에도 다양한 자산군에 분산 투자하는 것이 중요합니다. 이는 시장 변동성에 대한 대응력을 높여줄 것입니다.

장기 보유 전략: 통화량 변동은 단기적인 부동산 가격에 영향을 미치지만, 장기적으로는 경제 성장과 인프라 발전에 따라 부동산 가치는 상승할 수 있습니다. 따라서 장기적인 관점에서 가치 있는 부동산을 보유하는 전략도 고려할 수 있습니다.

M2 통화량은 부동산 가격 변동에 중요한 영향을 미칩니다. 통화량이 증가하면 유동성의 증가로 부동산 가격이 상승할 가능성이 높고, 반대로 통화량이 감소하면 시장 조정이 발생할 수 있습니다. 이를 이해하고 적절히 대응하는 것이 성공적인 부동산 투자의 핵심입니다. M2 통화량의 변화를 주의 깊게 모니터링하고, 이에 맞는 투자 전략을 세워 부동산 시장의 변동성에 대비하는 것이 중요합니다.

경제에서 서로 밀접하게 연결되어 있으며, M2 유동자금은 부동산 시장에 중요한 영향을 미칠 수 있습니다.

26

한국의 M2 유동 자금과 부동산 가격 사례

2008년 금융 위기 이후: 2008년 글로벌 금융 위기 이후, 한국을 포함한 여러 나라에서 양적 완화 정책(QE)이 도입되면서 M2 유동 자금이 크게 증가했습니다. 이와 동시에 저금리 기조가 유지되면서 부동산 시장으로의 자금 유입이 증가했고, 한국의 주요 도시들(특히 서울과 수도권)에서 부동산 가격이 급등하는 현상이 나타났습니다.

2020년 코로나19 팬데믹: 코로나19 팬데믹 동안 한국 정부와 중앙은행은 경기 부양을 위해 대규모 유동성을 공급했습니다. M2 유동 자금의 급격한 증가와 함께 부동산 시장으로의 자금 유입이 확대되었고, 결과적으로 부동산 가격이 크게 상승했습니다.

M2 유동 자금의 변화가 부동산 가격에 미치는 영향 요인

정책적 대응: 정부의 부동산 정책, 대출 규제, 금리 변화 등이 M2 유동 자금과 부동산 가격 간의 관계를 조절하는 중요한 변수입니다. 예를 들어, 정부가 부동산 대출을 억제하거나 세제를 강화하면, M2가 증가하더라도 부동산 가격 상승이 억제될 수 있습니다.

투자 심리: M2 유동 자금이 증가하더라도 투자자들의 심리가 부정적이거나 경제 전망이 불

투명하다면, 부동산 가격이 반드시 상승하지 않을 수 있습니다. 반대로, 투자 심리가 긍정적이면 부동산 가격은 더 빠르게 상승할 수 있습니다.

대체 투자처: 부동산 이외의 투자처(예: 주식, 채권, 암호 화폐 등)가 매력적인 경우, M2 유동 자금이 반드시 부동산으로 유입되지 않을 수 있습니다. 이런 상황에서는 부동산 가격 변동이 예상과 다르게 나타날 수 있습니다.

M2 유동 자금과 부동산 가격은 상호 밀접한 관계가 있습니다. M2 유동 자금이 증가하면, 시중에 유동성이 풍부해져 부동산 시장으로 자금이 유입될 가능성이 높아지고, 이는 부동산 가격 상승으로 이어질 수 있습니다. 특히, 저금리 환경과 함께 M2 유동 자금이 증가하는 시기에는 부동산 시장이 과열될 가능성이 높아집니다.

그러나 부동산 가격은 M2 유동 자금 외에도 다양한 요인들—금리, 정부 정책, 투자 심리, 대체 투자처 등—에 의해 영향을 받기 때문에, 단순히 M2 유동 자금만으로 부동산 가격 변동을 예측하는 것은 한계가 있을 수 있습니다. 경제 상황과 정책적 변수를 종합적으로 고려해야 부동산 시장의 변동성을 보다 정확히 이해할 수 있습니다.

부동산 가격은 일반적으로 장기적으로 상승하는 경향이 있지만, 특정 시점이나 기간 동안 일시적으로 하락할 수 있습니다. 이러한 일시적인 부동산 가격 하락은 다양한 경제적, 정책적, 심리적 요인들이 복합적으로 작용한 결과일 수 있습니다. 주요 이유를 살펴보겠습니다.

27

금리 인상과 부동산

대출 비용 증가: 금리가 인상되면 주택 담보 대출의 이자율이 상승하여 대출 상환 부담이 증가합니다. 이는 주택 구매를 고려하는 사람들에게 재정적인 부담을 주어, 주택 구매 수요를 감소시키고, 결과적으로 부동산 가격이 하락할 수 있습니다.

투자 수요 감소: 금리 인상은 부동산 투자자들에게도 영향을 미칩니다. 부동산 수익률이 낮아질 수 있기 때문에, 투자자들은 부동산보다 다른 자산(예: 채권, 예금)으로 자금을 이동시킬 수 있습니다. 이는 부동산 시장의 투자 수요를 줄여 가격 하락을 초래할 수 있습니다.

28

경제 불황과 부동산의 관계

경제 불황이 부동산 시장에 미치는 영향

부동산 가격 하락

수요 감소: 경제 불황 시 소비자들의 소득이 감소하고, 실업률이 상승함에 따라 주택 구매 수요가 감소합니다. 이는 부동산 가격 하락의 주요 요인입니다.

투자 감소: 기업과 개인 모두 경제 불황 시 자산을 보수적으로 관리하려는 경향이 있으며, 이로 인해 부동산 투자 수요가 줄어들어 시장의 하락 압력이 증가합니다.

거래량 감소

거래 둔화: 경제 불황이 발생하면 주택을 새로 구입하거나 매도하려는 수요가 줄어들어 부동산 거래량이 감소합니다. 이는 시장 유동성을 저하시킬 수 있습니다.

가격 조정 지연: 불황기에는 부동산 매도자들이 손실을 최소화하기 위해 가격 조정을 지연시키는 경향이 있어, 거래가 더욱 둔화될 수 있습니다.

임대 시장의 변화

임대 수요 증가: 경제 불황으로 인해 주택 구매를 포기하고 임대를 선택하는 가구가 증가할 수 있습니다. 이는 임대 시장에서의 수요 증가로 이어질 수 있지만, 임대료 상승을 기대하기는 어렵습니다.

임대료 동결 또는 하락: 임대 수요가 증가하더라도, 불황으로 인한 가계의 소득 감소는 임대료 상승을 제한하거나 오히려 하락시키는 요인이 될 수 있습니다.

대출과 금융 접근성의 악화

대출 기준 강화: 금융 기관은 경제 불황 시 대출 리스크가 높아진다고 판단하여, 대출 기준을 강화하거나 대출 금리를 인상할 수 있습니다. 이는 주택 구매를 더욱 어렵게 만들고, 부동산 시장에 부정적인 영향을 미칩니다.

부동산 담보 가치 하락: 부동산 가격이 하락하면, 이미 대출을 받은 사람들의 담보 가치가 감소하여 추가 대출이나 재융자를 받기 어려워질 수 있습니다.

경제 불황과 부동산의 상관관계 사례 분석
글로벌 금융 위기와 부동산 시장

사례 분석: 2008년 글로벌 금융 위기 당시, 미국을 비롯한 주요 국가의 부동산 시장은 큰 타격을 받았습니다. 서브프라임 모기지 사태로 인해 주택 가격이 급락하고, 대규모 차압이 발생했습니다.

영향: 부동산 가격 하락과 함께 거래량이 급감하였으며, 금융 시스템의 불안정성으로 인해 대출 시장이 위축되었습니다. 이로 인해 부동산 시장의 회복이 지연되었습니다.

한국의 IMF 외환 위기와 부동산 시장

사례 분석: 1997년 IMF 외환 위기 당시, 한국의 부동산 시장은 큰 충격을 받았습니다. 경제 전반에 걸친 불황과 기업 부도, 실업률 증가로 인해 부동산 가격이 급락하고, 거래가 거의 중단되었습니다.

영향: 주택 구매력이 크게 감소하였으며, 많은 사람들이 주택 매입을 포기하고 임대로 전환하였습니다. 부동산 시장은 위기 후 수년 간 회복세를 보이지 못했습니다.

경제 불황기에 대응하는 부동산 투자 전략

보수적 접근

리스크 관리: 불황기에는 부동산 시장의 변동성이 커질 수 있으므로, 신규 투자는 신중하게 접근해야 합니다. 추가 매입보다는 기존 자산의 유지와 관리에 중점을 두는 것이 중요합니다.

유동성 확보: 경제 불황 시 유동성이 중요한 역할을 할 수 있습니다. 필요시 부동산을 매각하거나 다른 유동성 자산으로 전환하여 경제적 충격에 대비할 수 있는 준비가 필요합니다.

가치 있는 자산 보유

입지와 가치: 불황기에도 가치가 유지될 가능성이 높은 입지와 자산을 보유하는 것이 중요합니다. 도심 지역의 핵심 상권이나 미래 발전 가능성이 높은 지역의 부동산은 상대적으로 안정적인 가치를 유지할 수 있습니다.

장기적 관점: 단기적인 시장 하락에 흔들리지 않고, 장기적인 관점에서 부동산을 보유하는 전략도 유효합니다. 경제가 회복되면 부동산 가치도 다시 상승할 가능성이 있기 때문입니다.

임대 수익 극대화

임대 시장의 기회 포착: 주택 구매력이 감소하는 불황기에는 임대 수요가 증가할 수 있으므로, 임대 수익을 극대화할 수 있는 전략을 모색하는 것이 좋습니다. 예를 들어, 공유 오피스, 단기 임대 등을 고려해 볼 수 있습니다.

임대료 안정성 확보: 임대료가 하락할 가능성에 대비하여, 장기 임대 계약을 통해 안정적인 임대 수익을 확보하는 것도 좋은 전략입니다.

경제 회복기 대비 전략

회복 신호 포착

경제 회복 신호: 경제가 회복되기 시작하면, 부동산 시장도 다시 활기를 찾을 가능성이 높습니다. 경제 회복의 신호(예: GDP 성장률 상승, 실업률 감소, 소비 증가 등)를 주의 깊게 모니터링하여, 회복 초기 단계에서 투자 기회를 포착하는 것이 중요합니다.

포트폴리오 재구성: 회복기에는 부동산 포트폴리오를 재구성하여, 시장 회복에 따른 자산 가치 상승을 극대화할 수 있도록 준비하는 것이 좋습니다.

공격적 투자로의 전환

적극적 매입: 경제 회복기에는 부동산 가격이 상승하기 전에 적극적으로 매입을 고려할 수 있습니다. 이때, 시장의 회복 가능성이 높은 지역과 자산에 집중하는 것이 중요합니다.

레버리지 활용: 회복기에는 금리 인하가 예상되므로, 레버리지를 활용한 투자도 검토할 수 있습니다. 다만, 리스크를 잘 관리하면서 레버리지를 사용하는 것이 중요합니다.

경제 불황은 부동산 시장에 부정적인 영향을 미치지만, 적절한 대응 전략을 통해 이러한 영향을 최소화하고, 오히려 기회로 전환할 수 있습니다. 불황기에는 보수적인 접근을 통해 리스크를 관리하고, 가치 있는 자산을 장기적으로 보유하는 전략이 중요합니다. 또한, 임대 수익을 극대화하고, 경제 회복기에 대비한 포트폴리오 재구성과 적극적인 투자 전략을 통해 장기

적인 성공을 도모할 수 있습니다. 경제 불황과 부동산 시장의 관계를 이해하고, 이에 맞는 전략을 수립하는 것이 성공적인 부동산 투자의 핵심입니다.

소득 감소: 경제가 불황에 접어들면 가계 소득이 감소하거나 고용 불안이 증가합니다. 이는 주택 구매를 연기하거나 포기하게 만드는 요인이 되어 주택 수요를 줄이고, 부동산 가격 하락으로 이어질 수 있습니다.

심리적 요인: 경제 불황 시, 소비자와 투자자들의 심리가 위축되어 부동산 시장에서도 주택 구매나 투자를 꺼리는 현상이 발생할 수 있습니다. 이러한 심리적 요인은 주택 가격을 일시적으로 하락시키는 중요한 요인이 됩니다.

29

정부의 부동산 규제 정책

대출 규제 강화: 정부가 부동산 시장 과열을 막기 위해 대출 규제를 강화할 경우, 주택 구매에 필요한 자금을 확보하기 어려워지면서 수요가 줄어들 수 있습니다. 이는 특히 실수요자나 투자자들이 주택 구매를 연기하거나 포기하게 만들어 가격 하락을 초래할 수 있습니다.

세금 인상: 부동산 관련 세금(예: 취득세, 재산세, 종합 부동산세 등)이 인상되면 부동산을 구매하거나 보유하는 비용이 증가하게 됩니다. 이는 부동산 거래를 감소시키고, 가격 하락을 유발할 수 있습니다.

공급 확대: 정부가 주택 공급을 확대하거나 신규 주택을 대규모로 공급하면, 기존 주택의 수요가 줄어들어 일시적인 가격 하락을 초래할 수 있습니다.

공급 과잉

단기적 공급 증가: 특정 지역에서 신규 주택 공급이 갑자기 증가하면, 시장에서 주택 공급이 수요를 초과하게 되어 일시적인 가격 하락이 발생할 수 있습니다. 특히, 주택 경기 침체와 맞물려 공급이 급격히 증가할 경우 가격 하락폭이 커질 수 있습니다.

외부 충격

정치적/사회적 불안정: 전쟁, 테러, 자연재해, 정치적 불안정 등 외부 충격으로 인해 부동산 시장이 급격히 위축될 수 있습니다. 이러한 상황에서는 주택 거래가 급감하고, 부동산 가격이 일시적으로 하락할 수 있습니다.

팬데믹 같은 위기 상황: 코로나19와 같은 팬데믹 상황에서는 경제 전반이 위축되면서 부동산 시장도 타격을 받을 수 있습니다. 초기에는 불확실성으로 인해 부동산 거래가 급격히 줄고, 가격이 하락하는 현상이 나타날 수 있습니다.

시장 조정

가격 급등 후 조정: 부동산 가격이 단기간에 급격히 상승한 후에는 일정 기간 동안 가격이 조정되는 과정이 발생할 수 있습니다. 이는 자연스러운 시장 반응으로, 과도하게 오른 가격을 수정하기 위해 일시적인 하락이 발생할 수 있습니다.

투기 수요의 감소: 투기적 수요가 한동안 부동산 시장을 주도하다가 투기 세력이 빠져나가면, 거래가 급감하면서 가격이 하락할 수 있습니다.

글로벌 경제 동향

해외 자금의 유출: 한국 부동산 시장에 투자하던 외국인 투자자들이 글로벌 경제 상황이나 자국의 금리 인상 등으로 인해 자금을 회수하고, 투자금을 본국으로 가져갈 경우, 국내 부동산 시장에서 수요가 급감하고 가격이 하락할 수 있습니다.

환율 변동: 환율 변동으로 인해 해외 투자자들이 한국 부동산을 매각하게 되면, 일시적으로 부동산 시장에 매물이 쏟아지며 가격이 하락할 수 있습니다.

부동산 가격은 여러 요인의 영향을 받아 일시적으로 하락할 수 있습니다. 금리 인상, 경제 불황, 정부의 규제, 공급 과잉, 외부 충격, 시장 조정, 그리고 글로벌 경제 동향 등 다양한 요인

이 복합적으로 작용하여 부동산 가격 하락을 초래할 수 있습니다. 이러한 요인들은 단기적인 시장 변동성을 초래하지만, 장기적으로는 경제 상황, 정책 변화, 수요와 공급의 균형에 따라 부동산 가격이 다시 회복될 수 있습니다.

자산의 증가는 부동산 시장에서 저가 주택과 고가 주택의 가격 변동에 서로 다른 영향을 미칠 수 있습니다. 자산이 증가하는 경우, 그 자산이 어떻게 분배되고 활용되는지에 따라 저가 주택과 고가 주택의 시장에서 각기 다른 가격 변동이 나타날 수 있습니다. 이 현상을 이해하기 위해 자산 증가가 각각의 주택 시장에 어떤 영향을 미치는지 살펴보겠습니다.

30

자산 증가와 고가 주택의 가격 변동

고가 주택 시장의 특징

고가 주택의 정의

고가 주택은 일반 주택보다 훨씬 높은 가격을 형성하는 주택을 말하며, 보통 상위 10% 이내의 가격대를 형성하는 주택을 의미합니다. 이들 주택은 주로 고소득자나 자산가들에 의해 거래됩니다.

위치와 특성: 고가 주택은 보통 주요 도시의 핵심 위치, 고급 주거 지역, 또는 독특한 디자인과 편의 시설을 갖춘 주택들로 구성됩니다.

고가 주택 시장의 수요와 공급

수요의 특성: 고가 주택은 일반적으로 경제 상황에 민감하게 반응하지 않으며, 자산가들의 자산 증가가 주요 수요 요인으로 작용합니다. 이들은 주거 목적뿐만 아니라 투자와 사회적 지위를 나타내기 위해 고가 주택을 구매하기도 합니다.

공급의 제한성: 고가 주택은 공급이 제한적입니다. 고급 주거 지역의 개발 가능성이 제한적

이고, 독특한 설계와 고급 자재가 사용되기 때문에 공급 증가가 어려운 편입니다. 이는 가격 상승 압력을 가중시킵니다.

자산 증가와 고가 주택 가격 변동의 상관관계

자산 증가와 고가 주택 가격 상승

자산 증가가 수요를 촉진: 자산이 증가하면 고소득자와 자산가들은 주거 수준을 높이기 위해 고가 주택을 구매하려는 경향이 강해집니다. 이는 고가 주택에 대한 수요를 증가시키고, 자연스럽게 가격 상승으로 이어집니다.

투자 수요의 확대: 자산가들은 고가 주택을 안정적인 자산으로 인식하고, 포트폴리오 다각화의 일환으로 고가 주택에 투자합니다. 이러한 투자 수요는 자산 증가와 함께 고가 주택 가격을 더욱 상승시키는 요인이 됩니다.

자산 증가와 가격 버블 위험

가격 버블 가능성: 자산 증가가 지나치게 빠르게 이루어지면, 고가 주택 시장에서 가격 버블이 형성될 위험이 있습니다. 이는 주택 가격이 실질 가치 이상으로 상승하는 현상으로, 이후 경제 상황의 변화에 따라 급격한 가격 하락이 발생할 수 있습니다.

경제 불황 시의 리스크: 자산 증가로 인해 형성된 고가 주택 가격은 경제 불황 시 자산가들의 투자 심리 변화나 유동성 문제로 인해 급격히 하락할 가능성이 있습니다. 이는 시장 전체에 부정적인 영향을 미칠 수 있습니다.

고가 주택 시장의 투자 전략

장기적 관점에서의 투자

안정적 자산으로서의 고가 주택: 고가 주택은 장기적으로 안정적인 자산 가치를 유지할 가능성이 높습니다. 주요 도시의 핵심 위치에 있는 고가 주택은 경제적 불황 시에도 비교적 가치 하락이 덜하며, 장기적인 자산 증식 수단으로 유효할 수 있습니다.

부동산 포트폴리오 다각화: 고가 주택을 포함한 부동산 포트폴리오를 구성할 때, 자산 증가에 따른 수익성을 극대화하면서도 리스크를 관리할 수 있는 포트폴리오 다각화 전략이 필요합니다. 상업용 부동산이나 임대 수익형 부동산을 포함하여 리스크를 분산하는 것이 좋습니다.

시장 과열 시기의 대응

신중한 매입: 자산 증가로 인해 고가 주택 시장이 과열되는 시기에는, 신중하게 매입 시기를 선택하는 것이 중요합니다. 가격 상승이 지나치게 빠를 경우, 시장 조정의 위험이 있기 때문에 이러한 시기에는 보수적으로 접근해야 합니다.

가격 조정 대비: 고가 주택 시장이 조정될 가능성에 대비해, 포트폴리오 내 고가 주택 비중을 조절하고, 필요한 경우 유동성을 확보하여 시장 변동성에 대응할 수 있도록 준비하는 것이 필요합니다.

경제 회복기 투자 기회

회복 초기의 매입 기회: 경제 불황 이후 자산 증가가 재개되기 시작할 때, 고가 주택 시장의 회복 초기 단계에서 매입 기회를 포착하는 것이 중요합니다. 이 시기에 매입한 고가 주택은 경제 회복과 함께 가격 상승의 이익을 얻을 수 있습니다.

레버리지 활용: 경제 회복기에 금리가 낮을 경우, 레버리지를 적절히 활용해 고가 주택 투자를 확대하는 것도 고려할 수 있습니다. 다만, 리스크 관리가 중요한 만큼, 지나치게 공격적인 전략은 지양해야 합니다.

글로벌 자산 증가와 고가 주택 시장

글로벌 자산가들의 영향: 세계 경제가 성장하고 글로벌 자산가들의 자산이 증가하면, 주요 도시의 고가 주택 시장에 대한 수요가 꾸준히 유지될 가능성이 큽니다. 이는 뉴욕, 런던, 홍콩, 서울 등 글로벌 도시의 고가 주택 가격이 장기적으로 안정적이거나 상승할 가능성을 시사합니다.

해외 투자자의 역할: 해외 투자자들은 자산 증가와 함께 고가 주택 시장에 적극적으로 참여할 수 있으며, 이는 글로벌 도시의 고가 주택 가격 상승을 지속적으로 뒷받침하는 요소가 될 수 있습니다.

기술 발전과 고가 주택의 미래

스마트 홈 기술: 고가 주택 시장은 첨단 기술의 도입이 빠르게 이루어지는 분야 중 하나입니다. 스마트 홈 기술, 친환경 설비, 첨단 보안 시스템 등은 고가 주택의 가치를 더욱 높일 수 있으며, 자산가들의 관심을 끌 수 있습니다.

디지털 자산과 부동산의 융합: 디지털 자산(예: 암호 화폐)과 부동산 시장의 융합이 이루어지면서, 고가 주택 시장에 새로운 투자 기회가 생겨날 수 있습니다. 이는 고가주택 시장의 유동성을 높이고, 투자 기회를 확대하는 요인이 될 수 있습니다.

자산 증가는 고가 주택 시장에 직접적인 영향을 미치며, 자산가들의 자산이 증가할수록 고가 주택에 대한 수요와 가격도 상승하는 경향을 보입니다. 고가 주택 시장은 상대적으로 안정적인 자산 가치를 유지할 수 있는 반면, 시장 과열이나 경제 불황 시에는 가격 변동성이 커질 수 있습니다. 이에 따라, 고가 주택 시장에 투자할 때는 장기적인 관점에서의 안정성을 유지하면서도, 시장 변동성에 대비한 신중한 전략이 필요합니다. 자산 증가와 고가 주택 가격 변동 간의 상관관계를 이해하고, 이를 기반으로 적절한 투자 결정을 내리는 것이 성공적인 부동산 투자의 핵심입니다.

고가 주택 수요 증가: 자산이 증가하면 고소득층과 고액 자산가들은 고가 주택에 대한 수요를 늘릴 가능성이 큽니다. 이들은 자산이 늘어나면서 더 높은 가격대의 주택을 구입하거나, 두 번째, 세 번째 주택을 투자 목적으로 구매하려는 경향이 있습니다. 이로 인해 고가 주택 시장의 수요가 증가하고, 이에 따라 고가 주택의 가격이 상승할 수 있습니다.

투자 자산으로서의 고가 주택: 고가 주택은 자산가들에게 자산 보유의 안전한 수단으로 여겨지기 때문에, 자산이 증가하는 시기에 고가 주택에 대한 투자가 늘어날 수 있습니다. 특히, 금리 인하나 주식 시장의 변동성 증가 등으로 인해 다른 투자처의 매력이 감소할 경우, 자산가들은 고가 주택을 더욱 선호하게 됩니다. 이는 고가 주택 가격을 더욱 상승시키는 요인이 됩니다.

고급화 트렌드: 자산 증가와 함께 라이프스타일의 변화, 프리미엄 주거 환경에 대한 수요 증가로 인해 고가 주택 시장은 고급화되는 경향이 있습니다. 이는 특정 지역의 주택 가격을 더욱 높이 끌어올릴 수 있습니다.

31

자산 증가와 저가 주택의 가격 변동

자산 증가와 저가 주택의 가격 변동

자산 증가는 경제 성장과 함께 이루어지며, 이는 고가 주택뿐만 아니라 저가 주택 시장에도 영향을 미칩니다. 저가 주택 시장은 다양한 경제적 요인에 따라 가격 변동을 겪으며, 자산 증가가 이 시장에 미치는 영향은 고가주택과는 다소 다른 양상을 보입니다. 이 장에서는 자산 증가와 저가 주택의 가격 변동 간의 관계를 분석하고, 저가 주택 시장의 특징과 이에 따른 투자 전략을 살펴보겠습니다.

자산 증가의 정의와 경제적 배경

자산 증가는 개인 또는 가계의 금융 자산(예: 주식, 채권, 예금)과 실물 자산(예: 부동산, 귀금속) 등이 상승하는 현상을 의미합니다. 이는 주로 경제 성장, 금융 시장 호황, 부동산 가치 상승 등으로 인해 발생합니다.

자산 증대의 원인: 주식 시장의 상승, 부동산 가격 상승, 상속, 소득 증가 등이 자산 증가의 주요 원인입니다.

자산 증가와 주택 시장

자산 증가와 주거 선택: 자산이 증가하면 개인들은 더 나은 주거 환경을 찾기 위해 고가 주택으로 이동하는 경향이 있습니다. 그러나 자산 증가의 영향이 고가 주택 시장에만 국한되지는 않습니다. 저가 주택 시장도 자산 증가의 영향을 받을 수 있습니다.

경제적 불평등: 자산 증가가 특정 계층에 집중되면 경제적 불평등이 심화될 수 있으며, 이는 저가 주택 시장의 수요와 가격에 영향을 미칠 수 있습니다.

저가 주택 시장의 특징

저가 주택은 지역 내에서 상대적으로 낮은 가격대를 형성하는 주택을 의미하며, 일반적으로 중저소득층이 주요 수요층을 이루고 있습니다.

위치와 특성: 저가 주택은 주로 교외, 노후화된 주거 지역, 또는 상대적으로 개발이 덜 된 지역에 위치하며, 기본적인 주거 시설을 제공하는 경우가 많습니다.

저가 주택 시장의 수요와 공급

수요의 특성: 저가 주택의 수요는 경제 상황에 따라 크게 변동할 수 있으며, 경제 불황 시에는 수요가 증가할 수 있습니다. 이는 중저소득층이 주택 구매 여력이 낮아져 상대적으로 저렴한 주택을 찾기 때문입니다.

공급의 제한성: 저가 주택의 공급은 주로 정부의 주거 복지 정책이나 민간 개발자의 개발 활동에 의해 영향을 받습니다. 공급이 부족하면 저가 주택의 가격이 상승할 수 있습니다.

자산 증가와 저가 주택 수요의 변화

주택 업그레이드 효과: 자산 증가로 인해 중산층 이상의 가구들이 더 좋은 주거 환경을 찾으면서 저가 주택에서 중간 가격대 또는 고가 주택으로 이동할 가능성이 큽니다. 이로 인해 저가 주택의 수요가 감소할 수 있습니다.

임대 수요 증가: 자산이 증가하지 않은 계층의 경우, 상대적으로 저렴한 주거 비용을 유지하기 위해 저가 주택을 선호할 수 있으며, 이로 인해 저가 주택 임대 수요가 증가할 수 있습니다.

자산 증가와 저가 주택 가격 상승

투자 수요 확대: 자산가들이 저가 주택을 투자 대상으로 삼아 수익을 창출하려는 경향이 나타날 수 있습니다. 이들은 저가 주택을 매입해 리모델링하거나 임대 수익을 기대하며 가격을 상승시킬 수 있습니다.

재개발 기대감: 자산 증가로 인해 특정 지역의 재개발 가능성이 높아지면, 저가 주택의 가격이 상승할 수 있습니다. 투자자들은 재개발로 인한 자산 가치 상승을 기대하며 저가 주택 시장에 진입할 수 있습니다.

경제적 불평등과 저가 주택 가격 변동

소득 불평등 심화: 자산 증가가 특정 계층에 집중되면, 소득 불평등이 심화될 수 있으며, 이는 저가 주택 수요를 증가시키는 요인이 될 수 있습니다. 중저소득층은 고가주택으로의 이동이 어려워지면서 저가 주택에 대한 수요를 유지하거나 증가시킬 가능성이 있습니다.

임대료 상승: 저가 주택의 수요가 증가할 경우, 임대료가 상승할 수 있으며, 이는 중저소득층의 주거비 부담을 증가시킬 수 있습니다. 이로 인해 저가 주택 시장에서의 임대 수익이 증가할 가능성이 있습니다.

저가 주택 시장의 투자 전략

리모델링 투자: 저가 주택을 매입한 후 리모델링을 통해 주거 환경을 개선하고, 이를 통해 자산 가치를 높이는 전략이 유효할 수 있습니다. 이는 저가 주택을 중간 가격대 주택으로 변모시킬 수 있는 방법입니다.

재개발 지역 투자: 재개발 가능성이 높은 지역의 저가 주택에 투자하여, 장기적으로 자산

가치 상승을 노리는 전략도 고려할 수 있습니다. 재개발이 진행되면 해당 지역의 부동산 가격이 크게 상승할 수 있습니다.

임대 수익 극대화

임대 시장 공략: 저가 주택을 임대 수익 창출의 기회로 활용할 수 있습니다. 임대 수요가 높은 지역에 저가 주택을 매입하여 안정적인 임대 수익을 얻는 전략이 유효합니다.

임대료 안정성 확보: 경제 상황에 따라 저가 주택의 임대료가 변동될 수 있으므로, 장기 임대 계약을 통해 임대료를 안정적으로 확보하는 것이 중요합니다.

보수적 접근과 리스크 관리

경제 불황 시기의 대비: 저가 주택 시장은 경제 불황 시에도 일정한 수요가 유지될 가능성이 높습니다. 그러나 임대료 하락이나 공실률 증가 등의 리스크가 있으므로, 보수적인 접근이 필요합니다.

유동성 확보: 저가 주택 시장의 변동성에 대비해, 필요시 자산을 매각하거나 유동성을 확보할 수 있는 준비가 필요합니다. 특히, 다수의 저가 주택을 보유한 경우 포트폴리오 다각화를 통해 리스크를 분산할 수 있습니다.

자산 증가와 저가 주택 시장의 안정성

안정적인 수요: 자산 증가가 지속되더라도, 중저소득층의 주거 수요는 지속적으로 존재할 가능성이 큽니다. 이는 저가 주택 시장이 장기적으로 안정적인 수요 기반을 유지할 수 있다는 점에서 긍정적입니다.

정책적 지원: 정부의 주거 복지 정책이나 저소득층 주거 지원 프로그램 등이 저가 주택 시장을 뒷받침하는 요소로 작용할 수 있습니다. 이는 시장 안정성에 기여할 수 있습니다.

사회적 변화와 저가 주택의 역할

도시화와 인구 증가: 도시화와 인구 증가로 인해 저가 주택에 대한 수요가 증가할 가능성이 있으며, 이는 장기적으로 저가 주택 시장의 성장 가능성을 시사합니다.

사회적 안전망으로서의 저가 주택: 저가 주택은 사회적 안전망의 일환으로 중저소득층에게 중요한 주거 수단입니다. 경제적 어려움이 있는 시기에도 저가 주택의 수요는 유지될 가능성이 높으며, 이는 시장의 안정성에 기여할 수 있습니다.

자산 증가는 저가 주택 시장에 다양한 방식으로 영향을 미칩니다. 자산 증가로 인해 일부 계층이 주택을 업그레이드함으로써 저가 주택의 수요가 감소할 수 있지만, 동시에 경제적 불평등 심화로 인해 저가 주택 수요가 유지되거나 증가할 수 있습니다. 저가 주택 시장은 경제 불황 시에도 일정한 수요를 유지할 가능성이 높으므로, 안정적인 투자 대상으로 고려될 수 있습니다. 자산 증가와 저가 주택 가격 변동 간의 상관관계를 이해하고, 이를 기반으로 적절한 투자 전략을 수립하는 것이 성공적인 부동산 투자의 핵심입니다.

수요 감소 가능성: 자산이 증가하면서 일부 중산층 가구가 고가 주택으로 이동하면, 저가 주택에 대한 수요가 감소할 수 있습니다. 이는 저가 주택의 가격 상승이 제한되거나, 경우에 따라 가격이 하락할 가능성을 높입니다.

투자 관심 감소: 자산가들이 주로 고가 주택에 관심을 가지게 되면, 저가 주택은 상대적으로 투자 매력이 떨어지게 됩니다. 이는 저가 주택 시장에서의 투자 수요 감소로 이어져, 가격 상승이 둔화되거나 하락할 가능성이 있습니다.

소득 대비 접근성 유지: 저가 주택은 소득이 낮은 가구에게는 필수적인 주거 공간으로 남아 있습니다. 하지만 자산이 증가하는 시기에는 상대적으로 수요가 적어질 수 있으며, 그 결과 저가 주택의 가격 상승이 고가 주택에 비해 상대적으로 낮게 나타날 수 있습니다.

32

자산 증가가 저가 주택과 고가 주택에 미치는 상호작용

주거 이동의 촉진: 자산 증가로 인해 많은 가구가 저가 주택에서 중간 또는 고가 주택으로 이동하게 되면, 저가 주택에 대한 수요가 감소하는 한편, 고가 주택에 대한 수요는 증가합니다. 이는 두 시장 간의 가격 격차를 확대시키는 요인이 됩니다.

중간 주택 시장의 활성화: 자산 증가로 인해 중간 가격대 주택에 대한 수요가 증가할 수 있으며, 이는 저가 주택과 고가 주택 간의 시장 균형에 영향을 미칩니다. 중간 주택 시장의 활성화는 저가 주택에서의 수요 이동을 촉진시키고, 고가 주택 시장의 가격 상승을 완화할 수 있습니다.

저가 주택의 투자 기회: 자산 증가로 고가 주택 시장이 과열되면, 일부 투자자들은 수익률을 높이기 위해 저가 주택 시장으로 눈을 돌릴 수 있습니다. 이는 저가 주택의 리모델링, 재개발 등을 통한 가치를 상승시키고, 가격 상승을 유도하는 결과를 낳을 수 있습니다.

고가 주택에서의 자금 유출: 고가 주택 시장의 가격이 지나치게 상승하거나, 자산 버블 위험이 증가할 경우, 일부 자산가들은 고가 주택에서 자금을 회수하여 상대적으로 저평가된 저가 주택 시장으로 자금을 이동시킬 수 있습니다. 이는 저가 주택 시장의 활성화로 이어질 수 있습니다.

사회적 불평등 심화: 자산 증가로 인해 고가 주택 시장이 활성화되고 가격이 급등하면, 중저소득층이 주거 업그레이드를 할 수 있는 기회가 줄어들 수 있습니다. 이는 저가 주택 시장에서의 경쟁을 심화시키고, 주거 격차를 더욱 확대시킬 수 있습니다.

정부의 정책적 대응: 이러한 불평등 심화를 완화하기 위해, 정부는 저가 주택 공급을 확대하거나 주거 복지 정책을 강화할 수 있습니다. 이는 저가 주택 시장의 안정화와 함께, 고가 주택 시장의 과열을 억제하는 역할을 할 수 있습니다.

자산 증가에 따른 부동산 시장 대응 전략

포트폴리오 다각화

저가 주택과 고가 주택 간의 균형: 자산 증가로 인해 두 시장 간의 가격 변동성이 커질 수 있으므로, 부동산 포트폴리오를 다각화하여 저가 주택과 고가 주택 간의 균형을 유지하는 것이 중요합니다. 이는 시장 변동성에 대한 리스크를 줄이는 데 도움이 됩니다.

리스크 관리: 자산가들은 고가 주택과 저가 주택 간의 상호작용을 고려하여, 리스크 관리 전략을 세워야 합니다. 고가 주택 시장의 과열이나 저가 주택 시장의 불안정성에 대비한 포트폴리오 조정이 필요합니다.

시장 진입 시기 선택

고가 주택 시장의 조정기: 고가 주택 시장이 과열될 경우, 가격 조정이 발생할 가능성이 있으므로, 조정기에 시장에 진입하는 전략이 유리할 수 있습니다. 이를 통해 상대적으로 낮은 가격에 고가 주택을 매입할 수 있는 기회를 잡을 수 있습니다.

저가 주택 시장의 상승기: 저가 주택 시장이 활성화되기 시작하는 초기 단계에 진입하여, 가격 상승의 이익을 극대화하는 전략이 유효할 수 있습니다. 특히 재개발이 예상되는 지역에서의 투자 기회는 장기적인 자산 증식에 도움이 됩니다.

장기적 관점의 투자

고가 주택의 안정성: 고가 주택은 장기적으로 안정적인 자산으로서의 가치를 유지할 가능성이 높으므로, 자산 증가에 따른 장기적 투자가 적합합니다. 주요 도심 지역의 고가 주택은 경제적 불황에도 비교적 안정적인 가치를 유지할 수 있습니다.

저가 주택의 가치 상승: 저가 주택은 경제 상황이나 지역 개발에 따라 가격이 변동할 수 있으므로, 장기적으로 가치 상승이 기대되는 지역에 투자하는 것이 바람직합니다. 이는 자산 증가와 함께 저가 주택의 가치를 극대화할 수 있는 방법입니다.

자산 증가는 저가 주택과 고가 주택 시장 모두에 중요한 영향을 미치며, 두 시장 간의 상호 작용을 통해 다양한 부동산 가격 변동을 일으킵니다. 자산 증대로 인해 고가 주택 시장이 활성화되면서 가격이 상승하고, 이와 동시에 저가 주택 시장에도 자본이 유입되어 가격 상승이나 임대료 상승이 나타날 수 있습니다. 이러한 상호 작용을 이해하고, 자산 증가에 따른 시장 변화를 예측하여 적절한 투자 전략을 수립하는 것이 중요합니다. 포트폴리오 다각화, 시장 진입 시기 선택, 장기적 관점의 투자 등은 자산 증가에 따른 부동산 시장에서 성공적인 투자를 위한 핵심 요소입니다.

시장 이중화: 자산 증가로 인해 부동산 시장이 고가 주택 시장과 저가 주택 시장으로 이중화되는 경향이 있습니다. 고가 주택 시장에서는 가격이 급등하고, 저가 주택 시장에서는 가격이 정체되거나 소폭 상승하는 현상이 나타날 수 있습니다. 이로 인해 주거 양극화가 심화될 가능성이 있습니다.

정부 정책의 영향: 자산 증가로 인한 고가 주택 가격 급등을 억제하기 위해 정부가 규제 정책을 도입할 경우, 자산가들이 상대적으로 규제가 덜한 저가 주택 시장으로 관심을 돌릴 가능성이 있습니다. 이는 저가 주택 시장에서의 가격 상승으로 이어질 수 있습니다.

33

경제적 격차와 주택 가격의 분화

격차 확대: 자산 증가로 인해 고가 주택 시장과 저가 주택 시장 간의 가격 격차가 더욱 확대될 수 있습니다. 이는 경제적 불평등을 심화시키며, 주거의 질에 따른 사회적 격차를 더욱 부각시킬 수 있습니다.

투자 수요의 집중: 자산가들은 상대적으로 수익률이 높은 고가 주택에 투자를 집중할 가능성이 크며, 이는 고가 주택 시장에서 가격 상승을 더욱 촉진시키는 요인이 됩니다. 반면, 저가 주택 시장은 이러한 자산가들의 관심에서 벗어나 상대적으로 가격 변동이 덜할 수 있습니다.

자산이 증가함에 따라 고가 주택과 저가 주택 시장은 상이한 가격 변동 패턴을 보일 수 있습니다. 고가 주택 시장에서는 자산 증가에 따른 수요 증가로 인해 가격이 급격히 상승할 가능성이 크며, 이는 부동산 시장의 양극화를 초래할 수 있습니다. 반면, 저가 주택 시장에서는 상대적으로 수요가 감소하거나 투자 매력이 떨어져 가격 상승이 제한될 수 있습니다.

이러한 현상은 자산의 분포와 활용 방식, 정부의 부동산 정책, 그리고 경제적 불평등의 심화와도 밀접하게 연결되어 있습니다. 따라서 부동산 시장에서 자산 증가가 미치는 영향을 이해하고, 이를 바탕으로 주택 가격 변동을 예측하는 것은 중요한 경제적 과제가 될 수 있습니다.

34

인구 고령화와 가구수의 변화로 보는 부동산

인구 고령화와 가구 수의 변화는 상호 밀접하게 연결되어 있으며, 사회적, 경제적 구조에 큰 영향을 미칩니다. 인구 고령화는 주로 출생률 저하와 평균 수명 연장에 기인하며, 이에 따라 가구 구성과 가구 수가 변화하게 됩니다. 이 변화를 이해하기 위해 다음의 주요 요소들을 고려할 수 있습니다.

주거 트렌드의 변화

세대 간 주거 트렌드 차이: 고령층과 젊은 세대 간 주거 선호도의 차이가 나타나면서, 시장에서 다양한 주택 유형에 대한 수요가 분화될 가능성이 큽니다. 고령층은 안정성과 편의성을, 젊은 세대는 경제성과 접근성을 중시하는 경향이 있습니다.

주거지 선택 기준의 변화: 고령층은 의료 시설 접근성과 생활 편의성을, 젊은 세대는 직장과의 근접성을 우선시하는 경향이 있습니다. 이는 주거지 선택 기준이 나이에 따라 달라지는 것을 의미하며, 부동산 시장에서 특정 지역의 수요가 증가하거나 감소하는 결과를 낳을 수 있습니다.

지역별 부동산 시장의 양극화

도심 vs 외곽: 고령층은 의료 시설과 생활 편의 시설이 잘 갖추어진 도심 지역에 집중되며,

젊은 세대도 직장과 가까운 도심지에 머무르려는 경향이 있습니다. 이로 인해 도심 지역의 부동산 가격은 상승하고, 외곽 지역은 상대적으로 수요가 감소할 수 있습니다.

주택 유형의 다양화: 고령층을 위한 실버타운, 젊은 세대를 위한 소형 아파트와 코리빙 주택 등 다양한 주택 유형이 동시에 성장할 수 있으며, 이는 지역별로 서로 다른 부동산 시장을 형성할 가능성이 있습니다.

세대 간 자산 이동과 주택 시장

상속과 주택 이동: 고령층이 보유한 주택이 상속을 통해 젊은 세대로 이전될 경우, 주택 시장에서 대규모 자산 이동이 발생할 수 있습니다. 이는 주택 공급과 수요에 새로운 변화를 불러일으킬 수 있습니다.

주택 재배치: 상속이나 주택 이동 과정에서, 큰 주택을 소형 주택으로 바꾸거나 도심지로 이동하는 경향이 나타날 수 있습니다. 이는 특정 주택 유형이나 지역의 수요를 변화시키는 요인이 될 수 있습니다.

인구 고령화에 따른 투자 전략

고령 친화적 주거지: 고령화에 따른 수요 증가를 예상하여, 의료 시설 접근성이 좋고 편의 시설이 잘 갖추어진 지역의 부동산에 투자하는 것이 유망할 수 있습니다. 실버타운이나 무장애 주택 등의 개발에 참여하는 것도 좋은 전략이 될 수 있습니다.

소형 주택 및 리모델링: 고령층이 선호하는 소형 주택을 매입하여 리모델링을 통해 가치를 높이는 전략도 유효합니다. 특히 관리가 용이하고 접근성이 좋은 주택이 인기를 끌 것입니다.

가구수 변화에 따른 투자 전략

소형 주택 투자: 1인 가구의 증가에 따른 소형 주택 수요 증가를 고려하여, 도심지나 직장 근처의 소형 아파트나 원룸에 투자하는 것이 유망할 수 있습니다. 젊은 세대의 수요를 겨냥한 코리빙 주택도 좋은 투자 대상이 될 수 있습니다.

임대 시장 진출: 1인 가구와 같은 소형 가구를 대상으로 한 임대 주택 시장에 진출하여 안정

적인 임대 수익을 창출하는 것도 고려할 수 있습니다. 이는 특히 젊은 직장인들이 밀집한 지역에서 효과적일 수 있습니다.

세대 간 자산 이동을 고려한 전략

주택 재배치 투자: 상속 등을 통한 세대 간 주택 이동에 대비하여, 도심지의 소형 주택이나 젊은 세대가 선호하는 지역에 투자하는 것이 유리할 수 있습니다. 이는 중장기적으로 부동산 가치를 높이는 데 기여할 수 있습니다.

다양한 주택 유형 포트폴리오: 고령층과 젊은 세대의 주거 선호도를 모두 충족시키는 다양한 주택 유형을 포트폴리오에 포함하여, 시장 변동성에 대응하는 전략이 필요합니다.

인구 고령화와 가구수 변화는 부동산 시장에 깊은 영향을 미치며, 이러한 변화는 주거 수요의 다양화와 지역별 부동산 시장의 양극화로 이어질 수 있습니다. 인구 고령화에 따른 고령 친화적 주거지 수요와 1인 가구 증가에 따른 소형 주택 수요를 주목하여, 적절한 투자 전략을 수립하는 것이 중요합니다. 또한, 세대 간 자산 이동과 주택 재배치의 가능성을 고려하여, 장기적으로 부동산 가치를 극대화할 수 있는 포트폴리오를 구성하는 것이 성공적인 부동산 투자에 핵심적인 요소가 될 것입니다.

35

부동산 가격 상승과 하락의 기간

가격 상승의 기간

경제 호황기: 부동산 가격 상승은 주로 경제 호황기와 맞물려 나타납니다. 이 시기에는 소득 증가, 낮은 실업률, 소비 증가 등이 결합되어 부동산 수요가 급증합니다. 특히, 금리가 낮고 대출이 용이할 경우, 부동산 투자가 활발해져 가격 상승이 지속될 수 있습니다.

장기 상승 주기: 부동산 시장은 일반적으로 몇 년에서 10년 이상의 장기 상승 주기를 가집니다. 예를 들어, 한국의 경우 2000년대 초반부터 2008년 글로벌 금융 위기 이전까지 부동산 가격이 꾸준히 상승한 사례가 있습니다.

정책적 요인: 정부의 부동산 활성화 정책(예: 대출 규제 완화, 주택 공급 확대 등)도 가격 상승을 촉진시킬 수 있습니다. 이러한 정책이 시행되면 단기적으로도 부동산 가격이 급등할 수 있습니다.

가격 하락의 기간

경제 불황기: 부동산 가격 하락은 주로 경제 불황기와 맞물려 발생합니다. 실업률 증가, 소

득 감소, 소비 위축 등으로 인해 부동산 수요가 줄어들고, 가격이 하락할 수 있습니다. 예를 들어, 2008년 글로벌 금융 위기 이후 많은 국가에서 부동산 가격이 급격히 하락한 바 있습니다.

단기 조정기: 가격 상승 이후에는 통상적으로 조정기가 뒤따릅니다. 이 기간은 몇 개월에서 몇 년에 걸쳐 지속될 수 있으며, 과도하게 상승한 가격이 시장의 재조정을 통해 하락하는 시기입니다. 이 조정기는 일반적으로 가격이 급등한 이후 나타납니다.

관광 수요 유지 또는 증가: 만약 해당 지역이 여전히 인기 있는 관광지로 남아 있다면, 관광객들을 대상으로 한 부동산(예: 호텔, 펜션, 리조트 등)의 수요는 유지되거나 증가할 수 있습니다. 이러한 관광 관련 부동산은 지역 인구 감소에도 불구하고 가격이 상승하거나 안정될 수 있습니다.

투자 수요 유지: 관광지역은 여전히 투자자들에게 매력적인 지역으로 남을 수 있습니다. 관광객 유입이 지속되거나 증가한다면, 투자자들은 수익을 기대하며 부동산을 구입하려 할 것입니다. 이는 주거용 부동산 가격의 하락을 일부 상쇄할 수 있습니다.

36

지방 정부와 지역 사회의 대응

인구 유입 정책: 일부 관광 지역에서는 인구 감소 문제를 해결하기 위해 인구 유입을 장려하는 정책을 시행할 수 있습니다. 이는 세금 혜택, 주거 지원, 교육 및 의료 서비스 개선 등을 포함할 수 있으며, 이러한 정책이 성공하면 부동산 가격이 회복될 가능성이 있습니다.

인프라 투자: 지역 정부가 관광 인프라를 확충하고 개선한다면, 이는 관광객 유입을 촉진하여 부동산 시장을 활성화할 수 있습니다. 예를 들어, 교통 인프라 개선, 새로운 관광 명소 개발 등이 부동산 가격을 지지하는 역할을 할 수 있습니다.

관광 지역과 고령화 지역

관광 지역의 발전과 고령화 시대에서의 경제는 서로 상호 작용하며, 이 두 요소는 지역 경제의 지속 가능성과 성장에 중요한 영향을 미칩니다. 관광 지역이 발전하면서 고령화 사회에서 나타나는 경제적 과제를 어떻게 해결하고 기회를 창출할 수 있는지 살펴보겠습니다.

관광 지역의 발전

경제 활성화: 관광 지역의 발전은 지역 경제를 활성화시키는 중요한 요인입니다. 관광객의

소비는 숙박, 음식, 쇼핑, 문화 체험 등 다양한 분야에서 이루어지며, 이는 지역 주민의 소득 증대와 고용 창출에 기여합니다. 특히, 관광은 다른 산업과의 연계성이 높아, 지역 전체의 경제 구조를 강화할 수 있습니다.

인프라 개발: 관광 지역이 발전함에 따라 교통, 통신, 의료, 교육 등의 인프라가 개선됩니다. 이는 관광객뿐만 아니라 지역 주민의 삶의 질을 향상시키며, 장기적으로 지역 경제의 경쟁력을 높이는 역할을 합니다.

고령화 시대의 도전

노동력 부족: 고령화가 진행되면서 노동 가능 인구가 감소하고, 이는 지역 경제에 큰 부담이 될 수 있습니다. 관광업도 예외는 아니며, 특히 숙박업, 음식 서비스업 등에서의 인력 부족은 서비스 품질 저하와 경영 비용 증가로 이어질 수 있습니다.

소비 패턴 변화: 고령 인구의 증가로 인해 소비 패턴이 변합니다. 예를 들어, 건강과 웰빙 관련 서비스에 대한 수요가 증가하며, 이는 관광 지역에서 새로운 시장 기회를 창출할 수 있습니다. 또한, 문화 및 자연환경을 중시하는 여행 수요가 증가하여 관광업에서의 새로운 방향성을 제시할 수 있습니다.

관광과 고령화의 시너지 효과

실버 관광: 고령 인구가 증가함에 따라 '실버 관광'이라는 새로운 시장이 형성되고 있습니다. 은퇴한 고령자들은 여유로운 시간과 자금을 가지고 있으며, 이는 관광 수요로 이어질 수 있습니다. 이러한 실버 관광객을 대상으로 한 맞춤형 관광 상품 개발은 지역 경제에 긍정적인 영향을 미칠 수 있습니다.

지역 사회의 지속 가능성: 관광과 고령화가 결합되면, 지역 사회의 지속 가능성이 높아질 수 있습니다. 예를 들어, 고령자들에게 적합한 관광 상품이나 서비스를 개발하고, 이와 연계한 지역 내 고용 창출을 통해 경제 활력을 유지할 수 있습니다.

정부와 지역 사회의 역할

정책적 지원: 고령화 시대에서 관광 지역의 지속 가능성을 보장하기 위해서는 정부의 적극적인 지원이 필요합니다. 예를 들어, 고령화에 맞춘 관광 인프라 구축, 교육 프로그램을 통한 고령자 인력 활용, 그리고 건강 관광 상품 개발 등을 통해 관광지역의 경제를 활성화할 수 있습니다.

커뮤니티 참여: 지역 주민, 특히 고령 인구의 참여를 유도하여 지역 경제에 기여할 수 있도록 해야 합니다. 이는 지역의 문화와 전통을 살린 관광 상품 개발, 고령자의 경험을 활용한 안내 서비스 제공 등을 포함할 수 있습니다.

관광 지역의 발전은 고령화 시대에서 경제를 활성화하는 중요한 전략이 될 수 있습니다. 고령화로 인한 인구 구조 변화는 도전과 기회를 동시에 제공하며, 이를 잘 활용하면 관광 지역의 지속 가능한 발전과 지역 경제의 안정성을 확보할 수 있습니다. 정부와 지역 사회의 협력, 그리고 고령 인구의 적극적인 참여가 이러한 변화를 성공적으로 이끄는 열쇠가 될 것입니다.

37

정부? 부동산 정책의 종류

정부가 정치를 위한 정책을 펼치면 투자가는 대처하는 대책을 세워야 한다.

부동산 정책은 경제와 사회 전반에 걸쳐 큰 영향을 미치며, 시장 안정과 국민 주거 복지 향상을 위해 정부가 다양한 형태로 시행하는 규제와 지원 제도를 포함합니다. 각 정책은 특정 목표로 설계되며, 부동산 시장의 수요와 공급, 가격 변동, 주거 환경 등에 직접적인 영향을 미칩니다. 아래에서는 주요 부동산 정책의 종류와 세부 내용을 더욱 자세히 설명하겠습니다.

세제 정책

취득세

개념: 취득세는 부동산을 구매하거나 상속, 증여받을 때 부과되는 세금입니다. 취득세율은 부동산의 종류와 거래 가격에 따라 차등 적용되며, 정부는 이를 통해 부동산 거래를 조정할 수 있습니다.

목적: 취득세는 주택 구매자에게 초기 비용 부담을 주어 투기적 매매를 억제하고, 주택 시장의 안정성을 유지하는 역할을 합니다.

효과: 예를 들어, 정부가 취득세를 인상하면 부동산 거래가 줄어들고, 주택 수요가 억제될 수 있습니다. 반대로, 취득세를 인하하면 주택 구매가 활성화되고, 시장이 활기를 띠게 됩니

다. 이러한 정책은 특히 다주택자나 투기 목적의 구매자에게 큰 영향을 미칩니다.

재산세

개념: 재산세는 부동산을 소유한 사람에게 매년 부과되는 세금으로, 주택의 공시가격에 따라 결정됩니다. 이는 지방 자치 단체의 주요 세수원 중 하나입니다.

목적: 재산세는 부동산 보유에 따른 부담을 부과함으로써, 주택 보유 비용을 늘리고, 투기적 보유를 억제하려는 목적이 있습니다.

효과: 재산세 인상은 다주택자나 고가 주택 보유자들에게 부담을 주어, 주택 매도를 촉진하거나 새로운 주택 구매를 주저하게 만듭니다.

종합 부동산세

개념: 종합 부동산세는 일정 금액 이상의 부동산을 소유한 사람에게 부과되는 추가적인 세금으로, 고액 자산가나 다주택자를 대상으로 합니다.

목적: 종합 부동산세는 고가 주택이나 다주택 보유로 인한 자산 격차를 줄이고, 시장의 투기적 수요를 억제하려는 목적이 있습니다.

효과: 이 세금이 높아지면 다주택자들은 세금 부담을 피하기 위해 주택을 매도하거나, 새로운 주택 구입을 피하게 됩니다. 이는 시장에 매물이 증가하는 효과를 가져와, 부동산 가격 안정에 기여할 수 있습니다.

양도 소득세

개념: 양도 소득세는 부동산을 매도하여 얻은 차익에 대해 부과되는 세금입니다. 양도 소득세는 소득세의 일종으로, 매도 시점에서의 시세 차익에 따라 세율이 결정됩니다.

목적: 이 세금은 부동산 거래에서 발생하는 투기적 이익을 억제하고, 다주택자가 부동산 매매로 과도한 이익을 얻는 것을 방지하려는 목적이 있습니다.

효과: 양도 소득세가 인상되면 다주택자나 단기 매매를 목적으로 한 투자자들이 매도를 주저하게 되며, 이는 주택 공급이 감소하고 시장의 거래가 위축되는 결과를 초래할 수 있습니

다. 반대로, 양도 소득세를 낮추면 주택 매물이 증가하여 가격 안정에 기여할 수 있습니다.

대출 규제 정책

주택 담보 대출 비율(LTV)

개념: LTV(Loan to Value Ratio)는 주택 담보 대출을 받을 때, 담보로 제공되는 주택의 가치에 대해 대출받을 수 있는 한도를 결정하는 비율입니다. 예를 들어, LTV가 70%로 설정되면, 1억 원짜리 집을 담보로 최대 7천만 원까지 대출받을 수 있습니다.

목적: LTV 규제는 과도한 대출로 인해 발생할 수 있는 금융 리스크를 줄이고, 주택 시장의 안정성을 유지하려는 목적이 있습니다.

효과: LTV 비율이 낮아지면 주택 구매자들이 더 많은 자본을 스스로 마련해야 하므로, 주택 구매가 어려워지고 시장 수요가 감소할 수 있습니다. 반면, LTV 비율이 높아지면 더 많은 대출을 통해 주택을 구입할 수 있게 되어, 주택 시장이 활성화될 수 있습니다.

총부채 상환 비율(Debt to Income Ratio, DTI)

개념: DTI는 대출자의 소득 대비 전체 부채의 원리금 상환액이 차지하는 비율을 나타냅니다. DTI 규제를 통해 대출자의 상환 능력을 제한함으로써, 과도한 대출을 방지할 수 있습니다.

목적: DTI 규제는 가계 부채 증가를 억제하고, 대출 상환 능력을 강화하여 금융 시스템의 안정성을 확보하기 위함입니다.

효과: DTI 규제를 강화하면 대출 상환 부담이 큰 가계의 추가 대출이 제한되며, 주택 구매력이 감소하여 시장의 과열을 방지할 수 있습니다.

총부채 원리금 상환 비율(Debt Service Ratio, DSR)

개념: DSR은 대출자의 총 소득 대비 전체 금융 부채의 원리금 상환액이 차지하는 비율로, DTI보다 더 광범위하게 부채 상환 부담을 평가하는 지표입니다.

목적: DSR 규제는 대출자의 전체 금융 부채 상황을 고려하여, 과도한 대출을 억제하고 금융

리스크를 최소화하려는 목적이 있습니다.

효과: DSR 규제를 통해 대출 상환 능력이 불충분한 가계의 대출이 제한되며, 이는 주택 시장의 과열을 억제하는 데 효과적일 수 있습니다. DSR 규제가 강화되면 대출 여력이 줄어들어, 주택 구매 수요가 감소하고 시장 안정에 기여할 수 있습니다.

공급 확대 정책

개념: 공공 주택은 정부가 저소득층, 신혼부부, 청년 등 주거 취약 계층을 위해 직접 공급하는 주택입니다. 공공 주택은 임대 주택과 분양 주택으로 나뉘며, 임대 주택은 저렴한 임대료로 장기간 거주할 수 있도록 지원하고, 분양 주택은 시세보다 낮은 가격으로 소유할 수 있게 합니다.

목적: 공공 주택 공급은 주거 안정을 목표로 하며, 주택 가격 상승을 억제하고, 주거 취약 계층의 주거 수준을 향상시키기 위해 시행됩니다.

효과: 공공 주택 공급을 통해 민간 시장에서의 주택 수요를 분산시켜, 주택 가격을 안정화시킬 수 있습니다. 또한, 공공 주택 공급이 확대되면 주거 복지가 강화되어, 사회적 불평등을 완화하는 데 기여할 수 있습니다.

재개발 및 재건축 지원

개념: 재개발과 재건축은 노후화된 주거 지역을 새롭게 개발하거나, 기존 건물을 허물고 새로운 건물을 짓는 사업을 의미합니다. 정부는 재개발과 재건축을 촉진하기 위해 세제 혜택, 인허가 절차 간소화 등의 지원을 제공할 수 있습니다.

목적: 재개발과 재건축을 통해 주거 환경을 개선하고, 새로운 주택 공급을 늘려 주택 시장의 수급 균형을 맞추는 것이 목적입니다.

효과: 재개발과 재건축을 통해 기존 주택의 가치가 상승하고, 주거 환경이 개선됩니다. 그러나 재개발 기대감으로 인한 가격 상승이나, 기존 거주자들이 밀려나는 젠트리피케이션 현상이 발생할 수 있는 부작용도 존재합니다.

신도시 개발

개념: 신도시 개발은 대규모 택지 조성으로 주거지, 상업지, 공공시설 등을 통합적으로 계획하여 새로운 도시를 건설하는 것을 말합니다. 신도시는 수도권 과밀 문제를 해결하고, 주택 수요를 분산시키기 위해 개발됩니다.

목적: 신도시 개발은 주택 공급을 대규모로 늘려, 수도권 및 주요 도시의 주택 가격을 안정시키고, 인구 집중 문제를 완화하는 것을 목표로 합니다.

효과: 신도시 개발로 인해 특정 지역의 주택 수요가 분산되고, 주택 가격 상승을 억제할 수 있습니다. 또한, 신도시는 일자리 창출과 지역 경제 활성화에 기여할 수 있습니다. 다만, 신도시 개발이 과도할 경우 기존 도시 지역의 주택 수요가 감소하고, 지역 경제에 부정적인 영향을 미칠 수 있습니다.

수요 억제 및 조정 정책

투기 지역 지정 및 규제

개념: 정부는 부동산 가격 상승이 과도한 지역을 투기 지역으로 지정하고, 해당 지역에 대해 대출, 거래, 세제 혜택 등을 제한하는 규제를 시행할 수 있습니다.

목적: 투기 지역 지정은 부동산 투기를 억제하고, 가격 상승을 막아 시장의 안정을 도모하기 위해 시행됩니다.

효과: 투기 지역으로 지정된 지역은 대출이 제한되고, 다주택자나 투자자들의 진입이 억제되어 가격 상승이 완화될 수 있습니다. 그러나 지나친 규제는 시장 위축을 초래할 수 있으며, 인근 지역으로 투기 수요가 옮겨 가는 풍선 효과가 발생할 수 있습니다.

전매 제한 및 분양가 상한제

전매 제한

전매 제한은 분양받은 주택을 일정 기간 동안 매도하지 못하도록 하는 제도입니다. 이는 분양 주택이 투기 목적의 단기 매매 대상이 되는 것을 방지하기 위해 시행됩니다.

목적: 전매 제한은 실수요자를 보호하고, 투기적 매매를 억제하여 시장의 안정성을 높이기

위함입니다.

효과: 전매 제한이 도입되면 분양 받은 주택의 단기 매매가 어려워지며, 투기적 수요가 줄어들어 주택 가격 안정에 기여할 수 있습니다.

분양가 상한제: 분양가 상한제는 정부가 신규 분양 주택의 가격을 시세보다 낮게 제한하는 제도입니다. 이를 통해 주택 구매자들이 적정한 가격에 주택을 구매할 수 있도록 합니다.

분양가 상한제

목적: 분양가 상한제는 신규 주택의 분양가를 억제하여 주택 시장의 급격한 가격 상승을 막고, 주거 안정을 도모하기 위함입니다.

효과: 분양가 상한제를 통해 분양가가 낮아지면, 주택 구매자들이 더 많은 혜택을 받을 수 있으며, 주택 가격 상승이 억제될 수 있습니다. 그러나 분양가 상한제는 개발업체의 수익성을 저하시켜 주택 공급이 줄어드는 부작용을 초래할 수 있습니다.

임대차 보호법 및 임대료 규제

임대차 보호법

임대차 보호법은 임대차 계약에서 세입자의 권리를 보호하고, 계약 기간 동안 세입자가 안정적으로 거주할 수 있도록 법적으로 보장하는 제도입니다. 이 법은 계약 갱신 청구권, 임대료 인상 제한, 계약 해지 제한 등의 규정을 포함합니다.

목적: 임대차 보호법은 세입자의 주거 안정을 도모하고, 임대인과 세입자 간의 불공정한 계약을 방지하기 위해 시행됩니다.

효과: 임대차 보호법이 강화되면 세입자들의 주거 안정성이 높아지고, 임대료 급등을 억제할 수 있습니다. 그러나 임대인의 권리가 지나치게 제한될 경우, 임대 주택 공급이 줄어들거나 임대료가 과도하게 상승할 수 있는 역효과가 발생할 수 있습니다.

임대료 규제

임대료 규제는 임대료 인상 폭을 일정 범위 내로 제한하는 제도로, 임대차 보호법의 일환으로 시행될 수 있습니다.

목적: 임대료 규제는 급격한 임대료 상승을 억제하고, 세입자의 주거 비용 부담을 줄이기 위한 목적으로 시행됩니다.

효과: 임대료 규제는 단기적으로 세입자의 부담을 경감시키고, 임대 시장의 안정을 도모할 수 있습니다. 그러나 장기적으로는 임대인들이 주택 공급을 줄이거나, 임대 주택의 품질이 저하되는 부작용이 발생할 수 있습니다.

주거 복지 정책

주택 청약 제도

개념: 주택 청약 제도는 정부나 공공기관이 공급하는 주택을 일정 자격을 갖춘 사람들에게 우선 분양하는 제도입니다. 청약은 무주택자, 신혼부부, 청년 등 주거 취약 계층을 대상으로 하며, 가점제와 추첨제로 청약자를 선정합니다.

목적: 주택 청약 제도는 주거 취약 계층이 저렴한 가격에 주택을 소유할 수 있도록 돕고, 주거 안정을 지원하는 역할을 합니다.

효과: 주택 청약 제도는 무주택자나 신혼부부 등에게 주거 안정을 제공하며, 부동산 시장의 수요와 공급을 조절하는 데 기여할 수 있습니다. 그러나 청약 경쟁률이 과도하게 높아지면 혜택이 제한될 수 있습니다.

주거비 지원

개념: 주거비 지원은 정부가 저소득 가구를 대상으로 주거비를 직접 지원하는 정책으로, 주거 급여, 전세 자금 대출 이자 지원, 월세 지원 등이 포함됩니다.

목적: 주거비 지원은 저소득 가구의 주거 비용 부담을 줄이고, 주거 환경을 개선하여 주거 안정성을 높이기 위한 목적이 있습니다.

효과: 주거비 지원은 주거 취약 계층의 생활 안정을 도모하고, 주거 수준을 향상시키는 데 기여할 수 있습니다. 이는 주거 복지 향상과 함께, 사회적 불평등을 완화하는 효과가 있습니다.

노인 및 장애인 주거 지원

개념: 노인과 장애인을 대상으로 한 주거 지원 정책은 고령화 사회에 대응하여, 이들의 주거 환경을 개선하고 안정적인 주거를 보장하기 위한 제도로, 무장애 설계 주택 공급, 주택 개조 지원 등이 포함됩니다.

목적: 노인과 장애인의 주거 복지를 강화하여, 이들이 안전하고 편리한 환경에서 거주할 수 있도록 지원하는 것이 목적입니다.

효과: 노인과 장애인 주거 지원을 통해 이들의 주거 안정성을 높이고, 사회적 약자에 대한 주거 복지를 확대할 수 있습니다. 이는 고령화 사회에서 주거 불안을 해소하고, 사회적 통합을 촉진하는 데 기여할 수 있습니다.

장기적 개발 및 환경 정책

도시 재생 사업

개념: 도시 재생 사업은 노후화된 도심 지역의 경제, 사회, 환경적 기능을 회복하기 위해 시행되는 사업으로, 주거지 개선뿐만 아니라 상업 및 문화 공간의 재활성화를 목표로 합니다. 도시 재생은 공공과 민간이 협력하여 진행되며, 주거, 상업, 공공 공간의 통합적 개발을 통해 지역 경제를 활성화하는 것이 주요 목표입니다.

목적: 도시 재생 사업은 도심의 활력을 회복시키고, 지역 경제를 활성화하며, 부동산 가치를 상승시키기 위해 시행됩니다.

효과: 도시 재생 사업을 통해 노후화된 지역의 주거 환경이 개선되고, 상업 및 문화 공간이 활성화되면서 부동산 가치가 상승할 수 있습니다. 그러나 재생 사업이 성공적으로 추진되지 않으면, 원래 목적과 달리 지역 경제에 부담을 줄 수 있으며, 원주민이 밀려나는 젠트리피케이션 현상이 발생할 수 있습니다.

친환경 주거 정책

개념: 친환경 주거 정책은 에너지 효율이 높은 주택, 친환경 건축 자재 사용, 녹지 조성 등을 통해 친환경적인 주거 환경을 조성하는 제도입니다. 이는 지속 가능한 개발을 목표로 하며,

주거지의 환경적 가치를 높이는 데 중점을 둡니다.

목적: 친환경 주거 정책은 장기적으로 에너지 비용 절감과 환경 보호에 기여하며, 주택의 가치를 높이고, 지속 가능한 도시 개발을 촉진하는 것을 목표로 합니다.

효과: 친환경 주거 정책을 통해 에너지 비용이 절감되고, 환경 보호에 기여할 수 있습니다. 또한, 친환경 주택에 대한 인센티브 제공으로 시장에서의 수요를 촉진할 수 있으며, 장기적으로 부동산 가치를 상승시키는 효과가 있습니다.

부동산 정책은 복잡하고 다양한 경제적, 사회적 영향을 미치며, 각 정책의 세부 내용과 목적을 깊이 이해하는 것이 중요합니다. 세제 정책, 대출 규제, 공급 확대, 수요 억제, 주거 복지, 환경 정책 등 다양한 부동산 정책들은 부동산 시장의 안정과 국민의 주거 복지 향상을 목표로 시행됩니다. 이러한 정책들이 시장에 어떻게 적용되고, 그 결과가 어떻게 나타나는지에 대한 이해는 부동산 투자와 관리에서 매우 중요한 요소입니다. 성공적인 부동산 투자를 위해서는 정부의 정책 방향을 주의 깊게 분석하고, 이에 맞춘 투자 전략을 수립하는 것이 필수적입니다.

38

부동산 주택 수요가 중요한가? 공급이 중요한가?

부동산 주택 시장에서 수요와 공급의 관계는 중요한 요소입니다. 이 관계를 이해하기 위해 공급과 수요의 특성을 살펴볼 수 있습니다.

공급의 변수

공급은 일정하다: 부동산 공급은 상대적으로 일정하고 예측이 가능합니다. 이는 주로 주택 건설에 필요한 시간과 자원이 상당히 고정되어 있기 때문입니다. 즉, 새로운 주택의 공급은 빠르게 변하지 않으며, 이는 장기적인 계획과 정책에 의해 결정됩니다.

수요의 변수

수요는 다양한 변수에 따라 변동한다: 주택에 대한 수요는 여러 요인에 의해 크게 영향을 받습니다. 주요 변수는 다음과 같습니다:

금리: 이자율이 낮으면 대출이 용이해져 주택 구매 수요가 증가하며, 반대로 금리가 높으면 주택 구매에 부담이 커져 수요가 감소합니다.

정책: 정부의 주택 관련 정책, 세금 혜택, 부동산 규제 등이 수요에 직접적인 영향을 미칩니다.

경제 상황: 경제 성장률, 실업률 등 경제 전반의 상황이 주택 수요에 영향을 미칩니다.

사회인의 인식: 주택을 안전한 자산으로 보는 사회적 인식은 수요를 증가시킬 수 있습니다.

언론: 부동산 시장에 대한 언론 보도는 대중의 인식과 행동에 영향을 미쳐 수요에 변화를 줄 수 있습니다.

포모(FOMO) 현상: 'Fear of Missing Out' 현상으로, 사람들이 기회를 놓치지 않기 위해 주택을 구매하려는 심리가 작용할 수 있습니다.

부동산 주택 시장에서 공급은 예측 가능한 일정한 변수인 반면, 수요는 금리, 정책, 경제 상황, 사회적 인식, 언론 보도, 포모 현상 등 다양한 변수에 의해 변동할 수 있습니다. 이 때문에 부동산 시장의 수요 예측은 매우 복잡하고 변화무쌍합니다. 이러한 요소들을 이해하고 분석하는 것이 부동산 시장의 동향을 파악하는 데 중요합니다.

39

법원 경매 낙찰가 낙찰률과 시세 가격의 전망

법원 경매 낙찰가 낙찰률(즉, 경매 감정가 대비 낙찰가의 비율)이 상승하는 경우, 이는 향후 부동산 매매 가격이 상승할 가능성을 시사하는 중요한 신호로 해석될 수 있습니다.

수요 증가 신호

경매 낙찰가 낙찰률이 상승한다는 것은 경매 물건에 대한 입찰 경쟁이 치열해졌음을 의미합니다. 이는 해당 부동산에 대한 수요가 높아졌음을 나타내며, 이는 곧 일반 시장에서도 비슷한 유형의 부동산에 대한 수요가 강하다는 신호일 수 있습니다.

시장 선행 지표

법원 경매 시장은 일반적으로 시장 가격을 선행할 수 있는 지표로 작용할 때가 많습니다. 경매는 상대적으로 빠르게 이루어지며, 낙찰가가 감정가를 초과하는 경우, 이는 시장 전반에서 매매 가격 상승의 선행 신호로 해석될 수 있습니다.

시장 신뢰도 반영

낙찰가 낙찰률의 상승은 투자자들이 부동산 시장에 대해 긍정적인 전망을 가지고 있다는 것을 의미할 수 있습니다. 이는 투자자들이 향후 부동산 가격이 오를 것이라고 예상하고 경매에서 적극적으로 입찰에 참여하고 있음을 시사합니다.

매매 가격 상승으로 이어질 가능성

경매 낙찰가가 높아지면, 그 인근의 일반 부동산 시장에서도 시세가 상승할 가능성이 큽니다. 이는 경매 낙찰가가 해당 지역 부동산의 시세를 높이는 기준점으로 작용할 수 있기 때문입니다.

따라서 법원 경매 낙찰가 낙찰률이 상승하는 것은 통상적으로 향후 부동산 매매 가격이 상승할 가능성이 높음을 의미합니다. 다만, 이러한 경향은 시장의 다른 요인들과 함께 종합적으로 고려되어야 합니다. 예를 들어, 경제 상황, 금리 변화, 정부의 부동산 정책 등도 매매 가격에 영향을 미칠 수 있는 중요한 요소들입니다.

GPT와 인간 박사가 함께 보는
재테크의 기본서

ⓒ 이태광/ 최희륜/ 챗GPT, 2024

초판 1쇄 발행 2024년 11월 11일

지은이   이태광/ 최희륜/ 챗GPT
펴낸이   이기봉
편집   좋은땅 편집팀
펴낸곳   도서출판 좋은땅
주소   서울특별시 마포구 양화로12길 26 지월드빌딩 (서교동 395-7)
전화   02)374-8616~7
팩스   02)374-8614
이메일   gworldbook@naver.com
홈페이지   www.g-world.co.kr

ISBN   979-11-388-3709-5 (03320)